Frank Nadermann
Nationalismus

Nationalismus

Die Parteinahme der Gesellschaft für Konkurrenz und Herrschaft als Konsequenz des Privateigentums an den gesellschaftlichen Voraussetzungen der individuellen Reproduktion

Bibliografische Information der Deutschen Nationalbibliothek:

Die Deutsche Nationalbibliothek verzeichnet diese Publikation in der Deutschen Nationalbibliografie; detaillierte bibliografische Daten sind im Internet über http://portal.dnb.de abrufbar.

ISBN 978-3-96103-872-5

Umschlagillustration: Detlev Schmitz
www.detlev-schmitz.de

Fraenkelufer 46
10999 Berlin

www.rediroma-verlag.de

Euro 19,90 (D)

Nationalismus – Inhaltsverzeichnis

Vorwort

1910, noch vor dem ersten Weltkrieg, hat ein Mensch mit Namen Ernst Luckhardt ein Lied geschrieben. Der Refrain ruft zu einer Auseinandersetzung auf.

Wacht auf, Verdammte dieser Erde,
die stets man noch zum Hungern zwingt!
Das Recht wie Glut im Kraterherde
nun mit Macht zum Durchbruch dringt.
Reinen Tisch macht mit dem Bedränger!
Heer der Sklaven, wache auf!
Ein Nichts zu sein, tragt es nicht länger
Alles zu werden, strömt zuhauf!

Es rettet uns kein höh'res Wesen,
kein Gott, kein Kaiser noch Tribun
Uns aus dem Elend zu erlösen
können wir nur selber tun!
Leeres Wort: des Armen Rechte,
Leeres Wort: des Reichen Pflicht!
Unmündig nennt man uns und Knechte,
duldet die Schmach nun länger nicht!

In Stadt und Land, ihr Arbeitsleute,
wir sind die stärkste der Partei'n
Die Müßiggänger schiebt beiseite!
Diese Welt muss unser sein;
Unser Blut sei nicht mehr der Raben,
Nicht der mächt'gen Geier Fraß!
Erst wenn wir sie vertrieben haben
dann scheint die Sonn' ohn' Unterlass!

Es folgten 2 Weltkriege. Weltkrieg. Wieso?

Auch diese Frage, nach dem Grund von Kriegen, wem fällt eigentlich *auch nur einer* ein, sollte ein anderer Mann *beantworten*. Wenn das Wort ′Verantwortung′ nicht wie üblich, Störenfriede zum Schweigen bringen soll, sondern das ernstgemeinte Interesse bezeichnet, offensichtliche Widersprüche im gesellschaftlichen Alltag *zu erklären*, liegt die Sache einfach auf der Hand.

Wenn das Geld, nach dem französischen Schriftsteller Augier,
mit natürlichen Blutflecken auf einer Backe zur Welt kommt,
so das Kapital von Kopf bis Zeh,
aus allen Poren, blut- und schmutztriefend.

Karl Marx, Das Kapital I, MEW 23, 788.

Die Wahrheit liegt nicht in der Erkenntnis, dass ein Apfel vom Baum fällt, sondern darin, warum er das machen muss. Die neutrale wissenschaftliche Distanz, abstrahiert den Apfel zur Masse, zu einer von seiner konkreten Gestalt unabhängigen Sache mit empirisch, nachweisbaren Eigenschaften. Dessen Form, Farbe oder Geschmack treten zurück hinter das messbare Gewicht eines Gegenstandes. Aus dem Volumen dieses Körpers, und aus dem Vergleich von Gegenständen desselben Volumens, jedoch mit unterschiedlichem, messbaren Gewicht, folgt die Idee der Dichte.

Gewicht und Dichte eines Körpers erklären aber weder die Kraft noch die Wirkungsrichtung derselben, welche im Fall des Apfels eine gerichtete Bewegung erzeugen.

Das gleiche Gewicht, sagen wir 1000 Gramm, dehnt dieselbe Federwaage hier auf der Erde und dort auf dem Mond, unterschiedlich.

Für die Sinne erscheinen Masse und Gewicht identisch. Erst der wissenschaftliche Abstand, die intellektuelle Distanz, ist in der Lage nachzuweisen, dass ein Körper eben nicht deswegen in Bewegung gerät, weil er ′schwer′ sei. Die Kraft welche man spürt, wird innerlich als Eigenschaft des in der Hand befindlichen Gegenstandes interpretiert.

Erst die Wissenschaft ist in der Lage die Sinnestäuschung zu widerlegen. Die Beobachtung der Kreisbahnen von Planeten beweisen, dass Massen in einer Wechselwirkung zueinander stehen. Massen üben, aus der Entfernung sichtbar, eine Kraft aufeinander aus. Erst jetzt war die Bewegung und die Richtung des ′Falls′ des Apfels erklärbar.

Dieses Buch will erklären was Nationalismus ist und wie er entsteht. Dies wäre in etwa das, was die Hand im vorangehenden Beispiel als Gewicht *fühlt*. Das Eigentum wäre die wechselwirkende Kraft, und Arbeitnehmer und Arbeitgeber sind die sich bewegenden Körper. Im Unterschied zur Schwerkraft, handelt es sich beim Nationalismus nicht um ein Naturphänomen, sondern um eine individuelle Einstellung von Menschen zu der Organisation der Gesellschaft. Dieses Buch untersucht die Wechselwirkung von Menschen mit der als Nationalstaat organisierten, auf Eigentum basierten Gesellschaft.

Die natürliche Umwelt:

Die *natürliche* Umwelt liegt unabhängig vom Individum vor.

Diese steht dem Individum als Voraussetzung und Bedingung der Existenz *zur freien Verfügung*. Die natürliche Umwelt entspringt nicht dem Willen der in ihr existierenden Wesen. In diese natürliche Umwelt wird jedes Lebewesen sozusagen durch Geburt hineingeworfen. Selbstverständlich wird die natürliche Umwelt von Individuen beeinflusst und auch verändert. Der Stoffwechsel, das Ein- und Ausatmen, und vieles andere mehr hat Einfluss auf die natürliche Umwelt.

Hier geht es zunächst nur darum, festzuhalten und festzustellen, *was die Natur im Angebot hat*, dem Individum zur Nutzung *anbietet*, *zur freien Verfügung bereitstellt*.

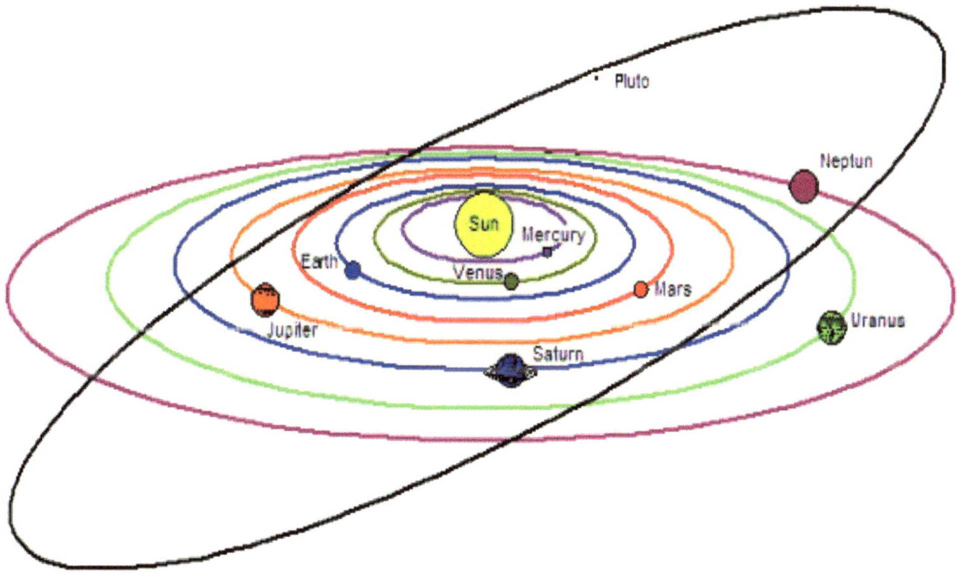

(Bildquelle: http://www.derbyastronomy.org/images/AriesJanApr06SolarSystemDiag.jpg)

Die Grafik oben zeigt *ein* Sonnensystem. Ein blauer Kreis gibt die Kreisbahn des Planeten Erde wieder. Auf dieser Bahn bewegt sich der Planet Erde mit einer Geschwindigkeit von ca. 107.000 Kilometern pro Stunde um den Zentralstern *dieses* Systems, die Sonne.

In der Milchstraße, das ist der Name der Galaxie in welcher sich unser Sonnensystem befindet, gibt es bisher 219 Millionen bekannte, entdeckte Sonnensysteme. Aufgrund der Beobachtungen des Weltraumteleskops Hubble wurde die Anzahl der Galaxien im Universum auf mindestens 100 Milliarden geschätzt. Aktuell geht man von einer Billion Galaxien im Universum aus.

Das ist alles weit weg. Wir wollen uns mit einem irdischen Phänomen beschäftigen. Sicher.

Hier geht es nur darum, Ihnen eine Idee zu vermitteln wie einzigartig wir auf diesem Planeten leben, und welche phantastischen Möglichkeiten dieser Planet den Menschen anbietet.
Regenerative Rohstoffquellen, eine Oberfläche, die mit ihren Landschaften und Lebensformen einem Märchenbuch zu entspringen scheint. Aus dem Weltraum betrachtet ist dieser Planet das Schlaraffenland.

Ein im Universum herumfliegendes Füllhorn.

Jetzt beobachten wir den Planeten Erde.

Um eine Brücke zum folgenden Kapitel zu bauen, bitte ich Sie, die nachfolgenden Grafiken zu studieren. Es zeigt ein und denselben Planeten.

Was unterscheidet die beiden Darstellungen?

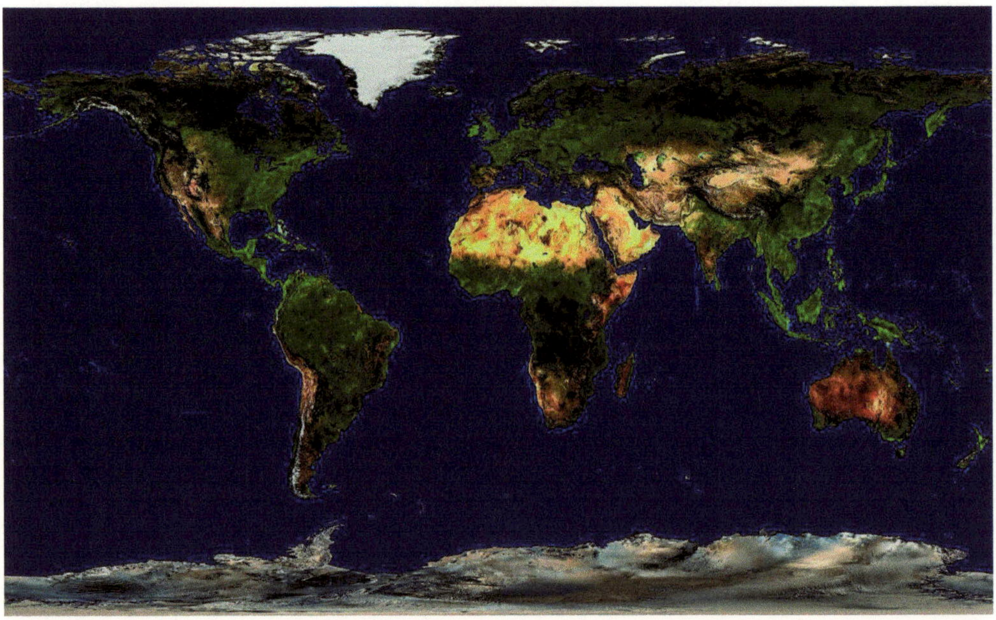

Die natürliche Umwelt ist die Quelle der Reproduktion auf diesem Planeten.

Die Existenz aller Lebensformen ist durch die Evolution an diese Reproduktionsquelle angepasst. Der Stoffwechsel, das ist die Energiequelle jeder Lebensform, verwandelt durch den Gebrauch, den Konsum dieser Umwelt, Rohstoffe in Energie. Deswegen müssen Lebewesen essen, trinken, konsumieren.

Die Existenz von Lebewesen ist von diesem Stoffwechsel abhängig. Wird die Zufuhr von Energie (Wasser, Luft, Nahrung, ...) unterbrochen, stellen sich *deswegen* sehr schnell Mangelerscheinungen ein. Jeder Organismus ist *deswegen* auf die Nutzung der natürlichen Reproduktionsquellen als Voraussetzung der Existenzerhaltung angewiesen. Der Zugang, die Erreichbarkeit, die Verfügungsgewalt über diese Voraussetzungen der Existenzerhaltung sind *deswegen* von einer besonderen Bedeutung. Die Verfügungsgewalt über diese Lebensbedingungen ist deshalb Voraussetzung des Lebens. Die Verfügungsgewalt über diese Existenzvoraussetzungen ist deshalb *die Basis* jeder individuellen Organisation, als *materielle Voraussetzung **jeder Willensausübung***. Es ist sehr wichtig zu verstehen, was das bedeutet. Aufgrund der Notwendigkeit des Stoffwechsels passen Lebensformen ihr Verhalten an. Bei Tieren wird dieses Verhalten als Instinkt bezeichnet, weil diese Lebewesen nicht wissen was sie brauchen, aber ihr Organismus auch ihnen anzeigt was Wassermangel bedeutet. Und *deshalb* kann man millionenstarke Tierherden bei der Wanderung, auf der instinktiven Suche nach Wasser beobachten.

Das ist von Natur aus kein Problem. Alles ist im Überfluss, weit über den Gesamtbedarf aller Populationen aller Lebensformen - als *natürliche* Reproduktionsquelle vorhanden *und frei verfügbar.*

Bitte stellen sich einmal vor, dieser Herde sei ein Gebirge, oder ein anderes Hindernis in den Weg gestellt, welches den Zugang zu Wasser versperrt. Was glauben Sie, wie die Herde reagiert, wie diese Herde, berechenbar, sich verhalten wird, weil sie trinken **muss**?

Der Mensch trinkt lieber Bier. Um dem Thema dieses Buches näher zu kommen, wird ab jetzt nur noch von mit Vernunft begabten Wesen, willentlich, handelnden Individuen die Rede sein.

Bitte stellen sich einmal vor, Menschen sei ein Zaun, oder ein anderes Hindernis in den Weg gestellt, welches den Zugang zu Wasser versperrt. Was glauben Sie, wie diese *Menschen* reagieren, wie diese Menge von Menschen, berechenbar, sich verhalten wird, weil sie trinken **muss**?

Die politische Umwelt

„Patriotismus ist Liebe zu den Seinen; Nationalismus ist Hass auf die anderen.“

(Richard von Weizsäcker , Staatsakt, Vierzig Jahre Grundgesetz, Beethovenhalle, Bonn, 24.5.1989)

Diese Liebe zu den Seinen bezeichnet eine Gruppe von Menschen als zusammengehörig. Das ist das patriotische „Wir“ . Mit diesem Personalpronomen wird ausgedrückt, dass es eine Gemeinschaft von Menschen gibt, welche sich nicht nur von anderen Gemeinschaften unterscheidet; Gleichzeitig wird klargestellt dass man die Seinen liebt, *nicht alle*, nicht die anderen. - Die Menschheit wird sortiert.

Patriotismus wird als Zuneigung, sogar Liebe, zu einer *exklusiven* Gemeinschaft bezeichnet. Ein anderes Gefühl, der Hass, sei im Gegensatz dazu dem Nationalismus vorbehalten.

Derselbe Mann war 10 Jahre später Vorsitzender der Kommission ´Gemeinsame Sicherheit und Zukunft der Bundeswehr´. Damit ist nachgewiesen das Patrioten Gründe kennen, dass Liebe zu den Seinen auf militärische Mittel nicht verzichten will. Und damit ist auch klargestellt, ganz gefühllos, sachlich, von wem und gegen wen diese Waffen in Stellung zu bringen sind. Diese Waffen zielen auf die Anderen. Die geliebten Seinen sind als Waffenträger auserwählt.

„... Deutschland wird künftig einen genauso hohen Anteil an den Gemeinschaftskosten der NATO tragen wie die USA. ... Mit dem Geld aus der Gemeinschaftskasse werden zum Beispiel die Bündniszentrale in Brüssel und die militärischen Hauptquartiere finanziert. … Für Deutschland würde die Änderung des Verteilungsschlüssels bei konstanten Kosten eine jährliche Mehrbelastung in Höhe von mehr als 33 Millionen Euro bedeuten. Die USA könnten dagegen mehr als 120 Millionen Euro sparen. In diesem Jahr zahlen die Vereinigten Staaten von den betroffenen Gemeinschaftsausgaben in Höhe von etwa 2,12 Milliarden Euro fast 470 Millionen Euro, während Deutschland nur rund 313 Millionen Euro überweist. … Die deutschen Verteidigungsausgaben liegen nach NATO-Zahlen derzeit bei rund 47 Milliarden Euro, was schätzungsweise einem Anteil am Bruttoinlandsprodukt von 1,39 Prozent entsprechen wird. 2014 hatten sie bei rund 35 Milliarden Euro (1,18 Prozent) gelegen. Zum Vergleich: Die USA haben der Nato für 2019 Verteidigungsausgaben in Höhe von mehr als 730 Milliarden US-Dollar (660 Mrd Euro) beziehungsweise eine Quote von 3,42 Prozent gemeldet. ...“

(https://www.tagesschau.de/inland/deutschland-nato-ausgaben-101.html , Deutschland zahlt mehr an die Nato, Die Tagesschau, online, 28.11.2019)

Die Vernichtung von Menschen und gesellschaftlicher Infrastruktur ist staatspolitischer Alltag. Die *Bereitstellung* der dazu notwendigen Mittel ist permanenter Bestandteil jedes *Staatshaushalts*. Offizielle Beschreibungen dieser Tatsache werden in schönere Worte gekleidet. Von Freiheit, Verteidigung, Sicherheit oder Schutz, und von Zivilisation ist die Rede. Am im vorangehenden Satz beschriebenem Sachverhalt ändert sich gar nichts.

Während dieselben Seinen noch die Trümmer des 2. Weltkrieges aufzuräumen hatten, waren die Gleichen, *Regierungen* bereits weiter, wieder dabei die Kriegs*bereitschaft* unter Parolen wie ′Nie wieder Krieg′ *wieder herzustellen.* Für die Bürger in Uniform, heute, ist Militär und dessen weltweiter Einsatz eine Selbstverständlichkeit. Als Argument helfen Sold und Pension.

′Es geht nicht um Aufrüstung, sondern ganz einfach um Ausrüstung′

(Angela Merkel , Bundeskanzlerin, Reaktion auf Kritik der Bundestagsoppostion, Mai 2018)

Ganze Staaten werden in Brand gesetzt und zerstört. Dazu sind nicht erst in Kriegszeiten Opfer erforderlich. Deren Vorbereitung erfolgt *unterbrechungsfrei*, auch im Frieden. Material und Ausrüstung müssen ständig weiter entwickelt, hergestellt und transportiert werden, *bevor* sie gegen Menschen zum Einsatz gebracht werden können. Personal, geistig in Kommandobereitschaft, ist zu beschaffen und zu erziehen. Viel Arbeit ist zu verrichten. *Ob* es Militär braucht, steht nicht zur Diskussion. Nicht unerhebliche Teile des gesellschaftlichen Reichtums werden zu Waffen verarbeitet. Ein stehendes, permanent kampffähiges Heer will versorgt und bezahlt sein. Ununterbrochen wird an der Erweiterung der operativen Reichweite und an der Verbesserung der destruktiven Fähigkeit von Waffen *gearbeitet.*

Gerade weil "Volk" *auf beiden Seiten* einerseits das Ziel der Gewaltanwendung ist, und dieselben gleichzeitig die Waffen produzieren und bedienen sollen, ist die geistige Betreuung *hier wie dort* von großer Bedeutung. **Feindbilder** sind fester Bestandteil des nationalen Gedankengutes. Die jeweiligen, nationalen Eliten lassen ihr Volk darüber informieren, welche Nationen *sie* als Gegner betrachten und behandeln. Die Pflege und Bebilderung dieser Feindbilder ist Aufgabe der Medienanstalten. Der Aufwand, Waffen, Ausrüstung und Personal sollen *produziert und bezahlt* werden; Dem wird medial *wegbereitet.* Die politischen Prioritäten wollen verstanden sein. Rente mit 70, Kinderarmut, Armut trotz Vollzeitarbeit, Pflegenotstand, Lehrermangel, .. Auch bei der Beschaffung, Entwicklung und dem Einsatz von Waffen *wollen* die Regierungen aufpassen, dass niemand auf falsche Gedanken kommt, wenn es um die Frage der Verwendung von Steuermitteln geht. Kampfhubschrauber die nicht fliegen, Gewehre die nicht schiessen oder Panzer ohne Ersatzteile sind kein Grund zur Freude. Die unvollkommene und mangelhafte Einsatzbereitschaft des Kriegsmaterials gefährde Sicherheit und Menschenleben. Nicht der Aufwand der Waffenproduktion selbst, sondern die mangelhafte Qualität der Waffen wird thematisiert und der Zielgruppe als Maßstab von Kritik vorgedacht. Themen werden medial, so *besetzt.* Es werden neue Begriffswelten, Sprachregelungen, erfunden.

Kriegsvorbereitung nennt man Handlungen des Feindes. Sicherheitspolitik nennt man dasselbe, wenn die eigene Mannschaft sich munitioniert. Der Einsatz von Gewalt, nach innen wie aussen, wird je nach nationaler Parteinahme als Wiederherstellung der öffentlichen Ordnung oder, bei Gegnern, als Staatsgewalt bezeichnet. Je nachdem ist dann dieselbe Gewaltanwendung *hier* den höchsten Werten verpflichtet und dieselbe Handlung beim Gegner der Nachweis seiner Boshaftigkeit. Die Befehlshaber der heimischen Nation werden als Regierung bezeichnet, welche dem Guten dienen. Dieselben Berufsgruppen beim Feind werden als Diktatoren, Staatsterroristen, Oligarchen, ..., bezeichnet, welche ihr Volk und die Welt unterdrücken. Bei "uns" werden alle Daumen gedrückt. Kritik erfolgt streng *am Maßstab des Erfolges* der ausgegebenen, nationalen Zielsetzungen der Regierungen. Dasselbe Verhalten bei den Anderen wird, ganz gefühllos, sachlich, als Propaganda identifiziert. Die Anderen wollen ihr Volk unterdrücken. Hiesige Regierungen regieren eigentlich gar nicht. Sie *dienen* dem Volk. Dieselben Autoren entdecken *woanders* Vormachtsstreben, Erpressung und Bedrohung, und machen sich *hier* Sorgen ob auch alles klappt oder gelingen kann.

Eine Parteinahme ist offensichtlich. *Die Handlungen sind dieselben*. Wie kommt es zu dieser Parteinahme? Und zwar auf beiden Seiten. Hier, wie in den Medien anderer Nationen. Welche gedankliche Leistung bringt *die Adressaten* dieser ′Nachrichten′ dazu, zuletzt auch dieser von Regierungen angeordneten Vernichtung von Menschen und Reichtum zuzustimmen?

Ich bitte Sie hier etwas Abstand zu nehmen. Presse und Regierung machen Werbung für Krieg. Die Regierung will Geld und Personal gegen andere Staaten einsetzen. Die nationale Presse wiederholt dieses Anliegen, hier wie dort, und spricht auch Sie an. Aber wie? *Als Bürger einer Nation*.

Die Medien weisen diesen Anspruch von Regierungen die Welt zu teilen, in Freunde und Feinde, nicht zurück, sondern *rapportieren* diese militärische Einteilung des Planeten.

Durch *Unterlassung* von Kritik, wird das Feinbild *wie eine Tatsache*, als eine *vorgefundene* Reaktion der Politik auf eine von ihr unabhängig existierende Weltlage dargestellt. - Das Gegenteil ist der Fall.

Nicht nur in diesem Fall, der Kriegsvorbereitung, sind Regierungen die **Initiatoren** dieser Weltlage. Ohne diese Herrschaften gibt es weder Krieg noch Waffen. Ohne die Weltordnung, welche dieselben Damen und Herren selbst entworfen und gestaltet haben, gibt es weder eine Konkurrenz von Nationen noch den Unterschied zwischen den Seinen und den Anderen.

Unabhängig von der Staatszugehörigkeit, vom privaten Interesse aus betrachtet, ist Krieg die Vernichtung von Menschen und Reichtum. Warum ziehen sich Menschen, mit diesem Thema *von Regierungen konfrontiert*, innerlich eine Uniform an?

Kennen *Sie* in ihrem Alltag auch nur einen Menschen welchen sie als Feind betrachten?

Regierungen definieren Nationen als Bedrohung oder Partner. Die Mitgliedsstaaten des westlichen Militärbündnisses geben offiziell bekannt, welchte Nationen sie als Gegner behandeln. ´Der Russe´, oder 2019, brandaktuell, wieder (fka ´die gelbe Gefahr´), ´der Chinese´ werden zum potentiellen Kriegsgegner erklärt:

> "... Erstmals wird in der Londoner Erklärung auch die aufstrebende Militärmacht China als zwar nicht aktuelle, aber mögliche neue Bedrohung erwähnt. Dies war US-Präsident Donald Trump mit Blick auf den Ausbau der Mobilfunknetze 5G wichtig. Trump warnte vor "Sicherheitsrisiken und Gefahren", weshalb in den USA Huawei nicht zum Einsatz komme. Den Bündnispartnern wird der Einsatz von Huawei nun zwar nicht verboten. Allerdings verpflichten sich alle, in der 5G-Kommunikation auf ´sichere und widerstandsfähige Systeme´ zu setzen, wie NATO-Generalsekretär Jens Stoltenberg zum Abschluss sagte. In der Erklärung der Allianz heißt es weiter, sie sei ´mit unterschiedlichen Bedrohungen und Herausforderungen konfrontiert´. Genannt werden explizit ´die aggressiven Aktionen Russlands´ und ´der Terrorismus in all seinen Formen´. Mit Russland soll der Dialog aber fortgeführt werden."
>
> (https://www.tagesschau.de/ausland/nato-gipfel-london-declaration-103.html , Ein sehr erfolgreiches Treffen (Ende des NATO-Gipfels), tagesschau.de, 04.12.2019)

Hier, im Zitat oben, wird die Definition von Feindbildern *als Erfolg* dieser Konferenz *gefeiert*!

Aus unparteiischer Sicht ist diese Praxis von Regierung, nach Meinung des Autors dieses Textes, wenigstens kritisch zu betrachten. Bevölkerung ganzer Staaten wird als Ziel militärischer Gewalt ins Visier eines Militärbündnisses genommen. Hier durch die NATO, bei ´den Seinen´. Und was folgt dann, wagen Sie eine Spekulation, dort bei ´den Anderen´ aus dieser Tagesordnung? Wieso stellen sich die Opfer dieser Regierungen, nicht nur im Geiste, unter dieses *Diktat* ihrer jeweiligen, *nationalen* Regierung? Wieso gibt es keinen Widerstand gegen diese politische Definition eines kriegsträchtigen *Alltags*? Krieg ist immer denkbar, machbar? Weshalb? Wie kann es sein, dass mit Vernunft begabte Wesen ihre eigene physische Existenz infragestellend, sich selbst als Waffe anderer zur Verfügung stellen? Wieso sehen sich Menschen durch Waffen *beschützt* ? Ist es nicht eher, naheliegend, gerade umgekehrt so, dass Waffen die eigene Existenz mit dem Verlust derselben konfrontieren? Wer steht, physisch, als Individuum, als Ziel unter Beschuss? *Beide* Parteien.

Was **bewegt, motiviert** *Menschen* dazu, ihre eigene Existenz, und damit dieselbe ihrer Zeitgenossen, dem Auftrag ***einer nationalen Gewalt*** *unterzuordnen* , um *in deren Auftrag*, andere Existenzen als Bedrohung der Eigenen zu betrachten, und dem Kommando von Regierungen Folge leistend, Volk, *aber* das der Kommandeure anderer Nationen, unter Einsatz von Waffen zu bekämpfen? *Diese Leistung* vollbringt das, was dieses Buch versuchen will zu erklären; Nationalismus.

Empirische Beobachtung der gesellschaftlichen Umwelt: Konkurrenz

In der Wissenschaft entwickelt man Modelle um Phänomene, Beobachtungen in der realen Welt zu beschreiben. Wenn man zum Beispiel zwei sich gleichförmig, in dieselbe Richtung bewegende Fahrzeuge beobachtet, und das eine Fahrzeug zieht sichtbar an dem anderen vorbei, weiß man sofort, dass das eine Fahrzeug langsamer ist, als das andere. Oder andersherum formuliert. Das eine Fahrzeug ist schneller als das andere.

Aber was ist schnell? Oder was ist langsam?

Um diese Adjektive objektiv, allgemeingültig, unabhängig von Objekten zu beschreiben, gibt es die wissenschaftliche Maßeinheit der Geschwindigkeit:

$$v = \frac{s}{t}$$

Die Geschwindigkeit v, ist gleich dem Weg (s, in Metern) geteilt durch die Zeit (t, in Sekunden) welche ein Objekt in dieser Zeit zurücklegt.

Dieser Zusammenhang ist überprüfbar. Kennt man die Länge einer Strecke, sagen wir 100 Meter, und ermittelt die Geschwindigkeit eines sich gleichförmig (es wird weder beschleunigt noch gebremst) auf dieser Strecke bewegenden Objektes, kann man dessen Ankunft am Zielort, also die notwendige Zeit zur Überwindung dieser Strecke vorhersagen.

Warum dieser Ausflug in die Naturwissenschaften?

Hier, in diesem Buch, soll ein menschliches Verhalten analysiert werden. Nationalismus ist eine Haltung, eine Einstellung von Menschen zur Welt. Die Naturwissenschaft kennt objektive Maßeinheiten. Im Beispiel oben, waren das Meter und Sekunden. Aus dem Verhältnis dieser objektiven Maßeinheiten, Weg durch Zeit, wurde eine allgemeingültige, neue Maßeinheit, die Geschwindigkeit abgeleitet.

Welche Maßeinheiten kennt die Geisteswissenschaft? Wie will man etwas beschreiben, was menschliches Verhalten, oder Einstellungen beschreibt?

Menschliches Verhalten und Einstellungen beruhen auf Beurteilungen der Welt in welcher diese Menschen leben. *Je nachdem welche Beurteilungen Menschen sich zu* ***den Eigenen*** *machen*, werden ihre Handlungen, wird ihr Verhalten sich *dementsprechend* äußern.

Ein Fußballfan zieht sich gerne das Trikot ´seiner´ Mannschaft an. Jemand der den Fussball*sport* mag, ist das Trikot egal. Er will guten Fussball sehen und freut sich an guten Toren auf beiden Seiten. Und jemand der sich dazu entschieden hat, lieber selbst Fussball zu spielen, als anderen dabei zuzuschauen, steht auf dem Spielfeld und nicht als Zuschauer im Stadion.

Die innere Einstellung bestimmt das Verhalten.

Ein Fußballfan reagiert anders auf ein Spielergebnis als ein Liebhaber des Fußballsports.
Wo sind Prügeleien eine Frage der Ehre und wo eben nicht? Bitte beantworten Sie diese Frage jetzt, für sich selbst. Bitte versuchen Sie nachzuvollziehen, welche innere Einstellung zu welchem Verhalten führt.

Nachdem Sie das getan haben, werden Sie mir zustimmen können, dass Sie aus der inneren Einstellung auf das Verhalten geschlossen haben. Dieses Verfahren nennt man *Ableitung*.

Sport im gesellschaftlichen Umfeld

Um zunächst bei diesem im Vergleich zum Thema dieses Buches, harmlosen Beispiel zu bleiben; Die Emotion die ein Fussballfan mit sich trägt, ist das Ergebnis seiner inneren Einstellung. Was liegen hier für ´Maßeinheiten´ vor?

Wieso folgt aus einer Schiedsrichterentscheidung oder einem Gegentor eine Massenschlägerei? Welcher Art ist diese Verbindung zwischen einem Publikum und 22 Sportlern die einem Ball hinterher laufen? Wieso kommt es durch die Beobachtung eines *Spiel*geschehens zu Gewalt?

Das ist das zu erklärende Phänomen. Wir begeben uns auf die Suche nach Maßstäben, inneren Urteilen von Menschen, welche dieses Verhalten erklären. Was bringt Menschen dazu, sich gegenseitig zu verletzen? Das ist doch wenigstens fragwürdig, weil dieses Verhalten der Zuschauer weder das aktuelle Spielerereignis verändert, noch auf zukünftige Sportveranstaltungen einwirken kann.

Im Sport messen sich Menschen an der Ausführung einer Tätigkeit. Die erste Entscheidung welche ein Mensch trifft ist, *warum* **er** *anderen* bei der Ausübung einer sportlichen Aktivität zuschauen will. Fans der *Sport*art interessiert die Kunst, die Geschicklichkeit und die daraus resultierende Perfektion in der Ausübung dieses Sports. Beim Fussball zum Beispiel; Ein Pass über 50 Meter in den Strafraum, direkte Ballannahme des bedienten Spielers, welcher den Ball durch einen Fallrückzieher in die linke obere Ecke des Tores platziert.

Ein verlorenes Spiel, der Tabellenplatz oder ein Abstieg in die Regionalliga beeinträchtigen die Fortsetzung der sportlichen Betätigung selbst in keiner Weise. Vielleicht spielt man jetzt gegen andere Mannschaften oder an anderen Orten, aber der Sport, die konkrete Ausübung *der Aktivität*, ist von Spielergebnissen vollkommen unabhängig.

Einen Fan jedoch interessiert *wer* das Tor schiesst, ob ´sein´ Verein verloren oder gewonnen hat.

Ein Fan interessiert sich für die *Konkurrenz* und hat sich dazu entschieden für eine der beiden Mannschaften Partei zu ergreifen. Dieser Mensch jubelt nur, wenn die ´eigene´ Mannschaft ein Tor schiesst. Und umgekehrt erregt es, bis hierher, keine Freude wenn die andere Mannschaft, nach einem 50 Meterpass mit einem Fallrückzieher, dasselbe macht. Aber warum folgt aus diesem Unterschied, hier Sportbegeisterung, dort die Parteinahme für eine Mannschaft an der Konkurrenz, ein Übergang zur Aggression?

Der Ball trifft beim Fan der Konkurrenz nicht nur das gegnerische Tor, sondern *negiert* gleichzeitig *seine* innere Parteinahme für eine der Parteien. Bis hierher wird aus Vorfreude eine Enttäuschung. Immerhin, im Unterschied zum Sportfan, entsteht hier *ein negatives Erlebnis*.

Der Sportfan geht mit dem Bewusstsein eines guten oder schlechten Sport*ereignisses* nach Hause. Der Fan der Konkurrenz mit dem Verlust oder der Bestätigung seiner inneren Beschlussfassung. Verliert ´sein´ Verein ist *er* enttäuscht, umgekehrt sieht er *sich* bestätigt. Den Fan interessiert das Spiel*ergebnis*.

Die Wahrnehmung von Freude an einem Tor *verwandelt sich* in einen Widerspruch zur eigenen Parteinahme. Ein zum Tor verwandelter Freistoss gegen die ´eigene´ Mannschaft, wird zum Angriff auf diese Parteilichkeit. Freude am Sport, ob von Sportfans oder der *Fans* der gegnerischen Mannschaft, wird als Spott, als Verächtlichmachung der *eigenen Person* wahrgenommen, wenn der ´Gegner´ das ´eigene´ Tor trifft. Die Faust setzt das Gefühl in Energie um, und trifft dann die anders Uniformierten, blau-weiss, grün-weiss, schwarz-rot-gold, gekleideten Fans des Gegners. Die Begeisterung von Sportfans reicht aus, um sich, um *seine Parteinahme*, zu verteidigen. Durch diese *innere Einstellung* wird aus einem Ball der eine Torlinie übertritt ein Auslöser für emotionale Exzesse. Das ergibt dann die fanatische Geräuschkulisse, welche nicht nur während der Spielzeit das Ohr erreicht.

Nach dem Spiel, im Alltag, findet diese Praxis ihre Fortsetzung. Ob im Privaten, in der Kneipe oder am Arbeitsplatz; Das Bekenntnis *zu Konkurrenz* findet seinen Ausdruck in Beurteilungen von Trainer-, Mannschafts- und Spielerleistung. Nach dem Spiel sei vor dem Spiel, lautet die Parole von mit Vereinsfarben dekorierten Sportfans. Sportfan *ist* man. Die Parteinahme endet nicht mit der Spielzeit. Auch daran kann man erkennen, dass es dem Fan nicht um Sport geht.

Das Bekenntnis *zu* und die Parteinahme *in* der Konkurrenz wird gepflegt und bejubelt. Disziplin, Härte, Leistung und Opferbereitschaft werden als Erfolgsvoraussetzung *von Konkurrenz* mit einer beliebigen sportlichen Betätigung *assoziiert und eingefordert*. Die ′eigene′ Mannschaft wird ideel zur Kampfeinheit geformt.

Die Ausübung von Sport wird von Fans als Kampf subjektiviert.

Eine Niederlage bei einem Spiel, sei es im Sport, Schach im Kartenspiel oder sonstwo, bleibt in der Realtät *wirkungslos*. Offensichtlich kennen Fans andere, in einem Spiel nicht enthaltene, andere Maßstäbe, welche geeignet sind enorme Kräfte frei zu setzen, bis hin zur Gewaltwendung. Ein Spiel bleibt für diese innere Einstellung *nicht* wirkungslos.

(links: Von René Stark - Eigenes Werk, https://commons.wikimedia.org/w/index.php?curid=855426)
(mitte: https://pixabay.com/de/photos/oliver-kahn-mann-mensch-fussball-406393/)
(rechts: https://pixabay.com/de/photos/american-football-fan-sportfan-1544097/)

Auf dem Spielfeld stehen sich Mannschaften gegenüber, deren Spieler im Auftrag eines betriebswirtschaftlich kalkulierenden Vereins gegeneinander antreten. Das auf dem Feld herumlaufende Kapital ist beträchtlich. Einzelspieler werden für dreistellige Millionensummen gehandelt. Die Ausübung eines Sport ist das, was in einer Fabrik als Arbeitsleistung abzuliefern ist.

Der Gewinn ergibt sich in dieser Betriebsart durch die Vermarktung von Medienrechten, Merchandising, und Bewirtschaftung der das Stadion begrenzenden Fläche. Der Sport selbst, ist aus unternehmerischer Sicht das Mittel zur Gewinnzielung. Siege gegen gegnerische Mannschaften sind deshalb eine betriebswirtschaftliche Notwendigkeit. Untere Tabellenplätze verkleinern die Anzahl vermarktungsfähiger Turnierteilnahmen, ein Abstieg senkt zusätzlich sowohl den Marktwert des Vereins insgesamt als auch den Verkaufspreis der Verwertungsrechte. Der Sport selbst ist die verkaufsfähige Kulisse. Etwa so wie beim Zirkus. Anstelle von Tieren welche durch einen Feuerring springen, oder dem weltbekannten Salto Mortale, kalkulieren die Betreiber durch den Ausschluss des Publikums vom Ort des Geschehens, demselben Geld aus der Tasche zu locken, wenn sie an der bewachten Kasse vorbei, in die Arena wollen.

Die Mannschaften selbst werden vom einem Trainer *dem Zweck* der Veranstaltung entsprechend konditioniert. Gesunde Härte ist hier das Trainingsziel. Das gesunde an der Härte besteht darin, die Verletzungsausfälle in der eigenen Mannschaft so zu tarieren, dass ein betriebswirtschaftlich, erfolgreicher Einsatz der Mannschaft während der Spielsaison gewährleistet bleibt. Entsprechend des intensiven Kapitaleinsatzes und der übersichtlichen Personalstärke besteht eine medizinische Betreuung auf höchstem Niveau. Das Betriebsmittel Spieler wird nicht der staatlichen Kassenmedizin anvertraut. Der Kapitaleinsatz für den Einzelspieler ist einfach zu hoch, um Wochen oder Monate auf eine Radioskopie oder die Bewilligung von Zahnersatzleistungen zu warten.

Eine Sportart wird zum Mittel der Geldvermehrung. Die sportliche Aktivität bekommt eine *zusätzliche* Aufgabe, welche die Tätigkeit selbst gar nicht in sich trägt.

Die *wirtschaftliche* Konkurrenz ist vom Ausgang eines sportlichen Wettkampfs abhängig. Während das Spiel und sein Ergebnis in der Realität, im Alltag wirkungslos sind, bewirkt die Okulation der Geldvermehrung auf eine Sportart eine Wirksamkeit im Alltag, eine Veränderung der Wirklichkeit. Der Erfolg, der Sieg, bietet die Grundlage der Verwertung des eingesetzten Kapitals. Aus einem Spiel **wird** eine Konkurrenz um die Basis des kommerziellen Erfolgs. *Deswegen* werden die Aktivisten *dementsprechend* konditioniert. Ihr *Spiel* entscheidet über den Geschäftserfolg der Investoren.

Das Vergnügen an einer sportlich, aktiven Freizeitbeschäftigung, und das spielerische sich aneinander messen, ist den Meisten nicht unbekannt. Eine Verletzung der Teilnehmer ist in jedem Fall ein Unfall, jedoch keinesfalls Bestandteil der Spielstrategie. Für die Sportaktivisten ist das was dem Zuschauer als köperlicher Einsatz, manchmal als Foul bekannt gemacht wird, mit dem Risiko der Spielunfähigkeit verbunden. Eine Verletzung beendet die Fähigkeit zu dem, wozu man sich getroffen hat. Ein Foul widerspricht dem Zweck des Sports selbst. Selbst das Spielergebnis ist vielleicht nicht unwichtig, aber nicht die Hauptsache des Sports. Das was in dieser Gesellschaft als Sport bezeichnet wird, ist eine kommerzielle Veranstaltung. Die Spieler sind nicht auf dem Platz um Fussball zu spielen, sondern um die Investionen ihrer Arbeitgeber zu rentabilisieren. Der Sport bekommt die dargestellte, *zusätzliche Aufgabe*, welche dessen Ausübung entsprechend dieser Aufgabe verändert. Fouls werden in der kommerziellen Veranstaltung *bewusst, stragtegisch* eingesetzt. Nur das Regelwerk der jeweiligen Sportart verhindert, dass die Spieler entsprechend des kommerziellen Zieles aufeinander losgehen. Gelbe Karten werden dann *abgewogen*. Lohnt sich ein weiteres Foul? Wenn damit ein Erfolg des Gegners verhindert wird! Ansonsten sprechen auch die Trainer von einem *unnötigen* Körpereinsatz gegen die Konkurrenten in der Arena.

So gedrillt geht es dann in den Einsatz. Ein Sieg *muss* her. Der Spieler *will* körperlich Paroli bieten, um in dieser mit Menschen *veranstalteten* Geschäftkonkurrenz das Betriebsziel des Arbeitgebers zu erreichen.

“In der Nachspielzeit der Partie zwischen dem SC Freiburg und Eintracht Frankfurt kam es zu turbulenten Szenen als SGE-Kapitän David Abraham auf der Jagd nach dem Ball Freiburg-Coach Christian Streich zu Boden checkte. Dieser äußerte sich nach dem Spiel am Sky Mikrofon zu dieser Situation. ... ´Er war so aufgeladen und da sind ihm halt die Sicherungen durchgebrannt. Wir müssen jetzt dennoch runterfahren. Fußball ist ein Kampfsport, das war allerdings an der falschen Stelle. Es war ein heißes Spiel. Wir dürfen jetzt hinterher nicht dumm schwätzen.´ ”

(https://sport.sky.de/fussball/artikel/nach-check-von-abraham-streich-reagiert-in-typischer-manier/11859129/33896 , Nach Check von Abraham: Streich reagiert in typischer Manier, 12.11.2019, Fussballspiel SC Freiburg gegen Eintracht Frankfurt)

Konkurrenz *entspringt* dem aufokulierten Zweck der Geldvermehrung. Der Sport, das spielerische messen aneinander, *plausibilisiert* die Identität von Spiel und Konkurrenz. Das dem Sport hinzugefügte Interesse der Investoren *erscheint* wie eine Eigenschaft des Spiels selbst.

Konkurrenz erscheint so, *als ob* sie aus der Ausübung des Interesses der Menschen an einen Spiel entstehen *würde*.

Das Interesse der Veranstalter von Konkurrenz, ihr Geldeinsatz soll sich lohnen, und dessen Konsequenzen, ein Spiel wird zum Kampf, erscheint wie das Resultat einer quasi der menschlichen Natur entspringenden Selbstverständlichkeit.

Die sichtbare, in Vereinsfarben zelebrierte Parteinahme des Zuschauers, egal welchen Teams, beweist den Veranstaltern der Konkurrenz, das *ihre Zwecksetzung* der sportlichen Veranstaltung vom zahlenden Publikum nicht nur honoriert wird. Der Jubel, und die aktive Parteinahme als zwölfter Mann, auch mit der Faust, stellen auch klar, dass ihre Zwecksetzung der Veranstaltung ausserhalb jeder Kritik steht.

Der Konkurrenzkampf um die Vermehrung des Reichtums *anderer* wird zum gesellschaftlichen Kult derjenigen, deren Existenz diesem Kommando unterworfen ist.

Dieses Verhalten der Bevölkerung wird von den Veranstaltern der beruflichen und politischen Konkurrenz mit Wohlwollen betrachtet und gefördert und auch *erwartet*. Die Gewaltexzesse von Fans werden kritisiert. Spätestens jedoch bei Weltmeisterschaften fiebert auch Politikprominenz einem Tor der ´Unseren´ entgegen, gemeinsam mit den Ihren. Wenn dieses Tor fällt, verfallen Spieler und Zuschauer, Vermieter und Mieter, Chefs und Arbeiter, Volk und Regierung, in Hysterie, welche sich schreiend und durch martialische Gesten und verzerrte Gesichter zu erkennen gibt.

Sportereignissen *kann* man fernbleiben. Aber bereits in diesem Bereich, in der Freizeit, macht man sich unter den Seinen unbeliebt, wenn man beim Zuschauen *an der falschen Stelle* jubelt. Trotzdem ist es in diesem Fall, beim Sport, möglich sich von diesen Veranstaltungen fern zu halten; Auch bei Weltmeisterschaften.

Arbeit im gesellschaftlichen Umfeld

Am Montag ist das Wochenende vorbei. Wir betreten jetzt den Alltag, *dessen Inhalt der hier beschriebenen Geisteshaltung das Fundament liefert*. Im Alltag wird nicht gespielt, sondern hier geht es um die Herstellung der zur Versorgung notwendigen Lebensmittel. *Dieser Veranstaltung* kann man nicht fernbleiben.

Die gesellschaftliche Organisation besteht unabhängig, bereits zum Zeitpunkt der Geburt jedes Menschen. In diese Art und Weise *wie* eine Gesellschaft die Reproduktion ihrer materiellen und immateriellen Lebensmittel organisiert, um zu leben, wird jeder hineingeboren. Deren Regeln und Produktionsweise sind den Neuen unbekannt. Die Familie ist im Regelfall der Ort an dem jeder Mensch lernt sich in der Gesellschaft zu bewegen. Die Familie ist im Regelfall ein Ort der Fürsorge. Bei den Kindern stellt sich das durch diese Erfahrung begründete Gefühl des Vertrauens ein. Diese Zuversicht bringen diese auch der politischen Welt entgegen.

Beim Erkunden der Umgebung treffen sie auf den Reichtum dieses Planeten. Und – machen Bekanntschaft mit den Regeln der Gesellschaft in welche sie hineingeboren wurden. Ein Apfelbaum wächst hinter einem Zaun. Um die Früchte zu erreichen, wird der Zaun erklettert und der Baum bestiegen. Im Apfelbaum sitzend, das Angebot der Natur wahrnehmend, werden sie vom Besitzer des Grundstücks ermahnt Baum und Gelände zu verlassen. Wenige Flugstunden entfernt, hockt ein anderes Kind in einem Keller und hofft, daß der Flugzeuglärm abklingt. Er will zur Schule. Das ist im Moment nicht möglich, weil das Stadtviertel in welchem er aufwächst, gerade bombardiert wird. Menschen sterben, weil sie nicht das Geld haben, um das Wasser oder andere Lebensmittel zu bezahlen, welche sie vor ihren Augen sehen, hinter Glas und von Kassenpersonal bewacht.

Diese vorangegangenen Beispiele sind willkürlich gewählt. Und - bekannte Realität. Der Autor dieses Textes hofft darauf, dass der empathische Nachvollzug dieser Beispiele beim Leser das Interesse und die Kondition weckt, den Ursachen der dargestellten Sachverhalte nach zu spüren.

Eigentum

Die politische Trennung der Arbeit von ihrem Produkt

Die menschliche Gemeinschaft ist organisiert. Diese Organisation macht aus der Gemeinschaft eine Gesellschaft. Jede Gesellschaft *muss*, um die Reproduktion sicher zu stellen, Arbeit verrichten. Diese gesellschaftliche Arbeit muss mindestens das notwendige Spektrum der Bedürfnisse, Lebensmittel, Kleidung, ... , produzieren, damit die Gesellschaft lebensfähig ist. Stellen sie sich einen Bauernhof vor. Die Arbeitszeit wird auf die verschiedenen Einzelarbeiten verteilt. Der Boden muss vorbereitet werden, die Aussaat erfolgen, die Pflanzen wollen gepflegt sein, es muss geerntet werden, es folgt eine Weiterverarbeitung zu Grundstoffen, es folgt eine Weiterverarbeitung zu Sekundärgrundstoffen wie Mehl, Metall, oder Tuch, und danach erfolgt die Endfertigung, zum Beispiel zu Brot, Besteck oder Hosen. Fast alle diese Einzelarbeiten wurden in der Vergangenheit, in der landwirtschaftlich geprägten Gesellschaft des Mittelalters, von einer Person ausgeführt. Diese Personen wechselten die Tätigkeit, je nach Notwendigkeit, und brachten durch Aneinanderreihung verschiedener Tätigkeiten am Ende die Produkte zustande, welche zur Erhaltung der Gesellschaft erforderlich waren.

An dieser Stelle möchte ich ihnen eine wichtige Eigenschaft der menschlichen Arbeitskraft deutlich machen. Weiter oben wurde schon ein kleiner Ausflug in die Wissenschaft unternommen. Jetzt wollen wir die menschliche Arbeitskraft genauer untersuchen.

Sie kennen sicherlich den Begriff der Energie. Oben wurde bereits dargestellt, dass der Konsum von Naturprodukten dem Menschen die Energie liefert, welche er zur Erhaltung seiner Existenz notwendig benötigt.

Jeder Organismus verbraucht bereits im Ruhezustand Energie. Das Leben, ein Organismus, erzeugt selbst einen Bedarf an Energie. Diese verbrauchte Energie muss im Organismus ersetzt werden, damit er existieren kann. Ohne die Regeneration der verbrauchten Energie entsteht das, was der Mensch als Hunger oder Durst kennt. Der Extremfall und Endpunkt dieses Energiemangels ist das Ende der Existenz.

Arbeit muss also *so* verrichtet werden, dass der Saldo zwischen der zur Bereitstellung der zur Produktion eines Lebensmittels verbrauchten Energie, und derjenigen Energiemenge welche das Lebensmittel dem Körper liefert, mindestens gleich Null ist. Dieser Gleichgewichtszustand zur Aufrechterhaltung des biologischen Systems, definiert das Minimum an Energie welche dem Körper zugeführt werden muss.

Die *Erhaltung* der Arbeitskraft setzt also Bedingungen. Die Summe der durch Körperfunktionen verbrauchten Energie *muss* ersetzt werden um die Existenz zu erhalten. Der durch Arbeit verursachte, zusätzliche Energiebedarf, addiert sich zum Gesamtenergiebedarf des Menschen. Von Natur aus, ist ein Zugriff auf diese Energie nur durch die Eigenschaft der Natur beschränkt. Jahreszeiten verändern die Vegetation, Wasser ist an einem Fluss direkt erreichbar, woanders muss ein Brunnen gebohrt werden.

Die Natur ist die Quelle der Energie. Die Entwicklung der menschlichen Gesellschaft ist die Geschichte sich Zugang zu diesen Quellen zu verschaffen. Die Art und Weise, die Tätigkeit, wie man diese Energiequellen nutzbar macht, ist der oben beschriebenen Bedingung unterworfen, dass die zur Herstellung eines Produktes ausgeübte Arbeit mindestens die Lebensmittel liefert, welche den energetischen Gleichgewichtszustand dauerhaft reproduzieren. Erst dann, wenn die Produktivität soweit entwickelt ist, dass durch die Verausgabung von Arbeit dauerhaft ein Überschuss an Energie durch den Konsum des Arbeitsproduktes gegeben ist, entsteht das, was man freie Zeit nennt. Erst wenn ausreichend Nahrungsmittel dauerhaft, regelmäßig produziert werden, bleibt Zeit um zum Beispiel Werkzeuge zu produzieren.

Jetzt wird klarer, warum sich die Bauernwirtschaft gegen primitivere Gesellschaftsformen, wie etwa die der Sammler und Sucher, durchgesetzt hat.

Die bewusste Planung und Organisation von Arbeit ist, selbstverständlich, effektiver als das zufällige Jadgglück. Aber selbst diese primitivsten Gesellschaftsformen konnten durch die Nutzung der Natur *diesen Überschuss* an Energie erwirtschaften; Barfuß, in Handarbeit, mit Steinkeilen! Ansonsten wäre die Menscheit verhungert und ausgestorben weil sie sich nicht mit ausreichender Energie hätte versorgen können. Bereits jetzt ist damit nachgewiesen, auch weil sie diesen Text lesen, dass die Natur ausreichend Energie bereitstellt.

Das wirft hier schon eine Frage auf: Wie kann es sein, daß heute Menschen verhungern? Und offensichtlich gibt es Reichtum und Armut - *gleichzeitig*.

Aber *wie* kann das sein? Und - *wie* kann man diese Millionen vom existierenden, sichtbar produziertem Reichtum und dessen Quellen fernhalten?

An dieser Stelle bitte ich sie zunächst selbst nach einer Antwort auf die letzte Frage suchen?

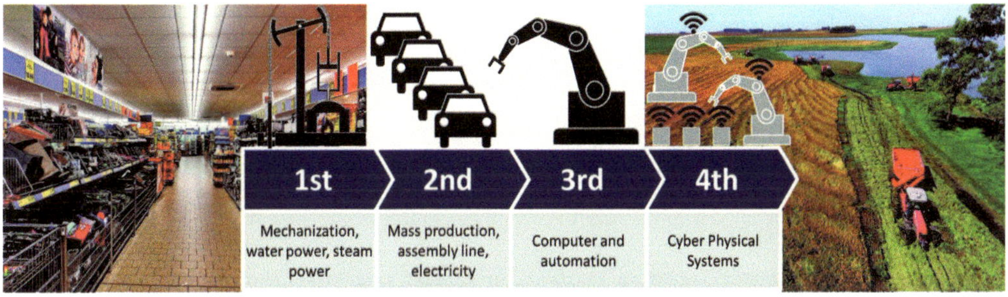

Arbeit liefert die Produkte des Konsums. *Wie* diese Arbeit verrichtet wird, ob mit direkter Anwendung menschlicher Arbeitskraft oder durch Maschinen ist dem Produkt gleichgültig. Die Arbeit, entsprechend *ausgeführt*, liefert stets dasselbe Produkt.

Weil Arbeit, wie nachgewiesen, die Voraussetzungen der menschlichen Gesellschaft herstellt, ist es selbsterklärend, dass jede Gesellschaft diese notwendige Arbeit organisiert. Arbeit ist in *jeder* Gesellschaft die Bedingung für die *Verfügungsgewalt über* die erstellten Arbeitsprodukte.

Und!; Die Verfügungsgewalt über diese Produkte *ist Voraussetzung und Bedingung* zur Verwirklichung jeder Idee.

In der modernen Welt von heute, ist Arbeit die Bedingung für die *Verfügungsgewalt über* einen Lohn. - *Das ist nicht dasselbe* wie die Verfügungsgewalt über die Resultate der Arbeit.

Der Lohn *trennt* die Arbeit von ihrem Produkt. Durch diese gesellschaftliche Organisation werden die *materiellen Voraussetzungen der Existenz und Bedingungen zur Verwirklichung von Ideen* bei denjenigen lokalisiert, welche als ′Arbeitgeber′ Eigentümer dieser Arbeitsresultate werden.

Ohne Lohneinkünfte, ohne Geld ist ein Zugriff auf die Produkte der Lohnarbeit nicht erlaubt. Und zwar vollkommen unabhängig von der Menge des produzierten, verfügbaren Reichtums. Geld ist die notwendige Voraussetzung dieser seltsamen Koexistenz von Lohnarbeit und Eigentum. Durch das Eigentum werden sowohl der *Zugang* zu den Mitteln der gesellschaftlichen Produktion, *als auch die Resultate* der Arbeit von denjenigen getrennt, welche diese Arbeit *praktisch* verrichten. Die Zahlung eines Lohnes ist *die Methode* diese Trennung im Alltag *politisch* zu verwirklichen. Um die Wirkung in den Worten eines antiken römischen Berufskollegen moderner Weltenlenker zu beschreiben: “Der Würfel ist geworfen worden”. Derselbe Mann wusste auch, dass Brot und Spiele das notwendige Menschenmaterial zur Verwirklichung *seiner* Ambitionen bei Laune halten. Die Toten regieren die Lebenden.

Wie soll das gehen? Tote regieren *über ihren Tod hinaus?*

Auch in der modernen Welt stellt *eine Gewalt* die Regeln des Zusammenlebens in Form von Gesetzen auf. Prinzipielle Regeln, eine sogenannte Grundordnung wird schriftlich in einer Verfassung fixiert. Diese Regeln werden durch die Organe der Staatsgewalt *garantiert und durchgesetzt*.

Regeln sind in *jeder* Gesellschaft ein Gegenstand der gesellschaftlichen Festlegung von gemeinsamen Grundsätzen. Man weiß was man braucht, und legt fest wie man das produziert was man braucht.

In der hier betrachteten Gesellschaft, werden diese Regeln *nicht* von denjenigen gemacht, welche sie hinterher befolgen sollen. Das wäre, sachlich betrachtet, auch ein überflüssiger Aufwand. Wenn in diesen Gesetzen nichts anderes definiert und zu befolgen wäre, was ohne diese Gesetze im Alltag praktizierter Konsens ist, kann man sich die Schreibarbeit auch sparen, einfach das machen was man will, und anstelle der Niederschrift des allgemeinen Willens, in der gewonnen Zeit ein Bier trinken.

Gesetze sind nur dann erforderlich, wenn in den definierten *Erlaubnissen*, Rechten die man genieße, Pflichten formuliert werden, deren Wahrnehmung gerade nicht den Interessen der Zielgruppe entsprechen. Welche Rechte verordnet werden, deren Kenntnis, ist deshalb wichtig, um zu erkennen was dort eigentlich als Grundlage der Gesellschaft in Schriftform nachzulesen ist.

Wieso braucht es, in dieser hier betrachteten Gesellschaft eine Gewalt, um das durchzusetzen was jedermann von sich aus, will?

"Grundgesetz für die Bundesrepublik Deutschland
Art 14

(1) Das Eigentum und das Erbrecht werden gewährleistet. Inhalt und Schranken werden durch die Gesetze bestimmt.
(2) Eigentum verpflichtet. Sein Gebrauch soll zugleich dem Wohle der Allgemeinheit dienen.
(3) Eine Enteignung ist nur zum Wohle der Allgemeinheit zulässig. Sie darf nur durch Gesetz oder auf Grund eines Gesetzes erfolgen, das Art und Ausmaß der Entschädigung regelt. Die Entschädigung ist unter gerechter Abwägung der Interessen der Allgemeinheit und der Beteiligten zu bestimmen. Wegen der Höhe der Entschädigung steht im Streitfalle der Rechtsweg vor den ordentlichen Gerichten offen."

"Grundgesetz für die Bundesrepublik Deutschland
Art 3

Alle Menschen sind vor dem Gesetz gleich."

Eigentum bedeutet, dass jemandem etwas *exklusiv* gehört. Der Begriff Eigentum bezeichnet die *Verfügungs- und Nutzungsgewalt an einer Sache.* Personen können kein Eigentum sein.

Diese gesellschaftliche Grundordnung besteht unabhängig, bereits zum Zeitpunkt der Geburt jedes Menschen. In dieser Ordnung muss jeder, dann, ***mit seinen Mitteln*** eine Existenz organisieren.

Betrachten wir diese *rechtliche* Grundausstattung genauer. Es ist durch Beobachtung festzustellen, dass es Arbeitnehmer und Arbeitgeber gibt.

Der Großteil der Nachrichten handelt von diesen beiden Akteuren. Auch in der Politik gibt es kaum ein wichtigeres Thema. Unter der Überschrift ´Wirtschaft´ sind diese beiden Pole der Gesellschaft das politische Dauerthema.

Die Geburt setzt jede menschliche Existenz diesem politischen Diktat aus, sodass als Erbfolge *automatisch* feststeht, welchem dieser zwei *unterschiedlichen* Pole ein Mensch zuzuordnen ist. Entweder er ist Eigentümer über seine Person oder *zusätzlich*, Eigentümer über Sachen. Hier soll nicht die Rede sein von Spielzeug, einem Haus oder einem tollen Auto. Nicht *die Summe* Geld über welche man verfügt, sondern *dessen Quelle,* dessen gesellschaftlicher Ursprung, und die Art und Weise, wie sich die beiden Pole in den Besitz desselben bringen, soll hier betrachtet werden. *Hier* geht es um den Unterschied von Eigentum an den **Voraussetzungen der Reproduktion**, die man durch Geburt, entweder besitzt oder eben *nicht*. Eigentum, als Arbeitskraft oder als Kapital, haben *unterschiedliche* Wirkungen.

Durch diese Tat *widmet* die Staatsgewalt den Lebensinhalt dieser Existenzen, aus Menschen wird ein Volk, den *von ihr* politisch *erzeugten* Eigenschaften. Durch die mit Gewalt garantierte Wirksamkeit dieses per Gesetz definierten, gesellschaftlichen Gegensatzes, entstehen *entsprechende* Akteure. Die ´Arbeitnehmer´ und die ´Arbeitgeber´. Durch die Verlaufsform dieses Gegensatzes, reproduziert sich die Gewalt selbst, ideologisch und materiell. Was soll das heißen? Wie soll das gehen?

Das Eigentum trennt einerseits die Arbeitnehmer vom Produkt und den Werkzeugen der gesellschaftlichen Reproduktionsmittel. Andererseits sind auch die Arbeitgeber auf die *mit Geld* zu bezahlende Verausgabung von Arbeitskraft an ihrem Eigentum angewiesen. Nach der Produktion muss die Trennung der Produzenten von ihren Arbeitsprodukten *garantiert* sein. *Nur so* kann aus Geldzahlungen, Investitionen, nach dem Verkauf der Produkte an dessen Produzenten, ein Gewinn in den Geschäftsbüchern bilanziert werden. Beide Pole sind auf die Existenz einer Gewalt angewiesen. Lohn ist Abzug vom Gewinn, vom Einkommen des Arbeitgebers. Jede Verkleinerung der Lohnsumme liegt in dessen Interesse. Diese Interessenslage steht in einem *existenziellen Gegensatz* zu denjenigen, welche von diesem Lohn leben müssen.

Die gesetzgebende Gewalt gesteht selbst ein, dass Betrug und Diebstahl als Dauerzustand in dieser von ihr erzeugten Rechtgrundlage begründet liegen, und *begleitet* die Wirkung des Grundgesetzes mit einem Katalog von Sanktionen, *unabhängig* von der gesellschaftlichen Funktion, in den entsprechenden Paragraphen der jeweiligen Strafgesetzbücher, für beide Pole dieser Gesellschaft.

Die Wahrnehmung dieser Rollen, Arbeitnehmer hier, Arbeitgeber dort, wirkt auf die Willensbildung dieser Kreationen ein. Sie *wollen* regiert werden, weil die politischen Konsequenzen der Eigentumsordnung ohne diese Gewalt nicht auskommen! - Lohnzahlungen, siehe Mindestlohn, *müssen* ***erzwungen*** *werden.* Der Zugriff auf den sichtbar, vorhandenen Reichtum *muss* ***verhindert*** *werden,* wenn der Preis den bestehenden Bedarf in Frage stellt. Die Gewalt, diese zur Weltenlenkung sich berufen fühlende Tausendschaft, **erzeugt** einen Gegensatz zwischen den Menschen, *welcher die Existenz ihrer Gewalt plausibilisiert.* Diese Sorte Menschenbürger **kennt** das Resultat, die Folge, seines Wirkens. Die Reaktion der ihrer Ordnung unterworfenen Menschen, proklamiert sie als Beweis der Notwendigkeit ihrer Dienste, als Befriedung des Streits um den natürlichen Reichtum.

Zu den Folgen, zu den Wirkungen ihrer Gewalt stellen sich Regierungen so, als lägen hier menschliche Verfehlungen vor, eine Menschennatur welche sie vorfinde. Betrug, Diebstahl, Mord und jede Menge Armut.

Die Konkurrenz um Ressourcen, um die Voraussetzungen der Existenz, *welche die Staatsgewalt selbst gegen jedermann* **organisiert**, und so zum Alltag *der Menschheit* macht, nutzt diese Gewalt um sich selbst als unverzichtbarer Diener der Opfer ihrer Gewalt zu proklamieren. Jeden Tag ist diese Gewalt *besser* darauf vorbereitet, dass ihre Selbstdarstellung auf praktische oder theoretische Kritik stößt. Wo sie sich prinzipiell gestört sieht, erfolgt dann immer das, was sie am Besten kann.

Helfen, koste es was es wolle.

Wenn diese politische Rechnung aufgeht, *wenn* die Menschen den *ökonomischen* Gegensatz in welchen sie *gesetzt* sind, zu einem Mittel ihrer Existenzerhaltung subjektivieren, besteht ein positives Verhältnis zu dieser Gewalt. Dann, mit dieser sachlich, falschen Vorstellung im Bewusstsein, entsteht ein Volk *welches regiert werden* ***will.***

Wir kommen dem Gegenstand dieses Buches, Nationalismus, schon näher.

Bisher wissen wir, dass es 2 politisch *erzeugte* Akteure gibt. Die Wahrnehmung dieser durch das Eigentum zugewiesenen Rollen, entweder als Arbeitnehmer oder als Arbeitgeber, nehmen die Betroffenen *als Angebot zur Gestaltung und Sicherung ihrer Existenz* wahr.

Im Alltag ist *die Verlaufsform* dieses Gegensatzes als Produktion des gesellschaftlichen Reichtums organisiert, als Arbeitsmarkt. Jeder Akteur ist *in seiner Existenz* von der aktiven Wahrnehmung seiner Rolle abhängig *gemacht*. Die eine Partei muss ihre Arbeitskraft *verkaufen*, wenn sie leben will. Die andere Partei muss arbeiten lassen, wenn sie ihren Reichtum durch den Verkauf der Arbeitsresultate vergrößern will.

Diese politisch, konstruierte Beziehung der gesellschaftlichen Rollen, als *diktiertes* Fundament der gesellschaftlichen Reichtumserzeugung, die Bedingungen, welche das Recht auf Eigentum der Herstellung dieser notwendigen Lebensvoraussetzungen *hinzufügt*, betrachten die Akteure einzeln. Jede Partei reflektiert sich partiell, und *lebt* in dieser Rolle. Gearbeitet werden muss ja, lautet die innere Einstellung beider Parteien. Die Rolle des ´Arbeitgebers´ bewertet die Löhne als zu hoch und die Preise als zu niedrig, und ´Arbeitnehmern´ sind die Löhne zu niedrig und die Preise zu hoch. So *konditioniert* gehen sie jetzt miteinander um. Prinzipiell *wollen* beide Akteure dem staatlichen Diktat folgen. Die Bedingungen welche das politische Prinzip Eigentum *an allen* vollstreckt, verwandeln sie in ihrem Bewusstsein in ein Angebot. Das staatliche Diktat *erlaubt* ihnen eine Existenz, unter den Bedingungen welche das politische Prinzip Eigentum den Mitgliedern der Gesellschaft diktiert. Dementsprechend sieht dann der gesellschaftliche Alltag aus.

Die Arbeiter bewirtschaften ihr Eigentum, ihre Arbeitskraft, und die Unternehmer bewirtschaften ihr Eigentum, die *Reproduktionsvoraussetzungen* (Land und Fabriken). Die Arbeiter wollen für andere arbeiten um existieren zu können, und die Unternehmer wollen andere arbeiten *lassen,* um ihr Eigentum zu vermehren.

Bitte nehmen sie das nicht als eine den Alltag zutreffende Bestimmung wahr, sondern versuchen sie zu verstehen, warum aus dem Eigentum, *notwendigerweise*, dieser Alltag, dieses Verhalten in der Gesellschaft entstehen *muss*.

Anders ausgedrückt; Diese Verlaufsform des Alltags ist mit Gewalt herbei*regiert*. Eigentum ist wie andere Organe der Staatsgewalt, ein Mittel, ein Werkzeug, um einer kleinen Gruppe von Menschen die Herrschaft über Millionen von Menschen *zu ermöglichen*. Herrschaft will Menschen *benutzen*, nicht beherrschen.

Zum Zweck wird diese Gewalt nur dann, dann aber sofort, und mit allem was sie bis dahin an Waffen unter ihre Verfügungsgewalt gebracht hat, wenn ihre Stellung, ihre Hoheit und Existenz zurückgewiesen wird. Wenn Gewaltanwendung notwendig wird, um die auf Eigentum basierende Ordnung selbst, wenn die Gültigkeit dieses Werkzeugs auf ihrem Herrschaftsgebiet in Gefahr ist, setzt die Staatsgewalt sich selbst unter eine andere Geschäftsordnung. *Dann* gelten Notstandsgesetze. Heute und bisher ist die Rede vom Idealzustand von Herrschaft. Da reicht es, mit Polizei und Justiz *die Wirkungen* der eingerichteten Konkurrenz, davon war bisher die Rede, zu regeln. Das Volk ist damit beschäftigt zu dienen.

Jetzt betrachten wir die Akteure dieser Gesellschaft genauer.

Als erstes **setzt** sich die Staatsgewalt selbst; Regierung. Bevor ein Gesetz gelten kann, *braucht* es Gewalt.

Ohne diese Gewalt ist ein Gesetz lediglich ein Text.

Bitte *prüfen* Sie diese Behauptung bevor Sie weiter lesen.

Wenn das *einmal* Stand der Dinge ist, die Gewaltmittel sichtbar und wirksam existieren, die Gewalt sich *deswegen* über den Willen setzen kann, die Gewalt sich zum Souverän *emanzipiert* hat, **ist** Gewalt eine unhintergehbare Kraft.

Wenn dieser Anspruch, einen Text zu Gesetz zu machen, warum und wie auch immer, *tatsächlich* über Mittel verfügt einen Text in eine Vorschrift des gesellschaftlichen Lebens zu verwandeln, ist damit klargestellt, *dass* diese Gewalt regiert. Der Einsatz der Waffen, die konkrete Gewalt*anwendung*, erfolgt nur noch dort, wo dieser Anspruch noch nicht durchgesetzt ist, oder dort wo Widerstand gegen diesen Anspruch erkannt wird.

Bitte *prüfen* Sie diese Behauptung bevor sie weiter lesen.

Damit sind die Träger dieser Gewalt *vom Willen* derjenigen emanzipiert, denen diese Regeln auferlegt wurden. *Jetzt* reicht es Texte aufzuschreiben um *geltende* Regeln aufzustellen.

Jetzt holen nicht mehr bewaffnete Truppen das Getreide vom Hof, sondern man bekommt einen Steuerbescheid von einem Boten überbracht. Es wird ein Kontrollsystem errichtet, welches darüber wacht, dass bei einer Nichtfolgeleistung eine Sanktion zu erfolgen hat. Wie selbstverständlich patrouillieren bewaffnete Einheiten durch die Stadt.

Herrschaft ist kein Selbstzweck ! Sie sucht nach einer Methode die Arbeitskraft der Menschen *ihren* Zwecken zu unterwerfen. Wenn Ruhe ist, und alle unter diesem Kommando arbeiten, ist Gewalt auch aus der Perspektive ihrer Träger, kontraproduktiv. Wenn Gewalt erforderlich ist, weil die Leute nicht so wollen wie ihre Herrschaften, muss deren Wille gebrochen werden. Damit beweist man aber dem so angesprochenen, dass es nicht um seinen Willen geht. Eigentum und Gesetzte wirken stumm. Diese Gewalt macht *dem Willen* ein Angebot.

- Diene, und *du hast* ein Einkommen.

Das hat nichts mit Rücksichtnahme auf, oder Mitleid mit den Opfern ihrer Gewalt zu tun. Herrschaft reflektiert ihre Zwecke und *weiss,* dass Gewalt immer das letzte Mittel sein sollte. Gewalt erschwert den Kniefall, *die freiwillige Unterwerfung* der Opfer, weil sie sich dem Willen als entgegengesetzte Gewalt zu erkennen geben muss. Die Sternstunde der Gewalt ist dann gekommen, wenn *sie sich selbst* verordnet, nur soviel Gewalt anzuwenden, wie sie es braucht, um diesen Idealzustand, Text wird zu Gesetz, durchzusetzen (Verhältnismäßigkeitsprinzip / Übermaßverbot).

Ab hier *ist* jede Handlung in der Gesellschaft, sogar ihre Gewalt selbst, Gegenstand *ihrer* gesetzlichen Regulation.

Deren Exzesse, Krieg, je nach aktuellem Zeitgeist der Elite auch Folter, das Wegräumen von Demonstranten, sind permanent sichtbar. Aber eben nicht mehr überall, an jedem Punkt der Gesellschaft. Jetzt ist Frieden.

Die Gewalt nistet sich *so* in den Alltag ein. Der Kernpunkt ist die gesellschaftliche Produktion. Beide Kreaturen, ´Arbeitgeber´ und ´Arbeitnehmer´, sind in ihren Handlungen so konditioniert, dass sie durch die Ausübung ihrer eigenen Reproduktion, automatisch die Gewalt mit den Mitteln versorgen, welche diese zur Fortsetzung und Entwicklung ihrer Existenz benötigt. Jede gesellschaftliche Aktivität ist so *funktionalisiert,* als Reproduktionswerkzeug der Elite welche ihr Volk regiert. Das ist der Grund, warum es ein durch Zwangsabgaben finanziertes Budget, zum Beispiel den Verteidigungshaushalt gibt. *Und*, *gleichzeitig* ein Volk, welches bereitwillig diese Waffen produziert, weil es ein Geld braucht, dienen will weil es muss, um leben zu können. Das ist dann Alltag, eine Existenz an ´unsichtbare´ Ketten gelegt.

Wenn der Arbeitgeber den Lohn nicht auszahlt, oder der Arbeitnehmer streikt, die in der Gesellschaft *erzeugten* Gegensätze durch die Wahrnehmung der aufoktroyierten Rollen sichtbar werden, erscheint es den beiden Teilnehmern dieser Veranstaltung so, als ob sie es selbst sind, welche nach einer Gewalt rufen, um den Streit um den gesellschaftlichen Reichtum zu schlichten. Es scheint so, als ob sie selbst Ursache der Wirkung sind; Raub und Betrug sind allgegenwärtig. Der Mensch ist dem Menschen ein Wolf; Und will gebändigt sein (eine seit 254 v. Chr bekannte Redensart).

In den Personengruppen, auf welche ich ihre Aufmerksamkeit lenken möchte, nennt man diesen gesellschaftlichen Zustand, erst Status quo, dann Contenance, oder heute ´politische Korrektheit´. Dieser Begriff, zuerst in lateinischer Sprache, bezeichnet einen ´erreichten Zustand´. Diese bewusst gewählte Wort*brücke* bezeichnet einen politischen Ist-Zustand, welcher erfolgreich in der Zielgruppe, **als Lebensinhalt** verankert ist. Deshalb *soll,* und muss, und wird dieser Zustand redaktionell betreut, um im Sprachgebrauch erkenntlich, das staatliche Diktat als plausibilisierte ´*Selbstverständlichkeit,* ´politisch korrekt´ zu replizieren. Ein Beispiel: Eine rote Ampel. In der Selbstdarstellung der Staatsgewalt gebietet *´die Vernunft ´* anzuhalten. Womöglich kommt ein Auto? Und doch fährt nicht nur einer, und zu schnell, bei Rot! - Dementsprechend erfolgt eine Wortschöpfung : Die Täter werden als ´Raser´ gekennzeichnet.

Die Notwendigkeit der Mobilität entspringt der ökonomischen Definition des ´Arbeitnehmers', und die Eile, der Zeitmangel, resultiert *als gesetzliche Verpflichtung* aus der Differenz von Dauer des diktierten Arbeitstages und der gesetzlichen Definition dessen, was Arbeitnehmern zumutbar ist

SGB III § 140 Abs 4 "Abs. 4 regelt einerseits die Pendelzeiten, die einem Arbeitslosen je Arbeitstag zumutbar sind. Bei Beschäftigungen mit einer Arbeitszeit von bis zu 6 Stunden Dauer sind das 2 Stunden, bei einer Arbeitszeit von mehr als 6 Stunden Dauer sind das 2,5 Stunden. Abs. 4 Satz 3 bestimmt, dass der Arbeitslose auch längere Pendelzeiten hinnehmen muss, wenn diese in der Region unter vergleichbaren Arbeitnehmern üblich sind. Das kann insbesondere ländliche Regionen betreffen. Längere Pendelzeiten sieht der Gesetzgeber als unzumutbar an. Damit wird eine angebotene konkrete Beschäftigung jedoch nicht unzumutbar, weil sich in diesen Fällen die Frage stellt, ob es dem Arbeitslosen zumutbar ist, an den neuen Beschäftigungsort umzuziehen. Das ist in der Regel der Fall."

(https://www.haufe.de/personal/haufe-personal-office-platin/sauer-sgbiii-140-zumutbare-beschaeftigungen_idesk_PI42323_HI525890.html , Sauer, SGB III § 140 Zumutbare Beschäftigungen, aus dem Internet)

Die Wirkung dieses Gesetzes, die rote Ampel selbst ist auch gesetzliches Regelwerk, bedeutet im Alltag, dass ab einer Beschäftigungsdauer von 6 Stunden und einer Minute, ein Arbeitsweg von 5 Stunden, hin *und* zurück, zumutbar *ist*, Punkt. 6 und 5 ergeben als Summe, gerundet, 11 Stunden. - Ein Tag hat 24 Stunden. 24 -11 = 13.

Schlafen muss man ja auch, um den Chef mit seiner Leistung zu erfreuen. Wir schlafen um Zeit zu gewinnen nur 7 Stunden, dann verbleiben 6 Stunden pro Lebenstag um zu kochen, und zu waschen, Lebensmittel zu besorgen, die Zähne zu putzen, ..., und sich frisch zu machen für den nächsten Arbeitstag. - Status quo. - *Danach* ist Freizeit.

Das muss man alles nicht wissen, niemand muss sich dessen bewusst sein. Aber, zu spüren bekommt es jeder, spätestens vor Gericht. Dort gilt dann, Unwissendheit schützt vor Strafe nicht. Das Gericht unterscheidet dann nur noch, ob das Gesetz befolgt wurde, und wenn nicht, ob dieser Verstoß fahrlässig, also ohne willentliche Absicht, oder mit Absicht, als vorsätzlich, abzuurteilen ist. Der Hinweis ans Gericht gewendet, dass der Tag nur 24 Stunden hat wird abgewiesen. Man hat sich einzurichten mit dem Gesetz. - Status quo. Es ist eben nicht einfach 2 Herren gleichzeitig zu dienen. Insbesondere dann, wenn der eine ´Herr´ morgen früh wieder auf die lange Reise *muss*, um seine Rechnungen bezahlen zu können.

Text wird zum Gesetz, *zur **unabweisbaren** Handlungsvoraussetzung* jedes Menschen. Das ist der Status quo.

Herrschaft existiert *neben* der Gesellschaft, vorgesetzt und übergeordnet.

Der Volksmund bringt diesen Sachverhalt bestätigend, adaptiv zum Ausdruck: ′Das war schon immer so, und wird auch immer so bleiben′. Denselben Sachverhalt beschreiben die Herren dieser Völker, entsprechend ihres Ranges, als ideologischen Imperativ. Der Rechtsstaat wird als Voraussetzung von Zivilisation proklamiert. - Die Geister die ich rief, werd ich nun nicht mehr los.

Die Gewalt des Staates, Regierung, wird von den gesellschaftlichen Kreaturen dieser Gewalt als Voraussetzung und Dienstleister ihrer Existenzgrundlage wahrgenommen. Diesen Zustand, das Status Quo, hat die Regierung selbst, durch das gesellschaftliche Diktat des Eigentums eingerichtet. Ein *Volk* **will** regiert werden. Die Konsequenzen des damit akzeptierten Alltags, Reichtum und Armut, Krieg, die Vernichtung der natürlichen Lebensvoraussetzungen, bekannt als die ′Umwelt′, seit Anfang des 21. Jahrhunderts ′breaking news′, die Krise der Geldwirtschaft, *und vor allem* die Ausländer, wecken Zweifel. Nicht an der Herrschaft prinzipiell, sondern an ihrem erfundenen Auftrag. Eigentlich, *soll* doch die die *Herrschaft* dem Volk dienen!

Dieselben Menschen, deren Alltag ausschließlich darin besteht Anweisungen und Gesetzeslagen zu befolgen, bestehen darauf, dass ihre Einbildung, Herrschaft stelle ihnen die Mittel bereit um ihr Leben zu organisieren, dieses Leben dann auch ermöglicht.

Herrschaft wird mit dem Vorwurf konfrontiert, dass sie der Vorstellung des Volkes von dem was Regierung sei, nur unzureichend nachkomme. Wie kann das sein?

An dieser Stelle ist es wichtig zu verstehen, **nachzuvollziehen**, dass hier nicht das Prinzip der Herrschaft kritisiert wird. Herrschaft wird *gefordert*. - Aber; Die Richtige.

Wir kommen dem Gegenstand dieses Buches, Nationalismus, immer näher.

Nationalismus liegt bereits im Anerkennen der durch Gesetz hergestellten und damit den Menschen zugewiesenen Rollen vor. Jeder Bürger glaubt daran, dass eine Staatsbürgerschaft etwas anderes ist als ein mit Gewalt vollzogener Rechtsanspruch von Regierung. Man *ist* deutsch, oder polnisch, oder russisch. Aus diesem Akt der Unterwerfung machen die Träger dieses staatlichen Urteils, innerlich, einen Besitz. Dass das ein Irrtum ist, sagt die Gewalt selbst:

“Dieser Reisepass ist Eigentum der Bundesrepublik Deutschland “

(Information der ausstellenden Staatsgewalt)

Bürger begreifen sich als mit Rechten *ausgestattet*. Ohne auch nur an Nationalismus zu denken, erfolgt die Nutzung des Wortes ´deutsch´ als Adjektiv. So wie ein Apfel sauer oder süß sein kann, so ist es für diese Geisteshaltung auch mit der Nationalität von Menschen. Dieser Nationalismus ist weltweit, durchgesetzt, selbstverständlich. Wie *kann* man sonst die Seinen von den Anderen *überhaupt* unterscheiden und sortieren, wenn man sich nicht selbst einer Partei zuordnet?

Nicht nur, aber auch in Deutschland, ist das Wort ´Nationalismus´ negativ belegt. Es steht als Synomym für eine Regierungs*form*, den Faschismus, und insbesondere für eine Kritik an *der Person* Adolf Hitler. Es ist festzustellen, dass auch Regierungen im aktuellen Tagesgeschehen politische Neuauflagen der politischen Vergangenheit wiedererkennen.

> "Die Vorsitzende der rechtspopulistischen Alternative für Deutschland (AfD), Frauke Petry, verlangt eine deutlich strengere Überwachung der deutschen Grenzen. ´Wir brauchen umfassende Kontrollen, damit nicht weiter so viele unregistrierte Flüchtlinge über Österreich einreisen können´, sagte Petry der Zeitung Mannheimer Morgen. Notfalls müssten Polizisten an der Grenze ´auch von der Schusswaffe Gebrauch machen. So steht es im Gesetz´, sagte Petry. Kein Polizist wolle auf einen Flüchtling schießen. ´Ich will das auch nicht. Aber zur Ultima Ratio gehört der Einsatz von Waffengewalt´, sagte Petry. Entscheidend sei, dass es nicht so weit komme und über Abkommen mit Österreich und Kontrollen an EU-Außengrenzen der Flüchtlingsandrang gebremst werde."
>
> (https://www.zeit.de/politik/deutschland/2016-01/frauke-petry-afd-grenzschutz-auf-fluechtlinge-schiessen , AfD will Flüchtlinge notfalls mit Waffengewalt stoppen , Zeit Online, 30.01.2016)

Es ist ebenso festzustellen, dass die angegebene *Alternative* zum Schusswaffengebrauch, Abkommen nicht nur mit Österreich und Kontrollen an EU-Außengrenzen, das Schengen-, und Dublinabkommen, die Aufstellung einer Grenzschutzagentur FRONTEX, die Einrichtung von Ankerzentren, Anpassungen des Asylrechts, und vieles mehr **von den Kritikern** der AfD als notwendige Maßnahme gegen dieselbe Personengruppe beschlossene Realität ist. Damit ist klargestellt, dass die Kritik nicht der nationalen Sortierung der Menschheit gilt, sondern dem neuen Konkurrenten um die staatlichen Ämter, welche es erlauben *Alternativen* zum Schusswaffengebrauch *gegen dieselbe Zielgruppe* zur politischen Wirklichkeit, zum Alltag von Menschen zu machen.

Die Wiederkennung des Nationalismus jedoch ist zutreffend. Wie kommt es zu dieser Wiederholung? Wie entwickelt sich die Radikalisierung dessen, was als Nationalismus beginnt und als bekanntes Ende im Faschismus gipfelt? - Die in der Gesellschaft verankerte Konkurrenz entwickelt sich, hat eine Entwicklung im zeitlichen Verlauf, nach der oben dargestellten, initiierenden Wirkung des Eigentums auf die gesellschaflichen Akteure. Diese gesellschaftlichen *Phasen* sind als Krisen, der Wirtschaft, des Arbeitsmarktes, oder der Geldwirtschaft, am Ende als Kritik der *Selbstdarstellung* der Herrschaftsmethode selbst, *auch* aus der Vergangenheit bekannt.

Dieselben gesetzlichen Prinzipien und Konsequenzen des Eigentums waren nach ihrer Inkraftsetzung nach der französischen Revolution in Europa auf dem Siegeszug. Der Privatmacht der Könige wurde der Kopf abgeschlagen und durch die gesellschaftliche Macht derjenigen ersetzt, welche auch schon im Auftrag ihrer Hoheit dessen Gewalt *materiell* in Kraft setzten. Die Gutsherren und Mitglieder des Adels, waren durch die Nobilitierung der Monarchen in den Stand erhoben, lokale Herrschaftsrechte auf einem ihnen zugesprochenen Stück dieses Planeten an denjenigen auszuüben, welche diesem Stand untergeordnet waren. Diese Von-Fürsten und Ritter setzten den Anspruch des Königs durch, dass Land und Leute auf dem Territorium welches er als *sein* Land beanspruchte, auch *entsprechend* des Personalpronomens bewirtschaftet wurden.

Die gewaltsam hergestellte Expropriation der dort lebenden Bevölkung wurde auch damals durch das Angebot des Dienstes an den Herrschaften durchgesetzt. Eigentum ist eine Methode, die Art und Weise, wie Herrschaft ihr Diktat dem unterworfenen Willen *als Angebot präsentiert*.

Die Beseitigung der gesellschaftlichen Figur, König, versetzte die Verwalter der materiellen Voraussetzungen von dessen Herrschaft in eine neue Lage. Die Abschaffung der Monarchie befreite sie von den Tributzahlungen. Ab sofort waren sie in der Lage, das Personal war ja auch schon vorher *ihnen* zu Diensten, das zu bewirtschaften was nicht der Revolution zum Opfer fiel. Der Geist des Königs lebt im Eigentum weiter. Das Prinzip Eigentum beansprucht die Gewalt über Zweck und Resultat der gesellschaftlichen Arbeit.

Das ist lange her. Sicher. Aber wie gezeigt, und aus eigener Erfahrung, weiß jeder dass es Eigentum gibt. Und vor allem ist es so, dass die stumme Wirkung des Eigentums, bis heute, durchgehend als Angebot akzeptiert ist. Außer, damals wie heute, von Linken. Und vor denen wird man jeden Tag gewarnt. Selbst wenn Asylantenheime brennen, wird man ermahnt diese Gefahr nicht zu vergessen.

Dieser kleine Ausflug sollte nur aufzeigen, dass das was im folgenden als phasenweise Radikalisierung des politischen Bürgers dargestellt wird, eine historische Basis hat. Die dargestellte Haltung der Opfer dieser *Bewirtschaftung von Menschen*, deren Entscheidung das ökonomische Gewaltverhältnis als ein Angebot zu ihrer Existenzsicherung zu subjektivieren, trifft sehr schnell auf Widersprüche.

Ihre Weltsicht, dass die Gewalt ihnen diene, wird enttäuscht. Ihr Leben, der Arbeit unter fremdem Kommando gewidmet, sieht sich selbst nicht erst am Lebensabend mit leeren Händen vor dem inneren Spiegel. Bereits im November weiß man, dass der Januar hart wird. Die Heizkostenabrechnung treibt Millionen die Schweißperlen auf die Stirn. Der Lohn reicht hinten und vorne nicht. - Und die Kinder brauchen neue Hosen. Naja, wird schon irgendwie gehen, jahrelang. Und dann kommt für Millionen der Punkt, wo man nicht nur Miete, nicht mehr bezahlen kann.

Die Radikalisierung des politischen Bürgers

Phase 1:
Subjektivierung des Eigentums als Motor und Mittel der Gesellschaft

Das Grundgesetz tritt 1949 in Kraft. Die beiden Akteure starten. Bei Null. In den Geschäftsbüchern der Unternehmer der Unternehmen steht die 1948 *eingeführte* D-Mark als Bilanzsumme. Das Wirtschaftswunder beginnt. Es wird investiert. Die noch rauchenden Trümmer des 2. Weltkrieges lassen das Stimmungsbarometer bei Arbeitnehmern und Arbeitgebern schwarzrotgold glühen.

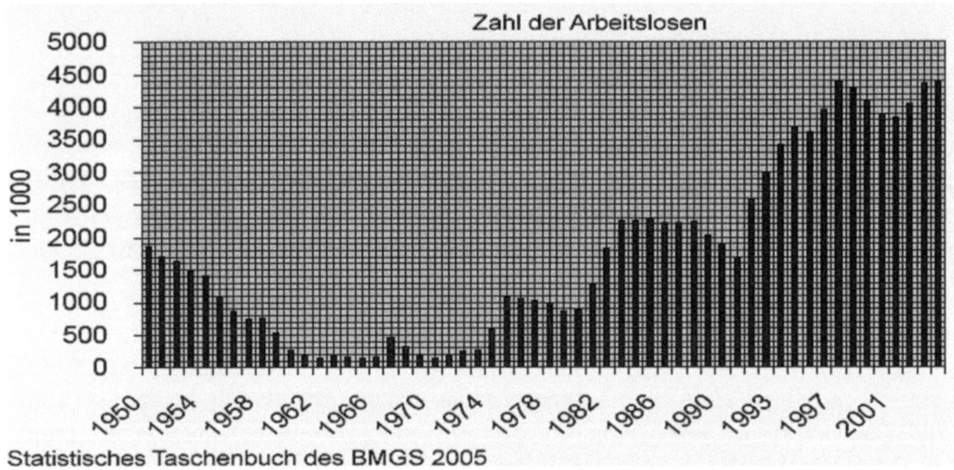

(https://de.wikipedia.org/wiki/Datei:ArbeitsloseBRD.PNG)

Die jährlich in den Geschäftsbüchern in D-Mark bilanzierte Eigentumsumme wächst. *Und* damit die im folgenden Jahr kalkulierten *Gewinnerwartungen*. Die Arbeitnehmer arbeiten und erwirtschaften den Gewinn, das woran die Arbeitgeber interessiert sind. Deren in D-Mark bilanziertes Eigentum vermehrt sich. Es wird investiert.

10000 / 100 * 5 = 500.

Im 2. Jahr stehen dann 10500 mit einer Gewinnerwartung in den Büchern.

Es wird *re*investiert. Jetzt hat sich die Zins*basis* der Gewinnerwartung aber vergrößert. Die Gewinnerwartung, *die Voraussetzung* des Arbeitgebens ist *gestiegen*.

10500 / 100 * 5 = 525.

Der abnehmenden Binnennachfrage, die Ruinen sind weggeräumt und durch Neubauten ersetzt, kann durch die Ausweitung des Absatzmarktes auf ein Ausland ausgeglichen und erweitert werden. Die EWG wird 1957 und das GATT bereits 1947 erzeugt.

Jetzt hat sich die Zins*basis, und der Zins, die Voraussetzung* des Arbeitgebens aber auch, wieder, vergrößert. 10.000.000.000.000 / 100 *10 = 1.000.000.000.000

Die Gewinnerwartung ist *erneut* gestiegen.

In der hier betrachteten Wirtschaftsweise steht Geld im Zentrum der gesellschaftlichen Aktivität. Die Verfügung über Geld ist Voraussetzung des Zugriffs auf den gesellschaftlichen Reichtum. Auch das ist keine Wirkung der Papierzettel oder der Münzen, sondern das Resultat der Gewalt welche diese *Funktion* herstellt. Die Notwendigkeit dieses Hoheitsaktes entspringt der gesellschaftlichen Trennung der Arbeit von ihren Voraussetzungen **und** ihrem Produkt *durch* das Eigentum.

Geld garantiert und *funktionionalisiert* diese Trennung, weil es den Zugriff der Produzenten auf ihr Arbeitsresultat, *dosierbar*, beschränkt.

Dem Besitzer von Geld ermöglicht es den Zugriff, aber eben *nur* dem Besitzer von Geld. Die Summe Geld selbst, begrenzt die Verfügungsmacht der Produzenten auf den als Eigentum von ´Arbeitgebern´ produzierten, gesellschaftlichen Reichtum. Die Differenz ist der *kalkulatorische* Gewinn jedes ´Unternehmens´. Im gesellschaftlichen Bewusstsein ist diese Tatsache anders verankert. Hier denkt man, Geld öffne den Zugang zum sichtbaren Reichtum *prinzipiell*, weil man alles damit kaufen *könnte*. Die Schranke, die eigene Mittellosigkeit, die Tatsache, dass man kein Geld hat, *es auch nicht herstellen darf*, man *deswegen alles kaufen muss*, ist in diesem Bewusstsein nicht vorhanden. Die Notwendigkeit, dass man sich zuerst in den Besitz von Geld bringen muss, um das zu kaufen was man vor den Augen sieht, bereits produziert ist, wird nicht als Trennung der Arbeit von ihrem Produkt identifiziert, sondern als prinzipielle Zugriffs*möglichkeit* auf den gesamten Reichtum wahrgenommen. Mit Geld kann man sich alles kaufen. Das man keines hat, wird als Eigenschaft der Interessenten betrachtet, welche sich nur noch in den Besitz von Geld bringen müssen, damit das Geld die gedachte Wirkung erbringt. Der Preis der an einem Brot klebt, diese *Trennung* vom sichtbar, verfügbaren gesellschaftlichem Reichtum, wird durch die Tatsache dass man ihn bezahlen *könnte,* innerlich in ein Mittel zum Zugriff auf den gesellschaftlichen Reichtum verwandelt.

Und da steht man nun, ohne Brot und ohne Geld im Supermarkt. Das gilt für alle Mitglieder der Gesellschaft, gleich.

Der Mensch denkt. Ohne Brot und Geld im Supermarkt! Dafür gibts doch was! Und schreibt eine Bewerbung, adressiert an die Stellen der Gesellschaft, ´Arbeitgeber´, wo es das gibt, was zum guten Ende noch gefehlt habe. Geld *und die notwendigen Produktionsmittel.* (Wer hat´s erfunden?)

´Arbeitnehmer´ und ´Arbeitgeber´ müssen Geld benutzen um sich etwas zu kaufen. Betrachten wir die Quelle, die ökonomische Herkunft und die rollenspezifische Verwendung dieses Geldes etwas genauer.

Wenn der ´Arbeitnehmer´ sich etwas kauft, ist sein Geld weg. Er hat jetzt einen Gebrauchswert in seinen Händen. Nach dem Konsum dieses Gebrauchswerts ist sein Geld und der Gebrauchswert weg, verbraucht. Sein Konsum reproduziert seine Mittellosigkeit.

´Arbeitgeber´ sind Besitzer von Eigentum. Sie besitzen Land, oder eine Fabrik, oder ein Geld welches sie nicht zum Konsum benötigen. Diese Tatsache unterscheidet sie vom ´Arbeitnehmer´.

´Arbeitgeber´ kaufen auch Gebrauchswerte *und* Arbeitkraft, kombinieren beides, und lassen den ´Arbeitnehmer´ ein Produkt herstellen. Auch der ´Arbeitgeber´ hat jetzt einen Gebrauchswert in den Händen. Dieser Gebrauchswert ist jedoch nicht für den eigenen Konsum, sondern als Tauschwert zum Verkauf an andere bestimmt. Nach dem Verkauf fließt das Geld zu ihm wieder zurück.

Nicht nur das. Wenn eine der Höhe nach, gleiche Geldsumme zu ihm zurückfliesst, hat sich seine Anstrengung nicht bezahlt gemacht. Wenn er 100 investiert und 100 zurückkommen, wozu dann der ganze Aufwand? Also ist der Überschuss, Profit, seine Motivation. Ohne Gewinnaussicht unterläßt er den Aufwand. Um überprüfen zu können, ob sich sich am Ende dieser Überschuss ergeben hat, führt er ein Buch um Kosten und Umsatz berechnen zu können, um aus den beiden Summen dann die Differenz zu bilden.

Das Interesse der eigentumslosen Massen, deren Lohn, kommt in dieser betriebswirtschaftlichen Kalkulation *als Behinderung* des Betriebszwecks vor. Die Leistung, die zu erbringende Arbeit, ist das Mittel des Geschäftserfolges. Der Preis dieser Arbeit, Lohn, ist Abzug vom Gewinn. Jede Pause muss erkämpft werden. Umso schneller, intensiver gearbeitet wird, desto besser.

Der Lohn, das wovon diejenigen welche die Arbeit machen, leben *müssen,* ist für den Betriebszweck eine negative, ihm zuwiderlaufende Größe. Bitte analysieren Sie die nachfolgende Kostentabelle:

Beispielkalkulation 1		Produktionsmenge	Beispielkalkulation 2	
Lohn	1000		Lohn	500
Krankenversicherung	100		Krankenversicherung	100
Arbeitslosenversicherung	150		Arbeitslosenversicherung	150
Rentenversicherung	150		Rentenversicherung	150
Betriebsstoffe	1000	1000	Betriebsstoffe	1000
Betriebsmittel	1000		Betriebsmittel	1000
Gesamtkosten	3400		Gesamtkosten	2900
Umsatz	5000		Umsatz	5000
Gewinn	1600		Gewinn	2100

Wenn der Lohn sinkt, vergrößert sich der Gewinn eines Unternehmens. Im Beispiel um 500.

Wenn der Arbeitnehmer schneller arbeitet, also die Produktionsmenge *pro bezahlter Stunde* steigt, also mehr Umsatz bei konstanten Lohnkosten ermöglicht, tritt dieselbe Wirkung ein.

Die Absenkung des Lohnes und die Erhöhung der Arbeitsintensität sind demnach Mittel eines Unternehmens den Betriebszweck zu erreichen. Hier bereits fällt auf, dass diese Kalkulationsweise nicht im Interesse des Arbeitnehmers liegen kann. Die Absenkung seines Lebensmittels, des Lohnes, und die Erhöhung der von ihm zu leistenden Arbeit widersprechen seinem Interesse.

Er *will* aber Lohnarbeiter sein, weil er den Zwang zum Verkauf seiner Arbeitskraft als sein Mittel begreift, als ein Angebot, welches für ihn geschaffen sei, und welches er nur noch annehmen muss. Der oben in der Tabelle erbrachte *Nachweis* seines Irrtums, und der lebenslang als Existenzkampf erlebte Alltag, widerlegen für ihn *nicht* seine falsche Annahme, Eigentum sei ein Angebot, für ihn erschaffen, damit er existieren kann. Die *Alternativlosigkeit* vor die ihn seine Armut stellt, und sein Wille die ihm zugewiesene Rolle auch anzunehmen, sich ihr auszuliefern, und das zu tun wozu er aufgefordert ist, setzt ihn *stattdessen*, seine Person *innerlich* ins Recht. *Er* tut seine Pflicht.

´Arbeiternehmer´ erleben oder sind einer der Millionen von ´Arbeitslosen´, Armut im Alter wird allen angekündigt, und weitere Millionen suchen in Containern nach Verwertbarem? Wo liegen die Usachen? Wenn sich der Lohn dann nicht einstellt, er seine Pflicht tut, dann geht es *ungerecht* zu!

Phase 2:
Die Umdeutung der politischen Wirkung der Konkurrenz als menschliches Fehlverhalten

Es beginnt eine Suche nach Schuldigen welche das *eigentlich* gute System vor seinen negativen Wirkungen rettet. Nicht das politische Diktat Eigentum und dessen Wirkung werden kritisiert, sondern ein Fehlverhalten bei dessen Gebrauch wird zum Gegenstand der Beschwerde:

- Unternehmer wollen *nur* Gewinne machen
- Arbeiter beharren auf *zu hohen*, unrentablen Löhnen

Ein allgemeiner Mangel am Willen zu freiwilliger Beschränkung des Einkommens wird als Grund der festgestellten Schieflage angegeben. Der Egoismus und das Anspruchsdenken des jeweils anderen Teilnehmers der Konkurrenz werden als Ursache des Systemversagens begriffen.

Die Konkurrenzteilnehmer halten innerlich am prinzipiellen Nutzen des Eigentums fest, schreiten aber voran zur Kritik am geglaubten, jeweils individuellen, materiellen Anspruch.

Der in Phase 1 unterstellte, materielle Zweck der vorgefundenen, gesellschaftlichen Ordnung, Existenzsicherung, wird *relativiert* am Gemeinwohl. Nur Egoismus, wohin man auch schaut. Damit die unterstellte, gute Absicht der *eigentlich* guten Ordnung der Gesellschaft nicht fehlschlägt, muss jeder einzelne sich bescheidener geben, Abstriche, Opfer erbringen, einen Verzicht *leisten*, damit der unterstellte Zweck realisiert werden kann.

> “Schauen Sie, die Arbeitnehmerinnen und Arbeitnehmer haben in den letzten Jahren Lohnabschlüsse akzeptieren müssen, die stets mit der Aussage der Arbeitgeber verbunden waren, die Hoffnung damit geweckt wurde, niedrige Lohnabschlüsse würden dazu führen, daß wir zu mehr Beschäftigung kommen. Die Arbeitnehmerinnen und Arbeitnehmer fühlen sich nunmehr zurecht in doppelter Weise geprellt, nämlich sie haben auf der einen Seite niedrige Lohnabschlüsse akzeptiert, weil die Rahmenbedingungen uns eben dazu gezwungen haben, aber andererseits sind auch nicht mehr Beschäftigte heute zu registrieren, sondern weniger. Sie haben sozusagen doppelt bezahlt, wenn man das so formulieren will. Deshalb ist der Zeitpunkt, wo die Erwartung von den Arbeitnehmerinnen und Arbeitnehmern berechtigterweise dahingehend gerichtet ist, daß sie jetzt mal wieder dran sind in Form von mehr Einkommen, von mehr Geld in der Tasche, und darauf richtet sich auch die aktuelle Tarifpolitik.”

(https://www.deutschlandfunk.de/gewerkschaften-uneinig-ueber-strategie-fuer-ein-buendnis.694.de.html?dram:article_id=59917 , Interview Deutschlandfunk, Klaus Zwickel, ehm. Vorsitzender IG Metall, 27.10.1998, Deutschlandfunk)

´Arbeitnehmer´ konkurrieren um das Interesse der ´Arbeitgeber´ an der Erhaltung ihrer Existenz.

Die durch das Recht auf Eigentum erzeugte Eigentumslosigkeit, die Trennung von den Mitteln und Ergebnissen der Reproduktion, versetzt die ´Arbeitgeber´ in die Lage die Bewerber *weltweit* zu vergleichen. Der Preis der Arbeit, der Lohn, *die Existenzvoraussetzung der Arbeitnehmer* wird zum Verhandlungsgegenstand. Die Erfüllung der Gewinnerwartung des ´Arbeitgebers´ wird *als Voraussetzung* jeder Lohnzahlung zur gesellschaftlichen Verhandlungsbasis. Ist diese Voraussetzung nicht erfüllt, unterbleibt die Erlaubnis der Nutzung von den in Privatbesitz existierenden Produktionsmitteln. Durch diese Option s*einer Entscheidung als ´Arbeitgeber´,* ist den Lohnabhängigen die in dieser Gesellschaft *politisch erzeugte* Bedingung ihrer Existenz *entzogen*. Deswegen *bleiben* Millionen einkommenslos in der Welt des Eigentums.

Ohne *die Erlaubnis* arbeiten zu dürfen, der Wahrnehmung seiner durch das Eigentum zugewiesenen Rolle, ist ein ´Arbeitnehmer´ nicht existenzfähig. **Er** *muss* sich verkaufen.

Die Anzahl der Bewerber ist gross. Lohnabschlüsse sind zu akzeptieren, so, dass der Lohn, die Lebensquelle des ´Arbeitnehmers´, den Kalkulationen der ´Unternehmer´, *deren* Gewinnerwartung, nicht im Wege steht.

Was ist denn das, diese Gewinnerwartung? *Wie viel* muss es denn sein?

"Entlassungswelle nach Milliardengewinn
Einen Tag nach dem stolz verkündeten Gewinn überrascht der Ölmulti BP negativ: Er will rund 600 Stellen in Deutschland abbauen - möglicherweise auch mit betriebsbedingten Kündigungen.

Frankfurt a.M. Der britische Ölmulti BP schreibt schwarze Zahlen. Das hindert ihn aber nicht daran, Stellen abzubauen: Rund 600 Arbeitsplätze will BP trotz Milliardengewinns in Deutschland streichen. "Gemeinsam versuchen wir alles, um betriebsbedingte Kündigungen zu vermeiden, aber noch können wir sie nicht garantieren", sagte der Vorstandschef der Deutschen BP, Uwe Franke, zu den Plänen den Zeitungen der Essener WAZ-Gruppe. Von den rund 1200 Arbeitsplätzen in der Bochumer Hauptverwaltung sollen demnach 200 Stellen in ein neues europäisches Dienstleistungszentrum nach Budapest verlagert werden. In der Gelsenkirchener Raffinerie sollten 340 von bislang 2060 Stellen wegfallen. Zudem seien in Hamburg demnach 50 und in Mönchengladbach zehn Arbeitsplätze betroffen. … BP-Chef Tony Hayward hatte Anfang des Jahres ein Sparprogramm aufgelegt, mit dem die Kosten bis Ende 2009 um zwei Milliarden Dollar sinken sollten. Weil das Sparziel bereits erreicht ist, hat er eine neue Devise ausgegeben: Nun sollen die Ausgaben bis Ende des Jahres um vier Milliarden Dollar gegenüber 2008 reduziert werden."

(Frankfurter Rundschau, 28.10.2009, https://www.fr.de/wirtschaft/entlassungswelle-nach-milliardengewinn-11507180.html)

INVESTITION Summe	UMSATZ Summe	LOHNKOSTEN ANTEIL	GEWINN =Umsatz - Investition	KAPITAL RENDITE % (Gewinn / Investition) *100	LOHN RENDITE % (Gewinn / Lohnkosten) *100	LOHNKOSTEN Anteil an GK % (Lohn / Investition) *100
1000	**1600**	**600**	**600**	**60,00%**	**100,00%**	**60,00%**
10000	**16000**	**6000**	**6000**	**60,00%**	**100,00%**	**60,00%**
8000	**16000**	**4000**	**8000**	**100,00%**	**200,00%**	**50,00%**
10000	**21333**	**6000**	**11333**	**113,33%**	**188,88%**	**60,00%**

Solche Berechnungen sind die Grundlage betriebswirtschaftlicher *Planung* und Entscheidungen. Diese *kalkulierten* Sollwerte dienen Vergleichs- und Steuerungszwecken, zusammen mit dem als Arbeitsbericht *protokollierten*, aktuellem Ist-Zustand der realen Produktion.
In der ersten Zeile werden 1000 investiert und ein Umsatz von 1600 erzielt. Der Lohnkostenanteil an der Gesamtinvestition beträgt 600. Nach Abzug der Kosten vom erzielten Umsatz verbleibt ein Gewinn von 600.

In der zweiten Zeile wird der Kapitaleinsatz verzehnfacht. Nehmen wir einfach an, weil das Vorjahr, die erste Zeile, einen Gewinn erbracht hat. Dadurch verzehnfachen sich Lohnkosten und Umsatz ebenfalls. Der Gewinn hat sich ebenfalls um den Faktor 10, auf 6000 vergrößert. Die Kapitalrendite ist aber *nicht* gestiegen, obwohl die zehnfache Menge an Geld investiert wurde.

In Zeile 3 wurden die Lohnkosten gesenkt. Von 6000 auf 4000. Sagen wir, weil Teile der Produktion ins Ausland verlagert wurden, Verträge auf 400-Euro Basis abgeschlossen, oder rationalisiert wurde, oder Stellen gestrichen wurden, oder die Firma erst geschlossen wurde, um dann unter anderem Namen dieselbe Produktion mit schlechterer Bezahlung fortzusetzen, oder man bietet am selben Ort eine Änderungskündigung an, und und... Bei einem Kapitaleinsatz von jetzt 8000, die Löhne sind ja um 2000 gesenkt worden, wird der gleiche Umsatz erzielt. Es ist nicht weiter verwunderlich, dass sich deshalb der Gewinn von 6000 auf 8000 erhöht hat. Die Kapitalrendite ist um 40% gestiegen, und die Lohnrendite hat sich sogar verdoppelt!

In Zeile 4 wurden Arbeiter eingestellt. Es wird also mehr produziert und der Umsatz steigt. Der Gewinn erreicht in Zeile 4, das Maximum. 11333 ist die größte als Gewinn ausgegebene Summe der 4 Beispielkalkulationen. Trotzdem wird jeder 'Unternehmer' sofort erkennen, dass der Lohnrenditewert, in Zeile 3, ***das Verhältnis*** zwischen eingesetzten Lohnkosten und dem erzielten Gewinn *besser* ist. Die *absolute Geldmenge*, als Gewinn ausgewiesen, 11333 sind mehr als 8000, ist nicht der einzige Maßstab unternehmerischer Kalkulation.

Das Verhältnis von erzieltem Gewinn und der dazu erforderlichen Lohnsumme setzt den Gewinn, ins Verhältnis zur bezahlten Arbeitskraft. Die Lohnsumme ist das Geld, welches in der Firma für Menschen bezahlt werden muss, welche das verkaufsfähige Produkt abliefern. Es wird also berechnet, wie viel Lohn gezahlt wurde, um den Gewinn zu realisieren.

Umso größer dieser Prozentsatz ist, desto höher ist der Gewinn *pro Euro des bezahlten Lohnes*. Dieser Wert hat sein Maximum in Zeile 3. In Zeile 3 sind das 200%.

1 Euro gezahlter Lohn erzeugte 2 Euro Gewinn.

$$\frac{G}{Lohn} * 100$$

In Zeile 4 ist dieser Wert schlechter. 1 Euro gezahlter Lohn erzeugen weniger Gewinn: 1,8888 Euro.

$$\frac{Lohn}{I} * 100$$

Das Verhältnis von gezahltem Lohn und der Investitionssumme, setzt eine investierte Geldsumme, das Gesamtkapital, auch ins Verhältnis zur bezahlten Arbeitkraft. Die Lohnsumme ist das Geld, welches in der Firma für Menschen bezahlt werden muss, um die Arbeitsleistung einzukaufen, welche das verkaufsfähige Produkt herstellt. Es wird also berechnet wie hoch der Anteil der Lohnkosten an der Gesamtsumme der Investition ist. In Zeile drei sind das 50%. Dieser Prozentwert zeigt an, wieviel *theoretisches* Einsparpotential betriebswirtschaflich im Unternehmen vorhanden ist. Je niedriger dieser Prozentwert ist, desto produktiver ist der Kapitaleinsatz der Kostenart, Lohn. Dieser Wert hat sein Minimum in Zeile 3.

Diese Verhältnisse von Einzelkostenarten zur Gesamtlohnsumme werden als Rendite bezeichnet.

Diese *betriebswirtschaftliche Praxis*, stellt in ihren Kalkulationen klar, dass eine Vergrößerung des Lohnkosten*anteils* an den Gesamtkosten die berechneten Renditen verkleinert. Und *wir berechnen hier* **das Interesse des Arbeitgebers am Lohn**. Die *relative* Verkleinerung des Lebensunterhalts der Produzenten des gesellschaftlichen Reichtums, vorangehend nachgewiesen, ist das Mittel des Geschäftserfolgs.

In Zeile 3 dieses Kalkulationsbeispiels ist die Lohnrendite mit 200% berechnet. Das ist der *Optimalwert* des vorausgegangenen Beispiels in der Tabelle. *Diese 200%,* bezeichnen das Verhältnis von eingesetztem Kapital und bezahlter Arbeitskraft, wo, wenn man es mit einer Saftpresse vergleichen will, bei gegebenem Kapitaleinsatz am meisten Saft fliesst, und danach als als Ware zum Verkauf bereit steht. Niemand muss wissen *was* da eigentlich berechnet wird. Den diplomierten Entscheidungsträgern reicht die Kenntnis der Ermittlungart dieser Kennzahl. Und eine Formel hat sowas von Naturgesetz und gibt der Veranstaltung den Schein der wissenschaftlichen Neutralität. Nur handelt es sich hier nicht um vorgefundene, natürliche, physikalische Beziehungen, sondern um das *staatlich erzeugte*, in eine Formel gepresste *Privatinteresse an der Ausbeutung menschlicher Arbeitskraft*.

Als Berufsinhalt berechnen Betriebswirtschaftler weitergehende Entscheidungsgrundlagen, *wie* und *ob* der Kostenfaktor Arbeit, betriebswirtschaftlich betrachtet, *überhaupt* im unternehmerischen Interesse liegt.

Der Lohn ist für Arbeitgeber ein Kostenfaktor der zur Realisierung ihres Geschäftszwecks notwendig ist. Eine Verkleinerung dieser als Lohn zu zahlenden Summe Geld, wirkt sich auf ihren Gewinn positiv, steigernd aus. *Das* ist der Inhalt ihrer gesellschaftlich *zugewiesenen* Rolle.

Die Lohnstückkosten, oder die Lohnrendite sind für ´Arbeitgeber´ *die* entscheidenden Werte, welche über ihre Existenz am Markt, über die im Preis ausgedrückte Konkurrenzfähigkeit ihres Unternehmens entscheiden. Der kalkulatorisch ermittelbare Verkaufspreis, im Vergleich zum Angebotspreis ihrer Berufskollegen, entscheidet über den langfristigen Bestand ihres Eigentums. Deswegen *müssen* die Lohnkstückkosten *permanent* gesenkt werden, um zu bewirken, dass **ihre** Investitionen *vermehrt zurückfliessen*, also wirklich Kapital, *nur* verauslagte Kosten, und nicht *konsumiertes* Geld sind.

Der Lebensunterhalt der Produzenten des gesellschaftlichen Reichtums, der Lohn der ´Arbeitnehmer´, steht in dieser auf Eigentum basierenden Gesellschaft *im Gegensatz zum Produktionsziel.* Das Recht auf Eigentum erzeugt eine Konkurrenz um Geld, welcher beide Parteien, Arbeitnehmer und Arbeitgeber unterworfen sind.

Arbeitnehmer *müssen* um ihre Indienstnahme konkurrieren, weil sie kein Geld haben, dieses aber zur Bezahlung ihres Lebensunterhalts brauchen. Arbeitgeber konkurrieren mit Ihresgleichen um den Rückfluss ihrer *investierten* Geldmittel. *Der Verkauf* jeweils ihrer Waren ist als Voraussetzung des Geldmittelrückflusses *der Inhalt* dieser Konkurrenz. Deshalb *erheben* sich die als Kalkulation dargestellten Notwendigkeiten dieser Konkurrenz, als *Bedingung* jedes gesellschaftlichen Geldeinkommens, als Voraussetzung jedes Konsums, *über* die Produzenten des gesellschaftlichen Reichtums.

Um als ´Unternehmer´ in ihrer Konkurrenz untereinander bestehen zu können, nutzen Sie die Preise *ihrer Produkte* als Konkurrenzmittel. Je niedriger der Verkaufspreis *ihrer* Waren ist, desto höher ist deren Attraktivität auf dem Markt, und desto besser bestehen Sie in der Konkurrenz um den Geldmittelrückfluss.

Die Preise der Konkurrenten können Sie nicht beeinflussen. Auch ihre Materialkosten bestehen aus den Preisen ihrer Berufskollegen. Sie kaufen das Material mit dem niedrigsten Preis, weil dieser als Kostenbestandteil der Gesamtinvestition in die Kalkulation des Verkauspreises ihrer Waren eingeht. Je niedriger die Einkauspreise sind, desto kleiner können Sie den Verkaufspreis ihrer Waren, *ihre* Waffe in der Marktkonkurrenz, kalkulieren und am Markt gegeneinander in Stellung bringen.

Die Leistung der Arbeitnehmer, ***und deren Lohn*** sind durch den ´Arbeitgeber´ steuer- und beeinflussbar.

Also setzen sie alles daran *die Leistung* von ´Arbeitnehmern´ zu erhöhen, um *die Stückkosten* zu senken, und *den Lohn, den Preis dieser Leistung zu verkleinern*, um ihren Zweck und ihre Bedingung dieser Veranstaltung, die Vermehrung ihres Eigentums, erfolgreich zu organisieren.

Die gesellschaftliche Produktion insgesamt, die Herstellung von dem, was man zum Leben braucht, setzt *dessen Produzenten* in einen Gegensatz zueinander.

Als Verkäufer ihrer Arbeitskraft konkurrieren sie gegeneinander *um ein* Einkommen, um die Voraussetzung ihrer Existenz. *Dementsprechend* sieht dann die gesellschaftliche Praxis, der Lebensinhalt der Kreaturen der Staatsgewalt , der Alltag von Arbeitnehmern und Arbeitgebern auch aus. Krieg und Liederlichkeit. Das falsche Urteil über Zweck, Mittel und Wirkung der Staatsgewalt erzeugt im Zusammenspiel mit den Wirkungen der oben beschriebenen Konkurrenz einen lebenslangen Kampf um Geld, welchen die Opfer dieser Verhältnisse führen wollen, weil sie es aufgrund der politisch erzeugten Umwelt *müssen*.

Die Abhängigkeit von den gesellschaftlichen Zwecken, ist kein guter Grund zur Parteinahme für diese politisch diktierte Basis der gesellschaftlichen Produktion. Die Lohnarbeit liefert seinen ökonomischen Profiteuren und politischen Initiatoren jeden Tag mehr und bessere Mittel. Die Produzenten müssen diese Mittel durch ihre Arbeit herstellen **und *abliefern***. Das was sie davon haben, ist ein lebenslanger Kampf um ihre Existenz. - Im Volksmund bekannt als ´Arbeitsplatz´.

´Arbeitgeber´ *bewirtschaften* die durch das Eigentum hergestellte Mittellosigkeit der Mehrheit der Menschheit. Auch ihre zugewiesene Rolle setzt ihre Eigentumsquellen durch die Produktion *von Gebrauchswerten*, *durch die Vermehrung des gesellschaftlichen Reichtums*, dem Risiko aus *wertlos* zu werden. Das berühmte Unternehmerrisiko, dass der von ihnen kalkulierte *Tauschwert* der Gebrauchswerte, der von ihnen an die Gebrauchswerte geklebte Preis, die in Geld gemessene Grundlage und Voraussetzung der Existenz auch ihrer Rolle, nicht zu ihnen zurückfließt, weil sie den *vorhanden,* ***materiellen** Reichtum* erst noch verkaufen müssen, setzt sie in das Haifischbecken ihrer Konkurrenten.

Aber das sehen die Opfer anders. Mit einem ´Muss ja!´ hier oder einem ´Konkurrenz belebt das Geschäft´ dort, nehmen beide Akteure die Sache sportlich. - Und befolgen das staatlichen Diktat.

Man kann sich auch, aufgrund der Abhängigkeit von den gesellschaftlich, wirksamen Zwecken der politisch diktierten Basis der gesellschaftlichen Produktion, *für* diese Verhältnisse entscheiden. Dann aber, sind Schäden und Verluste nicht die notwendige Folge *dieser Organisation* der Gesellschaft, sondern *von Personen*, deren Verhalten in dieser Gesellschaftsordnung relativ zu den vorliegenden Krisen dieser Ordnung, zum Gegenstand der Auseinandersetzung wird.

Krieg und Frieden, Armut und Reichtum, Hunger und Umweltvernichtung stellen auch diese Weltsicht vor existentielle Probleme. Wenn das ′System′ nicht die Ursache dieser Notlagen ist, welche immer deutlicher, sichtbar sind, denen man beiwohnt und unterliegt, dann ist auch für ganz normale Bürger, denn das wollen sie ja sein, etwas faul im Staate Dänemark. Alle wollen ihren Verpflichtungen nachkommen und das ′Angebot′ wahrnehmen, welches ihnen von der Gemeinschaft, dem Staat in welchem sie leben, bereitgestellt sei.

Auch wenn man diese Wirkungen der gesellschaftlichen Organisation, Konkurrenz als Folge des Eigentums, nicht zur Kenntnis nehmen will, treten deren Folgen ein.

Weil Nationalismus eine Reaktion der Menschen auf diese Umgebung ist, betrachten wir diese Existenzgrundlage noch einmal genauer.

Die gesellschaftliche Produktion der Existenzvoraussetzungen in der Marktwirtschaft: Die Firma

Weiter oben wurde der Begriff ′Gewinnerwartung′ angesprochen. Es wurde nachgewiesen, dass dieser Zahlenwert jedes Jahr steigt. Die *Gewinn*erwartung der ′Arbeitgeber′ ist die Einstellungsvoraussetzung für den anderen Akteur dieser Gesellschaft, welcher *mittellos,* auf den Verkauf seiner Arbeitskraft angewiesen ist.

Arbeitslos, deswegen auch ohne Einkommen, sind zunächst alle eigentumslosen Personen welche in diese Rolle hineingeboren wurden. Gesellschaftlicher Reichtum entsteht durch ihre Arbeit. In dieser gesellschaftlichen Organisation entsteht durch Arbeit ein *Geld*einkommen bei den Arbeitnehmern, und der materielle Reichtum, das Produkt der Arbeit, steht als ′Eigentum′ unter der Verfügungsgewalt der Arbeitgeber. Das ökonomische Interesse der Arbeitgeber verlangt die Reduzierung des Lohnkostenanteils an den Investitionskosten, *um* innerhalb der auch in ihrer zugewiesen Rolle wirksamen Konkurrenz, durch Absenkung des Lohnkostenbestandteils den Verkauf der unter ihrer Regie produzierten Waren, als Geldmittel*rückfluss* sicher zu stellen. Der Verkaufspreis ihrer Ware entscheidet über ihre Existenz als Marktteilnehmer, und ist ihre Waffe in der Konkurrenz, weil *dessen Höhe* die Verkaufs*fähigkeit* ihrer Waren auf dem Weltmarkt bestimmt.

Ein Erfolg dieser Praxis führt im Folgejahr zur Fortsetzung desselben Prozesses, jedoch aufgrund des erwirtschafteten Gewinns, **mit vergrößerter Kapitalbasis**. Unternehmen betreiben die *relative* Verkleinerung der Kosten *bezahlter Arbeit* an dieser sich vergrößernden Kapitalbasis um in der Konkurrenz bestehen zu können. Die gesamtgesellschaftlich gezahlte Lohnsumme kann steigen, aber ihr *relativer Anteil* an der Gesamtsumme des gesellschaftlichen Kapitalwerts sinkt, notwendig. Und das geht so weiter, Jahr um Jahr. Im Volksmund bekannt; - Als Schere zwischen arm und reich.

Wenn das so ist, dann vergrößert sich die Differenz zwischen der *in* die Gesellschaft freigesetzten Geldmenge, und dem erwarteten Geldmittel*rückfluss aus derselben Gesellschaft* , mit jedem Zyklus welcher vom investierten Kapital durchlaufen wird. Denn, *diese Differenz*, das *ist* der Gewinn. Auch an dieser Stelle stellt sich die Frage *wie* das funktionieren kann. Wenn man 100 in einen Topf wirft und erwartet, dass 150 aus demselben Topf entnommen werden können, ist *zu erklären* woher die 50, der erwartete Überschuss kommt. Diese Differenz, die 50, werden *am Weltmarkt* durch die Konkurrenz um die gemeinsam investierte Zahlungsfähigkeit realisiert.

Dort, auf dem Weltweltmarkt, entscheidet sich, *wessen* Kapital sich vermehrt. Unternehmen investieren in einen Produktionsprozess, und konkurrieren mit den hergestellten Waren, gegen andere Anbieter, um den Geldmittelrückfluss in *ihr* Unternehmen. Ein Gewinn eines Unternehmens, der durch den Verkauf realisierte Geldmittelrückfluss, verkleinert den Geldmittelrückfluss der anderen Investoren. Die 50 stammen also aus dem eingesetzten Kapital der Konkurrenz.

Deswegen gibt es, wenn es einem Unternehmen nicht gelingt seine Waren am Weltmarkt zu verkaufen, das was man in einer Bilanz als ′rote Zahlen′ bezeichnet, oder im Extremfall das, was man als ′Konkurs′ kennt. Voll funktionsfähige Industrieanlagen werden stillgelegt.

Das Bedürfnis, Menschen welche *diese Gebrauchswerte* brauchen, ist *offensichtlich* vorhanden. Unternehmen produzieren aber, in dieser Gesellschaft, nicht um das Bedürfnis nach diesen Gebrauchswerten zu decken, sondern machen die Zahlungsfähigkeit der Nachfrage zur Voraussetzung jeder Bedarfsbefriedigung.

Der Preis trennt das Bedürfnis der Produzenten vom Gebrauchswert ihrer Produkte, um den Betriebszweck des Unternehmens, Eigentumsvermehrung, durchzusetzen. Der durch Arbeit hergestellte, verfügbare **Gebrauchswert**, die durch die Arbeitnehmer selbst produzierten Voraussetzungen der Existenz, werden genutzt um das Interesse des Unternehmens, den **Tauschwert**, *zur Bedingung der Existenz* zu machen.

Deshalb gibt es, obwohl alles bereits produziert ist, sogar auf Halden gelagert wird, gleichzeitig Armut. Organisationen wie die Tafeln, oder Brot für die Welt, die Welthungerhilfe, sind deswegen bekannte, alte Bekannte im Alltag. In dieser Gesellschaft ist nicht der *produzierte* Gebrauchswert, sind nicht die *vorhandenen* Arbeitsresultate der Gesellschaft Reichtum. Der vorhandene materielle Reichtum steht nur dann dem Konsum zur Verfügung, wenn sich sein in Geld bemessener, durch Unternehmen *berechneter* Tauschwert, als Rückfluss von Geld am Markt realisieren lässt.

Gelingt das nicht, wird die Ware wertlos. Ihr *Gebrauchswert* ist vorhanden, aber darf nicht genutzt werden. Der Tauschwert hat Priorität, ist dem Gebrauchswert übergeordnet.

Eine Verteilung dieser Gebrauchswerte, man könnte den materiellen Reichtum, wenn er schon mal da ist, verschenken, steht im Widerspruch zu den Interessen der Eigentümer der Produktionsresultate. Erstens verkleinert das die Absatzchancen, und zweitens beseitigt das die Motivation sich im Personalbüro als ´Arbeitnehmer´ um einen Arbeitsplatz zu bemühen. Armut ist die Voraussetzung einer Willensbildung welche sich dem Benutzungsinteresse durch einen ´Arbeitgeber´ auch zur Verfügung stellt. *Jeder* Zugang der Produzenten zu gesellschaftlichem Reichtum ohne einen vorher geleisteten Dienst an der Vermehrung des Eigentums seiner Besitzer, ist unerwünscht. Im Volksmund ist dieser Anspuch mit dem Satz ´Wer nicht arbeitet soll auch nicht essen´ verankert.

"Frage eines Chatteilnehmers: 345 Euro im Monat und man kann als ALG II-Empfänger noch nicht einmal von seinen laufenden Verträgen (z.B. Hausratsversicherung, etc.) zurücktreten. Nennen Sie das eine gelungene und ausgewogene Reform?
DieterHundt, Präsident der deutschen Arbeitgeberverbände: ... Wir haben in Deutschland eine durchschnittliche Dauer der Arbeitslosigkeit von 30 Wochen. Der EU-Durchschnitt liegt bei etwa 2/3 dieses Wertes. Mit Hartz IV besteht jetzt auch die Möglichkeit, die Arbeitswilligkeit von Arbeitslosen zu testen."

(https://www.tagesspiegel.de/politik/dieter-hundt-praesident-der-deutschen-arbeitgeberverbaende/590892.html , 07.03.2005, Dieter Hundt, Präsident der Deutschen Arbeitgeberverbände, tagesspiegel.de)

Auch die Produktionsmittel, die Werkzeuge zur Herstellung von Gebrauchswerten, die Mittel zur Herstellung der Voraussetzung jeder gesellschaftlichen Existenz, werden *marktwirtschaftlich* nutzlos, wenn der Unternehmer mit ihnen nicht erfolgreich **Tauschwerte** produzieren *lassen* kann. Dann wird die Firma geschlossen. Die Priorität des Tauschwertes vernichtet Produktionsanlagen, die Voraussetzungen von gesellschaftlicher Organisation. Ihre Fähigkeit *Gebrauchswerte* zu produzieren ist unbeschädigt. - Aber; Als Mittel zur Herstellung von Tauschwerten *sind* sie nutzlos.

Unternehmen sind in einer Gesellschaft von Privatproduzenten in Konkurrenz zu Ihresgleichen gesetzt. Materiell betrachtet, kann man mit zwei Fabriken mehr produzieren. In dieser Gesellschaft treten die privat produzierten Gebrauchswerte *als Tauschwerte* in einen Gegensatz zueinander. Als Tauschwert verkleinert der Verkauf des Einen, die Verkaufsfähigkeit des Anderen. Der Verkaufspreis ihrer Warenform, der Tauschwert entscheidet über den kommerziellen Erfolg. Die Resultate der Privatarbeiten *erzeugen* als Waren eine Konkurrenz um die *zahlungsfähige* Nachfrage der Gesellschaft. Die Arbeit ist verrichtet. Das Produkt ist hergestellt. Der Sache nach, ist die Ernte eingebracht und konsumierbar. In der Marktwirtschaft *entscheidet* jedoch der Verkauf, der Rückfluss des investierten Geldes, über die Existenz der Produzenten und der Produktionsmittel, sowie über die gesellschaftliche Verfügbarkeit des produzierten Gebrauchswerts.

Schauen wir uns an, wie ein Unternehmen die erforderliche Wettbewerbsfähigkeit des Verkaufspreises herstellt.

INVESTITION Summe	**UMSATZ** Summe	**LOHNKOSTEN ANTEIL**	**GEWINN** =Umsatz - Investition	**KAPITAL RENDITE %** (Gewinn / Investition) *100	**LOHN RENDITE %** (Gewinn / Lohnkosten) *100	**LOHNKOSTEN Anteil an GK %** (Lohn / Investition) *100
1. Zyklus 1000	**1600**	**600**	**600**	**60,00%**	**100,00%**	**60,00%**
2. Zyklus 1600	**4000**	**600**	**2400**	**150,00%**	**400,00%**	**37,50%**

Ein Unternehmen will **1000** € investieren und kalkuliert mit 1600 € als Umsatz, um 600 € als kalkulierten Gewinn zu bilanzieren. Das Verhältnis von Umsatz und Gewinn gibt an, wie viel Gewinn im Verhältnis zum Umsatz erzielt wurde. Im 1. Zyklus:

1600 Umsatz / 600 Gewinn = 2,666 ist das Umsatz-Gewinnverhältnis.

Das heisst, dass um 1€ Gewinn zu erzielen, mussten 2,666 € Umsatz gemacht werden.
Wenn man 5,332 Umsatz macht, erwirtschaftet man 2 Gewinn.
Wenn man 53,32 Umsatz macht erwirtschaftet man 10 Gewinn.
Wenn man 1600,00 Umsatz macht erwirtschaftet man 600 Gewinn.

2,666 ist nicht der Preis, sondern der Kapitaleinsatz um 1€ Gewinn zu erzielen.

Der Preis spielt in dieser Gesellschaft die entscheidende Rolle. *Nur* der Verkauf des Produktes erzeugt einen Geldmittelrückfluss. In der Realität *muss* ein Preis dem marktüblichen Durchschnittspreis entsprechen. Eine Überschreitung des Durchschnittspreises würde die Konkurrenzfähigkeit des Produktes verschlechtern, und damit den *notwendigen* Rückfluss der investierten Geldmittel behindern. Diesen Durchschnittspreis nehmen wir hier mit 2,666 € an. Jedes verkaufte Einzelstück erzielt hier als Beispiel, kalkuliert, 1€ Gewinn.

Jetzt kann man den Umsatz durch diesen Beispielpreis teilen, und erhält die Anzahl der Produkte, welche notwendig waren, um insgesamt, bei einem Beispielpreis von 2,666 Euro, auf einen Gewinn von 600 Euro zu kommen.

1600 Umsatz / 2,666 Verkaufspreis = 600 Stück.

Das Geschäft war ein Erfolg. Es wird reinvestiert. Jetzt startet derselbe Prozess, mit vergrößertem Kapitaleinsatz. **1600** Euro werden im 2. Zyklus investiert. Im Verhältnis zum Kapitaleinsatz des Vorjahres = 1000 Euro, werden 60 %, 600 € mehr investiert.

Nehmen wir zunächst an, die gezahlte Lohnsumme, ein Anteil der Investition, bliebe unverändert.

Es wird also für 600 € mehr Material eingekauft. Die Absicht ist, durch die Erhöhung der zu produzierenden Stückzahl, nach dem Verkauf dieser gesteigerten Produktionsmenge, den Gewinn, *wie im ersten Zyklus bereits erfolgreich geschehen*, im zweiten Zyklus noch zu steigern. Die Fabrik und die Anzahl der Arbeiter bleiben im Beispiel, unverändert bestehen.

Wenn die Anzahl der bezahlten Arbeiter unverändert bleibt, bedeutet das, dass dieselbe Lohnsumme in derselben Zeit mehr Produkte herstellen muss. Die *Arbeitsproduktivität* muss gesteigert werden. Der Takt der Arbeit muss angepasst werden. Die Leistung der bezahlten Arbeit, pro *bezahlter Stunde*, **muss** erhöht werden. Bitte prüfen sie diese Behauptung.

Die zu bezahlende Gesamtlohnsumme *darf* ***nicht proportional*** *zur Produktionsmenge steigen*, sonst kann das Unternehmen keinen Gewinn erzielen, welcher im Verhältnis zur Investitions-erhöhung, von 60 %, *erwartet wird.* Bitte prüfen sie diese Behauptung.

Das *ist* durch die Lohnform gewährleistet. *Produktive* Arbeit wird *je Stunde* gezahlt, wie die Lohnabrechnung beweist. Die Leistung, wieviel Stück in dieser Stunde vom Arbeitnehmer produziert werden, unterliegt der Hoheit und Kontrolle des Arbeitgebers. Bitte prüfen sie diese Behauptungen, bevor sie weiter lesen (Haben sie eine Lohnabrechnung? Schauen sie nach).

Es werden 1600 € reinvestiert. *Die Lohnkosten bleiben konstant.* Das Beispiel fortsetzend, bedeutet das, dass der komplette Gewinn des Vorjahres, 600, in *zusätzliches* Material investiert werden kann. Das zusätzliche Kapital wird *durch die Arbeit* in verkaufsfähige Produkte verwandelt.

Im ersten Jahr betrug dieser Materialanteil:

1000 – Lohnkosten, = 1000 – 600 = 400 Materialkosten.

Im 2. Zyklus werden demnach, 400 wie letztes Jahr + 600 zusätzlich = 1000, an Material eingesetzt. Dies entspricht einer relativen Erhöhung des Materialeinsatzes um 250%.

Somit lässt sich die kalkulierte Steigerung des Umsatzes, aus dem Umsatz des Vorjahres berechnen.

= 1600 * 2,5	= 4000 € kalkulierter Umsatz im zweiten Zyklus.	
==> Kalkulierter Gewinn	= 4000 – 1600	= 2400 € im 2. Zyklus
==> Produktionsmenge	= 600 Stück *2,5	= 1500 Stück = 250% *im Verhältnis* zum Vorjahr

INVESTITION Summe	UMSATZ Summe	LOHNKOSTEN ANTEIL	GEWINN =Umsatz - Investition	KAPITAL RENDITE % (Gewinn / Investition) *100	LOHN RENDITE % (Gewinn / Lohnkosten) *100	LOHNKOSTEN Anteil an GK % (Lohn / Investition) *100
1. Zyklus 1000	**1600**	**600**	**600**	**60,00%**	**100,00%**	**60,00%**
2. Zyklus 1600	**4000**	**600**	**2400**	**150,00%**	**400,00%**	**37,50%**

Es wurde *in jedem* der dargestellten Fälle ein Gewinn erzielt.

Und es wurden im Verhältnis zum 1. Zyklus, im 2. Zyklus *mehr* Produkte produziert. Wie *genau* ensteht eigentlich dieser Gewinn?

Durch die Steigerung des Arbeitstempos wird der *Stücklohn* gesenkt und damit der ***pro Stück realisierbare*** Gewinn um denselben Betrag erhöht. Der Gewinnbeitrag, als lila Balken dargestellt, ist im 2. Zyklus größer.

1. Zyklus Verkaufspreis = 2,666 (= 0,666 + 1 + 1)		
Material/*Stück* = 400/600 = 0,666	Lohnkosten / Stück = 600/600 = 1	**Gewinnbeitrag pro Stück = 1**

2. Zyklus Verkaufspreis = 2,666 (= 0,666 + 0,4 + 1,6)		
Material/*Stück* = 1000/1500 = 0,666	Lohnkosten / Stück = 600/1500 = 0,4	**Gewinnbeitrag pro Stück = 1,6**

Die Materialkosten pro Stück, und der Verkaufspreis bleiben konstant. Der Gewinn entsteht allein durch die Höhe des Lohnanteils an den Stückkosten. Diese Lohnstückkosten können nur durch zwei Maßnahmen beeinflusst werden. Entweder durch den Stundenlohn oder durch die in einer Stunde hergestellten Produkte. - Und was für ein Zufall. Diese beiden Stellgrößen unterliegen in der eigentumsbasierten Gesellschaftsordnung der Entscheidungsgewalt der ´Arbeitgeber´.

Der Gewinn entsteht durch die Ausbeutung der Arbeitskraft der Produzenten.

Der Lohnkostenanteil *pro Stück*, ist das betriebswirtschaftliche Werkzeug, welches der Beruf des ´Arbeitgebers´ benutzt, um sein Interesse, den Gewinn zu realisieren. Damit kann man spielen. Je nach Ehrgeiz und konjunktureller Situation werden Gewinnziele, werden Kapitalrenditen *definiert*. Die Realisation dieses Interesses erfolgt als An- und Unterweisung an die ´Arbeitnehmer´. Die Länge und Intensität des einzelnen Arbeitstages, die Anzahl der arbeitsfreien Tage pro Woche und Jahr, die Lage der Arbeitszeit, und die Arbeitsbedingungen selbst, unterliegen der Definitionsgewalt der ´Arbeitgeber´. Der einzelne ´Arbeiter´ ist diesem Kommando ausgeliefert.

Jede Rücksichtnahme muss mit Gewalt, entweder als organisierter Widerstand der ´Arbeitnehmer´ selbst, oder durch die Staatsgewalt gegen die *geltende* Weisungsberechtigung der ´Arbeitgeber´ erzwungen werden.

Die Größe der investierten Geldsumme nehmen Investoren zum Anlass ihr Risiko zu bewerten. Es macht einen Unterschied ob 1000 Euro oder 1600 Euro verauslagt werden. Dementsprechend wird die Kommandogewalt über den Produktionsprozess angepasst. Eine höhere Investitionsumme, bekannt als eine ´Steigerung des Unternehmerrisikos´, berechtigt zu der Erwartung, dass auch die Kapitalrendite die erhöhte Risikobereitschaft honoriert.

Um im 2. Zyklus *wenigstens dieselbe* Kapitalrendite des Vorjahres, 60%, zu erzielen, dieselbe Mannschaft muss eine *vergrößerte* Kapital*basis* rentabilisieren, **muss** die Arbeitsgeschwindigkeit so erhöht werden, dass dieselbe Produktanzahl des Vorjahres, mit weniger *bezahlter* Arbeit **pro Stück** hergestellt wird. Dieselbe Arbeitskraft muss in derselben Zeit mehr Produkte herstellen.

Im ersten Zyklus sind 600 Stück produziert worden. Pro Stück ist 1 Euro Gewinn realisiert worden. Im zweiten Zyklus sind 1500 Stück zu produzieren. Verkaufspreis und Summe der bezahlten Arbeit blieben konstant. Die Kapitalrendite betrug im 1. Zyklus 60%, im Zweiten 150%.

Im 2. Zyklus ist die Investitionssumme gestiegen. Deshalb ist jetzt, im 2.Zyklus *pro Stück* eine erhöhte Gewinnerwartung zu bedienen, wenn *wenigstens* dieselbe Kapital*rendite* wie im Vorjahr realisiert werden soll. Das heißt, dass *mindestens* 960 Euro Gewinn erwirtschaftet werden müssen, um die Mindestrenditerwartung des ´Arbeitgebers´, als *Voraussetzung* seiner Bereitschaft zu Lohnzahlungen zu bedienen. *Mindestens* 960 Stück sind zu produzieren.

Der Verkaufspreis (im Beispiel: 2,666 €) kann nicht einfach erhöht werden, die *Konkurrenz* schläft bekanntlich nicht, wenn man den Rückfluss der Investition nicht in Frage stellen will, und damit den Zweck der ganzen Veranstaltung. Jede Steigerung der Investitionssumme *erfordert* den Lohnkostenanteil *pro Stück* erneut zu senken, um die Ware *den erhöhten Rendite*erwartungen entsprechend, mit demselben Verkauspreis, am Markt platzieren ***zu können***.

INVESTITION Summe	UMSATZ Summe	LOHNKOSTEN ANTEIL	GEWINN =Umsatz - Investition	KAPITAL RENDITE % (Gewinn / Investition) *100	LOHN RENDITE % (Gewinn / Lohnkosten) *100	LOHNKOSTEN Anteil an GK % (Lohn / Investition) *100
1. Zyklus 1000	**1600**	**600**	**600**	**60,00%**	**100,00%**	**60,00%**
2. Zyklus 1600	**4000**	**600**	**2400**	**150,00%**	**400,00%**	**37,50%**

INVESTITION Summe	UMSATZ Summe	LOHNKOSTEN ANTEIL	GEWINN =Umsatz - Investition	KAPITAL RENDITE % (Gewinn / Investition) *100	LOHN RENDITE % (Gewinn / Lohnkosten) *100	LOHNKOSTEN Anteil an GK % (Lohn / Investition) *100
Mindestkapitalrendite von 60% wie im 1.Zyklus						
2. Zyklus 1600	**2560**	**600**	**960**	**60,00%**	**160,00%**	**37,50%**
Lohn und Produktionsmenge steigen proportional (300 Material und 300 Lohn)						
2. Zyklus 1600	**2400**	**900**	**800**	**50,00%**	**88,88%**	**56,25%**

Das kalkulatorische, betriebswirtschaftliche Spielfeld liegt *in diesem Beispiel* oberhalb einer Kapitalrendite von 60%, und *wenn* der einzelne Lohn nicht gesenkt, oder die bezahlte Gesamtmannschaftsstärke nicht reduziert wird, erreicht die Kapitalrendite durch die Erhöhung der Arbeitsleistung um 150% ebenfalls bei 150% ihr Maximum.

Das letzte Kalkulationsbeispiel, ein proportionaler Anstieg der Gesamtlohnsumme und der Produktmenge, disqualifiziert sich als Betriebsziel durch die zu niedrige Kapitalrendite von 50% . Es wird ein Gewinn erzielt. - Aber zu wenig.

Wenn im Beispiel nur die Mindestrenditeerwartung erzielt wird, bedeutet das, dass ein Teil der Investition als Material *auf Lager* liegt. Es wird innerhalb eines Zyklus nicht alles zu Produkten verarbeitet. Die Umschlags*geschwindigkeit* sinkt, weil die Zeitspanne, bis das investierte Geld zum Investor zurückfließt sich verlängert. Damit das Geld möglichst schnell kapitalisiert wird, entsteht das Interesse des Geldgebers, die vorhandenen Materialien so schnell wie möglich in ihre Warenform verwandeln zu lassen. Die Voraussetzung der Erhöhung der Umschlagsgeschwindigkeit ist betriebswirtschaftlich durch eine Erhöhung der Arbeitsleistung herzustellen. An dieser Stelle erfolgt die Verbesserung des Lohn-Renditewertes, durch eine entsprechende Anweisung an das den Arbeitsprozess begleitende Aufsichtspersonal, welches das Interesse des Geldgebers als Arbeitsanweisung am ´Team´ vollstreckt. Im Volksmund bekannt; - Zeit ist Geld

Eine Preissenkung, als Waffe gegen die Konkurrenten, um deren Geldmittelrückfluss zu beschädigen, ist mit den Beispieldaten ebenfalls machbar. Im Extremfall führt diese Unternehmensstrategie zum Konkurs der Konkurrenz. - Und schon wieder, werden voll funktionsfähige Produktionsmittel stillgelegt, und Einkommen vernichtet. In dieser Gesellschaft ist Produktivität eine Waffe!?

Die Produktion der Lebens- und Sachmittel, welche die Produzenten dieses Reichtums durch ihre Arbeit herstellen, sind nicht der Zweck von Produktion in dieser Gesellschaft. Das klingt verrückt, und wird allgemein bestritten. Deren nützliche Eigenschaften, ihr produzierter Gebrauchswert, ist jedoch nur das Vehikel zur Herstellung eines in Geld gemessenen Überschusses des durch den Verkauf erzielten

Umsatzes über die Produktionskosten. Das ist *gleichzeitig* Allgemeinwissen. Es ist wichtig sich selbst über diesen *Zweck* Klarheit zu verschaffen. Der Tauschwert stellt sich zwischen die Befriedigung jedes Bedürfnisses, welches *der produzierte* Gebrauchswert bereits anbietet, und macht sich zur Bedingung jedes Konsums. Die Fabrik ist der Ort, wo die Verwandlung des Gebrauchswerts in einen Tauschwert, auf Kommando des ´Arbeitgebers´ vollzogen wird. - Und zwar *von dessen Produzenten,* welche diese Waren danach, als Kunden kaufen müssen. Arbeitskraft, die Fähigkeit Gebrauchswerte herzustelllen, verwandelt sich in Lohnarbeit, wird selbst zur Ware, bekommt einen Preis, *und* einen neuen Herren. Von außen *sieht* man es einem Schuh nicht an, und auch der Inhalt der Arbeit zu dessen Herstellung unterscheidet sich nicht sichtbar. Der neue Herr der Arbeit transplantiert sein Interesse in das Produkt der Arbeit. Das ist erkenn*bar*! - Als Preisschild.

Betrachten Sie bitte die grafische Darstellung eines Produktes erneut. Der Gewinnbeitrag ist das Interesse des Arbeitgebers. Der von ihm gezahlte Lohn ist als Lohnstückkost ebenfalls erkennbar. Alle weiteren Kosten sind, vereinfacht, als Materialstückkosten dargestellt.

Die Materialkosten können natürlich variieren. Aber deren *Preis* ist *fester* Bestandteil der Stückkosten. Diese betriebsfremde Wertgröße läßt sich *nicht* durch die Organisation des eigenen Produktionsprozesses verändern. Der Gewinnbeitrag ist in seinem Minimum ebenfalls ein fest *kalkulierter* Stückkostenanteil. *Nur* die Lohnstückkosten sind durch die Steuerung der Arbeitsgeschwindigkeit, der *relativen* Absenkung der Lohnkosten *variabel.* Es ist nicht erforderlich, aber alternativ und zusätzlich möglich, den pro Stunde *gezahlten* Lohn, als *absoluten* Kostenbestandteil zu senken, um den Gewinnbeitrag zu erhöhen! Die Erhöhung der Arbeitsgeschwindigkeit erzielt in der Gewinnkalkulation dieselbe Wirkung wie eine Lohnsenkung.

1. Zyklus Verkaufspreis = 2,666 (= 0,666 + 1 + 1)		
Material/*Stück* = 400/600 = 0,666	Lohnkosten / Stück = 600/600 = 1	**Gewinnbeitrag pro Stück = 1**

2. Zyklus Verkaufspreis = 2,666 (= 0,666 + 0,4 + 1,6)		
Material/*Stück* = 1000/1500 = 0,666	Lohnkosten / Stück = 600/1500 = 0,4	**Gewinnbeitrag pro Stück = 1,6**

Erhöhte Materialkosten/Lohnsenkung 2. Zyklus Verkaufspreis = 2,666 (= 0,8 + 0,266 + 1,6)		
Material/*Stück* = 1200/1500 = 0,8	Lohnstückkosten = 600/1500 = 0,266	**Gewinnbeitrag pro Stück = 1,6**

Der Anteil der bezahlten Arbeit pro Stück, ist gegen das Interesse der Produzenten gerichtet. Die Verkleinerung der Lohn-Stückkosten wird durch Beaufsichtigung, Leistungsmessung und Maschinen *durchgesetzt.* Das Einkommen der Produzenten wird entweder durch eine Intensivierung der Arbeit *relativ* gesenkt, dieselbe bezahlte Lohnsumme stellt mehr Produkte pro Stunde her, oder durch dessen *absolute* Absenkung. Es wird schlicht weniger Stundenlohn bezahlt.

Die Kalkulation der Lohnstückkosten gestattet das Kommando den Rentabilitätserwartungen entsprechend zu gestalten. Durch Maschineneinsatz werden Arbeiter so konditioniert, dass sich ihre Arbeitgeschwindigkeit automatisch dem erforderlichen Lohnstückkostenanteil entsprechend anpasst. Aufseher werden platziert, und wo es erforderlich wird, sucht man das persönliche Gespräch, und trennt sich, wenn die *berechnete* Leistung dauerhaft unterschritten wird.

Es ist festzustellen, dass die den gesellschaftlichen Reichtum produzierende Mehrheit, Arbeitnehmer, davon ausgehen, dass sie im Lohn ein Äquivalent ihrer Arbeitleistung vorfinden. Das ist ein Irrtum.

$$\textit{Lohn} = \textit{Arbeitskraft} \times \textit{Produkt}$$

Ihr Lebensmittel, der Lohn, ist in dieser Gesellschaft eine dem Betriebsziel *entgegengesetzte* Größe. Ihr Lohn steht mathematisch als zu verkleinernder Kosten**faktor** über dem Bruchstrich. Ein den Rentabilitätsberechnungen von ´Arbeitgebern´ entsprechender, niedriger Lohn, und/oder eine hohe Arbeitsleistung, sind als Mittel der Bereicherung *anderer, Bedingung* ihrer Benutzung, weil das Produkt ihrer Arbeit in dieser Gesellschaft das Eigentum des ´Arbeitgebers´ ist. Jede Steigerung der Produktivität, jede Verbesserung im Verhältnis zwischen Arbeitsaufwand und der durch diese Arbeit produzierten Produktanzahl, führt deshalb nicht zur Verkürzung der gesellschaftlich, notwendigen Arbeitszeit, sondern zum ´Profit´ eines ´Arbeitgebers´. - *Und deswegen,* entweder zur Einkommenslosigkeit oder zur absoluten oder relativen Lohnsenkung der Produzenten. Die *gesamtgesellschaftlich* gezahlte Lohnsumme kann steigen, aber ihr *relativer Anteil* am gesellschaftlichen Reichtum sinkt, stetig.

$$\textit{Stückkosten} = \frac{\textit{Lohn}}{\textit{Produkte}}$$

Unternehmer kaufen und bezahlen die Arbeits*zeit*, in Stunden gemessen, aber nicht die Leistung welche diese Arbeitskraft unter ihrem Kommando in dieser Zeit zu erbringen hat. - **Nur so**, aus *ihrer* Sicht selbstverständlich, vermehrt sich erfreulicherweise *ihr* Eigentum.

Wie empirisch zu ermitteln ist, werden Lohnhöhe und Arbeitsleistung als betriebswirtschaftliche Stellgröße, variabel, eingesetzt. Arbeitnehmer sind lohnabhängig und weisungsgebunden. Dieses Vorgehen ist in dieser Gesellschaft bekannt unter dem Begriff ´Rationalisierung´. In dieser auf Eigentum basierenden Produktionsweise entsteht die betriebswirtschaftliche Notwendigkeit Arbeitnehmer zu entlassen oder mit derselben bezahlten Lohnsumme mehr produzieren zu lassen. Nur die *relative* Absenkung der *Gesamtlohnkosten* im Verhältnis zur Gesamtkapitalsumme ergibt eine der wachsenden Investions*summe* entsprechende Rendite. Nur die gesamtgesellschaftliche, relative Verkleinerung der notwendigen, ***bezahlten*** Arbeits*zeit*, die relative Verkeinerung der Zugiffsmacht der Produzenten auf ihr Arbeitsresultat, **als Voraussetzung ihrer Indienstnahme**, erzeugt Gewinn. Diese Praxis, *als sichtbare Armut an Menschen vollstreckbar, ist als betriebswirtschaftliche Vernunft* Alltag.

> "General Motors erzielte 2018 insgesamt 11,8 Milliarden Dollar Gewinn, wie das Unternehmen am Mittwoch bekannt gab. Hiervon wurden 10,8 Milliarden US-Dollar in Nordamerika realisiert, hinzu kommt eine Gewinnmarge von 9,5 Prozent im letzten Quartal. Gleichzeitig beschleunigt GM die Pläne, fünf Fabriken in den USA und Kanada zu schließen und mehr als 14.000 Arbeitsplätze zu vernichten."
>
> (https://www.wsws.org/de/articles/2019/02/08/pers-f08.html , 08.02.2019, Trotz Milliardengewinn vernichtet GM 14.000 Arbeitsplätze, worl socialist website, wswg.org)

Die Trennung der Lohnarbeiter von ihrem Produkt durch das Rechtsverhältnis Eigentum, erzeugt dann die sichtbaren, und existenziellen Notlagen. - ´Arbeitnehmer´, *die Produzenten* dieses Reichtums, stehen vor gefüllten Supermarktregalen oder Wohnraum, und können den kalkulierten Preis dieser ungeheuren Warensammlung, den kalkulierten Anspruch auf Vermehrung des Eigentums der Investoren, ihrer ´Arbeitgeber´, nicht bezahlen.

Die Verbesserung der gesellschaftlichen Produktivität, die Verkürzung der zur Produktion der Voraussetzungen der gesellschaftlichen Existenz notwendigen Arbeitszeit, bewirkt *in dieser* politischen Wirtschaftsform eine Verarmung der Produzenten dieses Reichtums. Arbeitgeber modernisieren ihren Produktionsprozess nicht um Arbeit einzusparen, sondern um durch die Erhöhung der zu erbringenden Arbeitsleistung pro Stunde, *bezahlte* Lohnarbeit einzusparen. Deswegen ist das Resultat der Verkürzung der *gesellschaftlich* notwendigen Arbeitszeit, *nicht* die Vermehrung der arbeitsfreien Zeit, bei gleichzeitiger Verbesserung des Wohlstands der Produzenten, weil weniger Arbeit geleistet werden muss, bei gleichzeitiger Erhöhung der produzierten Gebrauchswerte, sondern *das in Geld gemessene Einkommen* der Produzenten wird *relativ*, umgekehrt proportional zur abzuliefernden Produktionsmenge verkleinert.

"Künstliche Intelligenz (KI), maschinelles Lernen und das Internet der Dinge – kurz, die Industrie 4.0 – führen dazu, dass Maschinen immer rascher lernen, manuelle und kognitive Aufgaben ohne menschliche Aufsicht zu verrichten. ´In der Vergangenheit haben Maschinen menschliche Arbeit ergänzt´, so McAfee. ´In Zukunft werden sie sie ersetzen.´ … Maschinen erzeugen Jobs - Der positive Einfluss, den Roboter auf den Arbeitsmarkt haben, zeigt sich zum Beispiel in Deutschland, sagt Joe Gemma, Vorsitzender der International Federation of Robotics (IFR). Die deutsche Autoindustrie hat den höchsten Grad der Robotisierung in allen Branchen in Europa, mit etwa 1.150 Robotern pro 10.000 Angestellten. ´Das Ergebnis ist´, so Gemma, ´dass die Anzahl der Jobs in der deutschen Autobranche zwischen 2010 und 2015 um 93.000 gestiegen ist.´ Ähnliche Trends sind in Großbritannien und den USA zu verzeichnen. Der weltweit größte Markt für industrielle Roboter ist China, ... "

(https://www.industr.com/de/warum-gibt-es-noch-so-viele-jobs-2324998 , 27.03.2018, Automatisierung im Zeitalter von Industrie 4.0, industrie.com)

Im Zitat wird angekündigt, dass die technologische Entwicklung soweit fortgeschritten ist, dass eine neue Qualität im betriebswirtschaftlichen Rationalisierungsprozess zur Wirklichkeit dieser Gesellschaft wird. In dieser Gesellschaft ersetzen Maschinen den Bedarf an *bezahlter* Arbeit. Das Ziel dieser betriebswirtschaftlichen Maßnahme ist eine Verbesserung der Konkurrenzfähigkeit durch Kostensenkung. Neu ist heute, dass diese Absenkung der bezahlten Arbeitskraft auf ihren Extremwert, Null, in das ´Gesamtsystem beherrschenden´ Dimensionen, *technisch* machbar erscheint.

Wohl wissend, dass das Publikum auf ein Einkommen *existentiell* angewiesen ist, erfolgt die Publikation des Sachverhaltes mit einem anderen Interpretationsvorschlag dieser betriebswirtschaftlichen Praxis, welche den Angesprochen die Streichung ihres Einkommens ankündigt. Entlassungen seien eigentlich dasselbe wie Einstellungen, nur an anderer Stelle. In der Summe führe *der Ersatz von bezahlter Arbeit* durch Technik zu seinem Gegenteil. - Man schaffe durch Entlassungen, eigentlich, neue ´Jobs´.

Das weist den Opfern dieses ihnen zur Vollstreckung angekündigten Urteils, ihre Stellung als Weisungsempfänger auch in dieser Frage zu. *Hoffnungen*, dürfen und sollen sie sich machen. Wer weiß, eines Tages, sei mit ihnen wieder Geld zu verdienen. Mit einem toi, toi, toi, werden die ´Arbeitsplatzbesitzer´ zum Bewerber um ihre *einzige* Einkommensquelle, und in ihren weiteren Lebensweg entlassen.

Dieser gesellschaftliche Zustand zwingt die ´Arbeitnehmer´ nach und zusätzlich zu der von ihnen zu erbringenden Lohnarbeit, um die Funktionalität des Lohnes als Lebensunterhalt zu kämpfen! Und selbst das ist nur organisiert, als Gemeinschaft möglich.

Als Gewerkschaften, schön klein aufgeteilt, *verhandeln* die Opfer um das Resultat ihrer Arbeit anstatt es durchzusetzen! - Um ihren Arbeitsplatz nicht zu gefährden; Arbeiter *wollen* sie sein! Anstatt ihre gesellschaftliche Existenz in dieser Rolle *zu beseitigen*, nehmen sie den Lohn als Angebot wahr. Anstatt ihre Arbeit selbst zu organisieren, wollen sie mitbestimmen. Die Quelle ihres Schadens *akzeptieren* sie als ´Tarifpartner´.

Politische Konsequenzen des Eigentums: Grenzen und Konkurrenz

"‥ Hühnchen aus Ghana gibt es einfach nicht auf dem Markt. Und die Leute wollen einfach das Importfleisch, so ist das eben. Ich verkaufe da 200 bis 400 Kartons in der Woche. Ich würde ja auch gerne das lokale Hühnchen verkaufen, aber das ist viel teurer und außerdem kaum zu bekommen! ‥"

(https://www.deutschlandfunk.de/folgen-des-welthandels-ghana-und-das-globale-huhn.724.de.html?dram:article_id=433492 , 17.11.2018, Ghana und das globale Huhn, deutschlandfunk.de)

Ganz am Anfang dieses Buches sind 2 Grafiken zu sehen. Die Erdkugel aus dem Weltraum betrachtet und darunter eine politische Weltkarte.

Die durch das Eigentum hergestellte Trennung der Arbeit von ihrem Produkt erfordert *Grenzen.*

Innenpolitisch ist diese Grenze zum Zugriff auf den sichtbar produzierten Reichtum und dessen Produktionsvoraussetzungen durch private Sicherheitskräfte, Werkschutz, und die staatlichen Organe, Polizei und Justiz, bewacht. Außenpolitisch ist diese Wirkung durch Militär vollzogen.

Die Armut derjenigen, welche durch ihre Arbeit fremdes Eigentum vermehren, bewirtschaften die ′Arbeitgeber′ international. Der Arbeitsvertrag regelt wieviel Geld diese Arbeit bekommt. Der *kalkulierte* Lohn setzt die politische erzeugte Trennung der Arbeit von ihrem Produkt im Alltag gegen das Interesse der Produzenten durch. Jedem das Seine. Wer versucht diese Grenze durch eine unentgeltliche Aneignung des sichtbaren Reichtums zu überschreiten, bekommt Besuch von der Polizei.

In den Produktionsanlagen selbst, hat der Eigentümer Hausrecht. Wer versucht diese Grenze zu überschreiten, um einfach das zu produzieren was gebraucht wird, wird bereits von privaten Sicherheitskräften eines Besseren belehrt. Die Firmeninhaber selbst bilanzieren die Größe ihres Eigentums. Liquide Geldmittel und Sachvermögen stehen als Grundbucheintrag, in Lagerhallen, oder als Kontostand unter staatlichem Schutz.

Die Konsequenzen dieser Grenzen werden vom Staat, hier innenpolitisch, betreut. Je nach politischer Stimmungslage wird ein Sozialwesen eingerichtet. Weil der Lohn, gewusst, *nicht ausreicht* um auch im Alter oder bei Krankeit seine Rechnungen zu bezahlen, werden auf bestehende Arbeitsverhältnisse Zwangsabgaben erhoben, Sozialversicherungsbeiträge, welche noch vor Auszahlung des Lohnes der Verfügungsgewalt seiner Empfänger entzogen werden. Die Grenzen welche die Lohnhöhe seinen Eigentümern setzen, stehen im Widerspruch zu den als fremdes Eigentum existierenden Mitteln der Versorgung. Medikamente, Krankenhäuser, der Zugang zu Lebensmitteln, *alles* ist als privatwirtschaftlich kalkuliertes Eigentum vorhanden, aber auch im Sozialstaat mit einem Preis versehen.

Der Zugang zu diesen Mitteln wird zuerst unter den Vorbehalt der Anspruchs*berechtigung* gestellt. Das *Vorhandensein* der Mittel zur Deckung eines bestehenden Bedarfs ist nicht ausschlaggebend. Unter staatlicher Regie wird festgelegt, ob überhaupt, wer, wann und in welcher Höhe diese Grenze durch die Bewilligung einer Geldleistung überschreiten darf. Das nachzuweisende Bedürfnis, zum Beispiel bei Zahnersatz oder einer Unterkunft, wird als Voraussetzung überprüft, ist aber als Kriterium der Bewilligungsentscheidung selbst, untergeordnet. Die als Grundrecht vollzogene Funktionalisierung der gesellschaftlichen Arbeit, wird durch einen Abzug vom Lebensunterhalt der so in Konkurrenz zueinander gesetzten Teilnehmer, durch einen Sozialstaat begleitet, um die Konsequenzen dieser Bewirtschaftung von Menschen, eine unmittelbar auf den Verlust des Einkommens eintretende Verwahrlosung dieser Millionen, so zu begrenzen, dass deren *Benutzbarkeit* erhalten bleibt.

Bitte überprüfen sie selbst, aus ihrer eigenen Lebenserfahrung heraus, wieviele Wochen Menschen nach einer ´Entlassung´, dem Entzug ihrer einzigen Einkommensquelle, in der Lage sind die Rechnungen zu bezahlen, welche sie von denjenigen bekommen, deren Reichtum sie vermehren müssen. In welchem *Takt* kommen die Rechnungen für Miete, Strom, Wasser, Versicherungen und Krankenkasse? Wie sieht es bei Kleidung und Lebensmitteln aus? In welchem Takt treten bei Zahlungsunfähigkeit Konsequenzen, die Verwahrlosung von Millionen ein?

Eigentum *braucht* einen Sozialstaat, weil dessen Konsequenzen, die Verlaufsform im gesellschaftlichen Alltag, die Arbeitsleistung und der Preis dieser Leistung, dem Interesse der Eigentumsvermehrung der Fabrikeigentümer *unterworfen* sind. Die Leistung kann gar nicht hoch genug sein, und genau umgekehrt sieht es bei dem aus, wovon diejenigen leben müssen, welche die Leistung zu erbringen haben. Und damit ist vor allem und zuerst klargestellt, dass ohne den verlangten Dienst die mittellose Mehrheit der Gesellschaft gar nicht existenz*fähig* ist.

Jenseits der Staatsgrenze bilanziert eine andere Gewalt die ökonomische Basis ihrer Herrschaft. Jede einzeln, stellt in Form einer Berechnung den Kontostand ihres Herrschaftsgebietes fest. Dabei ist den Damen und Herren bekannt, dass ein grenz*überschreitender* Warenverkehr Voraussetzung dessen ist, was jeder dieser nationalen Regierungen als ´Standort´ untergeben ist. Auch der Unterschied zwischen einem Verkauf an das Ausland, und einem Einkauf im Ausland, deren unterschiedliche ökonomische Wirkung hinter den jeweiligen Grenzen, ist nicht nur bekannt, sondern wird getrennt bilanziert. Import und Export, diese Bewegung von Warenströmen, erzeugt Exportweltmeister und auf der anderen Seite Gläubiger, Schuldenstaaten. Der Entzug oder die Aufnahme von Handelsbeziehungen wird als Waffe benutzt. Handelssanktionen bis hin zu Wirtschaftskriegen begleiten die Konkurrenz um den Zugriff auf Rohstoffe und Absatzmärkte.

"‥ Schon mehr als 300 Milliarden Dollar haben chinesische Unternehmen in der Europa investiert, und umgekehrt ist es sogar noch mehr. Aber das Laisser-faire beim Umgang mit dem Wirtschaftsriesen in Fernost kommt jetzt an sein Ende. Denn Chinas Aufstieg stellt radikal die Vorherrschaft der USA in Frage, und dem antwortet die amerikanische Politik parteiübergreifend ebenso radikal: China soll am weiteren Zuwachs gehindert, sein Einfluss zurückgedrängt werden. Dafür ist der laufende Zollkrieg nur der Anfang. Langfristig wollen Amerikas Strategen China wirtschaftlich isolieren und die Volkswirtschaften beider Länder entkoppeln.Das stürzt die Europäer in ein strategisches Dilemma. Exemplarisch ist der Streit über den Telekomriesen Huawei, der es als erster chinesischer Konzern zum Weltmarktführer gebracht hat. Genau darum traf ihn der Bannstrahl aus Washington. ‥"

(https://www.tagesspiegel.de/berlin/usa-gegen-china-die-eu-als-schlachtfeld-eines-wirtschaftskrieges/25013494.html , Die EU als Schlachtfeld eines Wirtschaftskrieges, tagesspiegel.de, 15.09.2019)

Geld, die nationale Uniform der Zugriffsmacht auf gesellschaftlichen Reichtum, ist auch im Welthandel erforderlich um sich Zugang zu den produzierten Waren zu verschaffen. Aber nicht irgendein Geld. Damit ein Verkäufer eine nationale Währung als Zahlungsmittel akzeptiert, muss er sich sicher sein, dass er mit dieser Landeswährung über etwas verfügt, womit man sich etwas kaufen kann, etwas das *ihn* interessiert. Der CFA-Franc BCEAO, die Landeswährung Malis, zum Beispiel, hat diesem Interesse nicht viel bieten.

Im Welthandel existieren 3 (¥, €, $) Handelswährungen, die diese Voraussetzung mit Sicherheit erfüllen. Die Währungszeichner sind als Weltmächte bekannt.

Um auf dem Weltmarkt überhaupt als Käufer auftreten *zu können*, ist für die Mehrheit der Staatenwelt die Verfügung über eine dieser Währungen *die Voraussetzung* eines Einkaufs auf dem Weltmarkt. *Das Geld anderer Staaten* will kaum keiner haben. Dessen Funktion als Zahlungsmittel bleibt auf das Territorium beschränkt, über welches sie *lokal* die politische Gewalt ausüben. Diese Staaten **müssen** *zuerst* am Weltmarkt *verkaufen* um überhaupt, danach, als Käufer auf dem Weltmarkt zahlungs*fähig* zu sein.

Um diese Weltmarktfähigkeit herzustellen, um die Grenzen der Kaufkraft der nationalen Gelduniform verlassen *zu können*, müssen die betroffenen Staaten sich entsprechend derjenigen Staaten herrichten, welche *Weltgeld* besitzen, ihnen *etwas anbieten*, das die Herausgeber dieser *global* wie Geld funktionierenden Währungen *benutzen wollen*. Nur so kommen sie in den Besitz von der Sorte Geld, welches sie selbst zur Entwicklung ihres Standortes, als Voraussetzung von Entwicklung, brauchen. Dieser Zustand ist den Besitzern der Welthandelswährungen bekannt und deshalb kennt sogar jeder Bürger dieser Weltwirtschaftsmächte diese Tatsache als eigenes Politikfeld. - Entwicklungshilfe.

Großzügig, je nach aktueller Interessenlage wird *Kredit* vergeben. Es werden Institute gegründet, wie der IWF 1944, um diesen internationalen Zahlungsverkehr zur Unterstützung der wirtschaftspolitischen Anpassungs- und Reformmaßnahmen zu gewähren. Der Zins ist dann Motivation und Bruchstelle des Interesses der mit diesem Kredit als Zulieferer der Kreditgeber eingerichteten Kreditnehmer. Aufgrund dieser unterschiedlichen finanziellen Basis der Entwicklungsländer, entsteht eine dieser Ausstattung entsprechende Rücksichtslosigkeit gegenüber den Bewohnern der Investitionsziele, welche der Entwicklung durch ihre Subsistenzwirtschaft im Wege stehen. Nach der Vertreibung von den Landstrichen, welche die geforderte Kreditsicherheit seitens der Kreditgeber unausgesprochen voraussetzt, werden diese Existenzen als zu beseitigende Störung, zuerst weggeräumt, lungern danach, jetzt jeder Existenzgrundlage beraubt, in der Peripherie der Ballungszentren herum, und machen sich erneut als Störung bemerkbar. Wenn überhaupt geduldet, sind diese Millionen von Menschen mindestens ein nicht finanzierbares Problem der Staaten der dritten Welten. Ohne jede Aussicht auf ein Einkommen vor Ort, machen sich diese Menschen auf, dieser Lage zu entkommen.

Die Staatsgrenzen welche sie überschreiten wollen, unterliegen jedoch einem anderen Buchhalter. Die Staaten, Weltmächte, Exportweltweister, welche *als logisches Fluchtziel* der vor Armut fliehenden Menschenmassen angesteuert werden, bestehen auf der Trennung der Wirkung ihrer politischen Praxis, und verweisen auf ihre Nichtzuständigkeit. Die Rohstoffe und Geldmittel sollen die Staatsgrenzen passieren. Das sind die schwarzen Zahlen in den Außenhandelsbilanzen. Die hergestellten menschlichen Opfer, deren initiierte Armut, wird als nationales Problem des kreditnehmenden Auslands, an politischen Grenzen zurückgewiesen.

Die Welt, dieser Globus ist zugerichtet. Die globalen Voraussetzungen der Existenz sind durch die Gültigkeit des Eigentums der Verfügungsgewalt von Herrschaften zum Zweck der Vermehrung ihres in Geld gemessenem Reichtums unterstellt. Geld ist seiner Summe nach, *unbegrenzt* vermehrbar. Das liegt an der Abstraktion, der Absehung von allem Materiellen. Bei der Vorstellung von 1.500.000.000 Autos, kommt fast jeder auf die Idee, dass irgendwann allein die notwendige Stellfläche die Planetenoberfläche übersteigt. Wie sieht derselbe Sachverhalt bei Geld aus? Welche Geldsumme ist unvorstellbar?

Tatsache ist, dass 2008 mit dem Konkurs internationaler Großbanken, Lehman Brothers, Hypo Real Estate, eine weltweite Wirtschaftskrise eingetreten ist.

Gewinnerwartungen waren uneinlösbar geworden. Es kursierten massenhaft Zahlungsversprechen in Form von Wertpapieren welche durch ihre Unverkäuflichkeit den Nachweis erbrachten, dass deren Gewinnversprechen und damit auch ihr Wert nicht *realisierbar* war. Eine Bank konnte Wertpapiere nicht verkaufen, weil die Kundschaft dem Zinsversprechen dieser Papierzettel nicht vertraute. Damit waren diese Wertpapiere **wertlos**. Geld erzeugte Grenzen seiner Kapital*wirkung*.

Als Reaktion auf diese Geldkrise stellten alle Staaten, weltweit, unmittelbar, gigantische Geldsummen in Aussicht.

"Der Finanzmarktstabilisierungsfonds (FMS, auch Sonderfonds Finanzmarktstabilisierung, SoFFin) .. Der Fonds war für ein Volumen von bis zu 480 Milliarden Euro ausgelegt. .. Der Fonds wurde am 17. Oktober 2008 im Rahmen des deutschen Finanzmarktstabilisierungsgesetzes eingerichtet .."

(https://de.wikipedia.org/wiki/Finanzmarktstabilisierungsfonds , Finanzmarktstabilisierungsfonds, wikipedia.org)

"Ab November beginnt die Europäische Zentralbank (EZB) wieder mit dem Kauf von Anleihen. Wie die Zentralbank am Donnerstag in ihrer Ratssitzung mitteilte, wird sie für vorerst 20 Milliarden Euro pro Monat Schuldverschreibungen von Euroländern und Unternehmen kaufen. Ein Enddatum wurde nicht genannt.

Damit nimmt die EZB das Kaufprogramm wieder auf, das sie erst im Dezember 2018 beendet hatte. Zu Hochzeiten hatte sie jeden Monat für 60 Milliarden Euro Anleihen gekauft, insgesamt hat sie so 2,6 Billionen Euro ausgegeben."

(https://www.dw.com/de/ezb-kauft-wieder-anleihen/a-50400209, 12.09.2019, EZB kauft wieder Anleihen, dw.com, online)

Um die Dimension und auch den Stellenwert dieser finanzpolitischen Entscheidungen zu verdeutlichen, ist die Lektüre eines weiteren Zitates notwendig. Andernorts in dieser Gesellschaft wollen dieselben Damen und Herren einen Euro bekanntlich nicht zweimal ausgeben:

"Aus der gestiegenen Zahl von Leistungsempfängern resultieren nach Angaben des Ministeriums überplanmäßige Ausgaben bis zu einer Höhe von 250 Millionen Euro beim Arbeitslosengeld (Alg) II und bis zu einer Höhe von 200 Millionen Euro bei der Beteiligung des Bundes an den Kosten für Unterkunft und Heizung. ... Die ursprünglichen Ansätze im Haushaltsplan 2018 von 20,4 Milliarden Euro beim Alg II und von 6,9 Milliarden Euro bei der Bundesbeteiligung an den Wohnkosten von Hartz-IV-Beziehern würden somit um gut ein Prozent beziehungsweise um knapp drei Prozent übertroffen."

(https://www.welt.de/politik/deutschland/article184322808/Hartz-IV-Ausgaben-sind-2018-hoeher-als-erwartet.html , 22.11.2018, welt.de, online, Hartz-IV-Ausgaben sind 2018 höher als erwartet)

Im letzten Zitat werden Staatsausgaben für Heizung und Unterkunft in Höhe von 450 Millionen als Problem dargestellt. Der ***jährliche*** Geldmittelaufwand zur Finanzierung von Arbeitslosen beträgt rund 30 Milliarden Euro. Dieselben Herrschaften treten an anderer Stelle vor die Mikrofone und bewilligen 480 Milliarden als Soforthilfe, haben bis heute durch die EZB bereits eine Geldsumme von 2600 Milliarden, und lassen bis auf weiteres, Ende unbekannt, ***monatlich***, vorerst, weitere 20 Milliarden in den Finanzsektor fliessen. Allein die *monatlichen* Aufkäufe von sogenannten problematischen Wertpapieren entsprechen 66% der jährlichen ALGII- Ausgaben. Nur so, zum Spaß : 480 + 2600 = 3080 Milliarden.

Wie viele *Jahre* kann man mit dieser Geldsumme die 4,2 Millionen ´Bedarfsgemeinschaften´, Arbeitslose und Aufstocker versorgen?

$$\frac{3080}{30} = ?$$

Dieser Tatbestand allein, wirft Fragen auf. Und Fragen dieser Art gibt es sehr viele.

Eine Antwort wäre, zu kritisieren, dass *die Produzenten* des gesellschaftlichen Reichtums durch die Eigentumsordnung von den sichtbar, hergestellten Produkten getrennt werden. Der materielle Reichtum ist ja schliesslich bereits produziert. Etwas, *das nicht existiert*, kann man auch mit ALGII nicht kaufen. Gebrauchswerte werden in dieser Gesellschaft zu Tauschwerten. Diese Waren haben *deshalb* einen durch ihre Besitzer kalkulierten Wert. Dieser Tauschwert, das sind die Preischilder, steht der Nutzung des Gebrauchswerts entgegen. In dieser Gesellschaft wird nicht produziert damit die Produzenten dieses Reichtums ein angenehmes Leben haben, sondern damit sich Geld, und so das Eigentum derjenigen vermehrt, welche *arbeiten lassen*. Aus diesem Grund sieht man dann die Waren, hinter der Kasse, und kann dieselben nicht bezahlen. Aus diesem Grund wird Arbeit zu einem betrieblichen Kostenfaktor, welcher im Gegensatz zum Betriebsziel Gewinnmaximierung steht. Die Absenkung der Lohnkosten wird deshalb zur betriebswirtschaftlichen Notwendigkeit.

Und da sind sie dann; Millionen von Arbeitnehmern, diese Rolle ist wie oben dargestellt, herbeiregiert, die den Reichtum den sie selbst produziert haben, nicht kaufen können.

(links: AfD-Demonstration Berlin, 07.11.2015, Schild, ´Rote Karte für Merkel - Asyl braucht Grenzen´)

Jedoch; Man sich kann auch, aufgrund der Abhängigkeit von den gesellschaftlich, wirksamen Zwecken der politisch diktierten Basis der gesellschaftlichen Produktion, *für* diese Verhältnisse entscheiden.

Dann aber sind Schäden und Verluste nicht die notwendige, *und gewusste* Folge dieser Organisation der Gesellschaft. Wenn das ´System´ *nicht* die Ursache dieser Notlagen ist, welche immer deutlicher, sichtbar werden, denen man beiwohnt und unterliegt, dann gehen auch ganz normale Bürger, denn das wollen sie ja sein, auf Ursachenforschung.

W*enn* man *innerlich* die Bedingungen dieser Gesellschaft als Mittel seiner Lebensgestaltung begreift, als ein wartendes Angebot, welches dazu bereitgestellt und organisiert sei, sein privates Leben zu gestalten, wo sind dann die Gründe für die festgestellte Krise zu suchen? Obwohl der Kritiker selbst seine Pflicht tut, und auch gar nichts anderes will, entdeckt er in ´seinem´ Land jeden Tag mehr Probleme?

Herrschaft wird *gefordert*. Aber; Die Richtige.

Wenn man die gesellschaftliche Organisation *nicht* daraufhin überprüft, ob der gute Glaube, welchen man über diese *politische* Organisation der Existenzvoraussetzungen *verinnerlicht* hat, überhaupt haltbar ist, dann findet eine Kritik dieser Verhältnisse ihren Ausgangspunkt in den Teilnehmern dieser Gesellschaft.

Die politische Organisation, die 3 Akteure, Staat, Arbeitnehmer und Arbeitgeber, sind *prinzipiell gewollt* und für gut befunden worden. In den Krisen entdecken die Kritiker eine Verhinderung ihrer Bereitschaft, ihre Rolle als Arbeitnehmer oder Arbeitgeber, ausüben zu *dürfen*. *Als Volk* will man die zugewiesenen Rollen spielen, und fordert den dritten Akteur, die Staatsgewalt, dazu auf diesen Dienst zu ermöglichen. Regierung soll das machen, woraus sie in der Vorstellungswelt der Befürworter dieser politischen Ökonomie ihre Existenzberechtigung bezieht. Regieren, damit das Volk durch seine Dienste existieren kann. Es erfolgt eine Kritik an Herrschaft, welche entweder durch fehlende, oder falsche Gewaltanwendung, dem Volk verweigert unter den *gewollten* Bedingungen an der gesellschaftlichen Organisation teilzunehmen.

Phase 3:
Die Umdeutung der politischen Wirkung der Konkurrenz als Pflichtverletzung seiner Teilnehmer und deren Veranstalter.

Das adaptive Bekenntnis zur gesellschaftlichen Ordnung als gewollte Existenzvoraussetzung betrachtet die 3 Akteure dieser Ordnung als ein System welches dazu dient, den Zweck hat, das Einkommen und damit ein Leben zu ermöglichen. Ihr Motiv der Parteinahme ist ihre materielle Abhängigkeit und die an ihnen hergestellte Mittellosigkeit. Sie müssen an diesem ´System´ teilnehmen, und *wollen* das auch, um *existieren* zu können.

In dieser Vorstellungswelt wirken diese 3 Akteure zusammen, um die gedachte gute Wirkung, Existenzsicherung, zu verwirklichen. In dieser Vorstellungswelt sind die gesellschaftlichen Rollen ein Mechanismus, der durch die Wahrnehmung der jeweiligen Aufgaben seiner Beteiligten zu einem gemeinsamen Ziel führe, wenn jeder das macht wozu er in diesem System vorgesehen ist. Arbeitgeber machen Gewinne, der Arbeiter arbeitet und der Staat regiert. Wenn jeder das Seine mache, dann funktioniert der Mechanismus so wie es sein *sollte*.

Offensichtlich funktioniert dieses System aber für Millionen nicht. Sie sind arbeitslos, oder die Gewinne bleiben aus. Auch die Staatsgewalt selbst entdeckt Probleme, innenpolitisch aber auch global, denen die Herrschaften nicht Herr werden.

Die notwendigen Wirkungen von Eigentum und Konkurrenz sind in dieser Weltsicht eine Folge der Pflichtverletzung der Teilnehmer der Gesellschaft.

Im Ausgangspunkt ist die vorgefundene Gesellschaftsordnung ein Mittel, eine Gelegenheit, welche durch die Staatsgewalt eingerichtet wird, damit man leben könne. Jetzt, in Anbetracht des Schadens, wird aus einer Gelegenheit welche man wahrnehmen will, eine Veranstaltung wo jeder *seiner Rolle entsprechend* teilnehmen *muss*. Die Unterlassung der Teilnahme wird zur Pflichtverletzung, zur Beschädigung der Funktionalität des vorgestellten Systems.

Die Ursachen der vorliegenden Krisen werden nicht als Wirkung des eingerichteten, ökonomischen Gegensatzes erkannt, sondern werden als Verstoß gegen das Gebot des Zusammenwirkens begriffen, welcher den sichtbaren Schaden verursache. Aufgrund dieser Diagnose beginnt eine Suche nach denjenigen, welche ihrer Verpflichtung nicht nachkommen. Jeder Akteur, Staat, Arbeitgeber und Arbeitnehmer, wird *in seiner Rollenausübung* daraufhin überprüft, ob er sich so aufführt, wie es der vorgestellte Mechanismus, das ´System´ von ihm *und jedem* verlangt.

Dass Lohn verlangt werden muss, dass dazu Gewinne erforderlich sind, dass deswegen regiert werden muss, ist akzeptiert. Dieser Mechanismus, dessen Wirkung, ist ja gerade das, was aufgrund der vorliegenden Krise wieder hergestellt werden soll, und muss.

Die Auswirkungen der Konkurrenz, der schmale Lohn oder dessen Streichung, der materielle Schaden der Existenzen, wird als Notstand des gesellschaftlichen Zusammenwirkens begriffen. An dieser Stelle ist ein wichtiger Wechsel der inneren Einstellung der Opfer dieser Wirtschaftsweise erfolgt. Ausgangspunkt war ihre materielle Situation, die mangelhafte Realisierung ihres Einkommens. Einen zu kleinen Ertrag, Lohn, kann man dadurch beseitigen, dass man diesen Lohn fordert und durchsetzt. Jetzt ist es aber das System, der Mechanismus, welcher nicht so funktioniere, wie man sich das vorstellt. Deswegen gilt die Kritik jetzt nicht mehr der eigenen, materiellen Situation, sondern den Privatinteressen der Mitglieder der Gesellschaft. Die materiellen Ansprüche jedes Konkurrenzteilnehmers, auch die eigenen, werden auf ihre Systemverträglichkeit hin überprüft. Opfer müssen erbracht werden und werden eingefordert, als notwendige Pflicht aller, um dem Notstand der Gesellschaft zu begegnen. - Dem Volksmund bekannt und von der Elite bekämpft als ´Anspruchsdenken´.

Jetzt ließt sich die Sache so, dass wenn jemand dieser Pflicht nicht nachkommt, schädigt er das Gemeinwesen, und wird so zur Ursache auch des eigenen Schadens. Arbeitslosen fehlt dann kein Einkommen, sondern sie haben zu hohe Ansprüche und verweigern sich ihrer Pflicht nachzukommen. Jeder materielle Anspruch wird auf seine Wirkung auf das Gemeinwohl untersucht. Unternehmer die Gewinne machen, selbstverständlich; Aber wenn dieselben dann Arbeitnehmer entlassen, muss dem Einhalt geboten werden. Banken braucht es, selbstverständlich, aber wenn sie zu große Gewinne machen wollen, muss das unterbunden werden.

Da muss mal einer was machen!

Es erfolgt der Aufruf an den Staat, diese seine Aufgabe wahrzunehmen, seiner Pflicht nachzukommen. Wenn in der Folge keine Besserung eintritt, erfolgt der Übergang zur Kritik dieser Gewalt.

Die Gewalt des Staates ist dann, in dieser Weltsicht, entweder unfähig, unwillig, oder zu kraftlos um den allgemein, sichtbaren und anerkannten Notstand des Systems zu beseitigen.

Phase 4: Die Umdeutung der politischen Wirkung der Konkurrenz als Nachweis der Schwäche seines Initiators. Kritik am Staat im Namen des Volkes.

Wenn die Teilnehmer ihrer Verpflichtung auf das Gemeinwohl nicht nachkommen, warum auch immer, dann braucht es das staatliche Gebot, die mit Gewalt herzustellende Durchsetzung dieser Pflicht, gegen alle gesellschaftlichen Gruppen welche dieser Pflicht nicht nachkommen.

An dieser Stelle wird deutlich, warum Nationalismus sich in Krisenzeiten als *kampfbereiter* Verbund von Gleichgesinnten präsentiert. Jeder Schaden, durch die staatlich hergestellte Eigentumsordnung verursacht, erscheint als Wirkung von Zeitgenossen, welche nicht das machen was sie müssen, *aber sollen*. Die Folge dieses Fehlverhaltens erzeuge national, sichtbare Notlagen!

Und es wird auch deutlich, warum sich diese Gesinnung gezielt und zuerst auf Ausländer fokussiert. Diese Menschen liegen *außerhalb* des Personenkreises welche *der Staat selbst* als Teilnehmer des Volkes definiert.

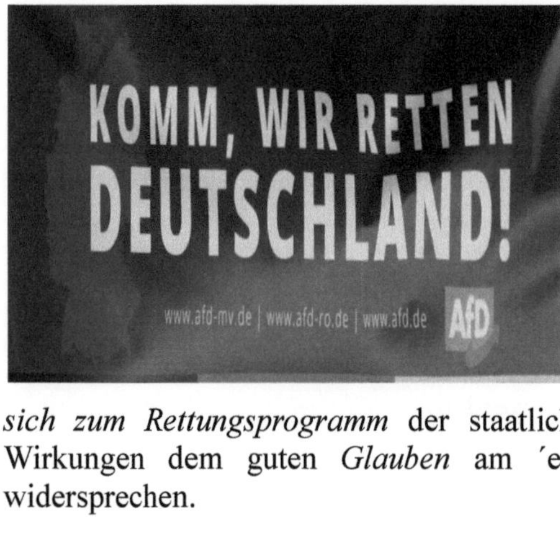

Nationalismus radikalisiert sich, *wenn* man den Gegenstand dieser Gesinnung, die Nation, als exklusive Heimstatt begreift, welche einem den Tisch decke, und dann festellen muss, dass dieser Nutzen ausbleibt. Nationalisten sind *nicht zufrieden* mit dem, was sie in ihrer Weltsicht als Mittel ihrer Existenz, als ´ihre´ Nation vorfinden.

Der private Nationalismus *radikalisiert sich zum Rettungsprogramm* der staatlich initialisierten Konkurrenz, weil dessen Wirkungen dem guten *Glauben* am ´eigentlichen´ Zweck dieser Veranstaltung widersprechen.

Diese Radikalisierung findet schließlich als Kampf um die staatlichen Organe der Gewaltausübung statt. Dort kann man Texte zu Gesetz machen.

Der Einzug dieser Gesinnung, weltweit, in die Parlamente ist durch Beobachtung nachgewiesen.

Parolen welche w*iedererkennbar* denen einer faschistischen Verganheit *entsprechen*, werden von den neuen Konkurrenten der Altparteien als Kritik an den aktuellen Amtsinhabern der Schaltstellen der Gesellschaft genutzt.

Inhaltlich wurde, und wird bis heute, ein Methodenstreit darüber geführt, wie man den *gemeinsamen* Nenner, die Nation, am Besten befördere. Die Rede vom Populismus, der Einfachheit der Lösungen, welche dem neuen Bewerber zum Vorwurf gemacht werden, sind mit dem Einzug der noch gestern als ¨Neofaschisten¨ bezeichneten Wahlkandidaten in die Parlamente, relativiert. Man stellt sich der Konkurrenz, so:

“Die rot-schwarze Landesregierung will abgelehnte Asylbewerber schneller und effektiver abschieben – und plant dafür die Einrichtung einer neuen Behörde, um die Zuständigkeit beim Land zu bündeln. Statt der Kommunen soll künftig eine zentrale Landesbehörde dafür sorgen, dass ausreisepflichtige Ausländer das Land auch verlassen. Die Behörde soll nach Angaben von Innenminister Boris Pistorius in diesem Jahr mit 50 Stellen starten. „Wir gehen davon aus, dass es am Ende bis zu 200 Mitarbeiterinnen und Mitarbeiter sein könnten“, sagte der SPD-Politiker der HAZ. ... Wir entlasten die Kommunen, gestalten die Verfahren effektiver und geben den Menschen, die zu uns kommen, so eine klare und möglichst schnelle Perspektive, wie es mit ihnen weitergeht ”

(https://www.haz.de/Nachrichten/Politik/Niedersachsen/Fluechtlinge-Pistorius-plant-Zentralbehoerde-fuer-Abschiebungen , 28.02.2019, Niedersachsen will schneller abschieben – mithilfe einer eigenen Behörde, Hannoversche Allgemeine)

Im Unterschied zu den neuen, politisch als ´rechts´ bezeichneten Parteien, lassen *die Altparteien* bereits seit Jahrzehnten keine Gelegenheit aus, die Forderungen der neuen Konkurrenten zur nationalen und europäischen Gesetzeslage zu machen. Dieser ´Kampf gegen Rechts´ soll die Wählergunst des Publikums auf sie umlenken.

Das ´populistische´ ´Ausländer raus!´ kontern die Altparteien mit einem ´Rückkehrförderungsgesetz´ oder Reformen des Asylrechts aus. Der andauernde Wahlerfolg der neuen Konkurrenten, mittlerweile mit zweistelligen Prozentzahlen im Parlament vertreten, beflügelt diese Motivation.

“Ein Jahr nach Einführung der „Ankerzentren“ in Bayern lobt die Politik die ´gelungene Balance zwischen Humanität und Ordnung´. ... Glaubt man dem bayerischen Ministerpräsidenten Markus Söder und seinem CSU-Parteifreund, dem Innenminister Joachim Herrmann, so ist die ehemalige Max-Immelmann-Kaserne im oberbayerischen Manching zu einem richtig guten Ort geworden. Das Leben der Flüchtlinge dort im ´Ankerzentrum´ in der Nähe von Ingolstadt sei ´humaner´ als früher, sagt Söder. Die Asylanträge würden mit ´viel Gefühl und Fingerspitzengefühl´ bearbeitet, meint Herrmann. Wer am Ende zu jenen 30 Prozent

Anerkannten gehöre, werde ´rasch integriert´. Ein Jahr gibt es die bayerische „Ankerzentren", in denen alle neu ankommenden Flüchtlinge bis zu einer Entscheidung über ihren Asylantrag leben müssen. Und ein Jahr gibt es das „Landesamt für Asyl und Rückführungen" mit dem Ziel, die Abläufe zu straffen und Abgewiesene möglichst schnell wieder außer Landes zu schaffen. "

(https://www.fr.de/politik/ankerzentren-zusammengezwungen-asyl-entscheid-12879663.html , 01.08.2019, Ankerzentren: Zusammengezwungen bis zum Asyl-Entscheid, Frankfurter Rundschau, online)

Nicht nur im eigenen Land will man den Ausländern helfen. Es werden Minister ernannt, und ins afrikanische Ausland entsandt, sogar die Bundeskanzlerin, um dort vor Ort das Problem an der Wurzel zu packen und die Fluchtursachen zu beseitigen.

"Ich möchte mich bedanken, weil Niger sehr erfolgreich im Kampf gegen die illegale Migration mit uns zusammenarbeitet und hier herausragende Arbeit leistet", lobt die Kanzlerin Nigers Präsidenten und verspricht auch, dass Deutschland sich weiter engagieren will. ´Deshalb muss es Hand in Hand gehen: auf der einen Seite Kampf gegen die illegale Migration, und auf der anderen Seite Entwicklungschancen für die Menschen in den betroffenen Regionen.´ Deutschland und die EU geben viel Geld für Entwicklungshilfe, für Niger kamen aus Berlin zuletzt 200 Millionen Euro zusätzlich. Deutschland unterstützt auch die Militäreinsätze in der Region, um den wachsenden Terrorismus einzudämmen. Etwas mehr als 800 deutsche Soldaten sind in Mali stationiert ..."

(https://www.tagesschau.de/ausland/merkel-westafrika-103.html , 01.05.2019, Merkels Afrika-Mission, tagesschau.de)

Ein kurzer Rückblick.

Die französische Revolution wurde bereits angesprochen.

In der Folge entstanden Nationen, welche die alten Zöpfe von ihrem Kopf trennte um sich deren Kost zu entledigen. Die neuen Herren hatten andere Frisuren und dasselbe Land, welches dasselbe Volk, nach den Vorstellungen seiner Besitzer, auch schon zu Lebzeiten des Königs zu bewirtschaften hatte. Die Freiheit wurde gefeiert, wenn man denn nicht gerade zu arbeiten hatte. Die Gleichheit wurde gepriesen, die einen reich, die anderen mittellos, aber gerade davon wollte man nichts wissen. Mit dem Band der Brüderlichkeit waren dann alle endgültig wieder unter dem Dach einer Zentralgewalt vereint, dessen Fundamente noch gestern eingerissen wurden. Wenn sich *hier* ein Volk zu Diensten stellt, dann womöglich gibt's davon andernorts vielleicht noch mehr? Nachdem deren Herren besiegt wurden, Kolonialreiche wurden erobert, konnte man diese nach erfolgreicher Anpassung der dortigen Herrschaftsweise den hiesigen Notwendigkeiten anzupassen. Nach der Einrichtung von Geldwirtschaft und der Festlegung von Handelsregeln, wurden diese Territorien in die Unabhängigkeit entlassen, um fortan als Handelspartner die alten Kolonialherren mit dem zu beliefern, was man bis heute als ´unsere Rohstoffe´ bezeichnet. Wofür allerdings, und das war neu, jetzt zu bezahlen war.

Dafür aber, und das war auch klar, hatte man sich seiner Kosten der Kolonialgewalt entledigt, welche jetzt durch lokale Regierungen vor Ort zu tragen waren.

Diese Kosten, so die politische Kalkulation der Kolonialherren, waren eine politische Motivation der in die Unabhängigkeit entlassenen Regentschaften, der *jetzt, zahlenden* Rohstoffnachfrage der ehemaligen Besatzer die Türen zu öffnen. Das war auch der Fall. Der politische Wille sieht jetzt in den ehemaligen Besatzern, Handelspartner. Die Wirkungen dieses Welthandels, Freihandel und Protektionismus erblickten als Ideale das Licht der Welt, ließen jedoch einiges zu wünschen übrig. Hier wurde und wird bis heute nachgebessert. Der Einfluss auf Staatsbilanzen, bishin zum Einfluss auf den Wert der nationalen Uniformen des Geldes selbst, waren als politischer Tagesordnungspunkt bis dahin unbekannt. Heute kennt man deren Wirkung. Wer Exportweltmeister ist, der ist gut dran. Wer über Weltgeld, Dollar, Euro, Yuan verfügt, kann sich auf dem Weltmarkt etwas dafür kaufen. Die anderen Welten, die Dritten und Failed States, sind dann die Herkunftsländer der ´Wirtschaftsflüchtlinge´, deren Bewegungsfähigkeit zunehmend als Störung betrachtet wird, weil diese Menschen weder hier noch dort zur Vermehrung von Eigentum gebraucht werden. Das global, fehlende Interesse an der Benutzung ihrer Arbeitskraft beurteilt diese Existenzen als zuviel. - Regierungen entdecken ´Überbevölkerung´ und vollstrecken dieses Urteil. Die ´Weltlage ´, heute, ist das Resultat derselben politischen Ökonomie, derselben Gewalt, welche bereits gestern die Regeln aufstellte, welche sich zu dem was man bis heute beobachten muss, so stellt, als ob ihre Agenda sich als Konsequenz aus der Natur selbst ergebe. Diese Attitüde, man diene denjenigen welche man regiert, hat sich bis heute erfolgreich bewährt. Never change a winning team.

Zurück in die Gegenwart. Menschen werden in Lager gezwungen. Der Haftgrund ist die Lage in welche sie diese Weltordnung gebracht hat. Armut und Krieg. Ganze Kontinente sind so zugerichtet, sodass für Millionen das Überleben unmöglich ist. Alles ist Privatbesitz. Dort wo gestern noch Subsistenzwirtschaft betrieben wurde, im 21 Jahrhundert, gleichzeitig wird zum Mond geflogen, vertreibt Regierung die Menschen um Investoren an den Standort zu locken. Die neuen Besitzer wirtschaften wie oben beschrieben. Lohn ist Abzug vom Gewinn, die Arbeitsresultate das Eigentum der neuen Besitzer. Auch dort entstehen dann die Millionen von Bittstellern, welche man auch hierzulande eher rau anfasst, und anzweifelt ob ´Die´ überhaupt wollen. Die betriebswirtschaftliche Kalkulation und dessen Wirkung, ´Arbeitslosigkeit´, wird den Opfern auch dort als fehlende Bereitschaft zum Dienst angeklebt.

Auch durch direkte Kriegshandlungen werden ganze Staaten zerstört. Iran, Afghanistan, Syrien, Libyen, Palästina, um nur 5 Staatsgebiete zu nennen. Und die Liste ist länger und wird ständig aktualisiert. Die Verursacher stellen *sich selbst* als Betroffene, *als Opfer* dieser ´Weltlage´ dar! Und helfen, wie immer, gerne. Hier mit Musik.

"Und Söder lobt: ´Die ganzen Instrumente spielen in dem Orchester zusammen.´"

(https://www.fr.de/politik/ankerzentren-zusammengezwungen-asyl-entscheid-12879663.html , 01.08.2019, Ankerzentren: Zusammengezwungen bis zum Asyl-Entscheid, Frankfurter Rundschau, Markus Söder CSU, online)

Die Verschlechterung der Lebenssituation von Menschen ohne diesen *deutschen* Pass, ist aber nicht identisch mit einer Verbesserung der Lebenssituation der Inhaber dieses Dokumentes.

Wie dargestellt, liegen die Ursachen für die Armut der Mehrheit der Menschheit nicht darin begründet, dass ihnen Fremde die Lebensmittel wegessen, oder sich auf dieselbe Stellenausschreibung bewerben. Was stört denn dann die Seinen, an den Anderen?

Die nationale Gesinnung stört nicht *die Konkurrenz*, sondern *die Konkurrenten.*

Niemand erwartet, dass nach einer Abschiebung, die freiwerdenden Geldmittel an die einheimische Bevölkerung verteilt werden. Der Schaden der anderen Partei, der Fremden, *ist* bereits der Lohn. Der Nationalismus hat zwar im geschädigten Materialismus seinen Ursprung, sich aber bereits soweit entwickelt, dass die Mittelverweigerung an andere, für Nationalisten die Verbesserung ist. Nicht materiell. Aber gemessen am eingeforderten Vorrecht eines biodeutschen Staatsbürgers. Der Maßstab der Gerechtigkeit nimmt die Stelle des materiellen Nutzens ein.

Was ist das Gerechtigkeit? Um nachzuvollziehen, welcher Standpunkt sich in der Gesellschaft ausbreitet, werfen wir einen kurzen Blick darauf.

Gerechtigkeit ist beliebt. Jeder will sie. Der Ruf nach Gerechtigkeit erklingt immer dann, wenn ein Interesse sich geschädigt sieht. Rentner rufen nach Gerechtigkeit, wenn der Staat ihnen die Rente kürzt. Der Staat beruft sich auf auch Gerechtigkeit, die er durchsetzt, zum Ausgleich der Lasten welche die Jungen zu tragen hätten. Arbeiter rufen nach Gerechtigkeit, wenn man ihnen den Lohn durch eine Kündigung nimmt. Die Arbeitgeber berufen sich auf Gerechtigkeit, weil sie durch diese Kündigung den Bestand der verbleibenden Arbeitsplätze sichern. Mieter rufen nach Gerechtigkeit wenn man ihnen die Miete erhöht. Vermieter berufen sich auf Gerechtigkeit, weil sie mit diesen Geldmitteln die Wohnqualität der Beschwerdeführer verbessern und erhalten. Offensichtlich gegensätzliche Interessen, Beitragszahler und Leistungsträger, Lohnempfänger und Lohnzahler, Rechnungsempfänger und Rechnungssteller, berufen sich alle auf dasselbe. Gerechtigkeit. Beide Parteien, im Streit, rechtfertigen ihre Forderung mit Gerechtigkeit.

Setzen wir die Beispiele fort. Nehmen wir an der Mieter zahlt daraufhin die Miete nicht. Oder der Arbeiter verweigert seinen Dienst. Und was sollen Rentner machen?

Die beiden Seiten, welche sich auf Gerechtigkeit berufen, haben *unterschiedliche* Eigenschaften. Rentner, Arbeiter, und Mieter fordern etwas, das sie gegen die *bereits bestehende* Verfügungsgewalt der anderen Streitpartei gar nicht durchsetzten *können.* Praktisch sind sie Bittsteller, welche mit dem Argument Gerechtigkeit eine Berücksichtigung ihrer *eingebildeten* Berechtigung ihres Interesses einfordern. Die andere Partei weist ihre Bitte einfach mit demselben Argument, *aber im Besitz des Gegenstandes des materiellen Interesses*, zurück.

Im Substantiv ´Gerechtigkeit´ selbst, steht auch schon die Antwort auf die nachfolgende Frage. Wer soll denn jetzt entscheiden was Gerechtigkeit ist? Eine Gewalt. Der Rechtsstaat.

Gerechtigkeit beruft sich also auf ein moralisches Argument, man sei doch, *eigentlich* durch seine Leistung zu etwas berechtigt. *Ob* das der Fall ist, das ist dann die Entscheidung einer am aktuellen Streit, *direkt* nicht beteiligten Instanz. Damit aus dem Inhalt einer Bitte eine Berechtigung wird, welche in der Lage ist, die *materiell entschiedene* Gewaltfrage zugunsten des mittellosen Klageführes zu verändern, braucht es das Urteil einer den Streitparteien übergeordneten Gewalt. Und – *beide* Standpunkte gehen davon aus, dass ihrer Bitte entsprochen wird.

Was dann gerecht ist, *entscheidet* ein Text, der in Gesetzesform vorliegt. Und was eine Rechtslage ist, und wozu es dieses Instrument gibt, wurde bereits dargestellt.

Als Ergebnis liegen dann, nach Prüfung *der Rechtslage* durch die zuständigen Gerichte, Rentenkürzung, Entlassungen, und die Mieterhöhnung, als rechtsgültig vor.

"Schon heute liegt jede zweite Rente unter 800 Euro."

(https://www.zeit.de/wirtschaft/2018-07/rente-niedrigrente-altersarmut-entwicklung , 23.07.2018, Die große Rentenangst, zeit.de)

"Rund ein Viertel der knapp 4,26 Millionen erwerbsfähigen Hartz-IV-Empfänger geht einer Erwerbstätigkeit nach. Bei der anschließenden Frage nach dem Ausmaß der Erwerbsarmut gibt es allerdings unterschiedliche Meinungen"

(http://www.o-ton-arbeitsmarkt.de/o-ton-news/arm-trotz-arbeit-jeder-zweite-aufstocker-ist-sozialversicherungspflichtig-beschaeftigt, Arm trotz Arbeit? Jeder zweite Aufstocker ist sozialversicherungspflichtig beschäftigt, 19.10.2018)

“In Deutschland besitzen die 45 reichsten Haushalte so viel wie die ärmere Hälfte der Bevölkerung. Beide Gruppen kamen im Jahr 2014 jeweils auf insgesamt 214 Milliarden Euro Vermögen.”

(https://www.spiegel.de/wirtschaft/soziales/vermoegen-45-superreiche-besitzen-so-viel-wie-die-halbe-deutsche-bevoelkerung-a-1189111.html , 45 Deutsche besitzen so viel wie die ärmere Hälfte der Bevölkerung, SPIEGEL.DE, 23.01.2018, , tagesschau.de)

Eine der beiden Parteien ist dann aber *immer* enttäuscht. Der Glaube des Verlierers, die Ordnung entspreche seiner Vorstellung von Gerechtigkeit, die Ordnung sei eingerichtet, damit er ein Auskommen habe, sieht sich nach dem Urteil *innerlich* als ungerecht behandelt an. Aussagen wie ´die da oben machen doch eh was sie wollen´, kritisieren, wieder, *nicht* die Gewalt selbst, sondern die falsche Anwendung von Gewalt. Hier ist die Sehnsucht nach einer *anderen* Gewalt bereits greifbar. Nationalismus entwickelt sich.

“Zahlt die Versicherung? Das fragen sich derzeit Tausende Gastronomen und Hoteliers, die wegen Corona dicht machen mussten. .. Bisher stellen sich die meisten Versicherer quer - .. Dabei hatten zahlreiche Gastronomen und Hoteliers eine teure Betriebsschließungsversicherung abgeschlossen. .. Die Police decke nicht Pandemien ab, behaupten die Versicherer. ..”

(https://www.tagesschau.de/wirtschaft/boerse/coronavirus-versicherungen-101.html , 12.06.2020 , Zahlen Versicherungen für Corona-Schäden? , tagesschau.de)

Ohne dieses *Bekenntnis* zur Gewalt, der Forderung nach Gerechtigkeit, entsteht ein Aufstand und kein Volk, welches dann an die Arbeit geht. Der Beschluss, die Staatsgewalt als Voraussetzung der eigenen Existenzsicherung zu verinnerlichen, dieses innerere ¨Ja¨, welches sich *freiwillig* in Dienst nehmen läßt, ist durch politische Schulung animiert **und** *selbstgewollt*.

Gegen den Willen des Menschen, kann niemand einen Staat machen. Offensichtlich liegt diese Zustimmung weltweit vor.

In der *Krise* entfernen sich die Nationalisten vom *aktuell* regierenden Personal der Herrschaft. Es kommt zu Protesten, deren Teilnehmer demonstrative Kampfbereitschaft zeigen. Fackelmärsche, in Kampfanzügen, Parolen schreiend, welche sich offen, feindlich und organisiert gegen die amtierenden Amtsinhaber aufstellen. Morde und Morddrohungen an ´Linken´ und ´Ausländern´, an Politikern, häufen sich. Strukturen werden offenkundig. Privat organisiert, im Staatsdienst, international vernetzt. Das öffentliche Leben, Musikveranstaltungen, bis in hin zum Humor, verändert seine Gesichtszüge.

“Es gibt ja Armeen, so wie bei den Amerikanern, die haben Hubschrauber, die werden abgeschossen, ok. Pech. Aber die deutschen, die fliegen ja gar nich erst hoch. (Anmk. des Autors:lachendes Publikum)”

(Olaf Schubert, Comedian, 2016, 1LIVE Comedy-Nacht XXL, wenn der Heli nur noch schraubt)

Was ist das? Krise?

Die berühmte Schere zwischen Arm und reich, die sich wie von Geisterhand, selbst immer weiter öffne, ist im Kapitalismus der Normalzustand. Die innen- und aussenpolitische Konkurrenz produziert Armut bei denjenigen welche den Reichtum produzieren, und als Eigentum dort, wo dieser Reichtum abzuliefern ist. Die Aufteilung der Welt in kleine Parzellen, jetzt, nur deshalb, *muss* Volk und Staatsgebiet *exklusiv* bewirtschaftet werden, hat die Konsequenz, dass auf der anderen Seite der gewollten Grenze, eine andere Gewalt *denselben* Anspruch erhebt, wie die Herrschaften jenseits von derselben. Alle Weltenlenker brauchen aber *die Voraussetzung jeder Produktion*, Rohstoffe.

Die Natur hat diese Rohstoffe zufällig auf diesem Planeten verstreut. Der Beschluss zur Nation, zu Grenze, von den Herrschaften als Grundlage und Nachweis ihrer Herrschaft eingerichtet, beschränkt nun als Folge *deren* Beschlusses, den Zugriff auf *die Voraussetzungen auch ′ihrer′ Nation*. Und – sie haben es jenseits der gewollten Grenze mit ihresgleichen tun. Umsonst ist der Tod heisst die Devise, und es gilt den eigenen Zugriff, globale Einflusssphären, auf die als ′unsere Rohstoffe′ bezeichneten seltenen Erden oder Mineralöle sicherzustellen, damit die Nation bestehen kann. Da bleibt der eine oder andere Streit nicht aus. Das eigene Volk überzeugen die Medien oder Polizei. Die so angesprochenen Nationen, China, Amerika, Russland, Europa, erfordern stärkere Argumente . Krieg ist der *gewusste* Extremfall dieser Konkurrenz der Wirtschaftsriesen. Der Normalfall des Welthandels, dessen *gewollter Verlauf* als ökonomische Konkurrenz, erzeugt diese Sachlage.

Die Herkunftsländer, sind wie bereits dargelegt, auf diese Rollen, als Transit-, Rohstoff- oder Entwicklungsländer politisch, konditioniert. Der Streit *der Weltmächte*, ihre Konkurrenz um das als Lieferant ihrer Ökonomien *definierte* Ausland, ist als Handelsabkommen (WTO, TTIP, GATT, GATS, TRIPS) und asymetrische Kriegführung bekannt.

Krieg erfordert Dank der bereits geleisteten Arbeit des Volkes in den Friedenszeiten der Vergangenheit höchstens eine parlamentarische Abstimmung:

“Der Bundestag hat außerdem Bundeswehreinsätze in Mali und am Horn von Afrika verlängert. .. Zwei Verteitigungsministerinnen auf gemeinsamer Mission. Ursula von der Leyen und ihre pariser Amtskollegin Florence Parly heute in Berlin. Sie planen Rüstungseinkäufe, sie sprechen über ihre Afrikaeinstze. Anders als Frau Parly braucht Frau von der Leyen das Mandat des Parlaments. .. ”

(https://www.tagesschau.de/multimedia/video/video-398289.html , Video, Bundestag verlängert Afrika-Einsätze der Bundeswehr und entsendet mehr Soldaten, 26.04.2018, tagesschau.de)

“Jetzt ist es amtlich: Der türkische Präsident Erdogan darf Truppen in das Bürgerkriegsland Libyen schicken. Einen entsprechenden Beschluss fasste das türkische Parlament mit großer Mehrheit.Das türkische Parlament hat der Entsendung von Truppen in das Bürgerkriegsland Li-

> byen zugestimmt. Der Beschluss gilt für zunächst ein Jahr. Das Votum von 325 zu 184 ebnet den Weg für eine militärische Unterstützung der von den Vereinten Nationen anerkannten Regierung unter Ministerpräsident Fajis al-Sarradsch in Tripolis. Diese kämpft gegen eine rivalisierende Regierung des abtrünnigen Generals Chalifa Haftar und gegen deren Offensive auf Tripolis - und hatte die türkische Unterstützung offiziell erbeten, wodurch sie durch das Völkerrecht gedeckt ist."

(https://www.tagesschau.de/ausland/tuerkei-libyen-truppen-101.html , 02.01.2019, Erdogan darf Truppen nach Libyen schicken, tagesschau.de)

Das alles *ist keine* Krise, sondern Alltag der staatlich erzeugten Konkurrenz, innen- *und* aussenpolitisch.

- Krise ist dann, wenn die Staatsgewalt **selbst** bekannt gibt, *dass* Krise ist.

Die politischen Problemfelder Wirtschaft und Arbeit, das Geld, das Ausland, und die Umwelt werden den Bürgern als Aufgabenkatalog ihrer Elite vorgestellt, und auch *dort* bilanziert.

Ein Millionenheer von Arbeitslosen, Europa in Gefahr, England tritt aus Europa aus. Der Euro in Gefahr, Griechenland ist zahlungsunfähig, weitere Staaten sind Kandidaten. Die Nato, seit Kindheit an, *´unser* Schutzschild´ gegen das Böse, zerstritten und in Zerfall begriffen. Die Umwelt, kaputt. So lautet die Diagnose, nach Auskunft der Herrschaften *selbst*.

Innenpolitisch bemerken die Produzenten des Reichtums nicht zuletzt an der Differenz zwischen Kontostand und ihren Rechnungen, dass ihre Erwartungshaltung, die Gewalt sei ihnen und ihrer Existenzsicherung gewidmet, *praktisch* nicht eingelöst wird. Ihr *Lebensinhalt* muss sich den Konjunkturen der eigentumsbasierten Wirtschaft anpassen. 2019 gehen in Deutschland Menschen auf Lebensmittelsuche in Abfallcontainern und werden des Diebstahls angeklagt. *Jedem* Arbeitnehmer wird angekündigt, dass er im Alter nicht in der Lage sein wird, seine Rechnungen zu bezahlen.
Millionen von Arbeitenden wird jeden Monat eine Lohnabrechnung vorgelegt, welche *offiziell* unterhalb der Armutsgrenze liegt. Arbeitslosen wird ein Einkommen zugesprochen, dessen Höhe den Wortgehalt dieses Substantivs unzutreffend widergibt.

Die in Kapital bemessene Zinsbasis des im Zeitverlauf akkumulierten Kapitals ist soweit angewachsen, dass selbst deren Eigentümer nicht mehr an eine Fortsetzung der Geldvermehrung glauben. Das Geld selbst, der selbstgewählte Herzmuskel dieser Wirtschaftsform ist bedroht. Um, offiziell ausgesprochen, Zeit zu gewinnen, pumpen Finanzinstitute der 1. Welt jährlich Geldbeträge in den Bankensektor der in seiner Höhe den Jahreshaushalt der Mehrheit der unteren Ränge der Staatenwelt übersteigt.

Das sind Töne, und gesellschaftliche Zustände, nicht von Linken oder Weltverbesserern, sondern *von der Herrschaft selbst* beauskunftet.

Für jedes dieser durch Regierungen erschaffene Aufgabengebiet, geben deren Macher selbst die Gründe für Krise *an,* und *vor.* Diese von Regierung benannten Ursachen haben alle *einen* gemeinsamen Nenner. Fremde. Das Ausland.

Die ´Chinesen´, ´Russen´, ´Amerika´, verhalten sich nicht so wie man es erwarten darf. In jedem Staat werden die als Handelspartner bekannten Konkurrenzteilnehmer immer gleichzeitig als Problemfall vorgestellt. Regierungen selbst sind die Erfinder der Wortschöpfung ´Wirtschaftsflüchtling´ und wehren sich gegen Immigration in ´unsere´ Sozialsysteme. Die Umwelt gehe kaputt, weil die anderen ´unserem´, guten Beispiel nicht folgen wollen. ´Verteidigung´ benennt als Grund und Ziel der Waffen, das Ausland.

Umgekehrt definiert sich Regierung gleichzeitig als Vertreter einer exklusiven Gemeinschaft. - ´Wir´.

Regierungen selbst erziehen ihr Volk zu Nationalisten. Die Medien transportieren diesen Maßstab. Nachrichten, Talkshows, Sport, politische Magazine, bis hin zur Satire. ´Wir´ haben Probleme mit Rentenversicherung und Arbeitslosigkeit, die ´Chinesen´ gefährden ´unsere´ Rohstoffversorgung, die Staatsschulden ruinieren ´unser´ Geld, Fremde bekommen ´unsere Sozialleistungen´, ´wir´ hoffen dass ´unsere´ Mannschaft gewinnt, und es ist eine Schande wenn ´unsere´ Gewehre nicht schießen. Nationalismus, die Förderung der Nation, ist verlangter Inhalt und Ausgangspunkt jeder Regierungsarbeit.

> "Ich schwöre, dass ich meine Kraft dem Wohle des deutschen Volkes widmen, seinen Nutzen mehren, Schaden von ihm wenden, das Grundgesetz und die Gesetze des Bundes wahren und verteidigen, meine Pflichten gewissenhaft erfüllen und Gerechtigkeit gegen jedermann üben werde. So wahr mir Gott helfe."
> (Amtseid, BRD, Bundeskanzler)

> "I am president of the of the USA, I'm not the president of the world"
> (Donald Trump, seit 2017 President of USA, 16.08.2019)

Für die *national* gestimmten Kritiker sind die von der Regierung selbst beauskunfteten Krisen, die Antwort auf ihre Notlagen.

Ihr Staat ist schwach. ´Unten´ bildet die materielle Lage den Ausgangspunkt von Unzufriedenheit. Bereits bei der Verwandlung der Konsequenzen der oben dargestellten polit-ökonomischen Ursachen in einen Gerechtigkeitsmangel, wurde der materielle Standpunkt in einen Ruf nach der ´richtigen´ Gewalt verwandelt. Unfähigkeit der Amtsinhaber, oder Machtmissbrauch aus egoistischen Interessen heraus, sind bis hierher durch die Wahl, den Austausch der amtierenden Mannschaft zu erreichen. Staatsgewalt ja, muss ja, aber nicht *diese* Partei, sondern eine andere.

Die Resultate der auf Eigentum basierenden, *politischen* Wirtschaft selbst, Grenzen und Konkurrenz, radikalisieren das Konkurrenzverhalten ′Oben′, der nationalen Betriebseigentümer und der internationalen Konkurrenz im Ganzen. Die zur erfolgreichen Teilnahme am Weltmarkt erforderlichen, konkurrienden Kapitalgrößen werden jedes Jahr größer. Heute kommandieren nationale Konzerne riesige Heere von Lohnabhängigen, und sind deswegen gleichzeitig, sowohl als materielle und finanzielle Quelle, die Voraussetzung der Staatgewalt selbst. - Bekannt als Lobbys.

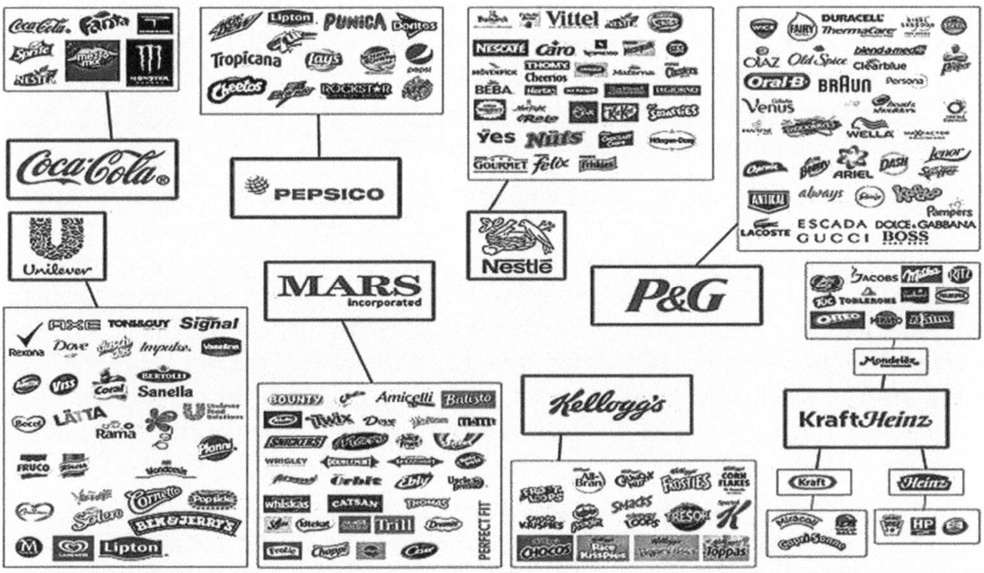

https://www.visualcapitalist.com/illusion-of-choice-consumer-brands/

Diese Situation gilt für alle Rohstoffquellen der gesellschaftlichen Produktion und für den Finanzsektor. Die Vorstellung einer Weltwirtschaft als Biobauernhof, oder Konkurrenz von sogenannten mittelständigen Unternehmen sind keine zutreffende Beschreibung der Wirtschaftswelt des 21. Jahrhunderts. Diese Sachlage ist aufgrund der weltweiten Verfügbarkeit der Grundlagen gesellschaftlicher Versorgung in jedem Supermarkt empirisch ermittelbar. Der Hamburgerladen nebenan bezieht sein Fleisch vielleicht, tatsächlich aus der Region, von einem Biohof. Gesunde Lebensmittel, so wie die Bezeichnung ´Bio´ es offeriert, sind jedenfalls keine Selbstverständlichkeit, sondern ein begrenztes Geschäftsmodell, um mit einem zahlungskräftigeren Publikum *Umsatz* zu machen.

> "Der Flächenanteil des Ökologischen Landbaus ist ein Schlüsselindikator der nationalen Nachhaltigkeitsstrategie. Ziel der Bundesregierung ist es, den Anteil der ökologisch bewirtschafteten Flächen bis 2030 auf 20 Prozent zu erhöhen. Mit derzeit 8,2 Prozent an der landwirtschaftlich genutzten Fläche ist Deutschland von diesem Zielwert jedoch noch weit entfernt. "
>
> (https://www.umweltbundesamt.de/themen/boden-landwirtschaft/landwirtschaft-umweltfreundlich-gestalten/oekolandbau#Umweltleistungen%20des%20%C3%96kolandbaus , 17.04.2018, Ökolandbau, umweltbundesamt.de)

Basis der gesellschaftlichen Versorgung, die materielle Grundlage der Gesellschaft, ist die industrielle Herstellung und Verarbeitung von Rohstoffen. Der Rest der Gesellschaft lebt von dieser Grundlage und verwechselt deren Weiterverkauf oder Umformung, eine Dienstleistung, mit der Herstellung dessen, was man zum Leben braucht.

Deshalb treffen Krisen in diesen Bereichen, aufgrund der ökonomischen Potenz und

Verflechtung dieser Konzerne, sofort das ökonomische Fundament von Nationen. Je größer der Anteil der betroffenen Industrie am Gesamtsvolumen des Staatshaushaltes beteiligt ist, desto drastischer sind die Konsequenzen. Einkommen ganzer Regionen, bis hin zum Bestand des Staates selbst, sind aufgrund der Entwicklungsphasen der internationalen Konkurrenz um Kapitalverwertung bedroht.

Regierungen sehen sich mit den Konsequenzen des *erfolgreichen* Wirkens ihrer Weltordnung konfrontiert, und passen ihre Krisendiagnosen dem erreichten Stand dieser von ihnen erzeugten Konkurrenzlage an. ´America first´ ist die Kampfansage eines Präsidenten an seine Konkurrenten, welche die Adressaten sofort verstanden haben. Auch die so angesprochenen Welthandelsteilnehmer teilen die Diagnose des amerikanischen Präsidenten, dass Wachstum und Konjunktur auf die erfolgreiche Nutzung ausländischer Märkte angewiesen sind. Exportweltmeister wollen sie alle sein. Nur; Sie selbst wollen nicht das *zahlende Ausland* sein, welches diesen *Schaden* zu tragen hat.

“.. Bei einem Besuch in Brüssel hat Trump seine Kritik am deutschen Handelsbilanzüberschuss nun erneutert. ´The Germans are bad, very bad´, sagte er nach SPIEGEL-Informationen bei einem Treffen mit der EU-Spitze. ´Schauen Sie sich die Millionen von Autos an, die sie in den USA verkaufen. Fürchterlich. Wir werden das stoppen.´ ..”

(https://www.spiegel.de/wirtschaft/unternehmen/donald-trump-kritik-an-deutschem-handelsueberschuss-was-ist-dran-a-1149382.html , 26.05.2017, Handelsüberschüsse, spiegel.de)

Handelsbeziehungen, die globale Infrastruktur, digitale Informationssysteme und deren Kontrolle, die finanzwirtschaftliche Infrastruktur, alle Bereiche der nationalen Wirtschaft werden auf ihre Verwendbarkeit als Erpressungsmittel, als ökonomische Waffe, auf ihre Sanktionsfähigkeit gegenüber Konkurrenten überprüft. Wirtschaftskrieg wird als notwendiger politischer Alltag kommuniziert, um sich gegen die Konkurrenz durchsetzen zu können.

“Verliert die EU den Balkan? China und Russland stoßen in die Lücke
Mit ihrer „Erweiterungsmüdigkeit“ verliert die Europäische Union in Südosteuropa an Attraktivität und Einfluss. Äußere Akteure locken mit militärischem Muskel und wirtschaftlicher Macht. Können sie sich als echte Alternative zur EU anbieten? ...”

(https://www.focus.de/politik/ausland/eu/interessenskonflikt-im-balkan-wie-china-und-russland-ihren-einfluss-im-balken-staerken-wollen_id_11512427.html , 02.01.2020, EU verliert an Attraktivität, focus.de)

“Starre Fronten im Handelsstreit

Keinen Fortschritt gab es im Handelskonflikt der USA mit China und mit der EU. Trump setzt weiter auf Zölle als handelspolitisches Steuerungsinstrument, die G7 setzen auf freie Märkte.Einen Schulterschluss übte der US-Präsident mit dem britischen Premier Boris Johnson. Nach dem Brexit streben Briten und Amerikaner, wie Trump sagte, ein ´wirklich großes´ Handelsabkommen an.”

(https://www.tagesschau.de/ausland/g-sieben-biarritz-107.html , 25.08.2019, G7-Gipfel in Frankreich, Ein Paukenschlag und erste Beschlüsse, tagesschau.de)

"Zypern, Griechenland und Israel haben ein Grundsatzabkommen für den geplanten Bau der Mittelmeer-Gas-Pipeline ´Eastmed´ unterzeichnet. .. ´Wir bauen eine Brücke mit der Energie nach Europa gebracht wird´, erklärte der griechische Regierungschef Mitsotakis nach der Unterzeichnung. Die Pipeline werde die Region stabilisieren und Wohlstand für die Menschen bringen, fügte er hinzu.
Israels Regierungschef Netanyahu meinte: ´Es ist ein historischer Tag für Israel.´ Er rief andere Staaten der Region wie Ägypten auf, sich an dem Projekt zu beteiligen. Alle drei Politiker erklärten, dieses Abkommen wende sich nicht gegen andere Staaten wie etwa die Türkei. .. Ankara sieht das anders. Die Regierung betont immer wieder, diese israelisch-zyprisch-griechische Allianz sei ein Versuch, die Türkei einzukreisen. Die Türkei werde Projekte dieser Art im östlichen Mittelmeer ohne ihre Beteiligung und Zustimmung nicht erlauben, bekräftigte die Regierung in Ankara wiederholt.
Die Türkei hatte zuletzt mit Libyen Abkommen unterzeichnet, die neben einer militärischen Kooperation auch Seegrenzen im Mittelmeer festlegen. Damit erhebt die Türkei Anspruch auf Gebiete nahe der Inseln Zypern und Kreta, wo reiche Erdgasvorkommen vermutet werden."

(https://www.tagesschau.de/ausland/gas-abkommen-101.html , 02.01.2019, Ein Pipelineprojekt mit Sprengkraft?, tagesschau.de)

"Das US-Repräsentantenhaus hat Sanktionen gegen Firmen im Zusammenhang mit der Ostsee-Pipeline Nord Stream 2 auf den Weg gebracht. Die Abgeordneten stimmten mit großer Mehrheit für ein Gesetzespaket zum Verteidigungshaushalt, in das das Sanktionsgesetz eingefügt worden war. .. Der US-Kongress will die Fertigstellung des Projekts verhindern. Die Sanktionen könnten es zumindest verzögern. Die USA argumentieren, dass sich Deutschland mit der Pipeline in Abhängigkeit von Russland begeben würde. Das ´Gesetz zum Schutz von Europas Energiesicherheit´ sieht Sanktionen gegen die Betreiberfirmen der hoch spezialisierten Schiffe vor, mit denen die Rohre für die Pipeline durch die Ostsee verlegt werden. .. Auch TurkStream - eine russische Pipeline, die durch das Schwarze Meer Gas in die Türkei bringen soll - ist betroffen. Ebenso gelten die Sanktionen für jegliche Folgeprojekte von Nord Stream 2 und TurkStream. Das Gesetz sieht vor, dass der US-Außenminister in Absprache mit dem Finanzminister dem Kongress binnen 60 Tagen berichtet, welche Schiffe eingesetzt werden und welche Firmen diese Schiffe zur Verfügung gestellt haben.

Gegen Manager der Firmen und deren Hauptaktionäre mit Kontrollmehrheit sollen Einreiseverbote in die USA verhängt werden. Bestehende Visa sollen widerrufen werden. Transaktionen der Betroffenen, die sich auf ihren Besitz oder ihre geschäftlichen Interessen in den USA beziehen, sollen blockiert werden können. .."

(https://www.tagesschau.de/ausland/nordstream-2-usa-sanktionen-101.html , 12.12.19, USA beschließen Nord Stream 2-Sanktionen, tagesschau.de)

Seit Ende des 2. Weltkrieges, waren die NATO-Mitgliedsstaaten bis zur Auflösung der Sowjetunion im Dezember 1991, mit der Beseitigung dieses sozialistischen Staatenbundes befasst. Deren ökonomische Konkurrenz war diesem Zweck *unter*geordnet. Der Erfolg beseitigte den gemeinsamen Feind, und stellte damit gleichzeitig die Funktion der NATO als notwendige, *gemeinsame* Waffe in Frage. Aus den ehemaligen Feindstaaten wurde ein neuer Wirtschaftsraum.

Damit war die ökonomische Konkurrenz der NATO-Mitgliedsstaaten befreit.

Das Projekt *Europa*, der Emanzipationsanspruch der europäischen Nationalstaaten von ihrer amerikanischen Führungsmacht, findet in der NATO einen aktuellen Hebel, *mit demselben Ziel*, der Beschneidung der Einflussgebiete ihres Hauptfeindes. Die Einigkeit der NATO-Staaten ist bis heute auf die Eindämmung der russischen Nation als Weltmacht ausgerichtet.

(Europa; Ein Wirtschaftsbündnis als Konkurrenzmittel des internationalen Welthandels)

Allerdings mit *unterschiedlichen, nationalen* Zielen. Während die EU-Staaten noch daran arbeiten müssen *auch* zu einer militärischen Weltmacht zu werden, demonstriert ihnen ihre Führungsmacht, dass sie es bereits ist. Ohne die Waffengewalt dieser Weltmacht im Rücken, sind ihre Anstrengungen eine politische Weltmacht zu werden, gar nicht gegen den politischen Konkurrenten Russland durchsetzbar. Militärisch setzen die Wirtschafts*konkurrenten* die Fortschritte ihres Weltmachtprojektes, bisher gemeinsam, bis an die Staatsgrenze Russlands fort.

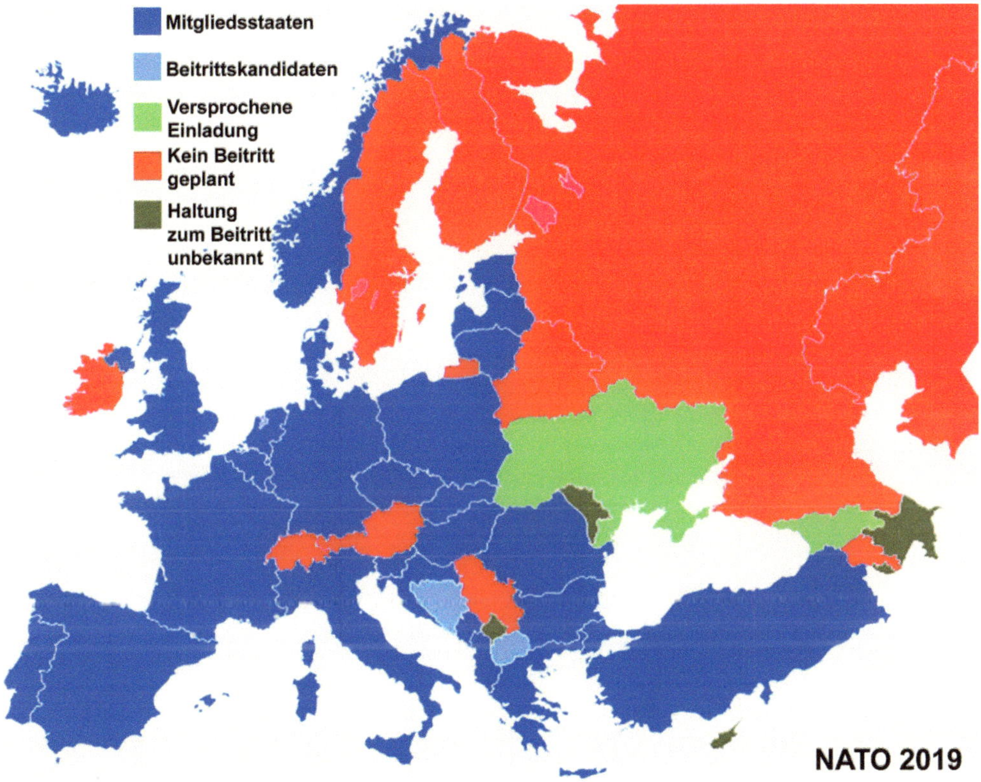

Der Euro, die seit 2002 gemeinsame Währung der politisch, unabhängigen Staaten, ist ein weiteres Werkzeug um sich von ihrer Führungsmacht zu emanizipieren. Der Euro ist *Weltgeld*, wie der Dollar. Diese weltpolitischen Resultate sind auch der Führungsmacht nicht entgangen. Brüche werden sichtbar und angesprochen.

> " ´Die Europäische Union ist schlimmer als China, nur kleiner´, rief er am Donnerstag bei einem Auftritt in New Hampshire. ´Die EU behandelt uns schrecklich. Barrieren, Strafzölle, Steuern. Sie sind schlimmer als China, sie behandeln uns sehr schlecht.´ Darauf werde es ´Antworten´ geben."

(https://www.welt.de/wirtschaft/article198812435/Donald-Trump-Die-EU-ist-schlimmer-als-China-nur-kleiner.html , 20.08.2019, 4 Tage vor dem G7-Gipel in Biarritz, Trumps Provokation gegen Europa kommt für Deutschland zur Unzeit, welt.de)

" ´Über die NATO zocken sie uns ab´, so Trump, ´und wir sind die Idioten, die auch noch bezahlen!´ .. Dass die Bündnispartner seit 2016 130 Milliarden Dollar mehr in ihre Verteidigung stecken, sei eindeutig Trumps Verdienst, erklärte sein Nationaler Sicherheitsberater Robert O'Brien im Sender CBS. ´Mehr als 100 Milliarden Dollar neuer NATO-Verteidigungsausgaben, seit er im Amt ist - das ist eine großartige Leistung von Präsident Trump. Die Amerikaner sind darüber glücklich, und auch die meisten Europäer.´ .. Macrons Interview-Äußerung, die NATO sei ´hirntot´, wurde in der US-Regierung mit großer Sorge verfolgt - vor allem Macrons Forderung nach einer eigenständigeren europäischen Verteidigung. .. "

(https://www.tagesschau.de/ausland/nato-gipfel-147.html , 03.12.2019, Plötzlich staatsmännisch?, tagesschau.de)

"´Europa muss auch die Sprache der Macht lernen´, sagte von der Leyen in einer Europa-Rede vor der Konrad-Adenauer-Stiftung in Berlin. Die sogenannte ´soft power´ reiche heute nicht mehr aus, wenn sich die Europäer in der Welt behaupten wollten.
´Das heißt zum einen, eigene Muskeln aufbauen, wo wir uns lange auf andere stützen konnten - zum Beispiel in der Sicherheitspolitik´, sagte die frühere deutsche Verteidigungsministerin. Die EU brauche mehr militärische Fähigkeiten. Zum anderen müsse sie die vorhandene Kraft stärker nutzen, um europäische Interessen durchzusetzen. ..
In einer direkten Replik auf Äußerungen des französischen Präsidenten Emmanuel Macron bezeichnete von der Leyen die NATO als das ´mächtigste Verteidigungsbündnis der Welt´. Macron hatte der NATO angesichts des Kurses der USA einen ´Hirntod´ attestiert. Dem entgegnete die ehemalige Verteidigungsministerin: ´Die NATO war und ist immer das, was ihre Mitgliedstaaten aus ihr machen.´Es liege an den 29 Mitgliedstaaten, ´sich einzubringen und etwas zu ändern´, betonte von der Leyen. Die NATO habe sich ´bei allen Holprigkeiten bis in die letzten Wochen hervorragend als Schutzschirm der Freiheit bewährt´. Die Geschichte Europas könne ohne das Bündnis nicht erzählt werden."

(https://www.tagesschau.de/ausland/von-der-leyen-rede-101.html ,26.11.2019, "Europa muss Sprache der Macht lernen", tagesschau.de)

Europäische Mitgliedstaaten haben eine Erhöhung der Verteidigungsausgaben vorab, im Rahmen des NATO-Gipfels, bekanntgegeben. Deutschland (40,5%) und Frankreich (37,5%) bewilligen einem Anteil von 78% am europäischen Anteil dieser Erhöhung der Rüstungsausgaben.

"Demnach wird sich die Summe der Mehrausgaben der europäischen NATO-Staaten und Kanadas von Anfang 2016 bis Ende 2020 auf 130 Milliarden US-Dollar (118 Milliarden) Euro) belaufen. Bis Ende 2024 sollen es sogar rund 400 Milliarden Dollar (363 Milliarden Euro) sein. .. Einen erheblichen Anteil an der positiven Entwicklung hat demnach Deutschland, das 2019 erstmals seit Jahren wieder mehr Geld für Verteidigung ausgeben wird als Frankreich. Nach neuen NATO-Zahlen kommt die Bundesrepublik im laufenden Jahr auf 47,88 Milliarden Euro, Frankreich hingegen nur auf 44,36 Milliarden Euro."

(https://www.dw.com/de/ausgaben-f%C3%BCr-die-nato-steigen-deutlich/a-51478460 , Ausgaben für die NATO steigen deutlich, Deutsche Welle, dw.com , Dezember 2019)

Eigentümer dieser Waffen sind die jeweiligen, *geldgebenden* Staaten selbst. Insofern ist der Unterschied zwischen NATO-Beitrag und der Beseitigung der ´soft-power´ Europas mit der Bewilligung dieser Rüstungsausgaben, die Führungsmächte Europas, Frankreich und Deutschland gehen mit gutem Beispiel voran, bis zur Einsatzbereitschaft der geplanten Waffensysteme nicht offen sichtbar. Eines steht aber fest. Wenn dieselben Geldmittel als ein Beitrag einer europäischen Militärallianz angekündigt würden, fiele die Freude der NATO-Führungsmacht bedeutend geringer aus.

Bisher ist die geteilte Einsicht der Notwendigkeit *gemeinsamer* Gewaltmittel, der Klebstoff der die NATO-Parteien an einen Tisch bringt. In der Verwendung dieser Mittel besteht bereits heute keine Einigkeit.

Die Macher selbst, Regierungen beauskunften, dass die Weltordnung so wie sie von ihnen dargestellt und geschaffen wird, in einer Krise ist. Ökonomische Gewalt, Sanktionen, sind als Voraussetzung der Durchsetzung innerhalb der Liga der Sieger der internationalen Konkurrenz bereits Tagesgeschäft. Das Schlusswort in der politischen Konkurrenz ist noch nicht gefallen.

> "Bereits jetzt arbeiten Deutschland und Frankreich gemeinsam am Projekt eines europäischen Kampfflugzeugs der Zukunft, andere Nationen sind zur Teilnahme eingeladen. Im nächsten Schritt könnten wir mit dem symbolischen Projekt des Baus eines gemeinsamen europäischen Flugzeugträgers beginnen, um der globalen Rolle der Europäischen Union als Sicherheits- und Friedensmacht Ausdruck zu verleihen."
>
> (https://www.welt.de/politik/deutschland/article190037115/AKK-antwortet-Macron-Europa-richtig-machen.html , am 10.03.2019, als CDU-Chefin Annegret Kramp-Karrenbauer, seit 07.11.2019 Verteidigungsministerin Deutschlands, Europa jetzt richtig machen, welt.de)

Um die intellektuelle und praktische ***Leistung*** der ´kleinen Leute´, den Produzenten der *materiellen* Voraussetzungen der dargestellten hoheitlichen *Entscheidungen*, den Beitrag des ´kleinen Mannes´als Phase des Nationalismus noch einmal im Zusammenhang darzustellen:

Die Regierungen richten in Gestalt der von ihnen national eingerichteten Eigentumsordnung einen gesellschaftlichen Gegensatz ein, welcher die Arbeit von ihrem Produkt trennt. - Das Recht auf Eigentum an den gesellschaftlichen Existenzbedingungen.

Die damit als Resultat eintretende, *globale* Konkurrenz um ein in Geld be-messenes Einkommen, ist als ´Arbeitsmarkt´, als gesellschaftlicher Gegensatz von Arbeitgeber und Arbeitnehmer, die materielle Basis sowohl jeder Gesellschaft, als auch die ***nationale und internationale***, *ökonomische Basis der Staatsgewalten* selbst. Im Volksmund bekannt als Staatshaushalt. - *Deswegen* ist Krieg, ´oben´ *machbar*, aufgrund der Zeit seiner Vorbereitung, dem Frieden, basierend auf der ´unten´ geleisteten Arbeit.

Die betriebswirtschaftlichen Notwendigkeiten der Geldvermehrung sind die Ursache der Reproduktion der Armut und der Verwahrlosung der zum Dienst an fremden Eigentum verpflichteten Weltbevölkerung. Die materielle Lage bildet den Ausgangspunkt von Unzufriedenheit, *unten*, im Volk. Bereits bei der Verwandlung der Konsequenzen, der vorausgehend im Text dargestellten polit-ökonomischen Ursachen, in einen Gerechtigkeitsmangel, wurde der materielle Standpunkt, in einen Ruf nach der ′richtigen′ Gewalt *verwandelt.* Die ′Unfähigkeit′ oder die ′Untätigkeit′der Amtsinhaber, oder ′Machtmissbrauch′ aus egoistischen Interessen heraus, sind bis hierher durch die Wahl, *den Austausch der amtierenden Mannschaft* zu erreichen. Staatsgewalt ja, muss ja, aber nicht *diese Partei*, sondern die andere. International ist eine Staatenkonkurrenz installiert, *oben*, von Regierung , welche um den Zugriff auf die materiellen Voraussetzungen der Gesellschaft *global* konkurriert. Nicht um sie dann zu verteilen, sondern um durch den Verkauf dieser Waren einen in Geld bemessenen Überschuss über die im Einkauf verausgabten Geldmittel zu erzeugen. National wird das Ergebnis dieses Anspruchs in Form einer Staatsbilanz beziffert. Der Erfolg innerhalb der initiierten Staatenkonkurrenz bestimmt das, was als Staatshaushalt die Voraussetzung staatlicher Aktivität, dessen Basis definiert und begrenzt.

Der *Erfolg* dieser gesellschaftlichen Praxis, Gewinne wurden gemacht, Warenberge sind sichtbar, eine Infrastruktur ist errichtet, wird durch die mangelhafte Aussicht auf Fortsetzung dieses Prozesses, *entwertet.* Die als Eigentum exklusiv, akkumulierten Kapitalgrößen sind der Summe nach so groß, dass eine Reinvestition dieser Geldmittel die Aussicht *auf* deren *Vermehrung* vermissen läßt. Der produzierte Reichtum, in Privatbesitz, erzeugt in dieser Gesellschaft Armut, weil dessen Gebrauchswert nicht das ist, was in dieser Gesellschaft als Reichtum zählt. Dieser Gebrauchswert steht den Produzenten und der Gesellschaft insgesamt nur dann zur Verfügung, wenn der durch Kalkulation aufokulierte Tauschwert seiner Besitzer sich am Markt realisieren läßt. So materialisiert sich die weltbekannte Schere in dieser Gesellschaft, durch das Eigentum der Produktionsvoraussetzungen und der Produktionsresultate als Eigentum der ′Arbeitgeber′.

Die gesellschaftliche Gültigkeit und Priorität des Tauschwertes, Eigentum, ist ohne Gewalt nicht aufrecht zu erhalten. Der sichtbare und verfügbare *Gebrauchswert* muss und wird, innenpolitisch durch Polizei und aussenpolitisch durch Militär, dem *sichtbaren* Bedarf entzogen, um die Priorität des Tauschwertes gegen die durch dieses Prinzip erzeugte Armut durchzusetzen. Deshalb existieren dann gleichzeitig Slums vor Großstädten, Menschen die in Schlauchbooten auf Meeren nach einem Ausweg suchen, Obdachlose neben bezugsfertigen Wohnungen, Rentner die ihren Lebensunterhalt nicht bezahlen können, Arbeiter und deren arbeitslose Spiegelbilder, deren Einkommen ihren Geldbedarf übersteigt, und bewaffnete Truppen welche klarstellen, dass der Preis einer Ware zu bezahlen ist. Das sind die Messerschneiden der Schere zwischen arm und reich.

Sachlich betrachtet, beweist allein die Existenz der Gewalt, dass die Vorstellung des Staates als Veranstaltung welche einem die Mittel bereitstelle um seine Existenz zu gestalten, einen Haken haben muss. Das adaptive Desinteresse an der Überprüfung dessen, was man da vorgefunden und für gut befunden hat, ist der Ausgangspunkt der nationalen Gesinnung. Erfolgt diese Überprüfung, ist dem Nationalismus der Boden entzogen.

Die nationale Weltsicht *transformiert* die Staatsgewalt *innerlich* in eine Voraussetzung zur Einrichtung seiner Existenzmöglichkeiten. In diesem Bewußtsein, existiert Staatsgewalt als Diener derjenigen, welche ihr unterworfen sind, und das Ausland als Bedrohung dieser Existenzgrundlage.

Die Gewalt des Initiators des Eigentums, wird von dessen Opfern *als Schutz* der Verkaufs*fähigkeit* ihrer aus dem Eigentum folgenden Notwendigkeit sich verkaufen zu müssen begriffen. Ihr national reflektierendes Bewusstsein nimmt Dienst *als Angebot* wahr. Dieser durch das Eigentum erzeugte Zwang, diese *politische* Widmung ihrer Existenz, als vom Interesse seiner Arbeitgeber abhängige Kalkulationsgröße, wird *innerlich* als Gelegenheit akzeptiert, als Angebot interpretiert, eine Existenz zu gestalten. - So kann man sein.

Die vorgefundenen Gegensätze in der gesellschaftlichen Realität, erscheinen diesem Bewusstsein als *Gemeinschaft*, welche durch die Staatsgewalt verwirklicht ist, in *und* welcher man diene, und auf die man angewiesen sei. Forderungen oder Kritik werden im Namen dieser Gemeinschaft vorgetragen. Als ´Wir´ oder ´ Uns´ erfolgt der Nachweis und die Aufforderung, dass jedes individuelle Interesse dem großen Ganzen, der Gemeinschaft unterzuordnen sei.

Damit diese Gemeinschaft funktioniert, *will* man das machen, was einem zugewiesen ist. *Damit* habe man selbst alles getan, um den vorgestellten Mechanismus in Betrieb zu setzen. Jetzt ist man dann aber den tatsächlichen, gesellschaftlichen Verhältnissen ausgesetzt und diese liefern die oben dargestellten Wirkungen, die man *spürt.* Diese Verhältnisse liefern, wie oben dargestellt, reichlich Anlass zu Beschwerden.

Das Ausbleiben von, oder ein zu geringes Einkommen, wird im nationalen Bewusstsein, *relativiert an der Gemeinschaft*, welcher man sich zuvor innerlich angeschlossen hat. Das Interesse des Arbeitgebers an Mehrleistung und Lohnsenkung, oder umgekehrt Lohnforderungen, werden auf ihre Funktionsfähigkeit, auf ihre Tauglichkeit für das Funktionieren des als notwendig, akzeptierten *Gemeinwesens* hin überprüft. Jedes *politisch erzeugte* Interesse, Lohnarbeiter, Arbeitgeber, Banken, Politiker, Gewerkschaften, Parteien, politische Meinungen, werden beurteilt, und daraufhin überprüft, ob jeder seine materiellen Forderungen, Handlungen oder seine Meinung, den Erfordernissen des großen Ganzen, der Gemeinschaft dienlich, gemäß der Funktionalität der imaginierten Gemeinschaft, *unterordnet*.

"Bundespräsident Frank-Walter Steinmeier erwartet eine Polarisierung der Arbeitswelt durch die Digitalisierung. Beim DGB-Bundeskongress ermahnt er die Internetfirmen, im Sinne der sozialen Marktwirtschaft Verantwortung zu übernehmen. Bei vielen Gesprächen in den Betrieben nehme er Ängste vor den Untergangsszenarien wahr, die derzeit die Runde machten. Die Arbeit der Zukunft habe aber nur dann eine Zukunft, wenn Arbeitnehmer ihren Lebensunterhalt aus ihrem Arbeitseinkommen bestreiten können. „Wir müssen Digitalisierung so gestalten, dass sie Arbeit aufwertet und nicht ersetzt." .. ′Eine Arbeitsteilung, nach der die Wirtschaft den Nutzen aus der Digitalisierung ziehen kann, während Politik und Gewerkschaften hinterherräumen – das wird nicht funktionieren′, mahnte das Staatsoberhaupt. Die Zukunft der Arbeit zu gestalten sei eine gesamtgesellschaftliche Aufgabe, der sich die Wirtschaft nicht entziehen dürfe.Wenn dies der Eindruck sei, der bei den Menschen ankomme, werde jene Lust auf Zukunft verloren gehen, die Deutschland bis jetzt auszeichne. Freilich werde die Bundesrepublik den Weg nicht alleine gehen können. Das Beispiel des US-Unternehmens Apple, das nach einer Intervention der Europäischen Kommission in Irland eine Rekordsumme von 13 Milliarden Euro Steuern nachzahlen muss, zeige: ′Wir werden die Ethik der Digitalisierung nur zusammen in Europa durchsetzen können.′ "

(https://www.stuttgarter-nachrichten.de/inhalt.dgb-bundeskongress-eroeffnet-steinmeier-warnt-wirtschaft-vor-egoismus.8d07d5c2-0335-4ea9-8b5c-16ca649c0e06.html , 13.05.2018, DGB-Kongress, stuttgarter-nachrichten.de)

Die betriebswirtschaftlichen Kalkulationen, das ist die ökonomische Kraft welche die Schere öffnet, sind sowohl den regierenden Initiatoren als auch den Kommandeuren der Arbeitswelt bekannt. Die Wirkung dieser Kalulation, das Abschneiden der Produzenten von ihren Produkten durch deren Verwandlung in Eigentum ihrer ′Arbeitgeber′, und das periodische Öffnen der Schere durch einen Lohn, welcher diese Lebensvoraussetzungen nicht kaufen kann, ist den Opfern wohl*bekannt*.

Theoretisch begreift dieses zum Dienst am fremden Eigentum verpflichte Bewusstsein, national konditioniert, die Schere als *ihr* Werkzeug;

Sie halten diese Sachlage aus, und erbringen ein Opfer, weil sie die ′Wirtschaft′ als *imaginierten* Lebensgestaltungsmechanismus benutzen *wollen*.

′Arbeitslosigkeit′, jedes Scheitern, jeder Schaden, wird jetzt *zur Pflichtverletzung* anderer. Dort wo sich die Konsequenz ihrer gesellschaftlichen Funktion, als Schere ihrer Kommandeure spürbar bemerkbar macht, bestehen sie auf dessen imaginierter Funktion als ihr Werkzeug. Eine Suche nach den Schadensverursachern beginnt, und als Verursacher identifizierte Pflichtverletzer werden aufgerufen ihre Aktivität der imaginierten Funktion der gesellschaftlichen Gemeinschaft *unterzuordnen*.

Aus dem vorangegangenen Zitat ist diese Forderung nach Unterordnung ersichtlich. Dort wurden Internetfirmen als Pflichtverletzer gekennzeichnet. Der Schaden der hier kritisiert wird, ist *nicht* in den Arbeitsbedingungen oder deren Bezahlung bezeichnet. Die *Gesamt*gesellschaft (= der *eigentlich* gute Mechanismus; dieses Substantiv ist dem Zitat entnommen!) gilt als Geschädigter. Nach Meinung des Bundespräsidenten Frank-

Walter Steinmeier, wird als Folge von verantwortungslosen, betriebswirtschaftlichen Kalkulation, die Bereitschaft der Opfer beschädigt, sich auch in Zunkft *als Produzent* anzubieten. Damit ist der materielle Ausgangspunkt, die miese Bezahlung, Monats-, und Lebensarbeitszeit, die Unzuverlässigkeit eines Einkommens überhaupt, *verlassen worden*. An dieser Stelle ergreift der Staatsmann Partei für die Schadensquelle und rettet die Einbildung eines Gemeinschaftswerks, dessen Zweck es sei die Menschheit mit dem zu versorgen was jedermann zum Leben brauche. Nicht die *betriebswirtschaftliche Rechnung*, sondern moralisch getrennt von dieser Ursache, wird ein menschliches Fehlverhalten, ein Mangel an Verantwortung kritisiert. Nicht die Opfer dieses betriebswirtschaftlichen Alltags, sondern *die Nation* wird zum Geschädigten.

Dieser, sachlich falsche, aber real, innerlich, vollzogene Befund setzt Energie frei.

Jetzt sind die politisch vorgefunden ´Verhältnisse´ denen man nachkommen will, nicht mehr dazu da, um *die materielle Situation*, Versorgung mit was auch immer, sicher zu stellen, sondern eine Verpflichtung jedes einzelnen, den Anforderungen gemäß seiner vorgefundenen Rolle, Arbeitgeber oder Arbeitnehmer, nachzukommen. Das gestern noch als Existenz*mittel* begrüßte Miteinander, der von allen gewollte Mechanismus Nation, wird **zur Pflicht** der Beteiligten. *Der eigene, materielle Schaden*, weniger Einkommen, längere Monats- und Lebensarbeitszeit, die Unzuverlässigkeit eines Einkommens überhaupt, wird nicht mehr als zu beseitigende Schadensquelle bewertet, sondern das individuelle Fehlverhalten anderer, wird als Pflichtverletzung und Schadensquelle der Nation kritisiert. Die eigene, demonstrative Dienst- und Opferbereitschaft erwartet Respekt und fordert die Pflichterfüllung von allen anderen.

Die betrieblichen Kalkulationen, deren Schaden die Produzenten bemerken, wird Privat*personen* als ein unmoralisches Fehlverhalten zur Last gelegt. Die nationalistische Kritik gilt nicht dem Inhalt der Kalkulation, und der Forderung nach Abschaffung dieser Schadensquelle, sondern einem Fehlverhalten von Personen welche diese Berechnungen, ´falsch´ oder ´egoistisch´, anstellen.

Der Alltag, das Zusammenwirken von Arbeitgeber und Arbeitnehmer, wird jetzt **als Dienst** am Gemeinwesen, als Lebensinhalt jedes durch das Eigentum festgelegten Rolleninhalts, **als Pflicht** und Bedingung *von gesellschaftlicher Existenz*, unabhängig vom individuellen Erfolg, als nationale Gemeinschaftsaufgabe eingefordert.

Pflicht erwartet Gehorsamkeit. Dieser Dienst wird jetzt individuell *als Verdienst* verinnerlicht. Jeder festgestellte, materielle Schaden, zu wenig Lohn, ist jetzt *ein Opfer*, welches man persönlich *erbracht* hat, um die Funktion des Gemeinwesens zu garantieren. Materielle Ansprüche anderer werden *als Pflichtverletzung diagnostizert*, als fehlender Wille zum Dienst am Gemeinwesen.

Wie kann man diesen Willen herstellen? - Mit Gewalt. Die nationale Gesinnung *fordert* diese Gewalt.

Jetzt sind die von der Regierung selbst beauskunfteten Krisen für die national gestimmten Kritiker die wegweisende Antwort auf ihre Notlagen. Ihr Staat ist *zu* schwach*!*

Diese Sichtweise der Problemlage lässt sich nicht einfach abwählen. Staatsgewalt ja, muss ja, aber nicht *diese Herrschaftsweise*, sondern *richtige Herrschaft!*

Phase5: Aufbruchstimmung: Staat und Volk retten die Nation

Das ist ja nicht erste mal. Ohne auf Details einzugehen, ist bekannt, dass bereits zu Kaisers Zeiten, und auch in der nachfolgenden parlamentarischen Demokratie, an derselben Stelle dieses Planeten, in Deutschland das wohl prominenteste Beispiel des Nationalismus zu studieren war. Diese Geisteshaltung ist weder neu noch unbekannt.

Dann liegt doch die Vermutung nahe, dass in der Vergangenheit etwas existierte, etwas, dass es auch heute, in der Gegenwart gibt, etwas Gemeinsames, was zu dieser Geisteshaltung führt. Was das ist, ist das Thema dieses Textes. Eine Staatsgewalt welche durch das politische Werkzeug Eigentum die Arbeit der Gesellschaft von ihrem Ergebnis trennt, um die damit eingerichtete Konkurrenz zu nutzen und sich *als Nation* zu entwickeln.

Das Angebot der Staatsgewalt. Einkommen.

Durch Eigentum kann man Menschen bewirtschaften, wie Vieh.

Alles wird käuflich und *will sich verkaufen*.

Arbeitnehmer und Arbeitgeber sind die ökonomischen Kreaturen dieses durch Gewalt herbeiregierten Alltags der gesellschaftlichen Reproduktion in der *lokalen und globalen* Konkurrenz um ein Einkommen. Lohnarbeiter müssen vom Verkauf ihrer Arbeitskraft, und Unternehmer vom Verkauf der unter ihrem Kommando hergestellten Produkte ihre Existenz bestreiten. Herrschaft produziert nicht. Herrschaft regeneriert und entwickelt sich, mit den Mitteln welche sie aus der Bewirtschaftung von Volk per Zwangsababe, Steuern, erzielt.

Es ist wichtig, dass man diesen Unterschied erkennt, und in der Beurteilung dessen was Krise ist, für *wen* ist *was* Krise, in der Analyse trennt, um den Unterschied zwischen Regierung und dem Ziel dieser Gewalt, den Produzenten des Reichtums, nicht zu verlieren.

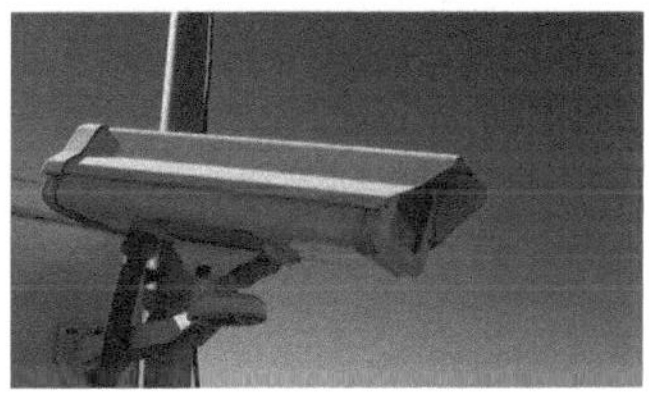

Heute kommen keine Ritter auf den Hof und verlangen 10% mehr von der Ernte. Heute sagt einem ein Arbeitgeber man verdiene 10% weniger, und/oder das Arbeitstempo wird erhöht, und/oder Preise werden angehoben. Die Trennung der Produzenten von ihrem Produkt substituiert die sichtbare Gewalt des Ritters. Der Vorteil für die Herren der modernen Welt besteht darin, dass ihre Gewalt selbst, offensichtlich gar nicht in Erscheinung tritt. Die Wirkung ist dieselbe. Das Eigentum verlagert die Gewalt *in* die Reproduktion der Gesellschaft selbst, als Konkurrenz um, und in eine Konsequenz des Einkommens. Der Lohn *trennt* den Zugriff der Produzenten auf den von ihnen produzierten Reichtum. Die Eigentümer der Fabriken, nehmen durch die an ihnen hergestellte Verfügungsgewalt über die Voraussetzungen der gesellschaftlichen Reproduktion, das Interesse von Herrschaft sich Zugriff auf diesen Reichtum zu verschaffen, betriebswirtschaftlich, *als ihr **privates** Interesse* wahr. Unternehmen vergrößern die Besteuerungs*fähigkeit* der Nation.

“Es ist mit solchen Reflexionsbestimmungen überhaupt ein eigenes Ding.
Dieser Mensch ist z.B. Nur König, weil sich andre Menschen als Untertanen zu ihm verhalten.
Sie glauben umgekehrt Untertanen zu sein weil er König ist.”
(Karl Marx, Das Kapital – Kritik der politischen Ökononie)

Oben und unten, Weisungsempfänger und Weisungsberechtigte, werden im national getrimmten Bewusstsein nicht als Nachweis der Fremdbestimmung des Arbeitsinhalts wahrgenommen, sondern als Arbeitsteilung. Der Chef hat den Plan und die Arbeiter setzen diesen Plan um. Der Arbeitsinhalt selbst, was da produziert wird, ist Chefsache und dem nationalen Bewusstsein gleichgültig. Tisch und Tretmine sind *dann* dasselbe, Arbeit.

Die Regierungen dieser Welt sind aufgrund eines Amtes mit Gewaltmitteln ausgestattet, welche ihnen exklusiv zur Verfügung stehen. Die Weltenlenker aktualisieren den Inhalt des gesellschaftlichen Alltags an den Erfordernissen der von ihnen eingerichteten Konkurrenz. Innen- und außenpolitisch.

Innenpolitisch liefert ihnen die Betätigung des konditionierten Willens der Konkurrenzteilnehmer die Mittel, die Voraussetzungen ihrer Herrschaft. Politisch bestimmt das Resultat dieses Willens, das Bruttosozialprodukt, über ihre Durchsetzungsfähigkeit und damit den Rang ihrer Nation innerhalb der Staatenkonkurrenz. Innenpolitisch ist die Gewaltfrage geklärt. Hier reicht Gesetzestext, eine Definition einer Rentenformel, oder die gesetzliche Festlegung von Lohnnebenkosten um den Lebensunterhalt der Produzenten dem Zweck der Veranstaltung, dem Erfolg der Nation anzupassen.

Außenpolitisch sind sie mit ihresgleichen konfrontiert. Im Ausland bewirtschaften andere Herrschaften ihr Hoheitsgebiet. Das innenpolitische Gewaltmonopol verliert an der Staatsgrenze seine Wirksamkeit. Aufgrund der Existenz einer anderen Staatsgewalt wird die Sicherung der Grenzen gegen einen fremden Staatswillen zur praktischen Notwendigkeit. Diesem Zweck widmet *jeder* Staat einen eigenen Haushalt und benennt ihn dementsprechend. - Verteidigungshaushalt.

Die Souveränität des anderen beschränkt ihren *wechselseitigen* Zugriff auf die Ressourcen des jeweils anderen.

Nicht nur das; Die Gültigkeit des politischen Willens jenseits der Grenzen setzt den Staatsvertretern *wechselseitig* Bedingungen, welche den *Konkurrenten* der eigenen Gewalt als gegenüberstehende Potenz befördert, und die eigenen Mittel beansprucht. Jede Lieferung versorgt den Konkurrenten mit etwas, dass er nutzt *um sich als konkurrierende Macht zu erhalten*, und jeder Kauf, Geld wechselt den Besitzer, hat dieselbe Wirkung. Aus diesem Grund ergreifen Staaten politische und ökonomische Maßnahmen, welche diesen Widerspruch des Handels nicht auflösen, aber dessen Wirkung möglichst zum eigenen Vorteil umgestalten sollen. Diese Tatsache kann man den Klagen der politischen Entscheidungsträger selbst entnehmen, wenn von ′Abhängigkeiten′ und ′Erpressbarkeit′ die Rede ist. Zwischen ′Freihandel′ und ′Protektionismus′ legen regalfüllende Vertragswerke dasselbe Zeugnis vom Widerspruch dessen ab, was als Welthandel, als konfliktreiche, staatliche Konkurrenz um den globalen Zugriff auf Ressourcen eines fremden Hoheitsgebietes, zu beobachten ist.

Die Menschen welche auf diesen Territorien leben, werden in eine internationale, politische Konkurrenz zueinander *gesetzt*. *Jetzt* sind sie nicht mehr nur innenpolitisch, zueinander in eine Konkurrenz um den Erhalt ihrer Existenz gesetzt, sondern stehen sich als Grundlage, als menschliches Fundament konkurrierender Gewalten, *als Völker* verschiedener Herren gegenüber.

Es ist wichtig, dass man diese Wirkung erkennt, um den Unterschied zwischen Regierung und den Opfern dieser Gewalt, den Produzenten des Reichtums, nicht zu verlieren.

Wenn Regierungen von Krise sprechen, reden sie über *ihre* Sphäre. Medien transportieren diese aktuelle Agenda, die von Regierungen frei gewählten Handlungsabsichten. Bürger reden *über* diese Regierunsmitteilungen, aber sie selbst sind nur Betroffene. Bürger stehen dieser politischen Sphäre als deren Mittel, als Personal zur Verfügung, welches der angekündigten Absicht durch ihre Arbeit die Mittel abliefern soll, damit aus der politischen Absicht Realität wird.

Vor dieser Leistung des Bürgers haben Politiker Respekt. Der Inhalt der Agenda selbst, wird durch *Nachrichten*, Medien, dem Volk vorgestellt. Der Zweck dieser als Säule der Gesellschaft bekannten Informationsveranstaltungen, liegt in der geistigen Betreuung des Bürgers. Und als so einer wird er auch angesprochen. Als Mitglied der Nation.

Die Staatsgewalt stellt *die Wirkung* der von ihr eingerichteten, gesellschaftlichen Gegensätze , und die Konsequenzen ihrer politischen Absichten als vorgefundene Probleme oder Krisen einer Gesellschaft vor. Mit dieser Methode ihrer *Selbstdarstellung* transformiert sie ihren Willen in einen Auftrag der Gesellschaft.

Krise! : Die Staatsgewalt rettet die Nation

“Sie sollen raus, sagt auch der Obmann der Linken im Verteidigungsausschuss. Er heisst Alexander Neu, ist jetzt in unserem Hauptstadtstudio bei Anke Plettner zu Gast, schönen, guten Morgen Anke.
Plettner: Ja schönen, guten Morgen aus Berlin. Herr Neu, gleich gibt es die Sondersitzung des Verteidigungsausschusses, ihre Forderung die Bundeswehr komplett abzuziehen, halten Sie die aufrecht, auch wenn es jetzt ja erste Entspannungssignale aus den USA gibt?
Neu: Das sind zwei unterschiedliche Dinge. Wir haben von Anfang an uns gegen die Entsendung der Bundeswehr in diese Region ausgesprochen, wir waren dagegen, wir haben ja auch in Karlsruhe geklagt, weil wir der Auffasung sind, dass die Bundeswehr nicht in Auslandseinsätze sollte. Jetzt hat sich die Situation insgesamt ja dramatisch verschlechtert, es gibt ja jetzt den Beschluss des irakischen Parlaments, wahrscheinlich wird die Regierung

des Iraks das auch umsetzen, das heisst, man wird rausgeworfen. Wir fordern also definitiv den Abzug der Bundeswehr, nicht nur aus dem Irak, sondern aus der gesamten Region.
Plettner: Sehen Sie denn aber trotzdem die Signale die es aus den USA gibt, positiv jetzt, dass man sagt keine weiteren Militärschläge?
Neu: Also es ist schon sehr erstaunlich, wie sich das in den letzten Tagen entwickelt hat. Nach den Milititärschlägen letzte Nacht, oder vorletzte Nacht durch die irakische, äh, durch die iranische Seite, haben ja alle erwartet, dass es jetzt eskalieren würde. Die Amerikaner haben ihre Abwehrsysteme nicht aktiviert, es gab keine Toten, es gab Vorwarnungen seitens der iranischen Seite, das deutet darauf hin, dass der Irak auch keine Eskalation will, und das Signal ist wohl auch in Washington angekommen. Mit anderen Worten; Es gibt wohl ein unausgesprochenes Agreement, dass man nicht weiter eskalieren möchte, für den Moment.
Plettner: hmhmm. Jetzt sind wir, als internationale Mission, wo Deutschland auch beteiligt ist, auf Einladung der irakischen Regierung dort, um Menschen auszubilden im Anti-Terrorkampf. Das wird auf vielen Seiten dort als sehr sinnvoll empfunden. Was haben Sie denn dagegen?
Neu: Das ist natürlich sinnvoll, dass es Streitkräfte im Irak gibt, die gegen den IS in der Lage sind zu kämpfen. Keine Frage. Aber die Situation ist dort nicht gut für uns. Ich glaube wenn man unbedingt der Auffassung ist, dass man ausbilden möchte, könnte man auch diese Kräfte in Deutschland ausbilden. Es geht ja im Prinzip darum, dass nicht mehr die Soldaten direkt ausgebildet werden, sonder train the train, das heisst, es werden Ausbilder, irakische Ausbilder, ausgebildet, im wesentlichen, und das kann man auch in Deutschland machen.
Plettner: hmhmm. Damit unterscheiden Sie sich ja nicht von der AfD, die fordert auch den Abzug der Soldaten, komplett aus dem Iran oder, was unterscheidet Sie denn da?
Neu: Die Motivationslage. Die AfD schaut nach deutschen Interessen. Also eine patriotische, nationalistische Orientierung. Wir haben einen ganz anderen Ansatz. Wir sagen, wir wollen keine Bundeswehr im Ausland. Die Bundeswehr hat eine Verteidigungsarmee zur Landesverteidigung sozusagen und nicht im Ausland zu sein und dort deutsche Machtprojektion zu praktizieren.
Plettner: Nun ist diese Region für den Weltfrieden extrem wichtig, ne Stabilisierung auch; Sagen Sie denn dass Deutschland sich aus dieser internationalen Verantwortung komplett raushalten sollte?
Neu: Wir sehen, dass diese Weltregion, spätestens seit 2003, in Brand gesteckt wurde. Es zieht sich ein Bogen von Libyen bis nach Afghanistan, unter Führung der USA, eine Chaotisierung der Situation. Und Deutschland ist dabei. Ich glaube, dass gerade die militärische Präsenz des Westens dort erheblich dazu beigetragen hat, zu der Destabilisierung die wir jetzt erleben.
Plettner: hmhmm. Was erwarten Sie denn dann von der Bundesverteidigungsministerin, die ja heute auch im Ausschuss Rede und Antwort stehen will, und auch vom Bundesaussenminister, der hier vorhin gesagt hat, Europa muss man stärken, damit Europas Rolle in dieser Region auch stärker wird.
Neu: Ich hab den Eindruck, dass damit gemeint ist, dass die europäische

Verteidigungsbemühung verstärkt werden soll in der Region, als Ersatz für die Amerikaner, die sich wahrscheinlich, perspektivisch, zurückziehen werden. Das kann es aber nicht sein. Keine militärische Komponente, sondern eine zivile Komponente. Das heisst wirtschaftlicher Aufbau, Aufhebung der Sanktionen, auch Druck auf die Amerikaner auszuüben, ihre Sanktionen gegen den Iran einzustellen, und vor allem das Atomabkommen zu retten. Da ist ne Menge offen, und da haben die Europäer, und vor allem die E3, also Großbritannien, Frankreich und Deutschland nicht viel getan, sie haben geloost, sie haben viel angekündigt, aber sie haben komplett versagt.
Plettner: hmhmm. Da würden Sie sagen, dann doch ne Stärkung der Diplomatie, damit es da weitergehen kann.
Neu: Absolut. Es ist sozusagen alternativlos"

(https://www.daserste.de/information/politik-weltgeschehen/morgenmagazin/videos/alexander-neu-102.html , 09.01.2020, Alexander Neu, Obmann Verteidigungsausschuss, die Linke, daserste.de)

Oben, da ist Regierung. Wenige zehntausend Politiker weltweit, definieren *Kraft ihres Amtes* die internationale Konkurrenz. Oben *wird entschieden* **wie und was** zum Alltag der Bevölkerung wird. Unten, da sind Arbeitnehmer und Arbeitgeber, hier geht es um den Lebensunterhalt. Das sind verschiedene Welten. Oben wird regiert, unten wird produziert. Von dieser Differenz wird in Nachrichten abgesehen. *Entscheidungen Vorgesetzter* werden als Sachlage dar- und vorgestellt. Während man unten, da wo produziert wird, von einer ´Weltlage´ in Kenntnis gesetzt wird, welche einem gleichzeitig von anderer Stelle als Flächenbrand und Weltkriegsgefahr vorgedacht wird, entscheidet man oben, da wo regiert wird, unter welcher Weltlage die so angesprochenen zu leben haben. Oben, von Regierung, wird diese als Sachlage dargestellte Weltsituation **erzeugt**. *Regierungen versetzen die Adressaten der Nachrichten in diese Situation*, als damit *geltende*, für ihre Lebenssituation *wirksame Definition* ihres Alltags. Und zwar vollkommen unabhängig von deren Meinung, oder dem was ´unten´ *aufgrund dieser politischen* Entscheidungen, praktisch als Alltagsinhalt zu machen, oder zu ertragen ist.

Ob und wo Frieden oder Krieg ist, *aufgrund* der Entscheidungen von Regierung, bekommt das Volk mitgeteilt.

Die materiellen Voraussetzungen, Waffen, sind bereits vor Ort *im Einsatz*. Williges Personal befolgt, weltweit, Kommandos.

Durch Eigentum kann man Menschen bewirtschaften, wie Vieh. - *Alles* wird käuflich und *will sich verkaufen*. Die Ergebnisse der Lohnarbeit *von gestern*, sind in Stellung gebracht. Der Anspruch von Regierungen, dass ihr politischer Wille *weltweit* Geltung hat, gegen den identischen, politischen Willen der anderen Staats*gewalten*, verwandelt den Planeten in ein Schlachtfeld. Und – findet im Volk eine Basis, welche Herrschaft mit dem *versorgt*, was sie zur Inkarnation ihres weltpolitischen Respekts, dem Ausland als Bedrohung, und der Heimat als Rettung präsentiert.

- Das Beste ist nicht genug -

https://commons.wikimedia.org/wiki/File:
Atlas_from_boston_dynamics.jpg

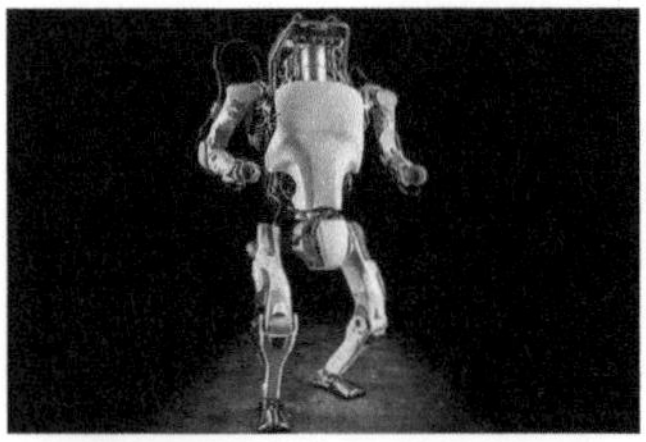

https://de.wikipedia.org/wiki/Datei:Legged
_Squad_Support_System_robot_prototype.j
pg

Österreichische Außenministerium
CC BY
(https://creativecommons.org/license
s/by/2.0)

Die Opfer dieser von Regierung geschaffenen Wirklichkeit werden als Betroffene angesprochen. Aber als Betroffene *einer* nationalen Mannschaft. Dieser Maßstab, ´Nation ´, ist in allen Nachrichten unterstellt. Als Teilnehmer dieser ´Situation´ werden der Bevölkerung die Absichten von Regierung nicht verschwiegen. Im Gegenteil. Aber die Konsequenzen der nur aufgrund der Interessenlagen der Regierungen eintretenden Krisen, hier militärisch, dort ökonomisch, werden einem als national denkend ***unterstelltem*** Bewusstsein mitgeteilt. Nach dem Motto: Wie betrifft *uns* das, als Deutsche, Amerikaner, Russen, Chinesen, usw.?

Jede Nachricht folgt dieser Methode. Weltmeisterschaften, Kindergarten, Rente, Arbeit, Preise, Frieden und Krieg, Wahlen, Umwelt, ..., immer wird man als Mitglied der Volksgemeinschaft angesprochen. Die Privatperson *soll* sich innerlich, immer gleichzeitig, als etwas ganz Anderes verhalten, und dementsprechend geführt, nachdenken. *Privat* ist die Rente zum Sterben zu viel, aber wenn man sich das große Ganze innerlich gleichzeitig, daneben zur Aufgabe macht, wird aus dem zu wenig, ein ganz andere Fragestellung. Deswegen wird beim Thema Rente die Gerechtigkeit, beim Thema Krieg die Sicherheit, beim Thema Umwelt und Lohn die internationale Konkurrenz, beim Thema Bildung der Staatshaushalt, beim Thema Arbeitnehmerschutz die Einstellungshemmnisse, bei Sozialleistungen die Gefahr des Missbrauchs *neben* das private Interesse *platziert*.

Immer soll man *geistig* die Rolle der Herrschaft selbst einnehmen. *So* betrachtet, ergibt sich der Schluss und die innere Einstellung, welcher als Anspruch und Aufgabe, als Meinungsbildung, von Medien bewirkt werden soll, und verfestigt wird. Aus den privaten Interessen heraus, als Arbeitnehmer, kommt keiner auf die Idee das Gewicht Europas in der Welt zu stärken, oder die Bevölkerung anderswo als Feind zu betrachten und ein stehendes Heer zu unterhalten. Diese Sichtweise wird als Thema *gesetzt*.

Die mediale Betreuung injiziert und verfestigt die nationale Gesinnung, indem sie *die Wirkung von Regierung* wie eine quasi in der Natur, vorgefundene Sachlage präsentiert. Dadurch entsteht der Eindruck einer *neutralen* Darstellung einer Faktenlage.

Die Tatsache, *dass Medien diesen Standpunkt verlassen*, sobald sie von Amtsträgern des Ausland berichten, welche denselben Akteuren des Inlands offiziell missfallen, beweist, dass ihnen der Maßstab ihrer ´Nachrichten´ weder diktiert wird, noch diktiert werden muss. Die Presse ist frei, und die Redaktionsarbeit erfolgt freiwillig.

“Wladimir Putin, der eigennützige Friedensstifter“

(https://www.zeit.de/politik/ausland/2019-10/syrien-wladimir-putin-recep-tayyip-erdogan , 22.010.2019, zeit online)

“AKK würdigt Arbeit der Soldaten in Kundus
Seit 2013 ist Kramp-Karrenbauer die erste Verteidigungsministerin, die das Kundus-Lager besucht. Unter diesem Eindruck könnte sie sich den Einsatz bewaffneter Drohnen vorstellen. .. “

(https://www.zdf.de/nachrichten/heute/kramp-karrenbauer-in-afghanistan-100.html , 04.12.2019, Truppenbesuch in Afghanistan, zdf.de)

“Merkel muss auf Putin setzen
Es ist nur schwer zu leugnen: Der Einfluss, den Russland mittlerweile an kritischen Orten in der europäischen Nachbarschaft ausübt, ist gigantisch verglichen mit dem deutschen. Das gilt zum Beispiel für Libyen - Schlüsselland zur Lösung der Flüchtlingskrise - aber vor allem auch für Syrien oder den Nahen Osten ganz allgemein.
Bijan Djir-Sarai, außenpolitischer Sprecher der FDP-Fraktion im Bundestag, sagte dem *ARD-Hauptstadtstudio*: ´Wenn Sie an Syrien denken, dann war es früher üblich, wenn Sie solche Konflikte lösen wollten, dass man in Washington angerufen hat. Heute müssen Sie in Moskau anrufen. Ohne Russland wird es keine Lösung für die gesamte Region geben. .. Der FDP-Politiker Djir-Sarai warnt: ´Wir müssen wirklich darauf achten, dass da nicht ein zweites Syrien entsteht. Wir stehen kurz davor. Letztlich geht es auch bei Libyen um die Frage, ob Deutschland und Europa zumindest teilweise wieder das Heft des Handelns in die Hand bekommen können. Ohne Putin wird sich eine diplomatische Friedenslösung weder in Syrien noch in Libyen erreichen lassen. Und das weiß der russische Präsident ganz genau.´ “

(https://www.tagesschau.de/ausland/merkel-putin-161.html , 11.01.2020, Krisengespräche in Moskau, tagesschau.de)

Der Maßstab *'Nation'* ist Konsens. Der Erfolg einer offen als rassistisch auftretenden Partei im deutschen Bundestag, veranlasst deren Kritiker klarzustellen, wo sie den Geschädigten dieser Weltsicht ausmachen wollen.

> "Zwei Wochen vor der Bundestagswahl verschärfen die etablierten Parteien ihre Kritik an der Alternative für Deutschland. 'Was die AfD macht, ist die systematische Herabwürdigung von Menschen und Bevölkerungsgruppen', sagte SPD-Kanzlerkandidat Martin Schulz am Montag in Berlin. 'Diese Partei ist keine Alternative für Deutschland, sie ist eine Schande für die deutsche Nation.' Schulz und Bundesjustizminister Heiko Maas warfen der AfD vor, Teile ihres Wahlprogramms seien verfassungsfeindlich. CSU-Chef Horst Seehofer sprach sich dafür aus, die Rechtspopulisten zu ignorieren. 'Ich glaube, dass die AfD in den letzten Tagen von allen, auch von den Medien, einfach überhöht wurde', sagte Seehofer in München. 'Das sind doch alles Provokationen, und man sollte auf Provokationen in der Politik nicht hereinfallen.'
> "(https://de.reuters.com/article/deutschland-wahl-afd-idDEKCN1BM1RO , 11.09.2017, Parteien attackieren AfD - 'Schande für deutsche Nation', de.reuters.com)

Derselbe Maßstab, Deutschland, welcher den Erfolg der AfD begründet, erregt auch deren Kritiker.

Alle Parteien werfen sich gegenseitig vor, worum es jedem zu gehen habe, Deutschland. Beide Parteien berufen sich auf dasselbe Dokument, die Verfassung, und verklagen sich gegenseitig. Ein Verfassungsbruch ist jedoch nicht ermittelbar. Wie weiter oben bereits ausgeführt ist, ist bereits die Staatsgründung die Definition einer Grenze, und damit die politisch *gewollte* Ursache des Unterschieds von Inländern innerhalb, und allen anderen, den Ausländern, außerhalb dieser Staatsgrenze. Das Ausländergesetz wurde 1965 verabschiedet, die Asylgesetzgebung 1982. Insofern unterscheidet sich die von der AfD (6.02.2013 gegründet) vertretene Auffassung zu diesem Politikfeld *nur* in der Menge und der Auswahl der von diesen Gesetzen betroffenen Personengruppe. Wie oben bereits ausgeführt, gehen aktuelle Gesetzesänderungen und die Schaffung einer europäischen Grenztruppe, Ankerzentren im In- und Ausland, nicht auf die AfD zurück, sondern auf das Wirken ihrer Kritiker. Das Substantiv 'Paralellgesellschaft' ist keine Wortschöpfung der AfD, sondern herrschende Meinung zu den damit bezeichneten Personengruppen.

Der Nationalismus der Bevölkerung aus welchem sich die AfD erhebt, ist die Kreation der 'Altparteien' selbst. Die Niederlage der Altparteien in der Parteienkonkurrenz gründet sich auf ihre politische Arbeit der Vergangenheit und Gegenwart. Als Nationalist wird man nicht geboren. Diese Gesinnung wird wie gezeigt, gefördert und anerzogen, und auch gefordert, *aber entscheiden* **kann** jeder für sich selbst.

Weiter oben wurde Nationalismus als ein sich in Phasen radikalisierendes Bewusstsein beschrieben. Jetzt kommen wir nochmal zu der Behauptung zurück, dass es wichtig sei zu unterscheiden , für *wen, was* Krise ist, und fügen danach diese beide Teile, zusammen.

Oben wird regiert, unten gearbeitet. Oben erteilt die Weisungen welche unten zu befolgen sind. Die Regierungen haben diese Welt in Parzellen aufgeteilt, welche sie *bewirtschaften*. Das innerere dieser Parzellen ist mit einem Gegensatz ausgestaltet, Eigentum, welches der damit erzeugten, mittellosen Mehrheit den Dienst an fremdem Eigentum aufzwingt. Dieser von Regierungen eingerichte ′Arbeitsmarkt′, die politische Ökonomie, ist die Methode von Herrschaft sich die Mittel zu verschaffen, welche ihr Anspruch eine Regierung *zu sein,* erfordert. Der Erfolg dieser Bewirtschaftung, Gewinne und Löhne werden mit Zwangsabgaben belegt, liefert der Regierung die Mittel ihrer Herrschaftsentwicklung. Aus einer Uniform werden 2, Ministerien und Institutionen werden gebildet, bis sich Weltmächte und solche die es werden wollen, gegenüberstehen. Krieg wird Alltag. Nicht gleich der ganz Große, aber selbst diese werden bereits nummeriert.

Das Geld, *das Werkzeug,* die Produzenten von dem zu trennen, was sie produziert haben, vergrößert seinen Anspruch auf Vermehrung mit jedem Geschäftserfolg selbst. Um den Prozess am Leben zu halten, *muss* reinvestiert werden. Jedes Jahr bildet eine größere Geldsumme die Zinsbasis. Unternehmen müssen expandieren, weltweit. Standortpolitik wird betrieben. Diese Konkurrenz hat die unangenehme Eigenschaft, dass der Erfolg des einen die Niederlage des anderen bildet. Aus Staaten werden Weltwirtschaftsmächte und die Verlierer, sind als Failed States und 3. Welt zu besichtigen. Dort, bei den Verlierern der Staatenkonkurrenz, tobt ein erbitterter Kampf *der Sieger* um Einflusssphären. Als asynchrone Kriegführung sind diese Gemetzel Gegenstand der aktuelleren, entwickelten Staatenwelt. Auf diesen Schlachtfeldern stehen sich zunehmend ökonomische Weltmeister gegenüber, deren Interesse jetzt mit demselben Interesse einer anderen Weltmacht am selben ′Wirtschaftsraum′ zusammenstößt. Um den Prozess ′Wachstum′ am Leben zu halten muss reinvestiert werden. Was nun? Der Ton wird rauher. Ökonomische Beziehungen werden *als Waffe* genutzt. Sanktionen und Wirtschaftskriege bestimmen den diplomatischen Status der Staatenwelt und definieren den Medienalltag. Auch die Konkurrenzgewinner selbst, bezeichnen den Stand der Beziehungen zu Ihresgleichen als kritisch. Regierungen entdecken proportional zum Investitionsdruck zunehmend, in Gestalt der militärischen und ökonomischen Mittel ihrer Konkurrenten, eine Beschädigung ihres politischen Willens und bestreiten, zuerst diplomatisch, denselben Willen der Konkurrenz. Die Verträge von gestern werden als ′unfaire′ Handelspraktiken verworfen. Die Bewaffnunganstrengungen *anderer* Nationen, mit denselben Kalibern, die man im eigenen Bestand als notwendige Voraussetzung nationaler Sicherheitsinteressen selbst bevorratet, werden als feindliche Handlung behandelt.

Das Geld selbst, als zins*fordernde* Kapitalbasis, verliert durch seine schiere Summe das Vertrauen der Eigentümer dieser Welt, der Investoren, weil eine weitere Vermehrung dieser Summe an globale Grenzen stößt. Damit aber entfällt für die Investoren der Grund zur Reinvestition, und für Regierungen brechen damit aufgrund ausbleibender Gewinne, die Steuereinnahmen weg. Während ganze Staaten ihre Zahlungsfähigkeit verlieren, pumpen die Konkurrenzgewinner phantastische Summen in die Finanzmärkte, um damit bereits als wertlos eingestufte Wertpapiere vor ihrer Bilanzierung als Verlustabschreibung in den nationalen Wirtschaftsraum zu retten. Staaten lassen Wertpapiere kaufen, um deren Wertlosigkeit durch ihren Kauf zeitlich zu verzögern.

Dieser Zustand wird als Inhalt der Medienberichterstattung, mit dem oben beschriebenen, nationalen Tenor, zur Alltagsbeschallung der Bevölkerung.

Unten, setzt durch die staatlich initiierte, internationale Konkurrenz ein Verarmungsprogramm ein. Als Exportnationen betreiben Politik und Wirtschaft auch lokal Standortpolitik. Jede *betriebswirtschaftlich* realisierte Preissenkung steigert die Wettbewerbsfähigkeit der nationalen Wirtschaft. Jede erfolgreiche Investition, jeder Verkauf des Vorjahres, steigert die Gewinnerwartung des laufenden Jahres. Permanent *müssen* Kosten gesenkt werden. Sozialsysteme geraten als Kostenfaktor ins Blickfeld von Politik und Wirtschaft. Lohnnebenkosten werden als Einstellungshindernis und die durchschnittliche Lebenserwartung wird als unfinanzierbare Haushaltbelastung der Eigenverantwortung der Mittellosen überantwortet. Gesundheit wird enger an das operative Geschäft von Krankenkassen angebunden. Bei unbezahlbaren Mieten wird die Beschleunigung *der Fortsetzung* dieser Praxis verzögert.

Das muss man alles nicht verstehen wollen. - Nicht erst am am Ende des Monats wird das Ergebnis für Millionen, auch ohne Kenntnis der polit-ökonomischen Gründe, praktisch zur spürbaren oder sichtbaren Lebenserfahrung.

Die Notlagen auf diesem Planeten sind eine Konsequenz *der Organisation* dieses Planeten als *staatlich* organisierte Konkurrenz um die Zugriffsmacht auf den von Lohnarbeitern produzierten, gesellschaftlichen Reichtum. *Gebrauchswerte* bewirken in *dieser* Gesellschaft von Privatproduzenten, als Tauschwert, eine innen- und außenpolitische Konkurrenz um die Voraussetzungen der gesellschaftlichen Reproduktion. Dieser staatlich organisierte Kampf ist als Konkurrenz um Geld realisiert und bekannt.

Es ist wichtig nachzuvollziehen, dass hier von der Organisation der Existenz*voraussetzungen* der gesellschaftlichen Akteure die Rede ist. *In* ihren Rollen sind alle Akteure individuell, persönlich vom Erfolg dieser Organisation *in ihrer Existenz* abhängig. 'Lohnarbeiter' vom Lohn, 'Arbeitgeber' vom Gewinn, und die Staatsgewalt von den auf ihrem Standort bilanzierten Einkommen und Gewinnen. - Die *gesellschaftliche Reproduktion* hat eine existentielle, *individuelle* Relevanz.

Die *private* Selbstwahrnehmung als Privatproduzent kristallisiert *als gesellschaftliche Handlung der Einzelpersonen* zum sichtbaren, gesellschaftlichen Gegensatz zwischen *Privat*eigentum und *allgemeiner* Zugriffsmacht auf die Voraussetzungen der Existenz.

Der *produzierte* Reichtum, dessen vorhandener, verfügbarer *Gebrauchs*wert als Voraussetzung der Existenz, tritt als Tauschwert in einen Gegensatz zu dessen Produzenten. Die ´Arbeitgeber´ müssen ihn verkaufen, und die ´Arbeitnehmer´ müssen ihn kaufen. Der Tauschwert stellt sich zwischen die Nutzung des sichtbaren Gebrauchswertes. Die Selbstwahrnehmung als Privatproduzent *will* die Priorität des Tauschwertes über den Gebrauchswert. Die gesellschaftliche Zugriffsmacht der Produzenten auf den privat produzierten, bereits *vorhandenen* Gebrauchswert, muss deshalb auf dem ´Markt´ unterbunden werden. - Bekannt als Diebstahl, der Aneignung von Gebrauchswerten ohne die Eigentumsübertragung durch die Bezahlung des als Preis sichtbaren Tauschwertes.

Hier entsteht das gesellschaftliche Interesse an Gewalt, die Gebärmutter der von Bevölkerung *emanzipierten* Aufsichtsmacht, welche das privatproduzierende, individuelle Interesse am Tauschwert gegen das gesellschaftliche Bedürfnis am vorhandenen Gebrauchswert durchsetzt. - Bekannt als Staatsgewalt welche die Geltung des Eigentums garantiert.

> “.. Das Geheimnisvolle der Warenform besteht also einfach darin, daß sie den Menschen die gesellschaftlichen Charaktere ihrer eignen Arbeit als gegenständliche Charaktere der Arbeitsprodukte selbst, als gesellschaftliche Natureigenschaften dieser Dinge zurückspiegelt, daher auch das gesellschaftliche Verhältnis der Produzenten zur Gesamtarbeit als ein außer ihnen existierendes gesellschaftliches Verhältnis von Gegenständen. .. Gebrauchsgegenstände werden überhaupt nur Waren, weil sie Produkte voneinander unabhängig betriebner Privatarbeiten sind. .. ”
>
> (http://www.mlwerke.de/me/me23/me23_000.htm , S. 86, 87 Karl Marx, Das Kapital – Kritik der politischen Ökononie)

Die Ausübung jeder gesellschaftlichen Rolle *muss* sich ihrer *jeweiligen* Funktion für den Tauschwert anpassen, und hat für deren Darsteller, jeweils *existenziell* relevante, *unterschiedliche* Auswirkungen.

Der Tauschwert diktiert dem Bewusstsein der gesellschaftlichen Akteure *dessen* Interesse. Die *individuelle* Willensbildung erfolgt entsprechend der *durch den Tauschwert* aufgeherrschten Bedingungen. Der Tauschwert wird zum Zweck der Gesellschaft. Dessen Geldform wird als Bedingung des Zugriffs auf den Gebrauchswert, auf die materiellen Voraussetzungen der Existenz, zum allgemeinen, gesellschaftlichen Zweck. Geld will aber *neben und zusätzlich* zur Produktion des Gebrauchswerts, verdient sein. Nachdem die Arbeit getan ist, alles produziert ist, entscheidet der Besitz von Geld, ob und wieviel des Gebrauchswertes dessen Produzenten als ihr Lebensmittel verwenden dürfen.

Vollkommen unabhängig vom Bedarf an, und der sichtbaren Verfügbarkeit des Gebrauchswertes, *entscheidet der Tauschwert* über die Versorgung der Produzenten. Der Tauschwert, das gesellschaftliche Resultat der individuellen Selbstwahrnehmung als Privatproduzent, wird als gesellschaftliche Macht ′lebendig′, und gebietet den einzelnen Akteuren die Zurichtung ihres Interesses unter dessen Bedingungen und Gesetzmäßigkeiten. Hat sich die Privatwirtschaft zur Industriegesellschaft entwickelt, entscheidet der Tauschwert *ob und zu welchen Bedingungen*, überhaupt, gesellschaftliche Arbeit stattfindet.

Dessen Dikate werden zur gesellschaftlichen Vernunft, der sich als Privatproduzent wahrnehmenden Individuen. Dessen Krisen radikalisieren die Weltsicht der ′Lohnarbeiter′, ′Arbeitgeber′ und ′Weltenlenker′. Deren Handlungen zerstören, sichtbar, die globalen ökonomischen und ökologischen Grundlagen, weil sie sich in ihrer Existenz als Privatproduzent selbst so hergerichtet haben, den Tauschwert zum gesellschaftlichen Reichtum *zu erheben.*

Diesen gesellschaftlichen ′Mechanismus′ *kann* niemand beenden, weil jeder erstens Privatproduzent sein muss, weil *die historische Emanzipation* (siehe: Seite 26) der Staatsgewalt die Privatproduktion, zuerst durch die Expropriation von Bevölkerung von den natürlichen Reichtumsquellen durch direkte Gewaltanwendung durchgesetzt, und diese danach zum Gesetz erhoben hat, und dessen Geltung aufgrund der Gewaltmittel vom Willen der Produzenten bis heute unabhängig *ist.* Heute erfolgt der Einsatz dieser Gewalt nur dort, dann aber rücksichtlos, wo die Gültigkeit dieses Prinzips in Frage gestellt wird. Das heißt nicht, dass immer gleich geschossen wird. Man kann den Willen auch brechen, anstatt ihn zu beseitigen. Zweitens liegt die Sache so, dass die *damit kreierten* Akteure, ′Lohnarbeiter′ und ′Arbeitgeber′, Privatproduzent sein *wollen,* weil ihre Lebensgrundlage, die Produktion von Lebensmitteln, durch die Staatsgewalt *unmittelbar und untrennbar* verbunden ist. *Die Ware ist* ***Einheit*** *von Tausch- und Gebrauchswert.* Die gesellschaftliche *Amputation* des Tauschwertes ist für das *einzelne* Individuum gar nicht realisierbar. Und selbst einem gemeinschaftlichen Willen stünde eine Staatsgewalt gegenüber, welche auf diese Einheit von Tausch- und Gebrauchswert *besteht.* Den Akteuren erscheint Lohnarbeit wie Arbeit, und der Tauschwert ist ihnen dasselbe wie der Gebrauchswert.

Nur durch diese Einheit bewirkt *die politische Trennung* der Arbeit von ihrem Produkt die Reproduktion der ideologischen Plausibilität und der materiellen Voraussetzungen der Macht der Staatsgewalten mit dem, was dessen Amtsträger für die von ihnen eingerichtete Staatenkonkurrenz für erforderlich erachten. Die Produktion des gesellschaftlichen Reichtums *als Ware*, ist die Voraussetzung sowohl der politischen als auch der ökonomischen Herrschaft über dessen Produzenten. Die Forderung der Beseitigung der Organisation der gesellschaftlichen Arbeit als *Privat*produktion, ist *deshalb* von der Staatsgewalt, gesetzlich als staatsfeindlich definiert.

Für die Opfer spürbar, und amtlich durch Armutsberichte, Einkommensstatistiken, und Arbeitslosenzahlen ist bekannt, dass die Wahrnehmung der gesellschaftlichen Rollen,

´Arbeitgeber´ und ´Arbeitnehmer´, für eine Partei das Mittel der Vermehrung ihres Reichtums, und für die andere Partei die Reproduktion ihrer Armut zur Folge hat. Dort ist *diese* Gesellschaftsordnung *Mittel* der Existenz, da nicht.

Die Alternativlosigkeit, welche das Privateigentum als Ausschluss der Produzenten von den Voraussetzungen ihrer Reproduktion vollstreckt , als *absolute* Mittellosigkeit, zwingt die Opfer, ohne *sichtbare* Gewaltanwendung, als *politische* Wirkung, zum Angebot ihrer Dienste. Durch diese Wirkung ist die gesellschaftliche Arbeit und dessen Produkt dem Kommando derjenigen unterstellt, welche aufgrund *ihres* Eigentums an den Voraussetzungen der Reproduktion, diesem *herbeiregiertem* Willen zum Dienst, ein Angebot unterbreiten können. - Bekannt als Lohn.

Wenn diese Konditionierung als Angebot verinnerlicht ist, individuell zu einem Mittel der Existenzsicherung subjektiviert wurde, verwandelt sich der *obkjektiv* durch das Eigentum vorliegende Zwang zur Lohnarbeit subjektiv in die Freiheit der Berufswahl. Sowohl das politische, als auch das ökonomische Gewaltverhältnis der Existenz*form* Lohnarbeit erscheint deren Opfern, *subjektiv*, als Voraussetzung von gesellschaftlicher Reproduktion *überhaupt*.

Sowohl die Produzenten, als auch die Eigentümer des gesellschaftlichen Reichtums, *beurteilen* diesen Sachverhalt *deswegen*, adaptiv, *national*.

Dieser gute Glaube ist *in seinem Kampf um eine gesellschaftliche* ***Existenz***, mit den Krisen der Realität konfrontiert. Die Bereitschaft zum Dienst bleibt für Millionen erfolglos.

Wenn der Staat *als Diener* des Volkes, und das Eigentum als die gewollte Quelle des Einkommens als Schadensursache ausfallen, dann muss es andere Kräfte geben, welche die, eigentlich, segensbringenden Zwecke und Absichten der Nation zum Scheitern bringen.

Die *Suche nach Pflichtverletzern,* in und außerhalb der Nation beginnt. Und wird *sofort* fündig. Dort, wo der Staat selbst bekannt gibt, nicht erst seit heute, dass er sich bedroht oder behindert sieht. Ganz sicher, vom Ausland und vielen Ausländern.

Die Ursache des Schadens der Produzenten ist jetzt *innerlich* auf Personen oder Gruppen *personalisiert*. Jetzt ist es ´unser´ Gemeinwesen, die Nation selbst, welche aufgrund von staatsschädigenden Machenschaften dieser Störer, von Oben beauskunftet, aber auch vom Volk in ihrer *imaginierten* Funktion als privater Existenzvoraussetzung, welche gerettet und befreit werden *muss*.

Die von den ´Altparteien´ zu Nationalisten erzogene Bevölkerung entnimmt der Krisendiagnose seiner Herren einen Imperativ. Wenn der Schadensverursacher bekannt, identifiziert ist, wieso wird diese Ursache dann nicht beseitigt?

An dieser Stelle überholt der Diener seinen Meister, rechtsaußen.

Die Nation, als individuell, verinnerlichter Maßstab der allgemeinen Wohlfahrt, als Mittel *der Diener* dieser Gewalt, ist Konsens in dieser Weltsicht. Oben wie unten. Wenn die Diener dieser Herren den geteilten, von Regierung vorgegebenen Anweisungen nachkommen, wieso bleibt dann die imaginierte Wirkung, der Erfolg der Nation, offensichtlich, wie durch die Krisendiagnosen von Oben beauskunftet, und auch unten, an der Lebenslage seiner Diener, praktisch spürbar aus? Hier kommt auch Regierung in den Verdacht, nicht das zu tun, was die Nation fordert.

“Warum viele nicht abgeschoben werden

Die Zahl der Ausreisepflichtigen wird in 2020 wohl deutlich steigen. Grund: Die Verwaltungsgerichte müssen über viele Altfälle noch entscheiden. Eine konkrete Zahl wollen weder Regierung noch Experten nennen. Für Experten *wäre* der Anstieg der Zahl nichts Ungewöhnliches - sondern Ausdruck der Auswirkung der Flüchtlingsbewegung in 2015 und 2016. Mitte des vergangenen Jahres meldeten die Verwaltungsgerichte, dass noch viele Entscheidungen getroffen werden müssten.

Viele Ausreisepflichtige *schiebt der Staat allerdings nicht ab* - etwa, weil Betroffene eine Ausbildung absolvieren. Seit dem ersten Januar 2020 ist auch eine Duldung aufgrund einer Beschäftigung möglich. Ein Abschiebehindernis ist aus rechtlichen Gründen zudem, wenn im Heimatland Folter oder Tod drohen.

Zudem können humanitäre Duldungsgründe oder medizinische Abschiebehindernisse, zum Beispiel schwere Erkrankungen, vorliegen.

Derzeit liegt die offizielle Zahl der ausreisepflichtigen Drittstaatsangehörigen bei rund 248.000. Doch diese Zahl ist nicht belastbar. Bis zu 50.000 könnten das Land bereits unregistriert verlassen haben. Nach Angaben der Bundesregierung auf eine Anfrage der Fraktion ′Die Linke′ haben rund 77.000 Menschen seit mehr als drei Jahren eine Duldung, 35.000 von ihnen seit mehr als fünf Jahren. *Je länger sie in Deutschland sind, desto schwieriger gestaltet sich eine Rückführung* für die Behörden.

Deshalb möchte das Bundesinnenministerium diejenigen Ausreisepflichtigen *priorisiert behandeln,* die noch nicht so lange in Deutschland leben. *Dabei sind Abschiebungen von Ausreisepflichtigen eigentlich Angelegenheit der Länder*, nicht des Bundes. Allerdings unterstützt das Bundesinnenministerium die Länder - vor allem bei der Logistik, also dem Flug in das Heimatland plus Begleitung durch die Bundespolizei. .. Oft fehlen die Papiere für eine Wiedereinreise .. Zwischen Bund und Ländern ist umstritten, ob sie wirklich in ihr Heimatland zurückgebracht werden sollen oder ob ihnen dies aus Sicherheitsgründen nicht zugemutet werden kann. Im vergangenen Jahr wurden 361 Afghanen zurückgeführt. Damit ist klar: Die Bundesländer misstrauen der Einschätzung von Auswärtigem Amt und Bundesinnenministerium, dass in bestimmte Regionen in Afghanistan zurückgeführt werden kann.

Diskussion um Abschiebehaftplätze

Ein weiterer Grund für das Scheitern der Rückführungen ist, dass Ausreisepflichtige häufig nicht anzutreffen sind. Das Asylpaket I, das 2016 unter dem damaligen Innenminister Thomas de Maizière verabschiedet wurde, sieht vor, dass Betroffene über eine Abschiebung nicht mehr vorab informiert werden sollen.

Nach Ansicht von Innenminister Horst Seehofer würden Abschiebehaftplätze helfen, dieses Problem zu lösen. Er verweist darauf, dass Frankreich rund 1600 Abschiebehaftplätze hat, Deutschland im Vergleich nur 587. Zwar hat die Bundesregierung mit dem Gesetz "Geordnete Rückkehr" eine Möglichkeit geschaffen, Ausreisepflichtige sogar in Justizvollzugsanstalten unterzubringen. Diese Option ist allerdings sehr umstritten. Die Länder nutzen diese Möglichkeit bislang bewusst nicht. *Vereinfacht ausgedrückt wollen sie nicht, dass Familien in der gleichen Einrichtung* ***wie Straftäter*** *untergebracht werden* - selbst wenn dies nach dem Willen des Bundesinnenministeriums räumlich getrennt geschehen sollte. *Dennoch werden in den Ländern derzeit Abschiebehaftplätze gebaut*. Die Ziel von Bund und Ländern: 1000 Abschiebehaftplätze bis Ende des Jahres."

(Die Kursiv- und Fettdarstellung der Schriftart im Zitat erfolgte durch den Verfasser dieses Buches)
(https://www.tagesschau.de/inland/hintergrund-ausreisepflichtige-101.html , 11.01.2020, Ausreisepflichtige, tagesschau.de)

Erst werden Ausländer gesondert behandelt, weil sie keine Inländer sind, und danach fehle es am politischen Willen diesen Unterschied durchzusetzen. ´Rechtsbeugung´, ´Entvolkung´ und ´Überfremdung´ wird als Pflichtverletzung des amtierenden Regierungspersonals, zur Kritik der zu Nationalisten erzogenen Bevölkerung. Der als gesellschaftlicher Konsens *erfolgreich* verankerte Nationalismus, eine Sachlage welche die Altparteien selbst hergestellt haben, fordert die Befolgung und Einlösung, die Beseitigung dessen, was der Staat selbst als Schädigung *definiert* hat.

Der ´Russe´, der ´Chinese´ und ´Trump´ sind ernst zu nehmende Gegner? Logisch. Weil Europa die Nation zu Kompromissen zwingt. ´Arbeitslose´ sind eine Belastung der Nation? Logisch. Weil der Staat Faulheit alimentiert. ´Interessensverbände´, ´Lobbys´, sind eine gesellschaftliche Macht. Logisch. Weil der Staat sie toleriert.

Im Ergebnis wird die Priorität von Nation, die unhintergehbare Unterwerfung unter eine nationale Gewalt, *gefordert*. Diese Gewalt ist deren aktuellen Kritikern folgend, entgegen der empirisch, ermittelbaren Wirklichkeit, *noch* nicht realisiert.

"AfD-Spitzenkandidat Alexander Gauland hat nach dem guten Abschneiden seiner Partei eine Kampfansage an die künftige Bundesregierung gemacht. ´Wir werden sie jagen´, sagte Gauland am Sonntag in Berlin. Und weiter: ´Wir werden Frau Merkel oder wen auch immer jagen´, so Gauland. Die Partei wolle sich ´unser Land und unser Volk zurückholen´Die neue Bundesregierung ´kann sich warm anziehen´, sagte Gauland. ´Wir werden die Regierung vor uns hertreiben ´, fügte Gauland unter dem Jubel der versammelten Parteianhänger hinzu. Gauland nannte den Einzug in den Bundestag einen ´großen Tag´ in der Parteiengeschichte der AfD. ´Wir werden dieses Land verändern´, sagte der stellvertretende Parteivorsitzende. Die AfD wolle sich dafür einsetzen, ´dass das, was die Menschen auf der Straße denken, im Bundestag wieder eine Rolle spielt´. Die AfD wird den Prognosen zufolge drittstärkste Kraft im neuen Bundestag."

(https://www.bz-berlin.de/deutschland/afd-spitzenkandidat-gauland-werden-neue-regierung-jagen , 24.09.2017, nach Bundestagswahl, Alexander Gauland AfD, AfD-Spitzenkandidat Gauland: ´Wir werden Frau Merkel jagen´, bz-berlin.de)

“FDP-Vizechef Wolfgang Kubicki sagte dem ´Spiegel´, es sei fatal, wenn das innenpolitische Augenmerk hauptsächlich auf die Bekämpfung des Rechtsextremismus gerichtet werde. Auch der Linksextremismus tritt in den vergangenen Jahren deutlich aggressiver auf´´, erklärte Kubicki. ´Wenn politische Entscheidungsträger jahrelang linksextremistische Biotope und rechtsfreie Räume wie in der Rigaer Straße in Berlin und die Rote Flora in Hamburg dulden, tragen diese Parteien auch eine Mitschuld an der Verrohung dieser Auseinandersetzung.´ ”(https://www.tagesschau.de/inland/leipzig-polizeieinsatz-101.html, 03.01.2020, SPD stellt Polizeitaktik infrage, tagesschau.de)

“CDU-Vorstandsmitglied Carsten Linnemann, Mitherausgeber des Buchs ´Der politische Islam gehört nicht zu Deutschland´, fordert im aktuellen Spiegel ein härteres Vorgehen gegen Muslime. ´Individuelle Integrationsvereinbarungen´ sollen festhalten, dass Zugewanderte Werte und Rechtsordnung Deutschlands anerkennen. Darüber hinaus müssten Ziele definiert werden, die jeder zu erfüllen habe, wie den Erwerb der deutschen Sprache. Linnemann fordert auch ein Sanktionssystem für den Fall, dass die Ziele nicht erreicht werden.” (https://www.pro-medienmagazin.de/politik/2019/02/16/cdu-politiker-fordert-strengere-regeln-fuer-muslime/ , 16.02.2019, CDU-Politiker fordert strengere Regeln für Muslime, pro-medienmagazin.de)

Der verinnerlichte Maßstab ´Nation´ verfolgt *jedes* von diesem Imperativ abweichende Denken und Handeln als Bedrohung. Das Ausland und die Ausländer sind damit als Gegner von Nation automatisch, selbsterklärend, dem Maßstab ´Nation´ *entgegengesetzte* Pole. *Darin* besteht Einigkeit zwischen dem amtierenden Personal und dessen als ´Volkspartei´ organisierten Kritikern. Der Streit entsteht weil, gemessen am selben Maßstab Nation, *die Altparteien* im Ausland, Europa, dem Euro, und einigen Ausländern diesen Dienst an der Nation *feststellen*.

Europa und das Ausland *sind* Einnahmequellen der Nation:

“Die deutsche Exportwirtschaft ist im Herbst wieder deutlich angestiegen. Im September wurden Waren im Wert von 114,2 Milliarden Euro aus Deutschland exportiert, wie das Statistische Bundesamt mitteilte. Das ist ein Wachstum von 4,6 Prozent im Vergleich zum September 2018. Auch gegenüber August legte der Außenhandel überraschend um 1,5 Prozent zu. .. Auch die Importe legten im September deutlich zu. Demnach nahmen die Einfuhren im Vorjahresvergleich um 2,3 Prozent auf 93 Milliarden Euro zu. Grund für das positive Wachstum sind vor allem steigende Handelsbeziehungen innerhalb der Europäischen Union. So nahm der deutsche Export in andere EU-Staaten überdurchschnittlich um 5,6 Prozent zu. Hingegen wuchsen die Ausfuhren außerhalb der EU – unter anderem in die USA und nach China – nur um 3,2 Prozent.
Die Außenhandelsbilanz schloss im September kalender- und saisonbereinigt mit einem Überschuss von 19,2 Milliarden Euro, wie das Statistikamt weiter mitteilte.”
(https://www.zeit.de/wirtschaft/2019-11/konjunktur-export-anstieg-statistisches-bundesamt-wachstum , 08.11.2019, Deutsche Exporte im September um 4,6 Prozent gestiegen, zeit.de)

Der Euro *senkt* die nationalen Kosten und *steigert* das Gewicht der Nation in der Weltwirtschaft:

> "Die einheitliche Währung bringt neue Stärken und Chancen mit sich, die sich aus der Integration und der Größe der Wirtschaft des Euro-Raums ergeben, wodurch die Effizienz des Binnenmarkts gesteigert wird. Vor Einführung des Euro mussten bei grenzüberschreitenden Geschäften stets die Währungen getauscht werden, was mit zusätzlichen Kosten, Risiken und mangelnder Transparenz einherging. Dank der einheitlichen Währung arbeitet die Wirtschaft im Euro-Raum mit niedrigeren Kosten und geringerem Risiko. ...
> Die Verbreitung der einheitlichen Währung und die Größe des Euro-Raums eröffnen auch neue Möglichkeiten in der globalen Wirtschaft. Die Einheitswährung macht den Euro-Raum attraktiv für Geschäftstätigkeiten aus Drittländern und fördert damit den Handel sowie Investitionen. Eine umsichtige wirtschaftspolitische Steuerung macht den Euro zu einer beliebten Reservewährung für Drittländer und verschafft dem Euro-Raum mehr Gewicht in der Weltwirtschaft."
> (https://ec.europa.eu/info/business-economy-euro/euro-area/benefits-euro_de , ohne Datumsangabe des Herausgebers, Die Vorteile des Euro, ec.europa.eu, Europäische Kommision)

Arbeit *ist* ein Kostenfaktor. Auch Ausbildung kostet. Das Geld kann man sparen. Und; - Jede so angeworbene Fachkraft ist gerne bereit, im Verhältnis zum Einkommen im Herkunftsland, hier mehr, aber weniger als das in Europa heimische Personal zu akzeptieren.

Der politische Inhalt des berühmten ´Willkommen´ ist ökonomisch eine Erhöhung des Konkurrenzdrucks am jeweils nationalen Arbeitsmarkt, und in der Asylfrage politisch ein Mittel um die Währungsunion Europa, aktuell eine Konkurrenz von Nationen, politisch zu zentralisieren. Innerhalb Europas werden die Flüchtlinge genutzt, um durch eine Absage an nationale, *politische* Sonderinteressen, die politische Einigung Europas voran zu treiben. (s.: FRONTEX , EUNAVFOR MED , DUBLIN III , Schengener Durchführungsübereinkommen)

> "Deutschland hat leider nicht überall ausreichend Fachkräfte. Hatten wir noch vor 15 Jahren das Problem, fünf Millionen Arbeitslose zu haben, so ist heute das Thema: Wo bekomme ich die geeigneten Fachkräfte her? Diese Frage stellt sich im akademischen Bereich aber auch bei den praktischen Berufen. Und, wir kennen viele Handwerker und Betriebe die händeringend Fachkräfte suchen. Deshalb ist es notwendig, dass wir uns um ausreichend Fachkräfte bemühen. Denn sonst müssen Unternehmen abwandern – und das wollen wir natürlich nicht."
> (https://www.youtube.com/watch?v=Zw3cziN9syA , 14.12.2019 , Bundeskanzlerin der Bundesrepublik Deutschland, Was die Bundesregierung gegen Fachkräftemangel tut, youtube.com)

> "Deutschland fühle sich mit dafür verantwortlich, dass ´neben dem Schutz der Außengrenze Kindern, die krank, besonders verwundbar, unbegleitet und in einer schwierigen Situation sind, Hilfe gegeben werden muss´, betonte Bundeskanzlerin Merkel

bei dem Treffen mit dem griechischen Ministerpräsidenten Kyriakos Mitsotakis. Griechenland könne dies nicht allein bewältigen. Deshalb wolle sich Deutschland auf europäischer Ebene mit einer ´Koalition der Willigen´ in dieser Frage ´mit einem angemessenen Anteil beteiligen´, so Merkel. Zugleich betonte die Kanzlerin, dass es am allerwichtigsten wie auch am schwierigsten sei, Ursachen von Flucht zu bekämpfen, damit Menschen in ihrer Heimat wieder eine Perspektive hätten. So müsse vor allem illegale Migration bekämpft werden und durch legale Migration ersetzt werden. Dies sei auch im EU-Türkei-Abkommen vorgesehen. ´2020 ist nicht 2015´, betonte die Bundeskanzlerin. Die Bürger könnten erwarten, dass es die Politik schaffe, Flucht und Migration zu ordnen, zu steuern und zu verringern."

(https://www.bundeskanzlerin.de/bkin-de/aktuelles/merkel-mitsotakis-griechenland-1729192 , 09.03.2020, Merkel auf Deutsch-Griechischem Wirtschaftsforum, bundeskanzlerin.de)

"Vor dem Sondertreffen der EU-Innenminister heute (Mittwoch) Nachmittag in Brüssel hat die EU-Kommission erneut auf Solidarität aller EU-Mitgliedstaaten mit Griechenland gepocht und zu einer strukturellen Lösung in der Migrationspolitik aufgerufen. „Unter diesen außergewöhnlichen Umständen hat die Ordnung an unseren Außengrenzen oberste Priorität. Diese schwierige Aufgabe kann nicht allein auf Griechenland fallen: sie liegt in der Verantwortung von ganz Europa", sagte Kommissionsvizepräsident Margaritis Schinas. ´Ich bin überzeugt, dass sich die Innenminister heute hinter dieser Botschaft versammeln werden.´ .. Als Beitrag zur außerordentlichen Tagung des Rates ´Justiz und Inneres´ schlägt die Kommission folgende Maßnahmen zur Unterstützung Griechenlands vor: - Die Mitgliedstaaten sollen die notwendigen Mittel bereitstellen, die für den Start von zwei schnellen Grenzinterventionsoperationen der Europäischen Grenz- und Küstenschutzagentur (Frontex) an den Land- und Seegrenzen zwischen Griechenland und der Türkei erforderlich sind.
- Frontex soll ein neues Rückführungsprogramm für die schnelle Rückführung von Personen ohne Aufenthaltsrecht in ihre Herkunftsländer koordinieren.
- Finanzielle Unterstützung von bis zu 700 Mio. Euro: 350 Mio. Euro stehen sofort zur Verfügung, um die Grenz- und Migrationssteuerung zu unterstützen, insbesondere um die Aufnahmekapazitäten, die freiwillige Rückkehr und die Infrastruktur für die Durchführung von Sicherheits- und Gesundheits-Screening-Verfahren zu unterstützen. Die Kommission wird einen Berichtigungshaushalt vorschlagen, um weitere 350 Mio. Euro zur Verfügung zu stellen. .."

(https://ec.europa.eu/germany/news/20200304-situation-griechische-grenze_de , 04.03.2020, Europische Kommision, Situation an der griechischen Grenze: Kommission bekräftigt gesamteuropäische Verantwortung, ec.europa.eu)

Die Altparteien kalkulieren sowohl mit dem Ausland als auch mit ausländischen Arbeitskräften. Die Benutzung dieser ausländischen Ressourcen erfolgt streng am Maßstab ihrer Nützlichkeit für die Nation. Selbst die Aufgabe der nationalen Währungen folgt diesem Maßstab.

Unten, bei den zum Verkauf ihrer Arbeit verpflichteten Konkurrenzteilnehmern, kommt diese Praxis der Altparteien nicht gut an.

Als Selbstverständlichkeit akzepieren sie Konkurrenz. Solange ihnen ein deutscher Kollege im Personalbüro gegenüber sitzt, kennen diese Zeitgenossen keinen Grund sich an Konkurrenz zu stören. Im Gegenteil. Das Ergebnis von Konkurrenz wird als notwendige Sortierung eingesehen, weil so immer der Beste genau das mache, was die Arbeit erfordere.

Das national verfasste Bewusstsein entdeckt jedoch an der anderen Staatszugehörigkeit eines Mitbewerbers einen Verstoß gegen seine Vorstellung dessen, wozu der Staat, ´seine´ Nation, eingerichtet sei. Ausländer sind Fremde, Personen welche gar nicht der ´eigenen´ Nation angehören. Diesen Personen fehlt, vom Standpunkt der nationalen Gesinnung aus betrachtet, *die Berechtigung* zur Teilnahme an der nationalen Konkurrenz. Die ökonomische *Wirkung der Konkurrenz*, Lohndrückerei und und Arbeitslose, als Resultat der Entscheidung des Arbeitgebers oder des Gesetzgebers, werden der fremden Nationalität, aufgrund ihrer *Präsenz* zum Vorwurf gemacht. Jede Notlage, Entscheidungen der politischen und ökonomischen Gewalt welcher auch die Inländer dienen müssen, werden staatsfremden Personen zugeschrieben, die durch ihre *Existenz* hier, bei ´uns´, den berechtigten Deutschen das Leben schwer machen. Dabei ist es vollkommen Gleichgültig, dass Ausländer wie man selbst auch, aufgrund der Entscheidung eines Arbeitgebers, entweder ein Einkommen haben oder nicht. Im ersten Fall nehmen sie ´uns´ die Arbeit weg, oder im zweiten Fall liegen sie ´uns´auf der Tasche. Die nationale Weltsicht stört sich an der Existenz des Ausländers selbst, hier bei ´uns´. Die Tatsache, dass jeder Mensch irgendwo geboren wird, und von der dort herrschenden Gewalt einen Pass zugewiesen bekommt, Staatsangehörigkeit ein Produkt von Gewalt ist, davon will ein Nationalist nichts wissen. Er ***ist*** deutsch, amerikanisch, polnisch.... Das ist für diese Gesinnung kein durch Gewalt vollzogener Herrschaftsakt, sondern entspringt quasi der Natur. Diese Natur habe das, was er als Staat vor sich sieht, sozusagen aus seiner Menschennatur heraus, wachsen lassen. Die durch Gewalt vollzogene Unterwerfung verwandelt die nationale Gesinnung in eine unausweichliche Notwendigkeit, in eine dominierende Eigenschaft der Natur. Diese Erklärung der Welt erfordert dann eine Bebilderung dessen, was eigentlich das Gemeinsame dieser Menschennatur sein soll, um den Unterschied zwischen In- und Ausländer *innerlich* zu verankern. Auswirkungen gesetzlicher Regelungen, der Arbeitswelt oder der lokalen Produktion, Wirkungen von Strafandrohung, Schichtarbeit oder das lokale Warenangebot, werden zum gemeinsamen *Kultur*gut. Ordnung, Pünktlichkeit oder Essgewohnheiten, entspringen für diesen Bewusstseinszustand einer nationalen Menschennatur. Bier, ein akoholhaltiges Erfrischungsgetränk, ist für das nationale Bewusstsein nicht einfach nur Bier, sondern der Ausweis einer deutschen Kultur, Ausdruck eines Deutsch*seins*.

"‥ Es gebe über Sprache, Verfassung und Achtung der Grundrechte hinaus Dinge, die die Deutschen im Innersten zusammenhielten, sie ausmachten und sie von anderen unterschieden. ...
Hier ist Thomas de Mainzières Gastbeitrag im Wortlaut: Wer sind wir? Und wer wollen wir sein? Als Gesellschaft. .. Wer ist ´wir´? Wer gehört dazu? Auch diese Frage wird oft gestellt und viel diskutiert. Für mich ist die Antwort klar: Wir – das sind zunächst einmal die Bürgerinnen und Bürger unseres Landes. Nicht jeder, der sich für eine gewisse Zeit in unserem Land aufhält, wird Teil unseres Landes. In unserem Land gibt es darüber hinaus viele Menschen, die seit langer Zeit hier leben, ohne Staatsbürger zu sein – auch sie gehören zu unserem Land. Wenn ich aber von ´wir´ spreche, dann meine ich zuerst und zunächst die Staatsbürgerinnen und Staatsbürger unseres Landes. ..."
(https://www.zeit.de/politik/deutschland/2017-04/thomas-demaiziere-innenminister-leitkultur , 30.04.2017, Thomas de Maizière, ´Wir sind nicht Burka´: Innenminister will deutsche Leitkultur, zeit.de)

Das nationale Sieb, den Unterschied zu anderen, das Besondere der eigenen Kultur, haben die Kritiker der Altparteien von ihrer Regierung selbst gelernt.

Das war der erlernte Nationalismus ´unten´. Jetzt werfen wir einen Blick auf die Lehrmeister dieser Weltsicht. Am 03.01.2020 wurde ein iranischer General durch einen amerikanischen Raketenangriff auf irakischem Staatsgebiet liquidiert. Unten, da wo produziert wird, waren viele gerade beim Einkaufen, die meisten auf Arbeit, und die Kleinen in der Schule.

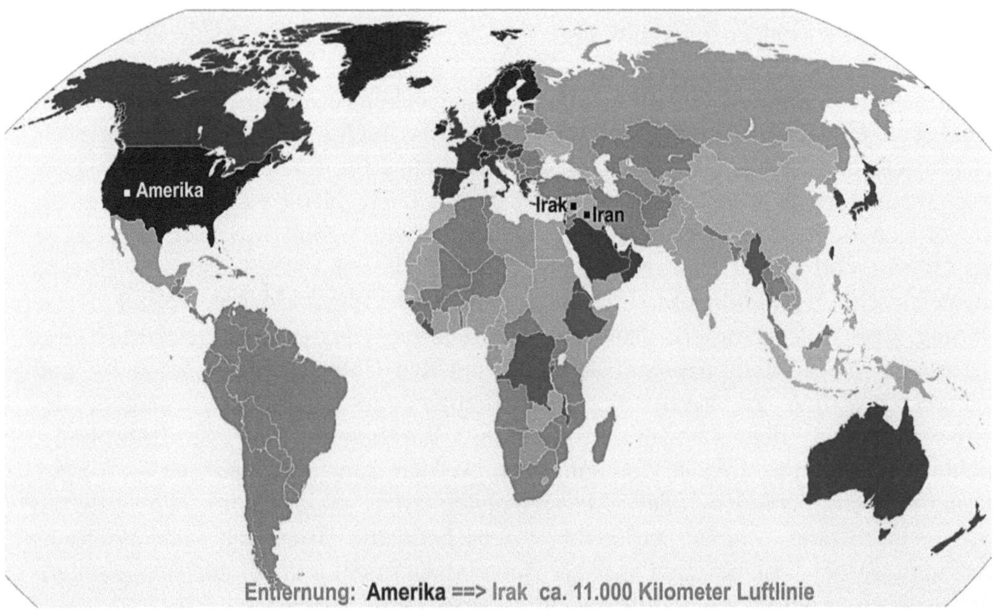

(https://commons.wikimedia.org/wiki/File:BIP-Weltkarte-2006-de.svg?uselang=de , Datei ist verändert, BIP Angaben entfernt)

Oben wurde zur gleichen Zeit **an *deren*** Projekten gearbeitet.

"Naher Osten: Ein Überblick über das größte Pulverfass der Welt ..."
(https://www.merkur.de/politik/iran-trump-irak-krieg-russland-naher-osten-13426302.html , 08.01.2020, Krise im Iran und Irak, merkur.de)

Es ist wichtig, dass man den Unterschied zwischen *der politischen Agenda* und dem eigenen, privaten Vorhaben im Alltag erkennt. Es ist wichtig, hier Abstand zu nehmen, und nachzuvollziehen, was da eigentlich von Regierungen gemacht wird, und was dieselben Herren, dem Publikum als politische Fortsetzung ihres Handelns, als Zielsetzung der Zukunft, dem Alltag der Bevölkerung ankündigen. *Als Opfer* dieser von Regierungen erzeugten Weltlage, sollte man sich innerlich nicht als Angehöriger **einer Kriegspartei**, als Staatsbürger einer Nation betrachten. *Dazu ist man gemacht*, mit dieser Situation ist man von Regierungen konfrontiert, und ist deshalb dieser *von Regierungen geschaffenen* ´Weltlage´ *ausgesetzt*.

".. Die Welt atmet auf. Die USA und Iran sind noch einmal einen Schritt vom Abgrund zurückgetreten, und eine direkte militärische Konfrontation scheint zunächst zumindest ausgeschlossen. Doch die Probleme sind damit nicht gelöst und das Fenster für Diplomatie könnte sich bald schon wieder schließen."
"Nachdem die Kanzlerin lange Tage seltsam abwesend war, ist Angela Merkel gestern nach Moskau gereist. Aber was können die Europäer mehr tun, als warnen und appellieren? Stefan Stuckl: Ein Bild, vielleicht der diplomatischen Hilflosigkeit – Bundeskanzlerin Merkel, gestern beim russischen Präsidenten Putin. Man wolle gemeinsam am Atomdeal festhalten, so die Botschaft. Wichtig sei es, den Iran weiter einzubinden. Doch ausgerechnet von dort kommt nun Kritik. Der iranische Botschafter in Berlin beschwert sich, Deutschland habe in der Iranpolitik den Mund zu voll genommen. .. Noch im Sommer hatte Außenminister Maas nämlich Staatspräsident Rohani zugesichert, auch nach dem Ausstieg der USA werde man dafür sorgen, dass der Handel mit dem Iran weitergehe. Das etwa Öl- und Gasgeschäfte weiterhin abgewickelt werden könnten. Dafür werde man mit einer Sondergesellschaft sorgen. Doch dieses versprochene, alternative Zahlungssystem funktioniert bis heute nicht. ... Was kann das auswärtige Amt diplomatisch leisten, lautet die Frage, und, hängt das nicht auch mit den Fähigkeiten der deutschen Armee zusammen?"

(http://www.tagesschau.de/multimedia/video/video-645373~_bab-sendung-597.html , 12.01.2020, Bericht aus Berlin, 18:30 Uhr, Tina Hassel, Video, tagesschau.de)

Am 05.08.2018 kündigt der US-Präsident Donald Trump das im Jahr 2015 unterzeichnete Iran-Atomabkommen (JCPOA), welches von der USA, China, Frankreich, Deutschland, Russland, Großbritannien, der zu der Zeit amtierenden Repräsentantin der europäischen Union für Auslands- und Sicherheitspolitik Federica Mogherini , und dem Iran unterzeichnet wurde.

Dieser Vertrag verbot dem Iran Atomwaffen oder technische Voraussetzungen zum Bau dieser Waffe herzustellen. Der Vertrag garantierte den Unterzeichnerstaaten umfassende Kontrollrechte zu, und erlaubte den jederzeitigen Zugang zu auf iranischem Hoheitsgebiet betriebenen Industrieanlagen. Ein Verstoß des Iran gegen diese Vertragsbedingungen war mit sofortigen Sanktionsmaßnahmen der Aufsichtsmächte belegt. Ein Verstoß gegen diese Auflagen wurde während der Laufzeit des Vertrages nicht festgestellt.

Eine Besonderheit dieses Vertrages ist es, dass Atommächte (USA, Russland, Frankreich, Großbritannien, China), einem anderen Staat den Besitz *derselben Waffengattung* vertraglich verbieten, welche *sie selbst* in ihrem Portfolio der militärischen Optionen *beibehalten*. Es wurde nicht *die* Vernichtung von Atomwaffen vertraglich festgelegt, sondern exklusiv der Iran wurde vertraglich verpflichtet auf diese Waffengattung zu verzichten, weil die Atomwaffen besitzenden Vertragspartner den Anspruch des Iran auf dieselbe Waffe als Bedrohung ihrer Sicherheit, als Kriegsgrund, definierten. Diesem Anspruch *ist* der Iran gefolgt. Dieser Vertrag wurde gekündigt.

"... Dieses Iranabkommen sollte die Vereinigten Staaten und die Verbündeten vor dem Wahnsinn einer iranischen Atombombe schützen. Mit diesem Abkommen hat der Iran weiterhin Uran anreichern können um irgendwann einmal an die Schwelle zum nuklearen Breakout, zum Durchbruch hin zu Kernwaffen zu kommen. .. Also, wo die Vereinigten Staaten viele Möglichkeiten hatten, kam dieses schreckliche Abkommen, und hat diesem Regime dort, und das ist ein Terrorregime, viele Milliarden Dollar zugeschanzt, teilweise sogar in Bar. ... Das Abkommen hält nicht nur den Ehrgeiz des Iran im Nuklearbereich nicht auf, sondern auch die Entwicklung des Regimes bei ballistischen Raketen wird nicht gestoppt. Raketen die auch Kernsprengköpfe transportieren könnten. ... Einer Waffe die nur dazu beitragen wird, das iranische Regime weiter am Leben zu halten. In kurzer Zeit wird der führende Terrorförderer der Welt die Möglichkeit haben die gefährlichste Waffe der Welt sich anzueigenen. Deshalb verkündige ich heute, dass die Vereinigten Staaten sich von dem Iran-Atomabkommen zurückziehen werden. Ich werde in wenigen Augenblicken ein Memorandum des Präsidenten unterzeichnen. Damit werden die Nuklearsanktionen der USA gegen das iranische Regime wieder eingeführt. Wir werden das höchste Niveau wirtschaftlicher Sanktionen verfügen. Jede Nation die dem Iran beim Streben nach Kernwaffen helfen wird, kann ebenfalls durch die Vereinigten Staaten, hart von Sanktionen getroffen werden. Die USA werden sich der nuklearen Erpressung nicht ergeben. Wir werden keine Geiseln werden. Amerikanische Bürger dürfen nicht mit Vernichtung bedroht werden. Und wir werden es auch nicht einem solchem Regime erlauben, Zugang zu den gefährlichsten Waffen auf unserem Planeten zu erlangen. Damit wird eine entscheidende Botschaft verkündet. Die Vereinigten Staaten sprechen keine leeren Bedrohungen mehr aus."

(https://www.zdf.de/nachrichten/heute-sendungen/trump-rede-ausstieg-aus-atomabkommen-mit-iran-100.html , 08.05.2018, Donald Trump als, President of USA, Trump verkündet Ausstieg aus Atomdeal, zdf.de)

Im Zitat der *demonstrativ, einseitigen* Aufkündigung des Atomvertrages erkennt der Präsident der größten Militärmacht der Welt, bereits *in der Existenz* des Staatswillens des Iran die eigentliche Bedrohung, welche der Vertrag nicht beseitige. Ganz im Gegenteil. Diesem Staatswillen werden Geldmittel zugeschanzt, welche dazu beitragen diesen Staatswillen am Leben zu halten. Gleichzeitig wird gegenüber den Mitunterzeichnern klargestellt, dass es *sie* nicht braucht, und eine Fortsetzung jeder Hilfe des als feindlich definierten Staatswillens, dem des Irans, sie ebenfalls hart von Sanktionen, von ökonomischen Schäden betroffen macht. Staaten, Firmen oder Banken welche Geschäfte mit dem Iran, nach dieser Ansage fortsetzen, werden keine leeren Strafmaßnahmen angedroht. SWIFT z.B., ein elektronisches Kommunikationssystem, wickelt den Zahlungsverkehr angeschlossener Staaten, Firmen und Institutionen *praktisch* ab. *Das* ist eine Voraussetzung der Teilnahme am internationalen Zahlungsverkehr. Jede Buchung wird dokumentiert.

Der Iran ist von der Nutzung dieses Systems ausgeschlossen worden.

Jeder Staat, jede Firma und jede Bank, weltweit, ist von der Ansage eines Mannes betroffen, weil *auch er*, jedoch als Präsident der Kommandant der größten Militärmacht der Welt, aufgrund und zur Bestandssicherung der ökonomischen Basis dieser Gewalt, zu allem bereit und befähigt ist.

> "Letzte Woche haben wir eine entschiedene Aktion unternommen, um einen skrupellosen Terroristen zu stoppen, der amerikanische Leben bedroht hat. Auf meine Anweisung hin, hat das amerikanische Militär den weltweit wichtigsten Terroristen, Qasem Soleimani, ausgeschaltet. Indem wir Soleimani ausgeschaltet haben, haben wir eine starke Botschaft an die Terroristen geschickt; Wenn euch euer Leben lieb ist, solltet ihr nicht das Leben unserer Bürger bedrohen. Während wir weiter mögliche Reaktionen auf die iranische Agression abwägen, werden die USA zusätzliche Wirtschaftssanktionen gegen das iranische Regime verhängen. Diese Sanktionen werden solange Bestand haben, bis der Iran sein Verhalten ändert. .. Für England, Deutschland, Frankreich und China ist die Zeit gekommen, diese Realität zu erkennen. Sie müssen mit dem Atomabkommen brechen. Die amerikanischen Streitkräfte sind stärker als jemals zuvor. Unsere Raketen sind groß , stark, genau, tödlich und schnell. Weitere Hochleistungsraketen werden gebaut. Wie auch immer – Die Tatsache, dass wir diese militärische Ausrüstung haben, bedeutet nicht, dass wir sie benutzen müssen. Wir wollen sie nicht benutzen."
>
> (https://www.faz.net/aktuell/politik/ausland/donald-trump-will-den-konflikt-mit-iran-vorerst-entschaerfen-16572261.html , 09.01.20120, Donald Trump : Wahlkampf militärisch, faz.net)

Nur - durch diese Ankündigung, ein Text des amerikanischen Präsidenten, wird dessen Wort zum geltenden Gesetz, zur Wirklichkeit innerhalb der Staatenwelt. Wirtschaft, der Handel, sind in dieser Weltordnung als Waffe nutzbar, *hergerichtet*! Wirtschafts-sanktionen werden als Waffe eingesetzt *und haben dieselbe, beabsichtigte Wirkung* - die Schädigung der ökonomischen Basis *des konkurrierenden* Staatswillens.

Deswegen kommt die Moderatorin der ARD, am 12.01.2020 (siehe Seite 105), auf den in dieser Weltordnung bestehenden Status Quo, den Zusammenhang von Diplomatie und Militär, und vermisst dessen Stärke und fordert sie! Die Fähigkeiten einer Armee sind bekannt und empirisch ermittelbar. Der Autor dieses Textes, will sich an dieser im Medienzitat *angeregten* Fragestellung, im Stile einer militärischen Lagebesprechung, nicht beteiligen, weil auch er als potentielles Ziel dieser Waffen den Schaden, *von oben*, zu ertragen hat. Die im Zitat angesprochene ´Sondergesellschaft´, ein alternatives Zahlungssystem, dass nicht funktioniere, INSTEX, ist hier jedoch von Interesse. In dieser Gesellschaft ist es alltäglich *notwendig* zu bezahlen! Was genau, funktioniert denn nicht?

“Heiko Maas (Außenminister BRD seit 2018) : ´Wir schaffen jetzt eine Möglichkeit über die auch Geschäfte abgewickelt werden können. Das ist ein Schritt, der deutlich macht, dass wir auch innerhalb der europäischen Union, auch wenn andere anderer Auffassung sind, geschlossen und entschlossen, unseren Weg gehen.´ Bundesaussenminister Heiko Maas vor genau einem Jahr. Gerade hatten Deutschland, Frankreich und Großbritannien die Tauschhandelsbörse INSTEX gegründet, um damit die Iran-Sanktionen von US-Präsident Trump auszutricksen, und gleichzeitig das Atomabkommen mit der Führung in Teheran zu retten. Denn die neuen Wirtschaftsblockaden der USA bedrohen auch europäische Unternehmen die mit der islamischen Republik Geschäfte machen wollen. Aus Angst vor us-amerikanischen Strafmassnahmen wickeln nämlich kaum noch Banken Irandeals ab. Und hier kommt INSTEX ins Spiel, damit der Handel auch ohne Banken laufen kann. Und zwar ungefähr so; Der Iran liefert Öl, Europa Lebensmittel oder Medikamente. Soweit die Theorie. In der Praxis aber ist INSTEX bisher ein Flop. ´Es hat sich noch kein Unternehmen getraut, von diesem Instrument Gebrauch zu machen´, sagt der grüne Europapolitiker Reinhard Bütikofer. Über die Tauschplattform wurden bis heute genau Null Geschäfte abgewickelt. Das Erste soll zwar in den nächsten Wochen über die Bühne gehen, ob es aber wirklich dazu kommt, ist angesichts der angespannten Lage ungewiss. Die europäischen Unternehmen stecken in der Zwickmühle. Sie müssen sich entscheiden. Zwischen dem iranischen Markt und den USA. Gregor Wolf vom Bundesverband für den Groß- und Außenhandel: ´Den Unternehmen fehlt es definitiv nicht an Mut, aber am Ende sind dann internationale Verflechtungen der Unternehmen einfach zu hoch. Eine Tauschbörse für Forderungen reicht da einfach nicht, sondern diese exterritorialen Wirkungen erstrecken sich ja beispielsweise auch auf das Versicherungsgeschäft, und auch alle anderen Akteure in der gesamten Lieferkette hängen da ja mit drin, und müssen diesen Anforderungen Genge tun.´ Sitzt Donald Trump mit der us-amerikanischen Marktmacht im Rücken, einfach am längeren Hebel? .. Das deutsche Irangeschäft hat sich jedenfalls zuletzt mehr als halbiert. Bernd Lange, der Vorsitzende des Handelsausschusses im Europaparlament: ´Wir haben ja auch sehr schwache Abwehrmanahmen gegen Sanktionen von Drittstaaten. Da müssen wir noch besser werden. Und das war der erste Versuch, und in der Tat, der ist ins Leere gelaufen.´ .. Gregor Wolf (Bundesverband für den Groß- und Außenhandel) : ´Die Tauschbörse INSTEX ist ein ganz wichtiges Zeichen der Bundesregierung, das Irangeschäft

ausdrücklich noch gewünscht ist. In der Praxis hat das Instrument allerdings bisher nicht funktioniert, aber dennoch, müssen wir weiter nach Lösungen suchen, unsere außenwirtschaftliche Souveränität wiederzugewinnen, beziehungsweise beizubehalten.´ ”
(http://media.tagesschau.de/audio/2020/0112/AU-20200112-0709-2101.mp3 , 12.01.2020, Irankrise: Tauschhandelsbörse ´INSTEX´ droht zum Flop werden, Stephan Ueberbach, ARD Brüssel, tagesschau.de, Audio)

Die einseitige Entwaffnung des Iran ist im Iran-Atomabkommen (JCPOA, 2015) mit der Aufhebung der vor der Vertragsunterzeichnung seit 2006 verhängten Wirtschaftssanktionen verbunden.

2014		
	9. Juni 2014	Sicherheitsrat verlängert Mandat der Sachverständigengruppe für Iran
2013		
	5. Juni 2013	Sicherheitsrat verlängert einstimmig das Mandat der Sachverständigengruppe für die Sanktionen gegen Iran um ein weiteres Jahr
2011		
	9. Juni 2011	Sicherheitsrat verlängert Mandat der an der Überwachung der Sanktionen gegen Iran beteiligten Sachverständigengruppe bis Juni 2012
2010		
	9. Juni 2010	Sicherheitsrat verhängt weitere Sanktionen gegen Iran
2008		
	27. September 2008	Sicherheitsrat fordert Iran auf, seinen Verpflichtungen nach den früheren Resolutionen über die Urananreicherung durch Iran nachzukommen
	3. März 2008	Sicherheitsrat verschärft Einschränkungen der proliferationsrelevanten nuklearen Tätigkeiten Irans, verstärkt Wachsamkeit gegenüber iranischen Banken und verlangt Inspektion der Ladungen durch Staaten
2007		
	24. März 2007	Verstärkung der Sanktionen gegen Iran
2006		
	23. Dezember 2006	Sanktionen gegen Iran, Einsetzung eines Ausschusses des Sicherheitsrats
	31. Juli 2006	Aufforderung an Iran, die vom IAEO-Gouverneursrat geforderten Maßnahmen zu ergreifen
	29. März 2006	Aufforderung an Iran, den Auflagen der IAEO nachzukommen und die Urananreicherung einzustellen

(Quelle: https://www.un.org/depts/german/sr/sr_them/iran.htm)

Die Kündigung dieses Vertrages, am 05.08.2018 durch den amerikanischen Präsidenten, und die Wiederinkraftsetzung und Erweiterung der Sanktionen gegen den Iran, machen den Vertrag aus iranischer Perspektive gegenstandslos. Die europäischen Mitunterzeichner, Großbritannien und China verfolgen das politische Ziel den Inhalt des Vertrages zu erhalten. Diplomatisch kündigen sie eine Umgehung der Wirtschaftssanktionen durch INSTEX an.

Der Iran reagiert auf diese Absichtserklärung mit der Fortsetzung der Einhaltung der Vertragsbedingungen.
Bis heute ist kein einziges Geschäft mit dem Iran über INSTEX realisiert worden. Eine Zahlungsabwicklung über dieses Zahlungssystem ist politisch betrachtet, der offene Bruch mit der Weltmacht USA. Insgesamt befolgen alle Mitunterzeichner die ´Iran-Embargoverordnung´.

"Wer die Sanktionsmaßnahmen nicht befolgt, muss ab dem 6. August 2018 mit saftigen Geldbußen rechnen oder wird sogar vollständig von den US-amerikanischen Absatzmärkten verbannt."

(https://www.wirtschaftsdienst.eu/inhalt/jahr/2018/heft/6/beitrag/iran-sanktionen-optionen-fuer-die-europaeische-union.html , Leitartikel Heft 6 2018, Iran-Sanktionen: Optionen für die Europäische Union, wirtschaftsdienst.eu)

".. Das deutsch-iranische Handelsvolumen 2018 verringerte sich im Vergleich zum Vorjahr um 7 Prozent auf 3,15 Milliarden Euro; deutsche Exporte sanken um 9 Prozent auf 2,7 Milliarden Euro. .."

(Quelle: https://www.bmwi.de/Redaktion/DE/Artikel/Aussenwirtschaft/laendervermerk-iran.html)
(Bundesministerium für Wirtschaft und Energie, 15.01.2020)

Das Bundesministerium für Wirtschaft und Energie gibt selbst ´Handreichungen´ bekannt, wie die Iran-Embargoverordnung anzuwenden sei, und bezieht sich ausdrücklich auf das Datum der Vertragskündigung und verlinkt auf dessen Website direkt auf das amerikanische Wirtschaftsministerium:

"Die aktuellen US-Informationen zum Stand nach dem 8. Mai finden Sie hier."
(hier: = https://www.treasury.gov/resource-center/sanctions/Programs/pages/iran.aspx)

(Quelle: https://www.bmwi.de/Redaktion/DE/Artikel/Aussenwirtschaft/laendervermerk-iran.html)
(Bundesministerium für Wirtschaft und Energie, 15.01.2020)

Am 07.07.2019 gibt der Iran bekannt, dass die Urananreicherung über die im *gekündigten* Atomvertrag vereinbarte Höchstgrenze hinaus, vorgenommen werde. Die Wahrnehmung dessen, was man ansonsten als Selbstverständlichkeit, als staatliche Souveränität bezeichnet, wird von den europäischen Beteiligten als Bedrohung wahrgenommen, diplomatisch als Vertragsbruch behandelt, und der Öffentlichkeit als ihr Ringen um Frieden vorgestellt. Dem Iran wird das ´Angebot´ unterbreitet, seinen politischen Willen entweder dem Anspruch der USA, oder dem Anspruch der Mitunterzeichner des gekündigten Iran-Atomabommens zu unterwerfen.

Um dieses ´Angebot´ genauer zu untersuchen, bitte ich Sie sich vorzustellen, dass der iranische Außenminister, an Frankreich, oder England, oder die USA, oder China die Aufforderung richtet, deren Atomwaffenproduktion, unter Androhung eines Krieges, und in Begleitung von Wirtschaftssanktionen, einzustellen. Wie glauben Sie, würden die so angesprochen Staaten reagieren?

Dieses ´Angebot´ ist die diplomatische Aufforderung zur Kapitulation, zur Aufgabe dessen, was als staatliche Souveränität, der nationalen Willensbildung und dessen Durchsetzung auf dem durch Staatsgrenzen definierten Herrschaftsgebiet, ansonsten in dieser Welt als Selbstverständlichkeit gilt. Bereits Presse*kommentare* des Auslands werden nicht selten als unerwünschte Einmischung in innere Angelegenheiten kritisiert. Eine Vorgabe oder Unterlassungsaufforderung einer ausländischen Gewalt wird umgehend *zurückgewiesen*.

“Berlin und Brüssel sind arg verstimmt angesichts der US-Sanktionen wegen der umstrittenen Gas-Pipeline Nord Stream 2. .. ´Die Bundesregierung lehnt derartige extraterritoriale Sanktionen ab´, teilte Vize-Regierungs-sprecherin Ulrike Demmer mit. ´Sie treffen deutsche und europäische Unternehmen und stellen eine Einmischung in unsere inneren Angelegenheiten dar.´ ”

(https://www.n-tv.de/wirtschaft/Berlin-verurteilt-US-Einmischung-article21472471.html , 21.12.19, Streit um Nordstream2, n-tv.de)

Der Welthandel, *die Konkurrenz* der Nationalstaaten um den Zugang zu Rohstoffquellen, ist aber genau das, eine Einmischung in *die Herstellung* der Voraussetzungen der Potenz konkurrierender Staats*gewalten*. Die wechselseitige Einflussnahme auf den Willen einer ausländischen Gewalt. Sowohl der Zugang zu Rohstoffen, als auch der Verkauf ans Ausland, Außenhandel, ist Gegenstand von sich widersprechenden, entgegengesetzten Interessen von Staatsgewalten. Die Existenz von Bündnissystemen, ökonomisch und politisch, Europa, die NATO, sind der empirisch, nachvollziehbare Nachweis, dass der Welthandel nur mit Gewalt funktioniert. In dieser auf Eigentum beruhenden Weltordnung, ist der Austausch von Gebrauchswerten eine konfliktträchtige Angelegenheit, weil er die Basis des *konkurrierenden* Staatswillen definiert, und diesem Staatswillen damit die Mittel verschafft oder entzieht, sich als Konkurrent zu erhalten, aufzustellen und weiter zu entwickeln. *Deswegen* ist die militärische Gewalt von Nationen eine notwendige, *komplementäre*, den Handel, die Benutzung des fremden Staatswillens, absichernde Notwendigkeit.

“1,82 Billionen US-Dollar sind im vergangenen Jahr weltweit für Militärzwecke ausgegeben worden. Das ist der höchste Stand seit dem Ende des Kalten Krieges.”

(https://www.tagesschau.de/ausland/ruestungsausgaben-sipri-101~_origin-3abe2b26-7b1b-4b00-96eb-8f53bbea9b71.html , 29.04.2019, SIPRI-Bericht, Militärausgaben auf neuem Höchststand, tagesschau.de)

“Die 100 größten Rüstungskonzerne der Welt haben ihren Umsatz erneut gesteigert: 2018 verkauften sie dem Forschungsinstitut SIPRI zufolge Waffen für 420 Milliarden US-Dollar.”

(https://www.tagesschau.de/wirtschaft/sipri-waffenverkaeufe-103~_origin-83e9c048-d6be-42d4-9fccc49d0bcec519.html , 09.12.2019, SIPRI-Bericht Waffen verkaufen sich bestens, tagesschau.de)

Hier, in diesem Fall des Iran, wird das Interesse an der Atombombe, als Interesse des Iran an einer Aufwertung dieses Komplements bewertet, und abgelehnt. Gerade weil die Wirkung dieser Waffe den Atommächten bekannt ist, soll *ihre* Verfügungsgewalt über diese Waffe *exclusiv* bleiben, um deren strategische Wirkung, eine Behinderung ihrer Souveränität, zu verhindern. Das ist der Inhalt dessen, was der Bevölkerung als ′Friedenspolitik′ vorgestellt wird. Gemessen an *diesem* Zweck, der Entwaffung einer konkurrierenden Gewalt, kann man selbst gar nicht genug Waffen haben.

"Auch das ein Bild; Vermutlich der militärischen Ohnmacht. Deutsche Soldaten werden Anfang der Woche aus dem Irak ausgeflogen. Mit etwa 150 Soldaten, hauptsächlich Ausbildern, war Deutschland im Irak vertreten.
Das sei ungenügend gewesen, um politisch nur ansatzweise Gewicht zu bekommen, sagen Kritiker.
Michael Wolffsohn : ′Der deutsche Militäreinsatz ist läppisch. Er ist nur ein Alibi für Nichtstun. Erstens die Zahl ist gering, deutlich geringer sogar als die Italiens, und Italien wird im Irak bleiben. Und zweitens ist das kein wirklicher, militärischer Einsatz. Soldaten sind zum Kämpfen da, und nicht nur zum Ausbilden, und was wir machen ist im Grunde genommen nur Symbolpolitik.′ "
(http://www.tagesschau.de/multimedia/video/video-645373~_bab-sendung-597.html , 12.01.2020, Bericht aus Berlin,
18:30 Uhr, Tina Hassel, Video, tagesschau.de)

"Noch dürfen deutsche Tornados über Syrien aufklären. Dieser Einsatz soll definitiv enden, im März. Einen wirklichen Kampfauftrag wollte Deutschland nie, aber auch nicht einen kompletten Rückzug. Man kann den Eindruck bekommen, niemand wisse eigentlich genau, was Deutschland kann und will.
Guido Steinberg : ′Das liegt daran, dass eine sicherheitspolitische Debatte in Deutschland kaum stattfindet. Sie ist etwas für Spezialisten, sie wird aber in der Politik insgesamt vermieden. Mein Eindruck ist auch, dass die letzten Regierungen Merkel alle das Thema Sicherheit nicht so sehr interessiert hat′. Spätestens nach den jüngsten Ereignissen aber, scheint eine grundsätzliche Debatte, auch im deutschen Parlament, beinahe unvermeidlich."
(http://www.tagesschau.de/multimedia/video/video-645373~_bab-sendung-597.html , 12.01.2020, Bericht aus Berlin,
18:30 Uhr, Tina Hassel, Video, tagesschau.de)

Die Sanktionierung des Iran wurde mit der Kündigung des Atomvertrages am 05.08.2018 wieder in Kraft gesetzt, und den Mitunterzeichnerstaaten unter Strafandrohung zur Auflage ihrer wirtschaftlichen Kontakte zum Iran gemacht. Eine Umgehung dieser Sanktionsmaßnahmen durch INSTEX, welche dem Iran *als Gegenleistung* für dessen einseitigen Verzicht auf Atommwaffen diplomatisch in Aussicht gestellt wurde, um die politische Aufsicht der Mitunterzeicherstaaten diplomatisch und politisch gegenüber dem Iran aufrecht zu erhalten, *ist nicht erfolgt.*

Der Iran kündigt an, dass er sich deshalb nicht mehr an den Inhalt des Atomvertrages gebunden sieht, weil alle Vertragsparteien von der in diesem Vertrag vereinbarten Gegenleistung zurückgetreten, und gleichzeitig die gegen den Iran verhängten Sanktionen in Kraft gesetzt sind.

Die Mitunterzeichner des Iran-Atomvertrags sehen weder in dessen Kündigung durch die USA, noch in ihrer Nichteinhaltung des Vertragswerks, einen hinreichenden Grund dafür, dass der Iran seinerseits, sich deswegen selbst auch nicht mehr an diesen Vertrag gebunden sieht. Der Vertrag *gelte* weiter, *unabhängig* vom Willen des iranischen Vertragspartners. Auf diese Weise, mit dieser politischen Methodik, wollen die Mitunterzeichner, in Konkurrenz zur USA, zum Einen ihre ökonomischen Interessen am Irak, und zum Anderen ihre politische Rolle als Aufsichtsmacht in der Welt, *gegen* die von der USA geforderte Unterordnung, ihrer politischen Herabsetzung zum Weisungsempfänger, etwas entgegensetzen. Am Iran wollen die europäischen Regierungen *sich selbst* in ihrer Konkurrenz zur amerikanischen Weltmacht wenigstens *darstellen*. Die europäischen Emanizipationsversuche, siehe INSTEX, werden von der amerikanischen Führungsmacht als Mißachtung dieser Führungsrolle wahrgenommen, und sanktioniert. Militärisch ist im Moment eine oppositionelle Haltung gegen die USA nicht einmal denkbar.

> "Der US-Botschafter in Deutschland, Richard Grenell, hat eine Ende der Woche in Berlin stattfindende Konferenz zum Handel mit dem Iran verurteilt. Die Konferenz, ´die der Förderung des Handels mit dem iranischen Regime dienen soll, ist ein gefährlicher Schritt, der zur Finanzierung von Terrorismus und zur Unterminierung der US-Sanktionen beitragen wird´ .. ´Der Iran begeht weiterhin schwere Menschenrechtsverstöße gegen die eigene Bevölkerung, plant und verübt Terror- und Mordanschläge auf europäischem Boden und unterstützt die Kriegsverbrechen des Assad-Regimes in Syrien. Dies ist nicht die Zeit für Geschäfte, die auf Kosten der iranischen Bevölkerung Geld in die Staatskasse des Regimes fließen lassen.´ .."
>
> (https://www.morgenpost.de/berlin/article227121401/Grenell-verurteilt-Konferenz-in-Berlin-zum-Handel-mit-Iran.html , 17.09.2019, Grenell verurteilt Konferenz in Berlin mit Iran, morgenpost.de)

Diese politische Machtlage anerkennend, betreiben die europäischen Konkurrenzmächte ihr Projekt, ihre politische Befreiung von der amerikanischen Vorherrschaft, militärisch und ökonomisch, unter der Vorgabe der von Amerika betriebenen ´Neuordung´ dessen was man als Naher Osten kennt. Aktuell wird der Iran ´neu geordnet´.

Der Iran wird jetzt also auch von den europäischen Kriegsparteien, unter Androhung von weiteren Sanktionen aufgefordert, seinen Willen entsprechend der Wünsche auch der europäischen ´Vertragspartner´ unterzuordnen, und zu bekennen, dass die Anerkennung auch ihres Anspruch, zeitnah, vollzogen wird. - Nicht zu vergessen; Der Vertrag *ist* offiziell gekündigt.

"Der Iran soll keine Atombombe entwickeln und bauen, das ist das wichtigste Ziel des Atomabkommens. Doch davon ist man heute weit entfernt. Seit dem Ausstieg der USA hat der Iran das Abkommen mehrfach gebrochen. Zuletzt kündigte das Land an, auch die Auflagen über Urananreicherungen nicht mehr zu beachten. Neben China und Russland halten auch die Europäer am Atomabkommen fest. Aber: (Außenminister BRD Heiko Mass) ′Der Iran hat in den letzten Wochen und Monaten wiederholt angekündigt sich nicht an seine Verpflichtungen zu halten und dies dann auch anschließend umgesetzt. Das ist eine Situation die wir, wie wir finden, nicht unbeantwortet lassen können.′ Mit diesem Schreiben erhöhen nun Deutschland, Frankreich und Großbritannien nun den Druck auf den Iran und setzen einen eigens vorgesehenen Streitschlichtungsmechanismus in Gang. .."

(https://www.tagesschau.de/ausland/iran-streitschlichtungsmechanismus-reaktionen-101.html , 14.01.2020, EU-Staaten für Schlichtung im Konflikt um das Atomprogramms des Iran, tagesschau 20:00, Michael Grytz, ARD Brüssel)

"Für ihre Entscheidung, den im Atomabkommen mit dem Iran enthaltenen Streitschlichtungsmechanismus auszulösen, bekommen Deutschland, Frankreich und Großbritannien breite Unterstützung westlicher Staaten. Die drei EU-Partner des Abkommens betonten, die Schlichtung solle den Vertrag retten. Sie wollten eine diplomatische Lösung. Eine Wiedereinsetzung der Sanktionen gegen den Iran sei nicht das Ziel. .. Die US-Regierung begrüße die Entscheidung der europäischen Partner, ein Schlichtungsverfahren einzuleiten, erklärte das Außenministerium in Washington. Zusätzlicher diplomatischer und wirtschaftlicher Druck auf Teheran sei gerechtfertigt. Für Verwunderung sorgte die Reaktion des britischen Premierministers Boris Johnson. Offiziell trägt Großbritannien die gemeinsame Erklärung mit Frankreich und Deutschland mit. Außenminister Raab betonte in einer gemeinsamen Erklärung mit seinen deutschen und französischen Ressortkollegen, es gehe um die Rettung des Atomvertrags. … Iran: Europäer sollten ihren Verpflichtungen nachkommen
Bei einem Treffen mit dem Staatssekretär im Auswärtigen Amt, Niels Annen, habe Sarif in Neu-Dehli die Aktivierung der Streitschlichtung als einen strategischen Fehler bezeichnet, meldete die staatliche iranische Nachrichtenagentur IRNA. Die Europäer sollten lieber ihren Verpflichtungen aus dem Atomabkommen nachkommen, statt Strafaktionen zu unternehmen. .. Der Streitschlichtungsprozess kann, muss aber nicht in eine Wiedereinsetzung der Strafmaßnahmen gegen den Iran münden. Entscheidend ist der politische Wille der Vertragspartner. .. "

(https://www.tagesschau.de/ausland/iran-streitschlichtungsmechanismus-reaktionen-101.html , 15.01.2020, Atomstreit mit dem Iran Letzte Ausfahrt: Schlichtung, tagesschau.de)

Die *einseitige* Entwaffnung einer konkurrierenden Nation wird von den Befehlshabern mit Streitkkräften stärker als jemals zuvor, mit weiteren in Bau befindlichen Hochleistungsraketen, von Regierungen denen Softpower nicht ausreicht, als Befriedung der Welt, als Abrüstung, als Verkleinerung von Kriegsgefahr, als Verhinderung von Gewaltopfern, als Kampf gegen Terror, *vorgestellt. So* sieht der *Inhalt* der Sorte Frieden derjenigen aus, welche dem erklärten Gegner *seine* Entwaffnung als diplomatische Lösung anbieten, und hoffen, dass auch der Gegner, diese Aufforderung seiner politischen Kapitulation aufgrund der Überlegenheit der gegnerischen Waffen, bei gleichzeitiger ökonomischer Kriegführung, als seine Chance auf eine friedliche Lösung wahrnimmt.

Um einem Mißverständnis vorzubeugen; Die Zusammenstellung des chronologischen Ablaufs der ´Irankrise´ soll weder eine Schuldfrage beantworten, noch soll hier Partei für eine der Kriegsparteien ergriffen werden. Vielmehr sollte der Versuch unternommen werden, nachzuvollziehen, welche politischen Zwecksetzungen in dieser von Staaten regierten Welt *gelten*, wie und mit welchen Mitteln diese Weltenlenker dabei miteinander umgehen, was ´Oben´ zum Alltag *gemacht* wird, und was deshalb für den Leser dieses Textes, ´Unten´, zum Zweck und Lebensinhalt seines Alltags gemacht **ist**.

Die durch Eigentum erzeugte Abhängigkeit von diesen politischen Verhältnissen ist kein guter Grund zur Parteinahme für diese Verhältnisse.

In der Gesellschaft selbst, ´Unten´, wird eine andere Sicht auf den Welthandel verankert. Der Handel bringe Wohlstand und sogar Frieden:

> “Nach monatelangen Auseinandersetzungen haben sich die 160 Mitgliedstaaten der Welthandelsorganisation WTO auf ihr erstes Abkommen zur Vereinfachung des internationalen Warenaustausches geeinigt. Die Handelsorganisation erwartet dadurch einen zusätzlichen Nutzen für die Weltwirtschaft zwischen 400 Milliarden und 1.000 Milliarden US-Dollar. Doch freier Handel verbessert nicht bloß die wirtschaftliche Situation von Unternehmen und Verbrauchern, sondern fördert auch das friedliche Zusammenleben. Ob die friedensstiftende Wirkung des Handels größer ist als beispielsweise die von Militärallianzen, ist aber umstritten.“
>
> (https://www.iwkoeln.de/studien/iw-kurzberichte/beitrag/globalisierung-frieden-durch-mehr-handel-201695.html , 12.12.2014, Frieden durch mehr Handel?, Institut der deutschen Wirtschaft, iwkoeln.de)

Wie gezeigt, entspricht diese Darstellung nicht der von Regierungen erzeugten Realität. Der Welthandel ist die globale Konkurrenz der Nationen um den Zugriff auf die Voraussetzungen ihrer Gewalt. Der Handel selbst wird wie Militär, als Waffe genutzt, um auf den politischen Willen der Konkurrenz einzuwirken.

Wie funktioniert eigentlich das, was hier von ´Oben´ als Sanktionsmaßnahme gegen andere Staaten verhängt wird? Die Privatwirtschaft will doch, und muss Gewinne machen, ihre Waren sollen doch verkauft werden, damit ihre Investitionen, Geld zu ihnen zurückfließt? Die Mehrheit der Gesellschaft muss seine Arbeitskraft, abhängig von den Gewinnerwartungen dieser Privatwirtschaft, anbieten, um deren Rechnungen, Miete, usw., bezahlen *zu können*.

Wieso verhindern Regierungen diesen Handel? Je mehr Umsatz die auf ihrem Staatsgebiet rechtlich, beheimateten Unternehmen machen, insbesondere im Export, desto mehr Gewinne gemacht werden, desto höher sind doch ihre Steuereinnahmen?

> “Vor ein paar Jahren war der Iran ein vielversprechender Handelspartner, doch das hat sich geändert. Denn wer mit dem Land Geschäfte machen will, geht ein hohes Risiko. Nur noch wenige deutsche Firmen sind im Iran präsent. .. So hätte es auch im Iran laufen sollen. Ein Autobahntunnel, geschaffen von den sogenannten Tunnelvortriebsgeräten der Firma Herrenknecht. Doch die Firma aus Schwanau in Baden-Württemberg kann ihre Maschine am Ende doch nicht

verkaufen. 'Wir verzichten auf ein Geschäft mit einem Auftragsvolumen von rund 20 Millionen Euro', sagte Vorstandschef Martin Herrenknecht damals. Der Vertrag habe unterschriftsreif vorgelegen. 'Wir hätten uns der Gefahr ausgesetzt, auf eine Blacklist zu kommen', so Herrenknecht. .. Die sogenannte Blacklist, ist eine schwarze Liste mit Unternehmen, die aus Sicht der USA gegen Sanktionen verstoßen. .. Ein weiteres Problem für die Unternehmen: Der Iran ist von den internationalen Finanzströmen praktisch abgekoppelt. Es finden sich keine Banken mehr, über die Geschäfte verrechnet werden könnten. Die EU wollte gegensteuern, denn sie hält anders als die USA am Atomabkommen mit dem Iran fest. Sie wollte über eine Art Tauschbörse Irangeschäfte ermöglichen, die nicht unter die Sanktionen fallen - wie etwa Lebensmittel oder Medikamente."

(https://www.tagesschau.de/wirtschaft/iran-wirtschaft-125.html , 18.01.2020, Kaum noch Geschäfte, tagesschau.de)

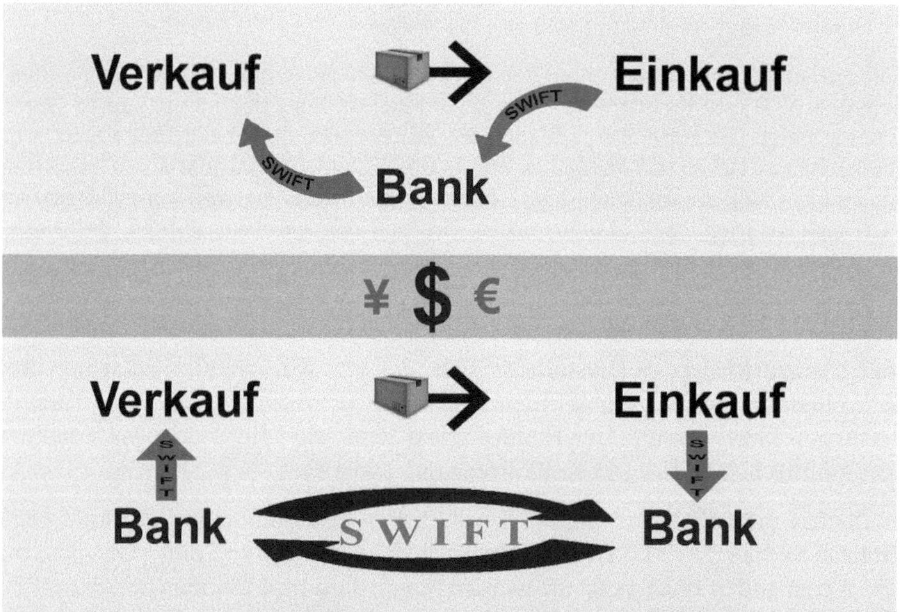

".. Generell werden die Preise im Welthandel nach wie vor in US-Dollar ausgewiesen, verglichen und bezahlt. Da der Dollar nach wie vor die Leitwährung dieses Planeten ist, müssen die meisten Unternehmen und Staaten zunächst Dollars kaufen, bevor sie Öl, Gold, Rüstungsgüter oder Sojabohnen dafür erwerben können.

Dieses Währungsprivileg versuchen die Chinesen und die Russen sukzessive zu unterhöhlen, indem sie den Handel mit befreundeten Nationen als Barter-Trade (Tauschhandel) oder in lokalen Währungen abwickeln. Als Alternative zum dollarzentrischen Weltwährungssystem arbeiten diese Verbündeten an einem international akzeptierten Gold-Handels-Wechsel Standard. .. Der von realwirtschaftlichen Transaktionen losgelöste Devisenhandel (Forex-Markt) ist mit ca. 6 Bio. US-Dollar Tagesumsatz um ein Vielfaches größer als das Volumen im realen Waren- und Dienstleistungsaustausch. .. Nach wie vor dominiert der Dollar den Welthandel und den Forex-Markt mit einem Anteil von über 80 Prozent, danach folgen der Euro, der Japanische Yen, das

Britische Pfund, der Schweizer Franken sowie der Kanadische Dollar.“

(https://finanzmarktwelt.de/geldanlage-euro-142157 , 27.09.2019, Geldanlage: Euro vs. US-Dollar unter dem Brennglas, finanzmarktwelt.de)

“Etwa 80 Prozent des internationalen Handels und 90 Prozent aller Devisengeschäfte werden in amerikanischer Währung abgerechnet. Wenn ein deutsches Unternehmen Geld nach Mexiko überweisen will, dann wird der Betrag in der Regel zunächst vom Euro in den Dollar getauscht und dann in mexikanische Peso umgewandelt. Der Dollar ist die Leitwährung der Weltwirtschaft. Wer die Leitwährung kontrolliert, der kontrolliert den neben SWIFT zweiten wichtigen Knotenpunkt im Netz der internationalen Finanzströme. Denn jede elektronische Dollar-Zahlung muss auf amerikanischem Boden abgewickelt werden. Wenn also irgendwo auf der Welt Dollar bewegt werden, dann überqueren diese Dollar gewissermaßen die amerikanische Staatsgrenze und halten sich für eine Millisekunde auf einem Computer einer Bank zum Beispiel in New York auf. Dort kann Glaser (Anmerkung des Autors dieses Buches: Daniel L. Glaser, ehemaliger stellvertretender Sekretär für Terrorismusfinanzierung im US-Finanzministerium) diese Zahlung stoppen lassen. Es wäre für jede international tätige Bank das Todesurteil, keinen Zugriff auf den Dollar mehr zu haben. Deshalb müssen Glasers Leute ihren Gesprächspartnern auch nicht offen drohen. In Frankfurt genügte der Hinweis darauf, dass es ´im Interesse des Präsidenten der Vereinigten Staaten´ sei, den Iran finanziell zu isolieren. Die Banker wussten, was zu tun war. Wer sich weigert, wird bestraft: Die französische Großbank BNP Paribas musste neun Milliarden Dollar an die USA zahlen und darf ein Jahr lang nicht mehr am Dollarhandel teilnehmen, weil sie weiter mit dem Iran Geschäfte machte.”

(https://www.zeit.de/2014/44/financial-warfare-sanktionen-russland/komplettansicht , 23.10.2014, Die Superwaffe des Mr. Glaser, zeit.de)

“Die größte Bank Frankreichs, die BNP Paribas, muss in den USA wegen Verletzung der amerikanischen Handelssanktionen eine Rekordstrafe von 8,8 Milliarden Dollar (6,6 Milliarden Euro) zahlen. Nach wochenlangen Verhandlungen einigte sich die Bank mit den US-Behörden auf diese Summe. Es ist die höchste Strafe, die jemals gegen ein ausländisches Kreditinstitut in den USA verhängt wurde. .. Die Bank überwies vor allem im Auftrag chinesischer Unternehmen Geld an Unternehmen - überwiegend im Ölsektor - in diesen Staaten, und zwar in Dollar. Damit mussten die Geschäfte über eine US-Clearingstelle laufen, und dadurch fielen sie unter US-Recht.Zu der Einigung zwischen der Bank und den US-Behörden gehört auch die Zusage, dass sich die BNP von 13 Mitarbeitern trennt. Mit der Einigung konnte die BNP ihre lukrativen Geschäfte auf dem amerikanischen Finanzmarkt retten. Neben der BNP stehen auch deutsche Banken wie die Commerzbank und die Deutsche Bank wegen mutmaßlicher Sanktionsverstöße seit längerem im Visier der US-Justiz.Aufatmen in Paris. Die französische Regierung reagierte erleichtert auf das Strafmaß gegen die Großbank. Finanzminister Michel Sapin sagte in Paris, das Strafmaß erlaube der größten französischen Bank das Weiterbestehen. BNP werde weiter in der Lage sein, ´wirtschaftliche Aktivitäten in Frankreich in einer zufriedenstellenden Weise zu finanzieren´, erklärte Sapin.”

(https://www.dw.com/de/gro%C3%9Fbank-bnp-paribas-zahlt-rekordstrafe-in-usa/a-17748089 , 01.07.2014, Großbank BNP Paribas zahlt Rekordstrafe in USA, Deutsche Welle, dw.com)

"... Aufgrund der Sanktionen gegen Iran ist das Land nicht an den internationalen Zahlungsverkehr angeschlossen. Kreditkarten und andere ausländische Karten können nicht genutzt werden. .. Nehmen Sie ausreichend Bargeld (Rial, Euro oder Dollar) für den gesamten Aufenthalt mit. Es besteht keinerlei Möglichkeit, Geld abzuheben oder es sich anderweitig zu beschaffen. .. "

(https://www.auswaertiges-amt.de/de/aussenpolitik/laender/iran-node/iransicherheit/202396 , 19.01.2020, Iran: Reise- und Sicherheitshinweise, Auswrtiges Amt der Bundesrepublik Deutschland, auswaertiges-amt.de)

"An Euro-Zahlungen wäre eigentlich nichts auszusetzen, doch die europäischen Banken haben sich inzwischen wieder vollständig aus der Islamischen Republik zurückgezogen. ´Ich kenne keine westliche Bank, die noch Iran-Zahlungen durchführt´, sagt José Campos Nave, Rechtsanwalt und Partner bei der Kanzlei Rödl & Partner. ´Faktisch haben damit auch nichtsanktionierte Branchen kein Chance mehr, weiterhin im Iran tätig zu sein´.
Viele deutsche Unternehmen, wie beispielsweise der Autobauer Daimler oder der Anlagenbauer Dürr, haben sich aus Angst um ihr US-Geschäft ohnehin aus dem Iran zurückgezogen. Selbst der Sportartikelhersteller Adidas verabschiedet sich aus dem Land, dabei sind Konsumgüter nicht von den US-Sanktionen betroffen. Nach EU-Recht wären Geschäfte mit dem Iran sowieso weiterhin möglich."

(https://www.dertreasurer.de/news/cash-management-zahlungsverkehr/keine-iran-zahlungen-mehr-moeglich-2000861 , 13.08.2018, Keine Iran-Zahlungen mehr möglich, FRANKFURT BUSINESS MEDIA GmbH - Der F.A.Z.-Fachverlag, dertreasurer.de)

Der Autor dieses Textes hofft , dass es gelungen ist deutlich zu machen, dass die auf Eigentum basierende Konkurrenz der Nationen ohne Gewalt nicht auskommt. Und das nicht erst dann, wenn die Bomben fallen. Das Geld selbst, dessen Benutzung als nationales Zugriffsmittel auf die Reichtumsquellen eines Auslands, oder die Be- und Verhinderung dieser Nutzung, ist in seiner den Nationen *bekannten* Wirkung, als ökonomische Brechstange des Willens der konkurrierenden Regierungen, *genauso wirksam* wie dessen *deswegen notwendiges* Komplement, das Militär.

Währungen, die nationalen Uniformen von Geld, besitzen zuerst *nur* auf dem Territorium der herausgebenden Gewalt Gültigkeit. *Jenseits* der Staatsgrenze ist dieses national als Geld, als Mittel zum Zugriff auf national verfügbaren Reichtum, nur Papier oder Metall. Die Wirksamkeit eines nationalen Geldes *als internationale Zugriffsmacht* erfordert dessen Anerkennung durch die beteiligten Staatsgewalten der am Welthandel beteiligten Konkurrenten. Diese Anerkennung ist durch das Bretton-Woods-System, 1944, als Währungsordnung mit Wechselkursbandbreiten, erfolgt. 1949 trat die neu, gegründetete Bundesrepublik Deutschland dem Abkommen bei.

(Teilnehmer Bretton-Woods-System 1944: Ägypten, Äthiopien, Australien, Belgien, Bolivien, Brasilien, Chile, China, Costa Rica, Dominikanische Republik, Ecuador, El Salvador, Frankreich, Griechenland, Guatemala, Haiti, Honduras, Indien, Irak, Iran, Island, Jugoslawien, Kanada, Kolumbien, Kuba, Liberia, Luxemburg, Mexiko, Neuseeland, Nicaragua, Niederlande, Norwegen, Panama, Paraguay, Peru, Philippinen, Polen, Südafrika, Tschechoslowakei, UdSSR, Uruguay, Venezuela, Vereinigtes Königreich und Vereinigte Staaten)

Die Staatenwelt des ´real existierenden Sozialismus´ verweigerte den *direkten* Zugriff auf ihren Herrschaftsraum, indem sie Fremdwährungen dem Ankauf von Währungen der Staaten des ´Ostblocks´ verweigerte. Diese Gelder waren damit nicht konvertibel, nicht als Geld zu einem Wechselkurs käuflich, und deswegen war somit eine Investition, ein Zugriff von außen, im sowjetischen Herrschaftsraum unterbunden.

In diesem Vertrag wurde der Dollar als Leitwährung des internationalen Handels festgelegt und anerkannt. Der internationale Währungsfond (IWF) und die Weltbank wurden als Sonderorganisation der Vereinten Nationen in Washington gegründet, um einerseits die Bewertung der Gelduniformen im Verhältnis zum Dollar zu ermitteln, und um andererseits den Dollar selbst *als Kredit* an die Kandidaten des Welthandels zu emittieren. Die nationale Gelduniform Dollar war damit *als internationale Grundlage*, als Weltmaßstab, eines *relativ* zum Dollar berechenbaren Wertes jeder anderen Gelduniform anerkannt. Der Dollar wurde zum allgemeinen, internationalem Äquivalent von Wert, der Kaufkraft einer Quantität von Geld, ersichtlich am jeweils nationalen Austauschverhältnis einer Währung gemessen am Dollarkurswert. *Welt*geld wurde erschaffen. *Deswegen*, weil der Dollar diesen Maßstab jetzt bildet, werden Preise am Weltmarkt in dieser Währung ausgegeben. Ein Barrel Rohöl, oder eine Tonne Weizen haben *jetzt* einen in Dollar bemessenen Wert, welcher als Weltmarktpreis angegeben wird. Jetzt brauchte jede Nation den Dollar. Jede lokale Gelduniform musste jetzt in Dollar zahlen, *wenn* sie am Weltmarkt aktiv werden wollte. Der Umtausch der anderen, nationalen Gelduniformen in Dollar, und damit der Besitz von Dollar, war jetzt Voraussetzung der Teilnahme am Weltmarkt, der Benutzung anderer Hoheitsgebiete zur Vermehrung des eigenen, nationalen Reichtums. Jede nationale Währung konnte sich somit Zugriff auf die ganze Welt verschaffen, aber nur in dem Maße, wie es die Verfügungsmasse des nationalen Geldes im Austausch mit dem Wert der Leitwährung Dollar zuließ. Das ist, wie oben dargestellt, bis heute so.

Diese politische Realität ist der aktuelle Gegenstand der globalen Konkurrenz der Nationen. Einerseits *befreit* der Dollar die nationale Gelduniform von den politischen Grenzen der Nation, andererseits erzeugt diese *gewollte* Wirkung auf der Seite der diese Währung herausgegebenden Nation, *die Fähigkeit* genau diese gewollte Freihheit auch *zu Beschränken*, oder ganz *abzuschneiden*, oder den Interessenten am Dollar, der Freisetzung ihres Zugriffsinteresses auf den Weltmarkt, *Bedingungen zu diktieren*. *Dieser* Gegensatz ist der Gegenstand der aktuellen *Krisen*diagnosen der Herrschaften. Und dass, je nach Potenz des nationalen Status Quo. Amerika spielt hier in der Oberliga. Europa weiter unten, und der Iran darf hoffen nicht bombardiert zu werden.

Diese ´oben´ hergestellten Krisen in der politischen Konkurrenz der diesen Planeten beherrschenden Gewalten, werden durch die Medien nach ´unten´ transportiert. Der Wille der jeweils anderen Staats*macht* wird der Bevölkerung auf beiden Seiten als Bedrohung ihres privaten Alltags präsentiert.

“Trifft die Rache der Mullahs auch Deutschland?”

(https://www.bild.de/bild-plus/politik/ausland/politik-ausland/iran-terror-general-durch-drohne-der-usa-getoetet-wen-trifft-die-rache-67081854,view=conversionToLogin.bild.html , 04.012020, Terror-General der Mullahs getötet, bild.de)

“Neue Drohgebärden aus Teheran”

(https://www.tagesschau.de/ausland/iran-atomwaffensperrvertrag-atomprogramm-101.html , 20.01.2020, Atomstreit mit dem Iran, tagesschau.de)

Diese Bedrohungen, ökonomisch und militärisch, existieren nur aufgrund der Existenz **der Gewalt** welcher diese Bevölkerung weltweit unterworfen ist. Es ist zutreffend, dass ganze Staaten bombardiert werden, Versorgungswege von Lebensvoraussetzungen gekappt werden, oder dass nicht erst aufgrund von Sanktionen das Einkommen derjenigen in Frage gestellt ist, deren Existenzen davon abhängig gemacht sind. Aber die durch die Presse nahegelegte Konsequenz, die stimulierte Parteinahme für die ´eigene´ Regierung, ist fragwürdig.

Es ist nach Auffassung des Autors dieses Textes ein Fehler diese *realen* Schäden der Absicht *der Bevölkerung* der jeweils anderen Staatsgewalt zuzurechen. Hier wie dort sind Menschen, ´unten´, Opfer **und Mittel** derjenigen, welche diese materiellen Schäden, bis hin zum Krieg, durch ihren Entschluss zur Alltagswirklichkeit machen. Wie ´das´ funktioniert, Menschen in ihrer Selbstwahrnehmung zu ´Konkurrenten´ und ´Feinden´ *zu formen*, davon war, und soll in diesem Buch die Rede sein.

Als Opfer dieser ´Weltlagen´ wird Bevölkerung als Mitglied einer Nation angesprochen, und zur Parteinahme für die von Regierungen definierten Zwecke aufgefordert. Feindilder werden installiert, gepflegt, und nach Bedarf abgerufen. Der Staatswille wird als guter Grund, unausgesprochen, unterstellt, und die daraus folgendende Kriegswirklichkeit wird der Bevölkerung als *unabweisbare* Betroffenheit durch den *fremden* Staatswillen dargestellt.

Da wird *wirklich* geschossen !

Nach Auffassung des Autors dieses Textes, kommt die berechtigte Sorge um das eigene Leben zu spät, erst *nach* der Produktion der Waffen. Und *auch* heute ist man dieser politisch hergestellten Realität ausgesetzt, als Weisungsempfänger.

Die Bevölkerung liefert den Staats*gewalten* die Voraussetzungen ihrer Macht, die Mittel dafür, dass deren *Ankündigungen* nicht leere Worte bleiben. Der Dienst an der Nation hat in *deren* bewaffneter Verteidigung seinen adäquaten Höhepunkt, aber bereits die als Lohnarbeit organisierte Zivilgesellschaft ist dazu aufgefordert, durch Arbeit das abzuliefern, was dann auf beiden Seiten der jeweiligen Bevölkerung als das einschlägt, wovor deren Regierungen sie unermüdlich und beständig warnen.

"Die Freude ist sehr groß, allen voran bei den Erstbesatzungen. Sie haben in den letzten Jahren enorm viel Energie und Arbeit aufgewendet, um diese neue Schiffsklasse in Fahrt zu bringen. Sie haben dabei sehr wertvolle und tiefgehende Expertise für die Flotte aufgebaut. Es freut mich persönlich für diese Männer und Frauen, dass sie nun endlich die Früchte ihrer Arbeit ernten können und die erste Einheit in den Dienst der Flotte bringen.", erklärt Flottillenadmiral Ralf Kuchler (49)."

(https://www.presseportal.de/pm/67428/4294084 , 11.06.2019 , Deutsche Marine leitet neue Ära ein - Fregatte ´Baden - Württemberg´ wird Teil der Flotte, Presse- und Informationszentrum Marine, presseportal.-de)

(https://en.wikipedia.org/wiki/Creative_Commons , https://creativecommons.org/licenses/by-sa/3.0/deed.en , Bild verkleinert)

Nicht erst seit heute, kommen Staatenlenker, sehen und siegen. Aber selbstverständlich immer mit den besten Absichten. Sie wollen helfen, befreien Frauen und Kinder, und wollen vor allem eines; Frieden und Sicherheit. Was denn sonst?

(Quelle: http://mil.ru/index.htm , Ministry of Defence of the Russian Federation, This file is licenced under the Creative Commons Attribution 4.0 Licence, size of image was changed by the author)

(Quelle: https://www.state.gov/copyright-information/#copyright , the image is in the public domain per 17 U.S.C. § 101 and § 105, size of image was changed by the author)

"An der Grenze zwischen Guatemala und Mexiko ist es erneut zu Zusammenstößen zwischen Migranten und Sicherheitskräften gekommen. Medienberichten zufolge lösten mexikanische Grenzschützer eine Gruppe von mehreren Tausend Migranten auf und setzten dabei Tränengas ein. Aus den Reihen der Migranten flogen Steine.

Angaben der mexikanischen Einwanderungsbehörde zufolge überquerten rund 500 Migranten des Flüchtlingstrecks den Grenzfluss Rio Suchiate zwischen Guatemala und Mexiko. Mit Hilfe der Nationalgarde habe man 402 Menschen gerettet und in Behördeneinrichtungen gebracht, wo sie mit Nahrungsmitteln versorgt würden. Von dort würden sie in ihr Ursprungsland zurückgebracht. .. Bereits am Wochenende hatten zahlreiche Migranten aus Mittelamerika versucht, auf ihrem Weg in die USA die Grenze zwischen Guatemala und Mexiko mit Gewalt zu überqueren. Mexiko schloss wegen eines Vorfalls am Samstagmorgen vorübergehend die Grenze. In der vergangenen Woche hatten sich Berichten zufolge mehr als 3500 Honduraner auf den Weg in die USA gemacht um Armut und Gewalt in ihrem Land zu entkommen.

Vor zwei Jahren hatte ein Migrantentreck aus Honduras in Richtung USA weltweite Beachtung gefunden. Die Karawane schaffte es allerdings nur bis in die nordmexikanische Grenzstadt Tijuana. Der Versuch, die amerikanische Grenze zu überrennen, scheiterte.

Inzwischen schickte Mexiko rund 6.000 Sicherheitskräfte an die Grenzen des Landes, um seine eigenen Grenzen besser zu bewachen. US-Präsident Donald Trump forciert zudem den Bau einer milliardenteuren Grenzmauer, um illegale Einwanderung in die USA zu verhindern."

(https://www.tagesschau.de/ausland/migration-guatemala-mexiko-101.html , 21.01.2020, Flüchtlinge überqueren Grenzfluss zu Mexiko, tagesschau.de)

“Die deutsche Botschaft in Nigers Hauptstadt Niamey berichtet nach Informationen der Zeitung ´Welt am Sonntag´ von ´allerschwersten, systematischen Menschenrechtsverletzungen in Libyen´. Wörtlich heiße es in dem Dokument: ´Authentische Handy-Fotos und -videos belegen die KZ-ähnlichen Verhältnisse in den sogenannten Privatgefängnissen.´
In solchen ´Privatgefängnissen´ hielten Schlepper ausreisewillige Migranten häufig gefangen. ´Exekutionen nicht zahlungsfähiger Migranten, Folter, Vergewaltigungen, Erpressungen sowie Aussetzungen in der Wüste sind dort an der Tagesordnung´, heißt es in dem Bericht. ´Augenzeugen sprachen von exakt fünf Erschießungen wöchentlich in einem Gefängnis - mit Ankündigung und jeweils freitags, um Raum für Neuankömmlinge zu schaffen, d.h. den menschlichen ´Durchsatz' und damit den Profit der Betreiber zu erhöhen´, stehe weiter in dem Bericht. .. Die EU-Staats- und Regierungschefs wollen am kommenden Freitag bei ihrem Treffen in Malta darüber beraten, wie sie Flüchtlinge davon abhalten können, über Libyen und andere nordafrikanische Staaten nach Europa zu kommen. Bundesinnenminister Thomas de Maizière sagte der ´Welt am Sonntag´, momentan entschieden die Schlepper, wer nach Europa komme - ´das muss beendet werden, denn das Geschäftsmodell der Schlepper ist so einfach wie grausam. Flüchtlinge erkaufen sich für viel Geld einen Platz in einem kaum seefähigen Boot.´
Es gebe in der UN-Flüchtlingskonvention einen Anspruch von Schutzsuchenden gegenüber der Völkergemeinschaft, sagte der Minister. ´Aber es gibt darin keinen Anspruch, hinzugehen, wo man will.´ De Maizière verwies darauf, dass die UN-Flüchtlingskonvention auch die Idee enthalte, ´dass schutzsuchende Menschen in der Region bleiben´. De Maizière plädiert seit längerem dafür, Flüchtlinge, die auf dem Mittelmeer gerettet werden, in Aufnahmelager zu bringen, die nicht in Europa sondern in Nordafrika liegen.”

(https://www.tagesschau.de/inland/libyen-fluechtlinge-111.html , 03.07.2019, Kritik an ´KZ-ähnlichen Verhältnissen´, tagesschau.de)

Weder der vom Staat eingerichtete ökonomische Gegensatz, ´Arbeitgeber´ und ´Arbeitnehmer´, noch dessen politische Wirkung nach innen wie außen, dessen Produkte ´Inländer´ und ´Ausländer´, erscheinen dem national denkenden Bewußtsein als Schadens*quelle*, sondern hier werden die von der Staatsgewalt herausgegebenen Ideologien, Nation, Freiheit, Frieden, Sicherheit, als gute Zwecke verinnerlicht, an dessen Realisierung der Staat aufgrund von Fehlern oder Schwäche scheitere. Das nationale Bewußtsein verwandelt, *innerlich,* jede Kritik *an den Ergebnissen* ***von Staatsgewalt***, in eine Forderung an diese Gewalt, *in Probleme* einer als Gemeinschaft imaginierten Gesellschaft. Die von Regierungen ausgegebenen Krisendiagnosen bewirken deshalb eine Radikalisierung der nationalen Gesinnung, ´Unten´, wie ´Oben´. Die kritisierten Notlagen werden auf einen Mangel an Gewaltmitteln, fehlendem Durchsetzungswillen oder fehlender Durchsetzungsfähigkeit gegen die Gegner und Widerstände dieser Staatsgewalt dargestellt. Diese Geisteshaltung zieht sich nicht nur innerlich eine Uniform an. Regierungen erweitern und modernisieren das Spektrum ihrer Bewaffnung und dessen Wirkungsradius. ´Unten´ darf man sich über mehr Sicherheit freuen.

"‥ Die EU möchte das Waffenembargo unter anderem mit einer neu aufgesetzten Marinemission "Sophia" durchsetzen. Entsprechend äußerte sich der EU-Außenbeauftragte Josep Borrell gestern in Brüssel. Die meisten Waffen kämen aber über die Landgrenze nach Libyen. Deshalb benötige man auch Satelliten und Luftraumüberwachung. ´Sophia´ soll Schmuggel und Menschenhandel bekämpfen. Bis zum Ende der Marinemission im vergangenen Jahr wurden auch immer wieder Migranten aus Seenot gerettet. Seit Frühjahr 2019 ist die EU jedoch nicht mehr mit Schiffen vor Ort. Italien und andere Länder haben sich bereits skeptisch zur Fortsetzung der Mission geäußert. Österreich sprach sich klar dagegen aus. .. In Deutschland beschäftigen sich Verteidigungspolitiker mit der Frage, ob sich die Bundeswehr an einem etwaigen Militäreinsatz in Libyen beteiligen sollte Der ist nach Ansicht von Experten nötig, um einen Waffenstillstand zu kontrollieren. Der verteidigungspolitische Sprecher der Unionsfraktion im Bundestag, Henning Otte, sagte der ´Rheinischen Post´: ´Deutschland steht weiter zu seiner Verantwortung für Stabilität in unserer Nachbarschaft.´ .. Verteidigungsministerin Annegret Kramp-Karrenbauer hatte erklärt, dass sich Deutschland mit der Frage seines Beitrages auseinandersetzen müsse, sei vollkommen normal."

(https://www.tagesschau.de/ausland/friedenstruppe-libyen-101.html , 21.01.2020, UN-Sondergesandter gegen Blauhelmtruppe, tagesschau.de)

"Der Einsatz von Software zum Abgleich der Kameradaten ist laut einem Entwurf für das Bundespolizeigesetz nicht mehr geplant. Innenminister Seehofer rückt offenbar von seinen Plänen bei der Gesichtserkennung ab – vorerst. .. Eine grundsätzliche Abkehr von der automatisierten Gesichtserkennung soll das aber nicht sein. ´Hier hat kein Umdenken des Ministers stattgefunden´, versicherte ein Seehofer-Sprecher. Das Innenministerium sei nach wie vor der Ansicht, dass die Gesichtserkennung einen wertvollen Beitrag zur Arbeit der Bundespolizei leiste. Es gebe aber noch juristische Fragen sowie Fragen der gesellschaftlichen Akzeptanz. .. Berichte über eine gigantische Datenbank zur Gesichtserkennung aus den USA hatten in den vergangenen Tagen Besorgnis ausgelöst. Ein Einsatz derartiger Systeme sei durch die Sicherheitsbehörden des Bundes nicht geplant, teilte das Bundesinnenministerium umgehend mit. Doch grundsätzlich solle die Polizei nicht auf Gesichtserkennung verzichten, denn sie sei ein wichtiges Instrument für mehr Sicherheit."

(https://www.tagesschau.de/inland/gesichtserkennung-bundespolizei-101.html , 24.01.2020, Kameras ja, Software nein, tagesschau.de)

"Als die Nazis die Kommunisten holten, habe ich geschwiegen;
Ich war ja kein Kommunist.
Als sie die Sozialdemokraten einsperrten, habe ich geschwiegen;
Ich war ja kein Sozialdemokrat.
Als sie die Gewerkschafter holten, habe ich geschwiegen, ich war ja kein Gewerkschafter.
Als sie mich holten, gab es keinen mehr, der protestieren konnte."
(Martin Niemöller *14.01.1892 - † 03.031984, Martin Niemöller über Gemeinschaft)

Damals und bis heute kommt Polizei oder Militär auch persönlich vorbei. Die Zeiten der *personengestützten* Überwachung der Gesinnung der Bevölkerung gehören jedoch eher der Vergangenheit an, weil durch die technische Entwicklung *dieselbe Absicht,* effizienter und effektiver, an den Zielen staatlicher Gewaltanwendung freigesetzt werden kann. Die Zielerfassung von Staatsgegnern erfolgt heute nicht mehr durch eine kostenintensive Einzeldatenermittlung, sondern durch eine Datenabfrage einer national verfügbaren Datenbank. Was gestern noch, *technisch bedingt*, selektiv, als auf Verdacht gegründete Randgruppenüberwachung eine personalintensive Aufgabe war, ist heute nur noch *abzurufen*. Der gesamte, globale, elektronische Datenverkehr wird aufgezeichnet und inkrementell gespeichert. Biometrische Identifikationsmerkmale, soziale und kommerzielle Kontakte, Bewegungsprofile sind einem Datensatz, einer Telefonnummer oder IP-Adresse zugordenbar, um danach mit *einer* Datenbankabfrage, dem staatlichen Interesse nach justiert, eine Liste mit den *Personen* zu erhalten, welche den angegebenen Suchkriterien entsprechen. Die Zielgruppe ist sich vorauseilend sicher, dass sie nichts zu verbergen habe.

- SELECT * FROM PERSONEN WHERE ident = “critical”
- SELECT * FROM PERSONEN WHERE name = “Mustermann”

´Ich bin drin´! Der Werbeslogan eines in Deutschland bekannten Sportstars, bewirbt *den Zugang* zu den erforderlichen Daten, welche noch wenige Jahre zuvor als Nachweis von Überwachung, beim sozialistischen Gegner, als Begründung zu dessen Beseitigung herausgegeben wurden. Das Handy, das Tablet, der Computer, der Fernseher, die Wohnung, Steuererklärungen, Bußgeldbescheide, .. , alles ist heute, smart und online. Die technische Voraussetzung der Überwachung und Datenerfassung der gesellschaftlichen Kommunikation ist als ´Internet´ installiert. Wann diese durch die Datenerhebung geschaffenen *Voraussetzungen* genutzt werden, legen Regierungen durch gesetzliche Bestimmungen fest. Der Inhalt dieser Gesetze folgt den Anforderungen der aktuellen politischen Zwecksetzung. Je nach staatlicher Bewertung, erfolgt durch eine Analyse des gesammelten Datenmaterials, die weltweite Identifikation und Lokalisierung der Zielgruppe, deren bewertungsabhängige Beobachtung, der Zugriff bis hin zu deren Liquidierung.

> “Bereits im Oktober 2013 haben die Staatenvertreter/innen anlässlich der UNO-Generalversammlung die Problematik der gezielten Tötungen mittels Drohnen diskutiert und die beiden Sonderberichterstatter Ben Emmerson (Sonderberichterstatter zum Schutz der Menschenrechte im Kampf gegen den Terrorismus) und Christof Heyns (Sonderberichterstatter über aussergerichtliche, willkürliche und im Schnellverfahren beschlossene Hinrichtungen) angehört. Einige Staaten kritisierten danach insbesondere die USA scharf, da diese die weitaus meisten tödlichen Drohneneinsätze zu verantworten haben. Die USA stellten sich allerdings auf den Standpunkt, die gezielten Tötungen durch Drohnen seien notwendig und gerecht. Ausserdem habe die Regierung die nötigen Schritte in Richtung mehr Transparenz unternommen, indem neue Leitlinien und Standards eingeführt wurden. Die Regierung Obama hat etwa veran-

lasst, dass im Jahre 2014 die Verantwortung für Drohneneinsätze von der CIA zum Militärdepartement übergegangen ist."

(https://www.humanrights.ch/de/internationale-menschenrechte/nachrichten/terrorbekaempfung/tod-drohnen-uno-bericht-arbeit , 12.12.2017, Gezielte Tötungen durch Drohnen – aktuelle Entwicklungen auf UNO-Ebene, humanrights.ch)

"Es sind vor allem die Vorreiter auf dem Gebiet der autonomen Waffensysteme, also Russland, die USA und Israel, die ein völkerrechtlich verbindliches Verbot ablehnen. Diesen militärischen Schwergewichten steht eine Gruppe von 28 teils kleineren Staaten gegenüber, die ein verbindliches Verbot fordern, darunter als einziges EU-Land Österreich."

(https://www.dw.com/de/kein-verbot-autonomer-waffen-in-sicht/a-50101336 , 20.08.2019, Deutsche Welle, Kein Verbot autonomer Waffen in Sicht, dw.com)

"Sobald eine Kugel eine Waffe verlässt, hat der Schütze nicht mehr die Kontrolle über diese Kugel. Autonomie ist eine Möglichkeit, die menschliche Kontrolle auf die Zeit nach der Verwendung der Munition auszuweiten."

(http://cdn.jwplayer.com/players/eh83jRAZ-9QTGcSm3.html , August 2018, Rede eines Verteters der Vereingten Staaten von Amerika auf einer UNO Konferenz zum Thema LAWS, lethal autonomous weapon systems, video, spiegel.de)

Die Vernichtung von Menschen im Auftrag von Staatsgewalt ist in den Zitaten, als Alltag, als selbstverständliche Notwendigkeit unterstellt. In der Vergangenheit waren Regierungen auf die Bereitschaft, die Unterwerfung des mit Gewaltmitteln ausgestatteten, menschlichen Personals angewiesen, diese Waffen auch wie befohlen, einzusetzen.
Und da kommen Zweifel auf. Insbesondere dann, wenn Parteigänger, Unterstützer der Herrschaft, sich nachträglich, innerlich enttäuscht geben.

"Gatling wurde vor allem wegen des nach ihm benannten "Gatling Gun" bekannt, der ersten einsatzfähigen automatischen Schusswaffe. Es war angeblich sein Wunsch nach einem schnellen Ende des Sezessionskriegs, der ihn zu seiner Erfindung inspirierte. Er lebte in Indianapolis in der Nähe eines Güterbahnhofs, wo er oft Leichen von Soldaten sah, die vom Schlachtfeld geborgen worden waren. Einmal sah er 19 Tote, von denen nur drei an Schusswunden gestorben waren. Die anderen waren offenbar an Begleiterscheinungen des Krieges wie Krankheiten oder Unterernährung gestorben. Von seiner Erfindung sagte er: „Ihre Feuergeschwindigkeit versetzt einen Mann in die Lage, so viel im Kampf zu leisten wie einhundert Männer." Deshalb, folgerte er, wären Massenarmeen überholt und Krankheiten könnten sich nicht mehr in ihnen ausbreiten. Gatling wollte ursprünglich seine Waffe so stark machen, dass die Furcht vor ihr den Krieg und das massenhafte Sterben beenden würde. Natürlich hatte er auch ein kommerzielles Interesse, und während des Bürgerkriegs bestand eine große Nachfrage nach Waffen."

(https://de.wikipedia.org/wiki/Richard_Jordan_Gatling , wikipedia.org, Erfinder der Gatling Canon)

"Jetzt bin ich zum Tod geworden, der Zerstörer der Welten."

(https://de.wikipedia.org/wiki/Robert_Oppenheimer#cite_note-11 , Erfinder der Atombombe)

Der Sage nach, hat sich auch einer der Piloten welche Atombomben über Hiroshima und Nagasaki abgeworfen haben, sich hinterher nicht gut gefühlt. Solche menschlichen Schwächen sind der Grund zur Verbesserung von Wehrfähigkeit. Der Faktor Mensch ist ein Gegensatz zu Herrschaft. Ob, und auf wen geschossen wird entscheidet am Ende das bewaffnete Personal!

"Seit 1789 hatte es bereits mehrere Insubordinationen in der französischen Armee gegeben. Die Gründe waren vielfach, sei es, dass Beförderungen und Soldzahlungen nicht erfolgten, oder sich Royalisten oder Jakobiner unter den Soldaten gegen ihre Offiziere stellten. Am 5. August 1790 begann in Nancy eine regelrechte Meuterei. Die Infanterieregimenter du Roi, de Châteauvieux und das Kavallerieregiment Mestre de Camp Général verlangten ihre ausstehenden Soldzahlungen und setzten ihre Offiziere unter Arrest, darunter den General Alexandre Ferdinand Thomas Guyot de Malseigne, der von Lafayette aus Besançon geschickt worden war, um die Lage zu bereinigen. Dabei spielte das Schweizer Regiment de Châteauvieux die tragende Rolle. De Malseigne konnte jedoch kurz darauf entkommen und flüchtet nach Lunéville"

(https://de.wikipedia.org/wiki/Nancy-Aff%C3%A4re , 1789 , Nancy-Affäre)

Vom Standpunkt der Gewalt aus betrachtet; Unhaltbare Zustände! Materielle Ansprüche, Nachfragen, Gefühlslagen? Das ist das Gegenteil von Gehorsam. Befehl. Hier hat Herrschaft ihre Mittel weiter entwickelt und sich emanzipiert von privaten Ansichten der keineswegs nutzlosen, teilweise aus dem Miltärdienst entlassenen Volksbasis. Nachdem die Kugel die Waffe verlassen hat, kontrolliert ein Programm die von Regierung gewünschte Flugrichtung.

Vorher, bevor die Kugel die Waffe verläßt, kann beurteilt werden, wen man mit welchen Aufgaben betrauen kann, und vor allem wen man besser nicht als Ausbilder, oder mit der Entwicklung, der Herstellung oder dem Einsatz von sicherheitspolitisch relevanten Material beauftragt. Auch hier liefert die Datenabfrage gute Dienste.

- SELECT * FROM PERSONEN WHERE ident = "loyal" AND contacts = "critical"

Diese Abfragekommandos sind in englischer Sprache verfasst. Um den Nachvollzug barrierefrei zu gestalten, erfolgt nachfolgend eine sinngemäße Übersetzung.

Suche alle Personen die als ´kritisch´ hinterlegt sind.
Suche alle Personen welche als ´Mustermann´ hinterlegt sind.
Suche alle Personen welche welche als ´loyal´ hinterlegt sind, und Kontakte zu Personen haben, welche als ´kritisch´ hinterlegt sind.

Die elektronische Datenverarbeitung und dessen Infrastruktur, das Internet, eröffnen auch neue Zugriffswege auf Informationen und Personen der einheimischen Bevölkerung. Der Anspruch der Staatsgewalt auf eine den technischen Möglichkeiten entsprechende, vollständige Daten*erfassung* von gesellschaftlichen Aktivitäten, wird durch die Digitaltechnik mit einem personell und finanziell darstellbarem Aufwand zur gesellschaftlichen Realtität. Wann, zu welchem Zeitpunkt, und aus welchem Anlass diese Datensammlungen dann analysiert werden, legt die Staatsgewalt in Form eines Textes fest. Damit tritt der Staat selbst den Beweis an, dass er selbst nicht das Produkt einer Bevölkerung ist, deren Wille dieser Regierung Aufträge erteilt, sondern umgekehrt, überwacht eine Gewalt ob die Bevölkerung Anweisungen nicht nur befolgt, sondern auch, ob es in dieser Bevölkerung eine gegen diese Gewalt gerichtete *Gesinnung* gibt.

Die rechten Kritiker entdecken in dessen Aktivitäten keinen Gegensatz von Herrschaft und Bevölkerung, sondern einen Beweis eines Missbrauchs, der falschen Adressierung der Staatsgewalt. Eine nachrichtendienstliche Beobachtung, als dauerhafte Institutionen als Verfassungsschutz und Bundesnachrichtendienst bekannt, werden auch von der rechten Parteienkonkurrenz als selbstverständlicher, notwendiger Schutz des Staates vor den Empfängern seiner Dienste, als notwendiger Bestandteil einer Staatsgewalt befürwortet.
Uneinigkeit besteht darin, gegen wen sich diese Gewalt zu richten habe.

“ ´Frage an Herrn Meuthen. Sie haben in ihrem Eingangsstatement mehrfach betont die AfD sei die Rechtsstaatspartei, sei eine Herzensangelegenheit und so weiter. Können Sie nachvollziehen, dass nicht nur beim Verfassungsschutz, da sagen wir mal, eine gewisse Diskrepanz gesehen wird, vor dem Hintergrund eben der Rhetorik die ja auch Gegenstand nun mal dieses Gutachtens ist, und dass eben auch in der Öffentlichkeit da dieses Bild nicht so zusammen passt?´
Jörg Meuthen (Bundesprecher der AfD): ´Ich sags Ihnen ganz ehrlich. Nein. Wir sind das, durch und durch, unsere Programmatik gibt das her, und wir sind diejenigen, und darauf legen wir großen Wert, die diesen Rechtsstaat verteidigen. Die ohne wenn und aber hinter dem juristischen Fundament unserer freiheitlich-demokratischen Grundordnung stehen. Und wir sind diejenigen, betrachten Sie mal woraus wir entstanden sind; Wir sind entstanden, aus der Europroblematik heraus, und Sie wissen, dass da gegen den Maastrichter Vertrag, jedenfalls dem Sinn der Maastrichter Verträge, in massivster Form verstossen wurde, und dass die deutsche Bundesregierung daran tüchtig beteiligt war. Rechtsbruch, in reinster Form Rechtsbruch. Und wenn Sie jetzt das ganz große Thema Migration nehmen, dann sehen sie wieder jedenfalls mindestens, ich drücke mich mal vorsichtig aus, eine sehr sehr, zweifelhafte Auslegung des 16a Absatz 2 Grundgesetz. Auch da sagen wir, wir sind Rechtsstaatspartei.´ ”

(https://youtu.be/xLmvDnEY0zw , 07.11.2019 , 1 Jahr AG Verfassungsschutz, ´Wie politisch ist der Verfassungsschutz´, Pressekonferenz der Partei AfD)

Krise! : Das Volk rettet die Nation

'Unten' hat man *eine Meinung* zu den Entscheidungen welche von 'Oben', Kraft eines mit den staatlichen Gewaltmitteln bestehenden Amtes, zum unwidersprechlichem Alltagsinhalt gemacht sind und werden. Vollkommen unabhängig von jeder Meinung, jeder *theoretischen* Stellung zu dieser staatlich initiierten Realität, *ist* damit der Lebensinhalt von Bevölkerung *funktionalisiert.*

> "Zur Verwandlung von Geld in Kapital muss er kapitalistische Geldbesitzer also den freien Arbeiter auf dem Warenmarkt vorfinden, frei in dem Doppelsinn, dass er als freie Person über seine Arbeitskraft als seine Ware verfügt, dass er andererseits andere Waren nicht zu verkaufen hat, los und ledig, frei ist von allen zur Verwirklichung seiner Arbeitskraft nötigen Sachen. ... Eins ist jedoch klar. Die Natur produziert nicht auf der einen Seite Geld- oder Warenbesitzer und auf der anderen Seite bloße Besitzer der eigenen Arbeitskräfte."
>
> (Karl Marx, 1890, Das Kapital – Kritik der politischen Ökonomie, Buch 1, Band 23, S.183)

Genau das, die Verfügbarkeit von freien Personen, mittellos, frei von allen zur Verwirklichung ihrer Arbeitskraft nötigen Sachen, das ist die gesellschaftliche Wirkung von Eigentum, d*er exklusiven Verfügungsgewalt* über die Voraussetzungen der gesellschaftlichen **Reproduktion**.

Das Recht auf Eigentum *trennt* die Mehrzahl der Menschheit von den Voraussetzungen ihrer Existenz (divide et impera – *teile* und herrsche), von den notwendigen Mitteln der Organisation und Erhaltung ihrer Existenz, und den Resultaten ihrer Arbeit. Diese *nur* mit Gewalt herstellbare Lebenswirklichkeit verwandelt diese eigentumslose Mehrheit, nicht direkt sichtbar, aber als Lebensinhalt spürbar, in Personen welche darauf angewiesen sind, ihre Arbeitskraft als Dienst an fremdem Eigentum, den Besitzern von Produktionsmitteln *zu unterstellen.* Die eigentumslose Mehrheit, die Produzenten *von allem* was es in dieser Welt zu kaufen gibt, **müssen** ihren Dienst, die Benutzung ihrer Arbeitskraft *anbieten*, wenn sie leben wollen.

Diesen unsichtbar, wirksamen Zwang zum Verkauf ihrer Lebenszeit, nehmen die *politisch* in diese Lage gebrachten Menschen *als Angebot* wahr, weil dieses *Gebot* ihnen erstens, gar keine andere Wahl lässt, und weil zweitens *deswegen,* die Wahrnehmung dieses 'Angebots' ihre einzige Existenzgrundlage *ist.* Die Benutzer dieser *politisch* erzeugten Notlage wollen die angebotene Arbeitskraft nutzen, weil sie ihren Reichtum vermehrt. Allerdings, auch *nur* unter dieser Bedingung. Partiell, dann wenn sich die Benutzung der angebotenen Arbeitskraft lohnt, nur dann wird ein Lohn, dann aber mit Vergnügen gezahlt. Es kommt durch den Verkauf der Arbeitsprodukte schliesslich mehr Geld zurück, als man zur Herstellung der Produkte selbst bezahlt hat. Diese *bedingte* Bereitschaft ein Einkommen unter dieser kalkulierten Voraussetzung zu gestatten, als Arbeitsvertrag, interpretieren die diesem Diktat unterworfenen *Produzenten des gesellschaftlichen Reichtums* als Chance; - So *kann* man sein.

Das von der Staatsgewalt *initiierte* Interesse der Eigentümer der gesellschaftlichen Existenzvoraussetzungen, deren Gewinnerwartung als Bedingung zur Erhaltung der Existenz der Eigentumslosen, und die damit gleichzeitig hergestellte *Konkurrenz* der Produzenten als Anbieter von Arbeitskraft, werden als Voraussetzung von Indienstnahme, individuell als Voraussetzung der Erhaltung der eigenen Existenz, *adaptiert.* Alternativlos, nur so, ist in einer eigentumsbasierten Produktionsweise eine Existenz als Lohnarbeiter möglich. - So *will* man sein.

Diese Selbstwahrnehmung als Privatproduzent hat gesellschaftswissenschaftlich betrachtet, Konsequenzen:

> "Übrigends sind Teilung der Arbeit und Privateigentum identische Ausdrücke – in dem Einen wird in Beziehung auf die Tätigkeit dasselbe ausgesagt, was in dem Andern in bezug auf das Produkt der Tätigkeit ausgesagt wird.
>
> Ferner ist mit der Teilung der Arbeit zugleich der Widerspruch zwischen dem Interesse des einzelnen Individuums oder der einzelnen Familie und dem gemeinschaftlichen Interesse aller Individuen, die miteinander verkehren, gegeben; und zwar existiert dies gemeinschaftliche Interesse nicht bloß in der Vorstellung, als >>Allgemeines<<, sondern zuerst in der Wirklichkeit als gegenseitige Abhängigkeit der Individuen, unter denen die Arbeit geteilt ist.
>
> Und endlich bietet uns die Teilung der Arbeit gleich das erste Beispiel davon dar, daß, solange die Menschen sich in der naturwüchsigen Gesellschaft befinden, solange also die Spaltung zwischen dem besondern und gemeinsamen Interesse existiert, solange die Tätigkeit also nicht freiwillig, sondern naturwüchsig geteilt ist, die eigne Tat des Menschen ihm zu einer fremden, gegenüberstehenden Macht wird, die ihn unterjocht, statt daß er sie beherrscht."
>
> (Karl Marx, Friedrich Engels, 1845-1846, Erstveröffentlichung 1932, Die deutsche Ideologie , S. 32-33)

Der Begriff ′Privatproduzent′ bezeichnet eine Selbstreflexion des einzelnen Individuums innerhalb einer menschlichen Gesellschaft. *Jeder einzelne* reflektiert sich selbst als Privatproduzent, produziert für sich privat, um danach die Privatprodukte auf einem Markt auszutauschen, um die Begrenztheit der eigenen Produkte zu verlassen. Man hat Schuhe und Brot produziert, braucht aber auch Kleidung, Medikamente, ... , und wohnen muss man auch noch.

Auf diesem Markt begegnen sich jetzt Produzenten desselben Produkts *als Konkurrenten.* Viele produzieren Schuhe. Und alle wollen sie tauschen, weil sie als Privatproduzent tauschen *müssen*, um an das heranzukommen, was man sonst noch braucht. Der Bedarf des Marktes ist allen Marktteilnehmern unbekannt. Erst zeitlich *nach* der Produktion realisieren die Anbieter dieser Gebrauchswerte, welche sie durch ihre Selbstwahrnehmung in Tauschwerte verwandelt haben, *ob und zu welchem Preis* sie ihre Waren überhaupt verkaufen können. Das gilt auch für die Ware Arbeitskraft. Wenn der Verkauf nicht gelingt, ist die Existenz in Frage gestellt. Das ist damit gemeint, wenn im Zitat oben festgestellt wird, dass die eigne Tat des Menschen, ihm zu einer fremden, gegenüberstehenden Macht wird, die ihn unterjocht, statt daß er sie beherrscht.

Vollkommen unabhängig von der politischen Situation, wird bereits durch die *gesellschaftliche* Selbstwahrnehmung jedes Individuums, seiner selbst als Privatproduzent, naturwüchsig, ein Gegensatz zwischen dieser als Alltag **praktizierten**, *privaten* Existenzsicherung und einer als, freiwillig, bezeichneten ***Organisation*** von *gesellschaftlicher* Arbeit festgestellt. Dieser inneren Einstellung gilt *die Kritik* des Kommunismus an der eigentumsbasierten Ökonomie. In der hier betrachteten politischen Ökonomie, hier gibt es eine Herrschaft, bildet diese gesellschaftliche Selbstreflexion zugleich die Basis des Nationalismus - So *muss* man sein.

So lautet der politisch initiierte, pawlowsche Entschluss der als Nation adressierbaren Bevölkerung ,von ´rechts´. - A*ber **nur wenn,** und solange man das will,* die Kritik derselben Einstellung zu Staatsgewalt, Eigentum und Konkurrenz, von ´links´.

Herrschaft verbietet diese Kritik am Eigentum, von ´links´, *indem sie die Wirkung* von Eigentum durch ihre *Gewalt* gebietet.

Die ´naturwüchsige´ Selbstwahrnehmung der Bevölkerung als Privatproduzenten, hat mit dem Anspruch von Herrschaft, der exklusiven Verfügungsgewalt über ein Herrschaftsgebiet, eine wichtige Gemeinsamkeit. Dieser Anspruch von Herrschaft betrachtet ihr Herrschaftsgebiet als Eigentum ihrer Nation. Dieser Anspruch, einer von jedermann zu leistenden Bringschuld, wurde *früher* mit der Austellung von Nutzungsrechten, der Verpachtung von Königsland ausgesprochen und schlicht mit der Gewalt selbst begründet und durchgesetzt (Grundherrschaft).

"Dazu gehören besonders die Feudallasten, Zehnten und Zölle (→Zollwesen), die Gebühren und Steuern. Steuern werden voraussetzungslos, d.h. ohne spezielle Gegenleistung geschuldet."

(https://historisches-lexikon.li/Steuern_und_Abgaben , Historisches Lexikon des Fürstenstums Lichtenstein, online)

Die gesellschaftliche Reproduktion als Privatarbeit, ´die Spaltung zwischen dem besondern und gemeinsamen Interesse´, die naturwüchsige Teilung der gesellschaftlichen Privatarbeiten, anstelle einer geplanten Zusammenarbeit, erfordert den Tausch der Produkte dieser als Eigentum verinnerlichten Privatarbeiten. Im Bewusstsein einer naturwüchsig produzierenden Gesellschaft, betrachtet jeder Einzelproduzent das Produkt seiner Arbeit als sein Eigentum. An dieser Stelle gibt es einen Schnittpunkt mit dem Interesse von Staatsgewalt; Die Idee des Eigentums.

Als Privatproduzenten müssen die Mitglieder der Gesellschaft das Produkt ihrer Arbeit von der Nutzung der anderen Gesellschaftsmitglieder ausschließen, um durch den Tausch an die zur Existenz notwendigen Produkte der jeweils anderen Privatproduzenten heranzukommen.

Als Privatproduzenten begegnen sich die Gesellschaftsmitglieder jetzt *deshalb* auf einem Markt. Jeder braucht die Produkte des anderen, als Voraussetzung der eigenen

Existenz, und fordert gleichzeitig, dass der Zugang zu diesen *bereits produzierten* Existenzvoraussetzungen nur unter der Bedingung stattfinden darf, dass *seine* Ware gegen die eines anderen getauscht wird.

Als Gebrauchswerte liegen die materiellen Voraussetzungen der Existenz *bereits vor.*

Deren Verwandlung zu Tauschwerten, als Resultat der ´naturwüchsigen´ Privatproduktion, stellt den Gebrauch des *bereits verfügbaren* gesellschaftlichen Reichtums unter *die zusätzliche Bedingung* des Tausches. Die Voraussetzungen der gesellschaftlichen Reproduktion *sind produziert*, liegen auf dem Markt als Produkt vor, aber aufgrund der inneren Selbstreflexion, ist jetzt nicht Konsum, der Verbrauch dieser Arbeitsprodukte angesagt. Der Tausch wird *zum Zweck* der gesellschaftlichen Produktion **und** zur Voraussetzung jeder Konsumption. Die eigne Tat des Menschen wird ihm zu einer fremden, gegenüberstehenden Macht, die ihn unterjocht, statt daß er sie beherrscht.

Von Carlomorino and CNG coins (http://www.cngcoins.com) - Übertragen aus de.wikipedia nach Commons. Transfer was stated to be made by User:Ddxc.(Originaltext: de:Image:Ravel 1008.2.jpg), CC BY-SA 2.5, https://commons.wikimedia.org/w/index.php?curid=3192210	Von Classical Numismatic Group, Inc. http://www.cngcoins.com, CC BY-SA 3.0, https://commons.wikimedia.org/w/index.php?curid=689180

Stater aus Korinth (Kopf der Athene) **4. Jhdt. v. Chr.**	Römischer Aureus Septimius Severus **193–211 n. Chr.**
Von Classical Numismatic Group, Inc. http://www.cngcoins.com, CC BY-SA 3.0, https://commons.wikimedia.org/w/index.php?curid=32069180	Von Classical Numismatic Group, Inc. http://www.cngcoins.com, CC BY-SA 3.0, https://commons.wikimedia.org/w/index.php?curid=22632334

Hochrandpfennig (Sachsenpfennig) **985–1000 n. Chr.**	Ludwig III. **(1172–1190)**, Landgraf von Thüringen

Von derivative work: SuaheliAlbrecht_von_Brandenburg-Preußen_Groschen.jpg: Original uploader was Maximus Rex at de.wikipedia - Albrecht_von_Brandenburg-Preußen_Groschen.jpg, CC BY-SA 3.0, https://commons.wikimedia.org/w/index.php?curid=4177522	Von Michail Jungierek - Own work, Ausstellungsstück im Museum für Hamburgische Geschichte, CC BY-SA 3.0, https://commons.wikimedia.org/w/index.php?curid=745868

Münze (**1534**) mit dem Profil Herzog Albrechts	Taler, Rex Romanorum Maximilian I. (**1459–1519**)

Das war hier und ist, ′unten′, nicht beabsichigt, und mit Geduld und Erklärungsaufwand, wäre es nicht das erste Mal, dass dieser Fehler von ′unten′ korrigiert wird.

Die gemeinsame Schnittmenge zwischen der naturwüchsigen Privatproduktion, der individuellen Selbstwahrnehmung als Privatproduzent, und einer existierenden Herrschaft, besteht in der Notwendigkeit von Gewalt. Oben waren einige Gelder des Altertums zu sehen. Diese Metallstücke repräsentierten das beanspruchte Recht der damaligen Herrscher, auf die Resultate von Produktion und deren Voraussetzungen, den Grund und Boden selbst. Diese Metallstücke waren als als Steuern an die Herrschaft abzutreten. Dieselben Herren vergaben auch das Recht dieselben zu prägen.

“Aufzeichnungen im Griechenland des 5. Jahrhunderts v. Chr. sprechen von den Logisthai, die die Schlussabrechnungen der Kassenbuchhalter des Attischen Seebundes übernahmen und den ′Zehnten′ für die Göttin Athena ermittelten. .. Aus dem Jahr 795 gibt es eine Verordnung Karls des Großen über die Krongüter und Reichshöfe, nach der ein umfassender Jahresabschlussbericht mit einer wohlgeordneten Vermögensaufstellung vorgeschrieben war, wozu die königliche Kanzlei kirchlich erprobte Musterformulare anlegte. Das älteste Kaufmannsdokument nördlich der Alpen stammt aus der Hansezentrale Lübeck, wo ein Tuchhändler um 1180 auf einer Pergamentrolle rund 160 Geschäftsvorfälle in einfachster Form festgehalten hat. In Europa wurde die Buchführung im griechischen und römischen Kulturkreis durch Ausbau der Kontokorrentrechnung (Aufzeichnung der Entwicklung von Forderungen und Verbindlichkeiten gegenüber einzelnen Geschäftspartnern) erweitert. In Genua sind 1263 zwei städtische ′Oberkontierer′ nachweisbar, die Einzelkonten mit dem altrömischen Namen ratio anlegten. Anfang des 13. Jahrhunderts wurde das arabische Dezimalsystem in Europa bekannt (s. Leonardo Fibonacci). Das römische Zahlensystem, das als fälschungssicher angesehen wurde, hielt sich jedoch noch bis zum Ende des 15. Jahrhunderts.

Eine lückenlose doppelte Buchführung kann für 1340 nachgewiesen werden. Aus dieser Zeit liegen erhaltene Hauptbücher aus Genua mit den Einnahmen und Ausgaben der Regierung vor. Diese, gegliedert nach Debitoren mit Steuern, Anleihen und Strafen, weisen eindeutig die doppelte Buchführung auf. Ebenfalls 1340 ist in Lübeck – nach dem Muster von Genua, Venedig und Florenz – der doppelte Buchungssatz mit Aufstellung bilanzähnlicher Übersichten eingeführt worden."

(https://de.wikipedia.org/wiki/Buchf%C3%BChrung#Antike , Buchführung, wikipedia.org)

´Unten´, bestand durch ihre Tätigkeit als Mitglied der naturwüchsigen Gemeinschaft der Privatproduzenten, die Notwendigkeit der Ermittlung *des Austauschverhältnisses* ihrer Privatarbeiten. Auch Edelmetalle hatten einen Wert.

1 Paar Schuhe	=	2 Hemden
1 Paar Schuhe	=	1000g Eisen
2000g Weizen	=	1000g Butter

Die *Gewalt* der Herrschaft erhob jetzt aber das *geprägte* Stück Metall zur *allgemeinen* Wertform.

1 Paar Schuhe	=	1 Taler
2000g Weizen	=	1 Taler
2 Hemden	=	1 Taler
1000g Eisen	=	1 Taler
1000g Butter	=	1 Taler

In ihrer *gewollten* Rolle, als Privatproduzent liefert ihnen *das Geld der Herrschaft* einen Weg sich durch den Tausch in den Besitz der, bis heute, unbeliebten Zwangsabgaben zu bringen.

Aber vor allem erscheint jetzt das *geprägte* Metall, wie der allgemeine Wert selbst. Alle Gebrauchswerte erscheinen als eine bestimmte Menge von Geld, dessen Existenz und Gültigkeit eine Gewalt garantiert.

Der Besitz dieses Geldes sichert seinem Besitzer den Zugriff auf die gesellschaftlichen Produkte.

Die Gewalt der Herrschaft lieferte ein *allgemeingültiges* Zahlungsmittel und gleichzeitig bestrafte das aus dem universellen Eigentumsanspruch der Herrschaft abgeleite Rechtssystem, Steuern *sollen* bezahlt werden, den *unbefugten* Zugriff auf die von den Privatproduzenten hergestellten Waren. Mit der Verfolgung von Diebstahl setzt die Gewalt ihr Interesse an der Besteuerungsfähigkeit der Gesellschaft durch. Umsatz erzeugt Steuereinnahmen. Diese Gewalt **ist** *für Privatproduzenten* eine notwendige Voraussetzung *dieser* naturwüchsigen Produktionsweise . - Das ist, auch, bis heute so.

Heute im 21. Jahundert existiert diese *auf Handarbeit* basierende, naturwüchsige Produktionsweise nicht mehr. Die *gesellschaftliche Arbeit* wird nach wie vor als Privatarbeit betrieben. Heute existiert eine Industriegesellschaft. Aus den naturwüchsigen Produzenten, sind Arbeitnehmer geworden. Als freie Personen, welche nur über ihre Arbeitskraft als ihre Ware verfügen, und andererseits nichts zu verkaufen haben, los und ledig, frei von allen zur Verwirklichung ihrer Arbeitskraft nötigen

Sachen, stehen sie den Eigentümern von Produktionsmitteln und Grundeigentum gegenüber, und *wollen* um das Interesse der Eigentümer an der Erhaltung ihrer Existenz *konkurrieren,* weil sie politisch erzeugt, mittellos, ökonomisch dazu gezwungen sind. - Dieser Mensch ist z.B. nur König, weil sich andre Menschen als Untertanen zu ihm verhalten. Sie glauben umgekehrt Untertanen zu sein weil er König ist. Dieser von einer Gesellschaft von Privatproduzenten als Herrschaft *gewollte* Zustand, ist die von den Herrschaften *bewirtschaftete* Grundlage ihrer Gewalt. In der Alltagspraxis findet diese Konkurrenz um einen Zugang zu den Voraussetzungen der Existenz, *als Bewerbung* um einen Arbeitsplatz, *als Konkurrenz um ein Einkommen* statt. Die Eigentümer dieser Welt haben klare Vorstellungen wie dieser Dienst, ein Arbeitsvertrag, beschaffen sein muss, damit sie ihn unterschreiben:

> "Natürlich darf man von einem anderen Deutschland träumen, in dem jedem vom Staat 1050 Euro im Monat zustehen, in dem man mit 65 in Rente geht, in dem das Rentenniveau steigt statt zu sinken. Ein Deutschland, in dem jeder, der mehr als eine Million im Jahr verdient, 75 Prozent Steuern zahlt, ein Land, in dem Ersparnisse schon von einer Million Euro an mit fünf Prozent jährlich besteuert werden. .. "
>
> (https://www.genios.de/presse-archiv/artikel/BKU/20170616/der-linke-ponyhof/MDS-A-4A59462D-B0B3-4377-8A8C-3429C8A35D33.html , 16.06.2017, Träumereien Der linke Ponyhof, berliner-kurier.de)

´Arbeitgeber´ befreien ihren Standort von Lohnnebenkosten um dessen nationale Konkurrenzfähigkeit zu verbessern. Staatsregierungen entlasten ihren Haushalt von Kosten, um ihren Bürgern eine Gelegenheit zu mehr Eigenverantwortung zu geben.

Herrschaft verbietet die Kritik am Eigentum von ´unten´, *indem sie die Wirkung* von Eigentum durch ihre Gewalt gebietet. Herrschaft trennt die Arbeit von ihrem Produkt, um sich selbst durch die Wirkung dieses Gegensatzes *zu realisieren.*

Eigentum, die Trennung der Produzenten von ihrem Produkt und den natürlichen Lebensvoraussetzungen, ist sowohl für die ökonomische, als auch für die politische Herrschaft *das notwendige Fundament* ihrer Existenz.

Das erklärt warum diese Gewalt, bis heute, *eines* ganz besonders nicht leiden kann. - Gleichmacherei.

Der Ost-West-Konflikt, Nicaragua, Somalia, aktueller, Venezuela, Cuba, oder Bolivien, waren und sind der freien Welt ein Anlass mit Waffen, Geld und der Bibel in der Hand, solchen ´Diktaturen´ *ihre* Grenzen zu setzen.

Der Privatperson steht *dieser Globus* als bewaffneter, regelbasierter Wirtschaftsraum gegenüber. Die durch Gewalt vollzogene Geltung der politischen Wirkung des Eigentums an den Voraussetzungen der Reproduktion wird jedem Kritiker dieses Status Quo als Realitätsverweigerung und Straftatbestand zur Last gelegt, und gegen jedes abweichende Privatinteresse durchgesetzt.

Entwicklungsgeschichte der Herrschaft des Menschen über den Menschen

Urwüchsige Produktion als Privatproduzent

8000 v Chr.

50 Liter Milch = 1 Fell

gesellschaftliche Emanzipation der Gewalt des Gegensatzes zwischen Privatproduktion und gesellschaftlichem Bedarf

3000 v. Chr.

Expropriation der Bevölkerung
&
Nobilitierung

650 v. Chr.

50 Liter Milch = 1 Taler
1 Fell = 1 Taler

Autorisation von Papiergeld

1789
französische Revolution

Selbstdarstellung:
Vertreter Gottes auf Erden

Methode:
exklusiver Grundbesitz

1914-1918
1. Weltkrieg

Industrialisierung
internationales Währungssystem
elektronisches Zahlungssystem

1939-1945
2. Weltkrieg

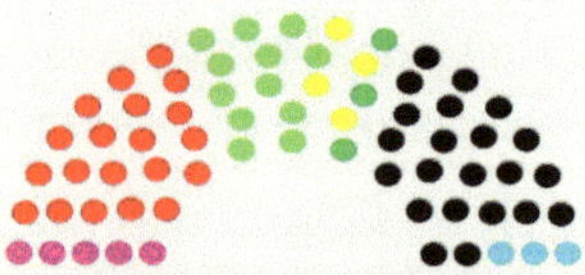

1947-1989
Ost-West-Konflikt

Selbstdarstellung:
Volksvertretung

1993
Gründung Europäische Union

Methode:
Eigentumsgarantie

Digitalisierung

Wirtschafts- und Währungsunion

- **Eurozone**
- **WKM-II-Mitglieder**
- **EU-Mitglieder ohne WKM-II**
- **Nicht EU-Mitglieder mit Euro**

STATISTIK (Quelle: http://ec.europa.eu/eurostat/statistics-explained)

Beschäftigungsquote Alter 20-64 in %

Arbeitslosenquote Europa regional in %

Mindesteinkommen in EURO / Monat

NATO Mitgliedsstaten Ausgaben 2013-2019 (Quelle: www.nato.int)

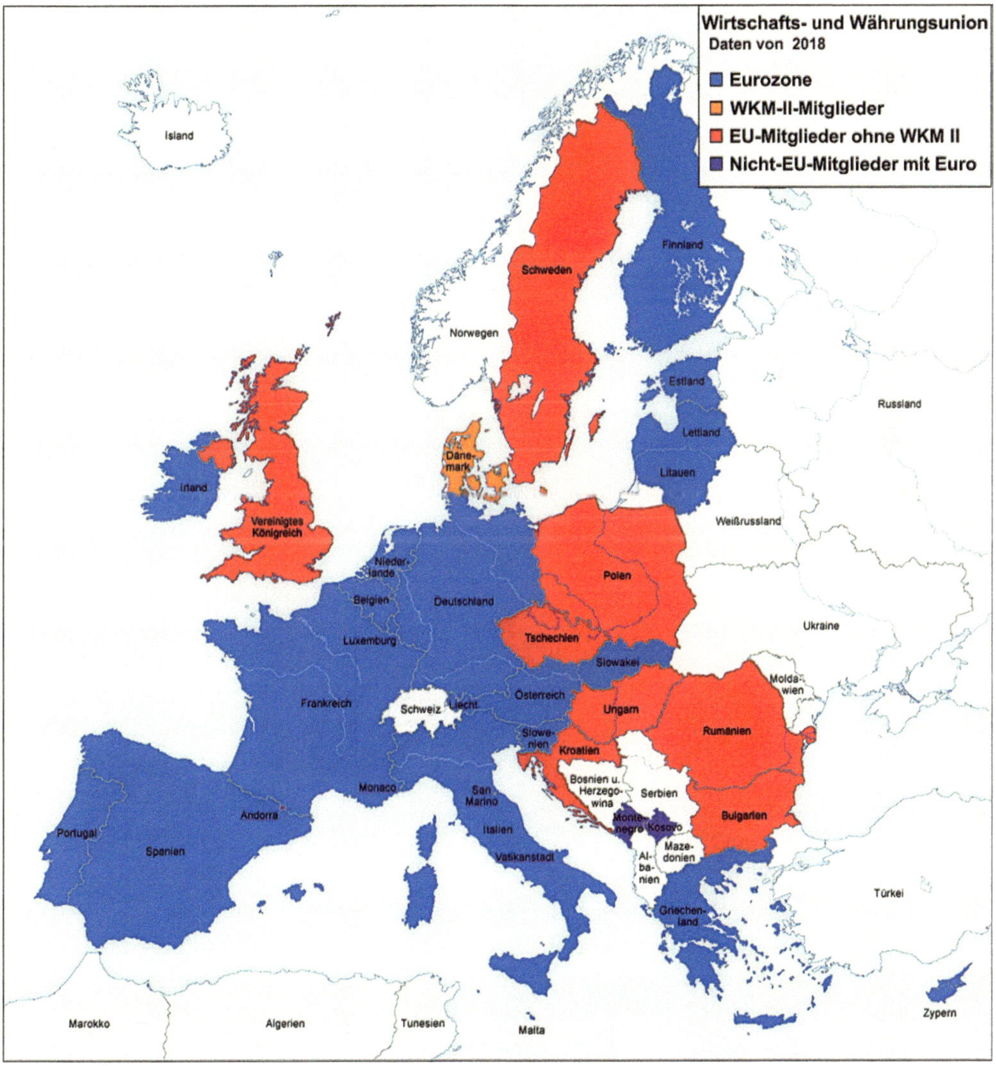

(Von San Jose - eigene Karte, basierend auf den Generic Mapping Tools und ETOPO2, CC BY-SA 3.0, https://commons.wikimedia.org/w/index.php?curid=874766)

"‥ Ab dem Jahr 2030 erhielten selbst Arbeitnehmern, die 2500 Euro brutto im Monat verdient und 35 Jahre Vollzeit gearbeitet haben, nur eine Rente in Höhe des Grundsicherungsbetrags von 688 .. Euro In einem Brief an die Junge Gruppe der Unionsfraktion schlage Arbeitsministerin Ursula von der Leyen (CDU) Alarm. Alle, die weniger als 2500 Euro verdienten, müssten ′mit dem Tag des Renteneintritts den Gang zum Sozialamt antreten′. .. Grund für das steigende Altersarmutsrisiko sind dem Bericht zufolge die beschlossenen Rentenreformen, nach denen das Rentenniveau bis 2030 von derzeit 51 Prozent auf 43 Prozent des durchschnittlichen Nettolohns vor Steuern sinkt. Von der Leyen warnt in ihrem Brief, dass 40 Prozent der sozialversicherungspflichtig beschäftigten Geringverdiener (1,8 Millionen) keine private Altersvorsorge betreiben. .. ′Viele realisieren nicht, dass auch sie von Altersarmut bedroht sind, und dass sie zwingend eine zusätzliche Altersvorsorge brauchen, um der Armutsfalle im Rentenalter zu entkommen′, schreibe von der Leyen.

Nur 29 Prozent wollen niedrigeren Rentenbeitragssatz

Derweil lehnt die große Mehrheit der Bürger nach einer Umfrage die von der Bundesregierung soeben beschlossene Senkung des Rentenbeitragssatzes ab. In einer Emnid-Erhebung für das Magazin "Focus" plädierten 65 Prozent der Befragten dafür, lieber die Rücklagen der gesetzlichen Rentenkassen auszubauen, um künftige Beitragserhöhungen abzufedern. Nur 29 Prozent sprachen sich dafür aus, die Rentenbeiträge zu senken.

Das Kabinett hatte am vergangenen Mittwoch beschlossen, den monatlichen Beitragssatz von derzeit 19,6 Prozent zu senken. Er soll ab dem 1. Januar 2013 voraussichtlich nur noch 19 Prozent betragen."

(https://www.welt.de/wirtschaft/article108923109/Von-der-Leyen-Altersarmut-droht-schon-bei-2500-brutto.html , 02.09.2012, Brandbrief Von der Leyen – ′Altersarmut droht schon bei 2500 brutto′, welt.de)

Als freie Personen, welche nur über ihre Arbeitskraft als ihre Ware verfügen, und andererseits nichts zu verkaufen haben, los und ledig, frei von allen zur Verwirklichung ihrer Arbeitskraft nötigen Sachen, so sind Menschen von Geburt an *politisch* zugerichtet.. Die rechtlichen Verhältnisse ordnen die Menschheit automatisch einem der beiden Pole dieser Gesellschaft zu. Jetzt beginnt ein Prozess der geistigen Bewältigung dessen, was als Lebensinhalt, je nach zugewiesener Rolle unterschiedlich, als Ausbildung und Arbeitstag bekannt ist. Das oben dargestellte, gesellschaftliche Verhältnis, der mit Gewalt erzeugte und abgesicherte, ökonomische Gegensatz selbst, *kann* nicht verlassen werden. Man kann die Rolle wechseln, aber eine Beseitigung dieses Gegensatztes wird als verfassungsfeindlicher Akt, von einer *emanzipierten* Gewalt, strafrechtlich verfolgt. Dieser erste Schritt in Richtung Nationalismus ist als feste Redewendung weltweit bekannt – muss ja!

Die lückenlose, rechtliche Festlegung jeder gesellschaftlichen Aktivität, und die durch diesen ′Gesetzgeber′ angewandte Gewalt, machen die Annahme einer der von dieser Gewalt erzeugten Rollen, Arbeitnehmer oder Arbeitgeber, zur **alternativlosen** Lebenswirklichkeit. Weil dieses staatliche Korsett sich um die gesellschaftliche Reproduktion legt, um die Sphäre, wo das produziert wird, was jeder als Lebensmittel und als *Voraussetzung* zur Wahrnehmung jedes Interesses zwingend braucht, *erscheint* es plausibel, dass diese Veranstaltung dazu gemacht sei, und so wird sie auch vom Staat dargestellt, denjenigen eine Existenz zu organisieren, deren Mittellosigkeit von diesen Verhältnissen vom Staat selbst hergestellt wurde. Wozu es dann eine Armee, Polizei und eine Erlaubnis braucht, um das zu machen, was jedermann von sich aus *will*, ist eine Frage, die man sich stellen *kann*. - Muss man aber nicht.

Wenn man diese staatliche, alternativlose Zurichtung von Bevölkerung *innerlich* als Angebot annimmt, erscheinen die Wirkungen dieser Gewalt wie das Fundament des eigenen Interesses, als Antwort auf die Frage, wie man los und ledig, frei von allen zur Verwirklichung seiner Arbeitskraft nötigen Sachen, seine Existenz bestreiten kann. Der gesamte Staatsapparat, alle staatlichen Institutionen und Gesetze erscheinen dann wie die Organisation eines gemeinschaftlichen Willens. Auch dieser zweite Schritt ist als feste Redewendung weltbekannt – Wir!

An dieser Stelle ist der Anspruch der Staatsgewalt, ihr Wille ein begrenztes Territorium zu beherrschen um sich als Gewalt zu entwickeln, bereits als Nationalismus, als Vorstellung einer zusammengehörigen Gemeinschaft, von den so angesprochenen *innerlich* akzeptiert. Jetzt hat sich das Bewusstsein von der Gesellschaft dahingehend entwickelt, dass man selbst Mitglied dieser Gemeinschaft ist *und sein will*. Der Zweck dieser Gemeinschaft wird als Organisation der Existenz seiner Mitglieder reflektiert. Die Nation wird als Voraussetzung der eigenen Versorgung, als Mittel zur Gestaltung seines Lebens wahrgenommen. Als jetzt, *akzeptierte* Gemeinschaft *von Volk und Staat*, welche die Voraussetzungen dieser Gemeinschaft organisiere, ergreift dieses Bewusstsein Partei für die Nation. Innerlich reift diese Einstellung bis hin zur *Priorität* dieser imaginierten Bedingung der Existenz. Jetzt ist man selbst oder andere nicht mehr einkommenslos, sondern der Staat hat ein Problem mit Arbeitslosigkeit oder zu hohen Sozialausgaben. Innerlich entfernt sich der Mensch *von seinen materiellen Interessen,* hin zur Sorge um das Gemeinwesen. Jede von den Darstellern der Staatsgewalt geäußerte Sorge oder Krise betrifft *dieses* Bewusstsein, als Mitglied der von der Regierung vertretenen Gemeinschaft.

Dieses Bewusstsein ist durch Herrschaft ansprechbar *und konditionierbar.*

Der von Staatsgewalten initiierte, und auch *nur so überhaupt machbare* Unterschied und Gegensatz von In- und Ausland, dem eigenen Volk zu den anderen, erscheint in diesem Bewusstsein nicht als modellierbares Ergebnis der globalen Konkurrenz der Staatsgewalten, sondern als natürliche, selbstverständliche Konsequenz von Gemeinschaft. Die Bedingungen welche die Gewalt setzt, werden wie Natur akzeptiert. Jetzt werden *die Wirkungen* von Staatsgewalt *als* ***notwendige*** *Voraussetzung* einer Gemeinschaft von Volk und Staat begriffen. Jede von den Darstellern der Staatsgewalt geäußerte Sorge oder Krise in den Beziehungen zum Ausland, Fremde, denunzierte Gegner oder Schädiger in dieser Gemeinschaft, werden innerlich *als Bedrohung* reflektiert.

Diese innere Parteinahme, ´unten´, für die imaginierte Gemeinschaft ist das Resultat einer privaten *Beschlussfassung*.

Derselbe Standpunkt, ´oben´, ist eine Konsequenz ihres *Herrschaftsanspruchs*. Die Entscheidung zur Parteinahme für die Nation, ´unten´, verdankt sich der Alternativlosigkeit der vom Staat durch das Recht auf Eigentum erzeugten Mittellosigkeit, der Trennung der Bevölkerung von den Voraussetzungen der Produktion. *Praktisch* gibt es als politisches Resultat, als Wirkung der Staatsgewalt, keine andere Möglichkeit zur Organisation der eigenen Existenz, als seine Arbeitskraft zu verkaufen. Die Selbstreflexion als Privatproduzent, als privat produzierendes Individuum, ergänzt den Beschluss der gewollten Teilnahme an der Konkurrenz um ein Einkommen. Auch dieser dritte Schritt ist als feste Redewendung weltbekannt – Wie soll *das* denn anders gehen!

Dieses ´das´, ist sehr aufschlussreich. Den Erfahrungen als *realem* Wesen, tritt diese als Gemeinschaft imaginierte Gesellschaft, als das Gegenteil des verinnerlichten Urteils entgegen, man selbst sei das mitwirkende Mitglied einer Gemeinschaft, welche an einem gemeinsamen Interesse, arbeitsteilig, an der Wohlfahrt jedes einzelnen arbeite. Das geschädigte, materielle Interesse der Privatsubjekte, die notwendige Konsequenz des staatlich diktierten, ökonomischen Gegensatzes zwischen Eigentümern und Nichteigentümern, motiviert die Teilnehmer dieser als Konkurrenz organisierten Produktion der Existenzvoraussetzungen zur Ursachenforschung. Die innere Beschlussfassung, dass die vorgefundene Gesellschaftsordnung dazu da sei, die eigene Existenz zu organisieren, eröffnet aufgrund ihrer *praktischen* Widerlegung dieses *ungeprüften* Urteils, eine Suche nach einer Schadensursache *außerhalb* der Bedingungen welche diesen Schaden bewirken. Die innerlich als Beschluss wirksame Zustimmung zu dieser Gesellschaftsordnung, *aus welcher der Schaden entspringt*, verortet die Schadensquelle *logisch konsequent*, woanders. Der materielle Schaden des Privatsubjekts erzeugt deshalb keinen Widerstand gegen die politische Ökonomie, sondern radikalisiert die Parteinahme *für* die als Schadensursache ausgeschlossene ´Ordnung´ der Gesellschaft. Der als Privatsubjekt wahrgenommene Schaden, wird am Willen zur Teilnahme an der als Gemeinschaft verinnerlichten, gesellschaftlichen Konkurrenz um ein Einkommen, *relativiert*.

Als Privatperson wird der Schaden wahrgenommen, und von derselben Person, *innerlich gleichzeitig*, als Staatsbürger bewertet.

Als Mieter ist die Wohnung kaum noch zu bezahlen, an einen Vermieter der sein Eigentum benutzt um eine Rendite zu erwirtschaften. Als Rentner wird allen angekündigt, dass sie von Rente nicht werden leben können, von Arbeitgebern welchen den Rentenbeitrag zum Beschäftigungshindernis erklären, um ihre Gewinnerwartungen und Konkurrenzfähigkeit zu erhöhen, und einer Staatsmacht die diesen, und ihren Beschluss zur Absenkung von Lohnnebenkosten und Sozialausgaben als Standortpolitik, per Gesetz, an den Produzenten des gesellschaftlichen Reichtums vollstreckt. Das, wovon Arbeitnehmer leben *müssen*, ihr Lohn, wird von Arbeitgebern als Abzug von dem berechnet, worauf es ihnen ankommt, dem Betriebsgewinn. Auch die Kollegen treten im Personalbüro als Konkurrenten auf, und bieten dem ′Arbeitgeber′ als Einstellungs-argument an, das zu senken, was als Ergebnis von *Lohn*arbeit als Einkommen zur Gestaltung eines Lebens zur Verfügung steht. Am Ende steht *jeder* den produzierten Waren gegenüber, mit Preisen von Arbeitgebern berechnet. Arbeitnehmer müssen ihren Lohn wieder dorthin zurück tragen, woher sie diesen Lohn bekommen haben. Und da sind sie wieder, los und ledig, frei von allen zur Verwirklichung ihrer Arbeitskraft nötigen Sachen, und *müssen hoffen*, dass man wieder antreten *darf*. Als Arbeitgeber ist man auf den Verkauf der von den Arbeitnehmern produzierten Produkte angewiesen. Nur wenn dieser Verkauf des zu Waren verwandelten, vorhandenen, gesellschaftlichen Reichtums gelingt, sind sie in der Lage die Preise zu zahlen, welche die Bank für die zu tilgenden Kredite, und ihre Berufskollegen für die Überlassung der materiellen Voraussetzungen der Fortsetzung ihrer Konkurrenzteilnahme verlangen. Und Lohn muss man auch noch zahlen.

Das alles wird gewusst, aber nicht als Widerlegung der *innerlich, wirksamen* Vorstellung einer Gemeinschaft begriffen, sondern als *notwendige Sachlage*, *als notwendige Komposition* eines nationalen Zusammenwirkens aufgefasst. Das Leben in dieser als *Konkurrenz* **veranstalteten**, gesellschaftlichen Organisation der Arbeit, ist halt kein Ponyhof, sondern ein Kampf, dem man sich stellen muss. Die Tatsache, dass selbst Millionen Vollzeitbeschäftigte am Ende des Monats, *regierungsamtlich* beauskunftet, nicht das kaufen können, was **fix und fertig**, von ihnen als Arbeitnehmer selbst produziert, vor ihren Augen *in den Regalen steht*, ist für das national verfasste Bewusstsein, der Beweis wie hart das Leben sei. Der Nachweis *der Trennung der Produzenten von ihrem Produkt*, der Preis, und die gleichzeitige Unfähigkeit diese Produkte von dem zu kaufen, was man als ′Gegenleistung′ für die Produktion dieser Waren bekommen hat, diese lebenslange Armut, ist in der nationalen Weltsicht, *der persönliche Beitrag* zu der Gemeinschaft, zu welcher man sich mit seiner Leistung, als ihr zugehörig bekennt, und zu erkennen gibt.

Dieser lebenslange Überlebenskampf, das Resultat der vom Staat initiierten, und von Arbeitgebern realisierten Ausbeutung von Arbeitskraft, eröffnet im national denkenden Bewusstsein, der auf den Verkauf ihrer Arbeitskraft *determinierten* Arbeitnehmer, die lebensbegleitende Suche nach Ursachen ihrer prekären Lebenslage. Dessen Ausgangs-punkt ist der Beschluss *zur gewollten Teilnahme* an der als Gemeinschaft verinnerlichten Konkurrenz um ein Einkommen. Das Bekenntnis zu Nation, zu den *gesetzten* Bedingungen der eigenen Existenz, wird nicht revidiert, oder wenigstens erneut geprüft, sondern es kommt *stattdessen* der Verdacht auf, dass andere *nicht* so wie man selbst, den zum Erfolg der Gemeinschaft notwendigen *Dienst* erbringen.

"Während Linke und Grüne ständig davon redeten, die Sanktionen würden gegen die Menschenwürde verstoßen, habe nun das Bundesverfassungsgericht geurteilt, dass genau das nicht der Fall sei, entgegnete Prof. Dr. Matthias Zimmer (CDU/CSU). Sanktionen seien laut Urteil legitim und bei unter 30 Prozent auch unproblematisch. ′Das Unterschreiten des sozio-kulturellen

Existenzminimums um 30 Prozent ist verfassungsrechtlich nicht zu beanstanden´, sagte Zimmer. Weitergehende Sanktionen habe das Gericht nicht etwa deshalb verworfen, weil damit die Würde des Menschen beeinträchtigt wäre, ´sondern ausschließlich deshalb, weil nicht ausreichend nachgewiesen sei, dass diese Sanktionen zweckmäßig sind´. Ein vollständiger Verzicht auf Sanktionen wäre aus Sicht Zimmers fatal. Es brauche sanktionsbewehrte Mitwirkungspflichten. ´Die Grundidee der Solidarität wird in Frage gestellt, wenn sie nicht mehr ein Rettungsnetz sondern eine soziale Hängematte ist´, befand der Unionsabgeordnete.“

(https://www.bundestag.de/dokumente/textarchiv/2019/kw46-de-hartz-iv-667220 , 14.11.2019, Deutscher Bundestag, Diskussion zur Oppositiosvorlage zu HatzIV-Reformen, Prof. Dr. Matthias Zimmer (CDU/CSU))

“Deutschlands Städte unterscheiden sich gravierend. Allerdings nicht nur in so simplen Dingen wie Einwohnerzahl, Wohlstand oder Beliebtheit – sondern auch in Sachen Fließ und Faulheit. Die große Frage: Welche Stadt ist die faulste der Republik? .. Der Mathematiker und Investmentbanker Gerald Hörhan hat für sein Buch ´Null Bock Komplott´ gemeinsam mit einem Team von Mathematikern eine Bewertung der 50 größten deutschen Städte nach Fleiß und Leistung durchgeführt. .. ´Gelsenkirchen hat wie auch andere Städte im Ruhrgebiet nicht rechtzeitig auf Veränderungen reagiert und wurde damit zu einem typischen Beispiel für den Teufelskreis der Faulheit´, analysiert Hörhan. ´Fast jede Stadt hat in ihrer Geschichte mit Problemen wie einem sterbenden Industriezweig oder einem abwandernden Konzern zu kämpfen. Dann kommt es darauf an, wie sie reagiert. Wenn sie Arbeitsplätze ohne Zukunft subventioniert und sich von öffentlichen Geldern abhängig macht, statt in Innovationen und Bildung zu investieren, hat der Teufelskreis der Faulheit schon begonnen.´Die Fleißigen, die dazu in der Lage sind, ziehen weg oder lassen sich demotivieren und werden selber faul, bis die Faulen in der Mehrheit sind. Städte wie Bochum (Platz 20), Solingen (Platz 29) oder Mühlheim an der Ruhr (Platz 32), die ähnliche Voraussetzungen wie Gelsenkirchen haben, zeigten, dass es auch anders geht, so der Mathematiker.”

(https://www.bild.de/geld/wirtschaft/einkommen/das-staedte-ranking-33173658.bild.html , 30.10.2013, 50 Städte-Check, Hier leben die faulsten Deutschen, bild.de)

Diese national motivierte Energie hat sich bereits innerlich von der Verfolgung des eigenen, materiellen Interesses, *entfernt.* Der Ausgangspunkt, ´unten´, war die *eigene* prekäre, gesellschaftliche Existenzlage. Im national, verfassten Bewusstsein wird *der Schaden anderer,* die Streichung von deren Lebensmitteln unterhalb eines ´soziokulturellen Existenzminimums um 30 Prozent´, wie eine Verbesserung der eigenen, jedoch nicht der prekären, materiellen Lebenssituation *akzeptiert.* Wohlwissend, dass dasselbe *staatliche* Urteil, als **geltende** Rechtslage jedem droht, welcher auf die Erlaubnis eines Arbeitgebers angewiesen ist, sich einen Lohn zu verdienen *zu dürfen.*

Die eigene, als *geltende* Rechtslage bereits *exekutierte* Dienst*bereitschaft,* wird jetzt von den Opfern dieser Rechtslage, innerlich, *als gesellschaftliche Pflicht,* als notwendiger *und* geschuldeter Dienst an der Funktionalität einer Gemeinschaft subjektiviert. Der *private* Willensinhalt, wird als Voraussetzung von gesellschaftlicher Funktionalität identifiziert, und auf dessen *nationale* Funktionalität hin, überprüft. Hier *verlässt* das national denkende Bewusstsein, ´unten´, **endgültig** seinen materiellen

Ausgangspunkt, sein Interesse am Lohn seiner Arbeit. Jetzt, ist *jeder* Lohn als Nachweis des Willens zum Dienst an der Gemeinschaft zu akzeptieren. Jede Ablehnung von Lohn, wird als *eine Verweigerung*, als Nachweis einer mangelhaften Mitwirkungs*bereitschaft*, oder als gesellschaftliche Faulheit, *identifiziert*.

> "Nikolaus Blohme: ´Stimmt der Satz also, würden Sie unterschreiben, besser schlecht bezahlt arbeiten, als gar nicht arbeiten?´ Jens Spahn: ´Grundsätzlich ja. Die Frage ist doch auch, für Herrn Blohme und Herrn Spahn, die Debatte mache ich jetzt überall wieder auf´s Neue; Wenn wir in HartzIV wären, warum auch immer, uns das Schicksal uns da irgendwie hinbringt. Warum hätten wir das Recht, von der Verkäuferin, dem Verkäufer im Einzelhandel, der wenig verdient, mit seinen Steuern, das unser Lebensunterhalt finanziert wird, obwohl wir beide doch im Zweifel arbeiten können. Und ja, es ist vielleicht nicht die Arbeit als Minister, es ist kellnern, es ist reinigen, es ist Handwerk, was auch immer. Warum ist uns das nicht zumutbar? Das muss mir mal jemand erklären. Warum soll jemand der dreiundzwanzig ist, und nächste Wochen einen Termin im Jobcenter hat, um den nächsten Schritt zu besprechen, warum soll der da nicht um zehn Uhr auftauchen können?. Und ich sage nochmal, auch diejenigen die das finanzieren, finde ich haben Anspruch, dass jeder im Rahmen dessen was er kann, im Rahmen dessen was er einbringen kann, sich auch einbringt, und wir gleichzeitig, auch das muss man mal sagen, wir eins der besten Sozialsysteme Welt haben.´ "
>
> (https://www.youtube.com/watch?v=0PY_DjYzrxY , 03.12.2018, Jens Spahn , CDU, im Interview mit Nikolaus Blohme , Bild – Die richtigen Fragen, youtube.com)

Der Maßstab der Gerechtigkeit, als Diskussionsbeitrag vorgetragen, *als politische Praxis* ***exekutiert***, beruft sich auf den erfolgreich hergestellten Niedriglohnsektor, um den arbeitslosen Spiegelbildern jede Berechtigung abzusprechen, irgendwelche materiellen Forderungen zu erheben. Der eigene materielle Schaden soll als privates Opfer und notwendige Pflicht aktzeptiert, als persönlicher Beitrag an die Gemeinschaft verinnerlicht werden. ´Was auch immer´ sei als Arbeit zu akzeptieren, als moralischer Anspruch *der arbeitenden* Wenigverdiener. *Die politische Absicht* der Ausweitung des Niedriglohnsektors, wird in eine politische *Beauftragung* der Regierung seitens der so angesprochenen Bevölkerung verwandelt. Politisch wird damit die gesellschaftliche Arbeit als Dienst eingefordert. Wenn *uns* ´das Schicksal da irgendwie´ hinbringt, los und ledig zu sein, frei von allen zur Verwirklichung von Arbeitskraft nötigen Sachen, ist es *die Arbeit* von Ministern, den Arbeits*aufwand* als den eigentlichen Lohn der Arbeit zum Schicksal aller ´Lohnarbeiter´ zu machen. Der von Regierung *gesetzte* Maßstab Gerechtigkeit, fordert nicht die Beseitung des Schadens, sondern bietet dem materiell, geschädigten Individuum *stattdessen* einen ideellen Lohn. - Die Würdigung seiner Opferbereitschaft zugunsten der Nation.

Staat und Volk fordern als Priorität und Imperativ: Nation!

Das Resultat von Herrschaft, die sichtbare Vernichtung und Verarmung von Weltbevölkerung, welche als national *bewirtschaftete* Ressourcen dieser Regierungen in eine globale Konkurrenz zueinander gesetzt sind, stellen im national kondititionierten Bewusstsein keinen Widerspruch zu dem am Anfang dieses Buches dargestelltem, im Weltraum herumfliegenden Füllhorn dar, dem Planeten Erde, dem Lebensraum der einen Märchen zu entspringen scheint.

Der adaptive Nationalismus ´unten´, ergreift Partei für die gesellschaftlichen Verhältnisse denen er unterworfen ist, indem er die Diktate von Herrschaft, innerlich, als notwendige Regeln einer nationalen Gemeinschaft begreift, als Gerüst ´seiner Heimat´, welche das Volk zu einem nationalen , harmonischen Miteinander anleiten. Der eigene Schaden, *die Realität*, die sichtbare Verarmung und Vernichtung von Weltbevölkerung in der wirklichen Welt, als Alltag erlebt, weicht jedoch auch im Bewusstsein von Nationalisten erheblich von der verinnerlichten, subjektivierten Vorstellung der Gesellschaft als einer Gemeinschaft ab. Diese Differenz der verinnerlichten Vorstellung und der tatsächlichen Lebenssituation und Weltlage, setzt Energien frei. Die Opfer dieser Sachlage legen sich im Laufe ihres Lebens eine Beurteilung, eine Erklärung des als Alltag zu bewältigenden Lebensinhalts zu. Dieses Bewusstsein von der Welt in welcher man existiert, definiert das Verhalten, die Reaktion auf die vorgefunde Lebenswirklichkeit. Hier ist diese Reaktion, Nationalismus, Gegenstand der Untersuchung.

Dieses Verhalten, Nationalismus, ist *eine*, *mögliche* Reaktion auf die politische Umwelt. Nationalismus entsteht nicht zwangsläufig, sondern genau dann, wenn die vorangegangenen und nachfolgenden Bestimmungen als Ergebnis der Auseinandersetzung von Menschen mit der Gesellschaft, in welche sie *gesetzt* sind, *als erarbeitetes Bewusstsein,* innerlich, subjektiviert sind. Eine Selbstkritik dieses Bewusstseins *ändert* das Verhalten.

´Unten´ wird aufgrund der wirksamen Staats*gewalt*, der unerschütterliche Glaube an die nationale Gemeinschaft welcher man angehören will, durch die Ergebnisse der in der Realität auszutragenden Konkurrenz ihrer Teilnehmer unzufrieden. Trotz und *jenseits* des polit-ökonomischen Inhalts der Gesellschaft, bestehen die Opfer auf ihrem *imaginierten* Staatszweck.

Die *politisch **erzeugte,** gesellschaftliche Motivation*, die gesellschaftlichen Rollen, Arbeitnehmer und Arbeitgeber, nimmt das national verfasste Bewusstsein, ´unten´, als komplementäre, sich bedingende *und* ergänzende Bestandteile wahr. Arbeitnehmer müssen arbeiten, weil sie einen Lohn brauchen, und Arbeitgeber müssen einen Lohn zahlen, weil sie Arbeit brauchen. Und der Lohn der Arbeitgeber ist deren Gewinn. Der Staat selbst habe diese Rollen in der national verfassten Vorstellungswelt nicht erzeugt, sondern regelt den von Natur aus vorgefundenen Zustand, das Geben und Nehmen, das Miteineinander der Gemeinschaft.

Die reale, ökonomische, *gegensätzliche* Beziehung, in welche beide Parteien durch das staatliche Diktat des Privateigentums gesetzt sind, *wie, mit welcher Bedeutung* das Interesse eines Arbeitnehmers in den Geschäftsbüchern eines Arbeitgebers vorkommt, wird nicht untersucht, oder daraufhin überprüft, welche Wirkungen durch diese gesellschaftliche Beziehung bei der Wahrnehmung der jeweiligen Rollen für die Rolleninhaber notwendig eintreten.

Die *praktische* Erfahrung, dass die Kosten der Arbeitskraft immer zu hoch, und die Leistung derselben immer zu gering ist, ist im nationalen Bewusstsein *nicht* die Konsequenz einer betriebswirtschaftlichen Kalkulation, welchen deren Lebensunterhalt als kalkulierte, negative Größe der Bilanz verkleinert, und gleichzeitig, deren Leistung als kalkulierte Quelle des Betriebserfolges vergrößert. Die Vermehrung einer als Investition vorgeschossenen Kapitalsumme, ist in diesem Bewusstsein *nicht* der gegen das Interesse der Produzenten gerichtete *Zweck* einer Firma, sondern stattdessen das, was der Name ´Arbeitgeber´ suggeriert. Arbeitgeber seien dazu da, Arbeitnehmern die Möglichkeit zu bieten, ein Geld zu verdienen, welches beide Parteien dringend brauchen. Die spürbare Widerlegung dieser Weltsicht, ein Lohn der erstens nicht einmal sicher ist, und zweitens in einer Höhe ausgezahlt wird, welche *dem tatsächlichen betriebswirtschaftlichen Zweck* entspricht, nimmt man ´Unten´, unzufrieden, zur Kenntnis. Innerlich rettet man seine Vorstellung von der Gesellschaft als Gemeinschaft, einem Mittel welches man nur ergreifen braucht, indem man den in der realen Welt zu ertragenden Widerspruch, die lebenslage Armut, *umdeutet*. Die eigene prekäre Lage wird nicht als Ergebnis einer betriebswirtschaftlichen Kalkulation wahrgenommen (siehe Seite: 45), sondern als moralische Verfehlung, als Missmanagment, oder Unfähigkeit des Arbeitgebers verinnerlicht. Nicht das ´System´, sondern die zugewiesene Rollen*wahrnehmung* von Personen wird als Ursache des Schadens interpretiert.

- Gewinne müssen sein, na klar; Aber so hohe Gewinne doch nicht!
- Milliardengewinne machen, aber Leute entlassen !
- Die haben doch keine Ahnung da oben!

Innerlich wird die Vorstellung der Nation als harmonischer Gemeinschaft nicht aufgegeben, sondern jeder als Ergebnis einer betriebswirtschaftlichen Kalkulation eintretende Schaden, wird jetzt als eine Pflichtverletzung von deren Mitgliedern gegen diese Gemeinschaft festgestellt. Der Ausgangspunkt für jede Kritik, bleibt das sichtbar und spürbar, abweichende Resultat von der als *Gemeinschaft* imaginierten Gesellschaft in der *realen* Konkurrenz. Aber; - *Jetzt* besteht der Schaden nicht mehr im individuellen, materiellen Misserfolg, sodern das innere Bekenntnis zur bejahten

Gemeinschaft erkennt einen durch andere Personen verursachten Schaden *an der Gemeinschaft*, für deren Erfolg man selbst das individuell, notwendige Opfer erbracht habe, wie die eigene missliche Lage beweist. Innerlich besteht die imaginierte Gemeinschaft, jetzt, aus lauter Privatinteressen, welche den eigentlich, guten Zweck der gewollten Gemeinschaft, und damit das eigene Opfer für die Gemeinschaft, durch ihr Verhalten in Frage stellen.

Der eigene Schaden, ′unten′, liefert *nur als moralisches Material*, die individuelle Berechtigung im Namen des eigentlichen Geschädigten, dem Gemeinwesen, zur Denunziation und Identifikation von einem Fehlverhalten anderer Rolleninhaber.

Der gesamte Staatsapparat, Oben und Unten, Parteien, Arbeitgeber und Arbeitnehmer, haben im national denkenden Bewusstsein, keine *gegensätzlichen* Interessen, alle ziehen, *eigentlich*, gemeinsam, an einem Strang, einer als Gemeinschaft verinnerlichten Nation verpflichtet.

Kritik wird als Beschwerde gegen identifizierte Abweichler und Störer vorgetragen, und *ruft* nach der Staatsgewalt, welche jedem Fehlverhalten durch ihre Gewalt, Grenzen setzen soll.

Die mit Gewalt und Worten antrainierte, jeweils lokale, *nationale* Selbstwahrnehmung von Individuen als Volk, als Material einer von Regierung zu organisierenden Menschenmasse, wird *deswegen* relativ zu den *aktuellen* Entwicklungsphasen der ökonomischen und politischen Konkurrenz ihrer Vorgesetzten und Regierungen, agressiver. Die *lebenslange* Widmung der individuellen Existenz als Lohnarbeiter, und die praktische Erfahrung, dass sich die eigene Armut auch bei Vollzeitbeschäftigung reproduziert, für Millionen trotz eines Einkommens vergrößert (knietief im Dispositionskredit), weitere Millionen gar kein Einkommen haben, die Rente sinkt, Preise und Miete steigen, ... , akkumulieren sich zur Unzufriedenheit in der Mehrheit der Gesellschaft. Der eigene, materielle Schaden, gibt proportional zur Lebensdauer, zunehmend Anlass zu Beschwerden. Jedoch nicht so, dass die Beseitigung dieses Schadens zur Forderung erhoben wird. Das eigene Einkommen, die Preise und Rechnungen welche man zu bezahlen hat, die angekündigte Altersarmut, sind nur der Nachweis *der Berechtigung* der Beschwerde, aber nicht der Gegenstand der Kritik. Die durch das Eigentum hergestellte Lebenslage, der Zwang sich als *kalkulierte* Arbeitskraft anzubieten, ist im nationalen Bewusstsein als *gewollte Pflicht* verankert. *Das* muss sein, um den imaginierten Versorgungszweck der Gemeinschaft, *im realen Leben* eine von Herrschaft veranstaltete Konkurrenz, zu erfüllen. Dieser Aufgabe *will* man sich selbst stellen, und erwartet dasselbe Verhalten, als zu erbringenden Pflichtbeitrag, von jedem Teilnehmer der Nation. Weil man *das* macht, habe man selbst, innerlich, ′unten′, seine Pflicht, seinen privaten Teil, den Dienst an einer Gemeinschaft erbracht. - *Innerlich* entsteht hier eine Bringschuld der Gemeinschaft, für die von einem selbst erbrachte Eigenleistung. - Und *diese* Weltsicht ist dann, notwendig, zuerst enttäuscht, ruft nach der als Regulativ begriffenen Ordnungsmacht, und ist wieder, und bleibt, lebenslang, enttäuscht. In der Realtät *ist* man Lohnarbeiter, ein zum Werkzeug konditionierter Weisungsempfänger, und halluziniert sich gleichzeitig zum Richter und Auftrageber der einen selbst beherrschenden Verhältnisse. In der inneren Halluzination der Opfer dieser politischen Ökonomie, wird die in der realen Welt als Lebensinhalt zu ertragende Geldnot, als Wirkung des Fehlverhaltens von Störern und ´Drückebergern´ diagnostiziert. Die subjektiv als *notwendige* Gemeinschaft verinnerlichte Gesellschafts*ordnung*, besteht jetzt aus einem Haufen von Egoisten, welche einem selbst, der seinen Teil erbracht habe, um den Erfolg seines erbrachten Opfers bringe. Der gesellschaftlich, wahrnehmbare Ruf nach einer Gewalt, welche diese, die imaginierte Gemeinschaft schädigenden Personen zur Ordnung *zwingen* soll, wird lauter. Innenpolitisch werden unwillige oder unberechtigte ´Asoziale ´, außenpolitisch werden ´Feinde´ entdeckt. Diese Forderungen nach mehr Staatsgewalt sind als Redewendung, jeweils lokalisiert, bekannt. - Deutschland!, Amerika!, Europa!, Russland!, China!, Irak!, Israel!, Palästina! - Nation!

Die nationale Gesinnung verlangt nicht mehr Lohn oder eine höhere Rente. *Das* ist halt so, war schon immer so, und wird auch immer so bleiben. Die als individueller Schaden wahrgenommenen, als betriebswirtschafliche Kalkulation an ihrer Arbeitskraft vollzogene Konsequenz, der ihnen als Existenzbedingung diktierte Lebensinhalt ist innerlich, als *´Das´* **akzeptiert**. Das Ergebnis des Aufwandes der gesellschaftlichen Arbeit, die Produkte der Arbeit, werden nicht *berechnet*, und danach auf diejenigen verteilt, welche diese Produkte produziert haben. Die Rente nimmt nicht Maß am verfügbaren, gesellschaftlichem Reichtum. Die Arbeitszeit reduziert sich nicht proportional zur Erhöhung der gesellschaftlichen Arbeitsproduktivität. Sondern, man bekommt ´etwas´ für ´das´. Der gesellschaftliche Produktionsprozess wird ´innerlich´ in einen Prozess verwandelt wo jeder ´eigentlich´ *das* seine bekommt. Nicht am gesellschaftlich, sichtbaren, *produzierten Arbeitsergebnis* berechnet, sondern als eine von ´oben´, zum Gemeinwesen passende *Anerkennung* von dessen Leistung am Gemeinwesen. - Bekannt als *gerechter,* bedarfsunabhängiger Lohn.

Die eigene Lebenslage, welche das Eigentum erzeugt, von einer Herrschaft initiiert, welche sich selbst durch die gesellschaftliche Trennung der Arbeit von ihrem Produkt reproduziert, entwickelt, und mit den Waffen und Organen versorgt, welche diese Gewalt zu allererst benötigt um sich als Herrschaft von der bewirtschafteten Menschenmenge zu emanzipieren, sind in der Wahrnehmung, ´unten´, vollständig als nationale *Lebensart, als Zusammenwirken,* von individuellen Beiträgen zur Funktion einer nationalen Gemeinschaft adaptiert.

Die Einen arbeiten, Andere lassen arbeiten, wieder Andere regieren, und die Besten erbringen ihr Opfer auf Kommando irgendwo auf dieser Welt.

- Wie zum Beispiel die GSG9, das KSK, … .

“Enhanced Forward Presence (EFP) dient der Sicherung der Ostflanke der NATO. Deutschland führt die Battlegroup in Litauen.”

(https://www.bundeswehr.de/de/einsaetze-bundeswehr/anerkannte-missionen/efp-enhanced-forward-presence , 10.02.2020)

Man sieht sich selbst als Element einer Heimat, als notwendigen Bestandteil von einer imaginierten, *exklusiven* Gemeinschaft. In dieser *nationalen* Kameradschaft, *als Volk* verbunden, macht *und muss* jeder das und dort machen, *warum auch immer,* uns das Schicksal da irgendwie hinbringt.

Umgekehrt proportional zur Unsicherheit des eigenen Einkommens und der Beliebigkeit des Inhalts der *zugewiesenen* Arbeit, wird derselbe nationale Geist *prinzipiell* und *treffsicher* bei der Auswahl seiner Gegner.

Dort, unten angekommen, beginnt die Suche nach einem Fehlverhalten anderer, und wird fündig.

– Bei volksfremden Bestandteilen, Störern der Gemeinschaft, oder im feindlichen Ausland.

´Oben´ ist man mit dieser Anerkennung seiner *Zuständigkeit* und *Weisungsberechtigung*, und dem Antrag auf deren Fortsetzung zunächst sehr zufrieden. Die erfolgreiche Erziehung der Bevölkerung zu Patrioten erzielt den beabsichtigten Effekt der freiwilligen Unterwerfung, und erlaubt die Fortsetzung und Weiterentwicklung dieser Herrschaft.

Die lokalen, sozial*staatlichen* Maßnahmen (Arbeitlosen-, Kranken, und Rentversicherung) stehen als Standortkosten in Widerspruch zum nationalen und internationalen Konkurrenzerfolg der Veranstalter der Nation. Dieser Widerspruch tritt mit der Entwicklung der Nationen, den eingetretenen Erfolgen *und* Misserfolgen bei der Vermehrung des in Geld bilanzierten, nationalen Erfolges, immer deutlicher in Erscheinung. Die Verlierer der internationalen Staatenkonkurrenz können sich keine staatliche Alimentierung ihrer menschlichen Ressourcen leisten. Auch die Gewinner senken diese Kosten um ihren Konkurrenzerfolg nicht zu gefährden, weil sich durch Lohnnebenkosten auch die Gewinn- und Exportfähigkeit ihrer lokalen Wirtschaft verschlechtert. *Global* gerät der Ertrag dessen, was die Produzenten des gesellschaftlichen Reichtums als ihr Lebensmittel für die Benutzung ihrer Arbeitskraft bekommen, der Lohn, immer stärker unter Druck. ´Oben´ beschließt die Elite, dass den Menschen im Grunde kein Geld fehle, sondern Beschäftigung. Das Gefühl gebraucht zu werden, sei doch im Grunde viel wichtiger als das Materielle, und Arbeit eigentlich einen Ehrenamt. Arbeit wird *als Dienst*, unter Absehung von jedem anderen, materiellen Interesse, ideologisch eingefordert und praktisch, ökonomisch und per Gesetz, vollstreckt.

Die Erfolge *dieser Trennung der Arbeit von ihrem Produkt* geben Regierungen und Unternehmen in ihren Bilanzen und Armutsberichten selbst zu Protokoll. Ökonomische Kalkulationen liefern Unternehmen die Gründe dafür, sich auch im Ausland nach billigen Arbeitskräften umzuschauen, oder dort zu produzieren, oder die erforderlichen Fachkräfte der heimischen Konkurrenz hinzuzufügen, um so die Kosten zu senken, und die Ausbildungskosten den ausländischen Berufskollegen als Abzug in ihre Geschaftsbücher zu schreiben. Politische Großprojekte, Europa und der Euro, zur Verbesserung der internationalen Konkurrenzfähigkeit werden verwirklicht.

´Unten´ hat man sich dazu entschlossen, die eigene von der Staatsgewalt *zugewiesene* und von ´oben´ als ´Wir´ beschworene Nationalität, den Dienst als Volk, anzunehmen. Die Widmung ihrer Existenz zum Diener einer Staatsgewalt, wird ´unten´ durch eine *individuell* zu erarbeitete Willensleistung, im Lebensverlauf, *innerlich* transformiert. Der Gegensatz von Herrschaft und denjenigen, welche dieser Gewalt unterworfen sind, wird in eine Gruppe von Personen umgewandelt, welche eine gemeinsame, innere Natur zu einem Volk zusammengeführt habe.

Herrschaft von Menschen über Menschen, existiert in dieser Vorstellungswelt *als Notwendigkeit und Voraussetzung*, als ein Werkzeug, einen von Natur aus bestehenden Verband von Individuen *zu ordnen*. Die *mit Gewalt* hergestellten Gegensätze, der Unterschied zwischen In- und Ausland, Inländern und Ausländern, Eigentümern und Nichteigentümern, Konkurrenz, Armut und gleichzeitiger Reichtum, entspringen in diesem Weltbild *seiner* Menschen*natur.* Die Staatsgewalt hat in dieser Weltsicht die Funktion, die im Volk vorgefundenen Gegensätze mit ihrer Gewalt zu dem *zu formen*, wonach deren Natur verlangt, weil dessen Träger dieser Natur nicht Folge leisten.

- Ein Volk ist zu Nation anzu*führen*.

Die spürbar und sichtbar, negativen Konsequenzen der gesellschaftlichen Organisation der Produktion, *der Existenzvoraussetzungen* unter dem politischen Diktat des Eigentums, die Trennung der Produzenten von ihrem Produkt, erscheinen von ´unten´, *national betrachtet*, nicht als Beweis einer auf Ausbeutung ihrer Arbeitskraft beruhenden, gesellschaftlichen Produktion, sondern als ein Mangel der staatlichen Gewalt*anwendung*.

Dass in dieser Gesellschaft Menschen *das Einkommen gestrichen wird*, weil dieses Geld in der Bilanz eines Unternehmens als negative Größe in Beziehung zum Zweck der Produktion *kalkuliert* wird, ist im national verfassten Bewusstsein ein Widerspruch zum Zweck von Nation, *nicht* zum Zweck *von Produktion.* Der Schaden besteht nicht in den beabsichtigten Resultaten der Bewirtschaftung von Menschen, *der Ausbeutung ihrer Arbeitskraft,* wo *deswegen* der Arbeitsertrag, der Lohn möglichst niedrig, und die Arbeitsleistung möglichst hoch ist, sondern in der Pflichtverletzung an der als Nation imaginierten Gemeinschaft.

Die Wirkung der politischen Ökonomie, Krieg und Armut, werden innerlich nicht auf diese mit Gewalt herbei regierten Zustände zurückgeführt. Die eigene Armut, selbst der Verlust des eigenen Lebens als Waffenträger im Auftrag der Regierung, werden als erbrachte Eigen*leistung*, als ein Verdienst den man sich erarbeitet habe, verinnerlicht. Nationalisten sehen sich nicht als Opfer der Gesellschaft, sondern im Gegenteil, *sie erbringen ihr Opfer*, als gewollten Dienst, als ihren Beitrag zur Gemeinschaft.

Ihr Schaden besteht nicht mehr in den wahrgenommenen, prekären bis lebensgefährlichen Lebensverhältnissen, sondern in der mangelhaften Bereitschaft oder Berechtigung *anderer*, ihren Anteil am Dienst an der Gemeinschaft zu erbringen. *Jetzt fordert* das nationale Bewusstsein *die Anerkennung der Priorität* der Gemeinschaft als zu leistenden Pflichtbeitrag für jedes Mitglied der Gemeinschaft. Diese von ′unten′, als Kritik vorgetragene **Meinung**, wird als ihr *berechtigter* Anspruch, *jetzt als als öffentlicher Protest* vorgetragen, und als Gewalt*inhalt* von Regierung eingefordert.

Weil die tatsächlichen Ursachen der wahrgenommenen Schäden ***in*** der *mit Gewalt* eingerichteten, auf Eigentum basierenden Gesellschaftsordnung liegen, bleibt der Schaden notwendig bestehen. Diese Tatsache wird innerlich als mangelnder Wille, als fehlende Bereitschaft der Staatsgewalt begriffen, ihren Teil zu der als Gemeinschaft gewollten Nation beizutragen.

Jetzt steht die Staatsgewalt selbst in Verdacht, der als Gemeinschaft halluzinierten Konkurrenz, der Nation, ihren Dienst zu verweigern.

Ausgerechnet die Herrschaft wird von ihren Dienern dazu aufgefordert durch die Anwendung von Staatsgewalt den Dienst als unhintergehbare, gesellschaftliche Pflicht, gegen jeden Widerstand, durchzusetzen.

“Wir sind das ~~Pack~~ Volk !”

(https://www.n-tv.de/politik/Wer-sind-denn-hier-die-Nazis-article16305871.html , 07.11.2015, Transparentaufschrift, Foto: Wer sind denn hier die Nazis?, n-tv.de)

Wenn man sich die Zeit nimmt, und kurz über den Sinngehalt der Parole nachdenkt, bekommt der Autor Angst. Die ökonomisch und ideologisch zu Dienern einer Staatsgwalt geformten Menschen, fordern die Darsteller der Herrschaft dazu auf, durch die Anwendung von Gewalt gegen jedes Einzelinteresse der Gesellschaft, sich *den Respekt der Opfer dieser Gewalt* **zu verdienen**. Innerlich, ′unten′, ist *diese Sorte* imaginierter Gemeinschaft, die Nation, jetzt wie eine Fabrik, auf welchem Einpeitscher und Aufseher auf- und *gefordert* werden, damit die Belegschaft das macht, was sie eigentlich selbst will, aber warum auch immer, nicht könne!

Das Substantiv ′Volk′, die Masse der Bürger einer Staatsgewalt, bezeichnet exakt das Material einer Staatsgewalt. Dieses Material sieht sich, als Pack, misshandelt; Und will anstelle dessen, Volk sein. Dieser Anspruch wird von Menschen vorgetragen, welche sich selbst einer Regierung unterordnen *wollen*, als Volk, **und** ist *als Forderung* *und Kritik*, adressiert an Regierung. Diese Gesinnung fordert Respekt vor der Demonstration seiner *Unterwerfung*. **Diese** Herrschaft sei *seiner Dienste als Volk* nicht würdig.

Volk, eine *exklusive und regierte* Gruppe von Individuen, will man sein. Als Pack sieht man sich von Regierung behandelt. *Dienst*, die Priorität von Herrschaft über die eigene Existenz, als Diktat einer mit Gewalt ausgestatteten Elite, über ein seine Unterordnung als Volk *wollendes* Bewusstsein, ist in dieser devoten Weltsicht, *eine Berechtigung*. Die Indienstnahme *als Volk* wird gefordert; Als dessen Berechtigung und geforderte Verpflichtung der so angesprochenen Herrschaft, den Dienst des Volkes zu ermöglichen. Dieser Wille will nicht sein Interesse verwirklichen, sondern Anweisungen befolgen.

Diese demonstrierte Bereitschaft verlangt konsequent nichts materielles, mehr Lohn, oder ein angenehmes Leben. Diese Gesinnung fordert die *Durchsetzung* seines Dienstes als Volk *´seiner´* Nation. Diese nationale Gesinnung *fordert* die *gewaltsame* Herstellung der imaginierten Gemeinschaft *in* der als Konkurrenz organisierten Lebenswirklichkeit. Diese Gesinnung fordert die Anerkennung seines Dienstes als Volk einer Nation. Die sich als Volk selbstwahrnehmenden Kritiker fordern eine Gewalt welche anerkennt, dass ihre Leistung und ihre Opferbereitschaft sie dazu berechtige, dass sie *mit Priorität, und exklusiv* **als Volk dieser Nation** gewürdigt werden. Menschen mit einem anderem Pass, einer anderen Nationalität als der ´eigenen´, sind in dieser Weltsicht prinzipiell *nicht* Bestandteil der als Gemeinschaft imaginierten Nation.

Dieser *als Pflicht* imaginierte Nachweis der Legitimität einer nationalen Regierung, werde von der kritisierten Regierung nicht erbracht.

Weil die Regierung ´volksfremden´ Menschen, Ausländern, denselben ökonomischen Bedingungen unterwirft, *gleich, wie das eigene* Volk, sieht sich die nationale Gesinnung von ihrer Regierung um ihr Recht betrogen, die *nationale* Gemeinschaft sein *zu können*, welche sie sein will. Innerlich ist der Nationalismus jetzt soweit entwickelt, dass die selektive Bereitschaft der amtierenden Altparteien, Ausländern die Teilnahme an Nation zu gestatten, als Verweigerung der Pflicht *dieser* Herrschaft interpretiert wird, ihren Beitrag zu Nation zu leisten, weil sie das exklusive Recht des Volkes auf dessen Nationalität durch die Gleichbehandlung von Bürgern anderer Staaten missachte. Um in der Logik des Fabrikbeispiels zu bleiben: Jetzt werden Einpeitscher und Aufseher gefordert, damit die Belegschaft das macht was sie will, aber warum auch immer, nicht könne! - Und; Jetzt müssen Ausländer und Störer dieser ´Gemeinschaft´ rausgeschmissen werden!

Dieser Anspruch formiert sich als Opposition zur etablierten Regierung und Herrschaftsideologie. Von ´unten´, adäquat *als Meinung* vorgetragen, und von neuen Eliten als Partei organisiert.

"Der stellvertretende AfD-Vorsitzende Alexander Gauland hat Angela Merkel als ´Kanzler-Diktatorin´ bezeichnet, die das ´Volk völlig umkrempelt und viele fremde Menschen uns aufpfropft´. Das sagte Gauland laut einem Bericht der ´Frankfurter Allgemeinen Zeitung´ bei einem gemeinsamen Auftritt mit seinem Parteifreund Björn Höcke im brandenburgischen Elsterwerda am Donnerstagabend. Vor Gauland hatte Höcke eine Rede gehalten und Merkel darin zuerst als ´Kanzler-Diktatorin´ bezeichnet; Gauland zitierte seinen ´Freund´ später mehrfach. Gauland hätte den Parteien im Bundestag vorgeworfen, sie verträten ´eine Politik der menschlichen Überflutung´. Es handle sich um den ´Versuch, das deutsche Volk allmählich zu ersetzen durch eine aus allen Teilen dieser Erde herbeigekommene Bevölkerung´. .."

(https://www.welt.de/politik/deutschland/article155970301/Gauland-bezeichnet-Merkel-als-Kanzler-Diktatorin.html , 05.06.2016, Rede in Elsterwerder, Gauland bezeichnet Merkel als „Kanzler-Diktatorin", welt.de)

"HOL DIR DEIN LAND ZURÜCK!"
(AfD Wahlplakat 2019, Friedliche Revolution mit dem Stimmzettel, AfD)

Die Staatsangehörigkeit ist, wie das Substantiv selbst angibt, ein Hoheitsakt einer staatlichen Gewalt. In der politischen Realität beruht die unterschiedliche Nationalität ausschließlich auf der Existenz der Gewalt, welche diese Zuordnung vornimmt. Heute gibt es die Nationalität ´Römer´ nicht mehr, weil die zuweisende Staatsgewalt nicht mehr existiert. Seit dem 14. Mai 1948 gibt es die Nationalität ´Israelisch´, und wo vorgestern das Deutsche Reich die Pässe ausstellte, war man ab 1949 bis 1990 in Teilen des ehemaligen Reiches, Staatsbürger der Deutschen demokratischen Republik, und heute ist es wieder die Staatsgewalt der Bundesrepublik Deutschland welche innerhalb ihres Herrschaftsgebiets der ansässigen Bevölkerung die Ausweisdokumente zuweist. Die Nationalität ist die als Dokument ausgestellte Klassifizierung einer Bevölkerung durch eine Staatsgewalt, welche damit ihren Anspruch auf exklusive Herrschaft über diese Bevölkerung innerhalb eines durch die Staatsgrenzen definierten Territoriums publiziert. Diese in der natürlichen Umwelt existierenden, unterschiedlichen Staatsangehörigkeiten sind von Staatsgewalten hergestellte, *politische Unterschiede*, an der auf ihrem Hoheitsgebiet lebenden Bevölkerung, zu derselben einer anderen Staatsgewalt. Die Bevölkerung selbst, ist durch die Zuweisung der Nationalität *politisch* sortiert. In der natürlichen Umwelt gibt es diese Unterscheidung nicht. *Das Bekenntnis* zu, die Akzeptanz, dieser durch Staatsgewalten vollzogenen Sortierung der Menschheit in In- und Ausländer, ist von der individuellen *Entscheidung* abhängig, dieses Diktat innerlich an sich selbst vollstrecken zu *wollen*.

Wenn man sich innerlich dazu entscheidet und bekennt, Bürger einer Nation zu sein, *nur dann*, erkennt man in Menschen welche sich in der natürlichen Umwelt nicht von einem selbst unterscheiden, die ´Anderen´. Diese geistige Leistung, die freiwillge Zuordnung seiner Person zu einer exklusiven ´Gemeinschaft´, ist *der Startpunkt* von Nationalismus. - *Innerlich*, hat man keine Staatsangehörigkeit zugewiesen bekommen, sondern man *ist* Deutscher, Amerikaner, ...

Wenn diese freiwillige Selbstzuordnung subjektiviert ist, sich mit den Jahren zu einer Selbstverständlichkeit verinnerlicht hat, sich als Gefühl, als Freude einstellt, wenn die ´eigene´ Mannschaft ein Tor schießt, und umgekehrt sich Trauer oder Ärger einstellt, wird diese innere Parteinahme zum Reflex und zum Beurteilungsmaßstab der natürlichen Umwelt. Die **von Staatsgewalten** veranstaltete, globale Konkurrenz, politisch und ökonomisch, wird jetzt vom Standpunkt der jeweils verinnerlichten, nationalen Zugehörigkeit aus betrachtet und bewertet, *als Selbstverständlichkeit*.

Die Bevölkerung dieses Planeten verwandelt sich, innerlich, zu Völkern.

Innerlich sehen Nationalisten in Menschen, welche genau dasselbe machen müssen wie man selbst, rivalisierende Mannschaften. Die Staatsgewalt, deren Gewalt*anwendung*, innen- und außenpolitisch, vergegenständlicht diese Halluzination als *seine* Realität. Im Personalbüro und auf dem Schlachtfeld wird Bevölkerung von Regierungen als Konkurrent und Soldat darin *platziert*.

Wenn sich diese geistige Haltung, von ´oben´ initiiert und gefördert, als *private Geistesleistung* entwickelt und verfestigt hat, erkennt eine sich als Volk begreifende Bevölkerung ´volksfremde´ Elemente innerhalb der nationalen und internationalen Gemeinschaft, als Ausländer oder Ausland.

Dort angekommen, sind verschiedene Formen dieser Geisteshaltung zu beobachten.

Je nach Zeitgeist, den praktischen Erfordernissen der nationalen und internationalen Konkurrenzlage entsprechend, *definiert* die herrschenden Elite ein Weltbild, eine ideologische Selbstdarstellung. Dementsprechend sind Übergänge und Mischformen jederzeit möglich. Durch Wahlen oder Putsch, Interventionen des Auslands, seltener durch Bürgerkriege, werden die bestehenden Ämter mit dem neuen Personal besetzt. Der Herrschaftsapparat und die erforderlichen Gewaltmittel zur Durchsetzung des *neuen* Volkswillens sind ja schon vorhanden. Und selbstverständlich ist auch das Volk willkommen, dort, wenn es sich unzweifelhaft erkennbar, nach dieser Führung sehnt, und nicht als zu beseitigende Störung, als nicht integrierbarer Fremdkörper, identifiziert und verfolgt wird.

- ökonomisch — der Staat als Diener der Gesellschaft
- faschistisch — der Staat als Zweck der Gesellschaft
- völkisch — der Staat als Materialisierung einer Volksnatur
- separatistisch (Katalonien) — der Staat als staatsinternes Konkurrenzprojekt
- dissassoziativ (Großbritannien) — der Staat als zwischenstaatliches Konkurrenzprojekt

- imperial der Staat als expansives Konkurrenzprojekt (Eroberungskriege)
- assoziativ der Staat als kumulatives Konkurrenzprojekt (EU)
- revisionistisch staatliche Restauration (Wiedervereinigung BRD 1989)

Was am Anfang dieses Buches, von höchster Stelle, als Liebe zu den Seinen ausgesprochen, als selbstverständliche Vorstellung des Staates als einer *exklusiven* Gemeinschaft bezeichnet wurde, bildet *jetzt* auch ´unten´ den Gegenstand einer geistigen Auseinandersetzung.

Das innere Bedürfnis, den Staat als ein Produkt der Bevölkerung oder einer Naturgewalt umzudeuten, entspringt *der Vorstellung* der Gesellschaft als einer Gemeinschaft. In der Realität lebt man im Gegensatz zur inneren Vorstellungswelt, in einer durch Staatsgewalten veranstalteten, internationalen Konkurrenz um ein Einkommen. Auf dieser Weltkugel, dem im Weltall herum fliegenden Füllhorn, begreifen sich die mit Bewusstsein ausgestatteten Bewohner als Privatproduzenten. Jeder produziert für sich, arbeitsteilig, *und* unter den mit Gewalt zum Gesetz erhobenen Bedingungen des Eigentums. Daraus folgt, gesetzlich garantiert, Eigentum *an den Voraussetzungen der **Reproduktion***. - Eigentum, *das exklusive Verfügungsrecht* über Grund und Boden, Wasser, und Fabriken, ist etwas anderes als der Besitz von teurem Spielzeug, einem Ring, einer Wohnung, oder einem Käsebrot.

Daraus folgt, gesetzlich, mit Gewalt geschaffen, das Eigentum der ´Arbeitnehmer´ an ihrer Arbeitskraft. - Nur; Was kann man damit anstellen, ohne Grund und Boden, Wasser und Fabriken? Was für ein glücklicher Zufall, dass es, dem Staat sei Dank, die Freiheit gibt sich *zu verkaufen*.

Der Zugang zu den Voraussetzungen der Reproduktion, das sind die gesellschaftlichen Werkzeuge und Maschinen zur Herstellung dessen, was *jeder* zur Erhaltung und Organisation seiner Existenz zwingend benötigt, unterliegt in dieser Gesellschaft den Bedingungen der Eigentümer dieser Existenzvoraussetzungen. So, und deswegen, werden die Produzenten des gesellschaftlichen Reichtums vom Ergebnis ihrer Arbeit *getrennt,* und ihre ökonomische Existenz wird zur *Chance*.

So, und deswegen, stehen Resultate und der Inhalt der gesellschaftlichen Produktion, das ob, wer, was, wie, wo, wann, und wieviel, vor und nach getaner Arbeit, *ebenfalls* unter der exklusiven Verfügungs- und Kommandogewalt der Eigentümer der gesellschaftlichen, in Privatbesitz vorhandenen Produktionsmittel.

Die Produzenten des gesellschaftlichen Reichtums bekommen Lohn. Das ist nicht dasselbe wie, wenigstens, die Verfügungsgewalt über das Resultat ihrer Arbeit.

Trotzdem, wider allen praktischen Erfahrungen im Alltag, kann man sich innerlich dazu entschließen, diese ökonomische Erpressung als Angebot wahrzunehmen.

Praktisch, muss man sich dieser Erpressung beugen. Die von den Opfern dieser Sachlache erarbeitete *Vorstellung* der Welt als einer Gemeinschaft, leistet innerlich große Dienste. Ohne sie wäre man als Mensch, ein bezahlter Weisungsempfänger welcher sich lebenslang verkaufen muss, *wenn* er kann. Monat für Monat, Jahr für Jahr, müsste man seine Arbeitskraft und deren Produkte *abliefern*, und sich den Kopf zerbrechen wie man seine Rechnungen bezahlt. Man müsste zuschauen, oder selbst wie Millionen andere, vor vollen Warenhäusern, Not leiden. Im Stadtbild sichtbar, von der Wirtschaft, und auch amtlich als Problem beauskunftet. Man wäre Zeitgenosse und Zeuge, wenn Menschen von Regierungen unter Feuer genommen werden, mit Waffen und Ausrüstung, welche man gestern selbst produziert hat. Man wäre Zeitgenosse und Zeuge, wenn diejenigen welche diesem Inferno zu entkommen versuchen, an Grenzen von der Staatsgewalt mit Waffen empfangen, und in Lager gesperrt werden.

Innerlich lebt man selbst in seiner imaginierten *Gemeinschaft, voller Chancen.*

Bis auf die Anderen, ist alles in bester Ordnung.

Innerlich ginge man auf die Suche nach einer individuellen Begründung dieser Gemeinschaft, welche wie man sieht existiert, in Nationen. Der eigene Pass würde jedem beweisen, zu welcher Mannschaft man gehöre. Aber dieser Pass ist ein Beweis von Gewalt, und man selbst ist *innerlich* alles andere, aber kein Produkt der Definition einer Hoheit welche einem diktiert, per Gesetz, was man zu machen hat. Man selbst macht was man will, immer gerade dann, wenn der Wecker klingelt. Man selbst folge seiner Menschennatur, sukzessive freiwillig, aus Einsicht ihrer Notwendigkeit.

Die Suche nach der Quelle dieser nationalen Natur ist eine endlose Fragestunde, deren Antwort im Motiv der Frage längst gegeben ist. Was macht ´uns´ zum Volk?

Vollkommen losgelöst, von dem was man machen *muss*, erfindet das nationale Bewusstsein *natürliche* Quellen der Nation. Damit befreit man sich und den diktierten Alltag, *innerlich*, vom Kommando der ökonomischen und politischen Gewalt. Als gemeinsame *Kultur*, befördert man die Gesellschaft zu einem Produkt einer nationalen Menschen*natur* (Kunst, Lebensmittel, Gewohnheiten, Sport, Biologie, Psychologie, Religion, Sprache, Geschichte, Mythen...), und endet in der Realität in der Anwendung der als Antwort gefundenen Bebilderungen der Exklusivität des eigenen Volkes, im nationalen Rassismus. Weltmeisterschaften entwickeln sich zum nationalen Rauschzustand. Das nationale Bewusstsein identifiziert in abweichendenden Ess- und Kleidungsgewohnheiten oder Religionen eine Bedrohung durch die fremde Kultur (Musik, Kopftuch, Sprache, Hautfarbe, ...). Innerlich schreitet dieses Bewusstsein von der Forderung der Integration, der Anpassung des ´Fremden´, vorwärts, zur Beseitung volksfremder Elemente.

Im Jahr *2020,* ist die *völkisch* imaginierte Gemeinschaft wieder in der Mitte der Gesellschaft akzeptiert, als eine Art nationale Gebärmutter der Volksnatur, welche sich durch die Eigenschaften ihrer Mitglieder in Form einer Gewalt definiere. Man selbst als Einzelperson dieses Volkes, sei sowas wie ein nationaler Gencode. Wenn die Zusammensetzung des Genoms von anderen Kulturen mitbestimmt werde, drohe eine Deformation und am Ende der Zusammenbruch der Gemeinschaft. So werden aus Ess- und Kleidungsgewohnheiten, der Sprache, einer Hautfarbe, der Religion, oder kulturellen Geschmacksfragen der Kunst oder Musik, und nicht zuletzt aus Meinungen, staatsgefährdende, die nationale ´Natur´ bedrohende*, privat verinnerlichte* Feindbilder.

Der Begriff ´Leitkultur´ wurde bereits 1965 von etablierten Altparteien zur Selektion und Definition der Priorität des ´Deutschen´ zum Ausländergesetz, und danach als als politischer Imperativ der Integrationsspflicht von ´Nichtdeutschen´ benutzt. Dieser *polit-ökonomisch* begründete Nationalismus unterscheidet die Menschheit auch in In- und Ausländer, aber aus einem anderen Grund. Während Inländer einer Staatsgewalt *alternativlos* unterworfen sind, hat der Ausländer in dessen Staatsmacht eine Alternative. Diese Tatsache begründet, ´oben´, polit-ökonomische Zweifel an der Loyalität ´der Anderen´, als Ausländer im Inland lebenden Personen.

Es besteht der Verdacht, dass diese *Privat*personen mit *materiellen* oder anderen *persönlichen* Motiven, nicht wirklich aus ihrer inneren Verfassung heraus, *zu Diensten sind.* In der anderen Staats*gewalt* hat die gastgebende Staatsgewalt tatsächlich eine Schranke ihrer Gewaltausübung an diesen Privatpersonen. Nicht lokal, hoheitlich, aber zuerst diplomatisch, mit den anderen Staats*gewalten.* Nicht selten werden Gerichtsverfahren gegen ausländische Bürger zum Gegenstand einer Auseinandersetzung zwischen Regierungen verschiedener Staaten. Aktuelle, prominente Beispiele der Gegenwart sind Edward Snowden, Julian Assange, oder in der Türkei inhaftierte deutsche Staatsbürger und umgekehrt in Deutschland lebende türkische Staatsbürger.

“ .. Erdogan bestätigte, dass er von der Bundesregierung die Auslieferung von Regierungskritikern verlange. Auf der Liste ist auch der bekannte Journalist Can Dündar. ´Das ist unser natürliches Recht´, rechtfertigte Erdogan die Forderung. ´Sie wissen bestimmt, dass Can Dündar ein Agent ist, dass er eine Person ist, die Geheimnisse des Staates preisgegeben hat. ´ Für den türkischen Staat sei er ein ´Verbrecher´ und dafür zu fünf Jahren und zehn Monaten Haft verurteilt worden. .. Zu ´einzelnen Rechtshilfeersuchen´ der Türkei werde sie keine Stellung nehmen, sagte Merkel. Sie könne aber bestätigen, dass es über Dündar und ´seinen Fall unterschiedliche Meinungen gibt zwischen mir und dem Präsidenten´. .. Eine rasche Lösung mahnte die Bundeskanzlerin für die in der Türkei inhaftierten Deutschen an. ´Wir sind froh, dass einige konkrete Fälle gelöst werden konnten, dass einige Menschen frei sind´, sagte Merkel und pochte zugleich aber auf die Freilassung der übrigen Inhaftierten. ..”

(https://www.tagesschau.de/inland/erdogan-in-deutschland-107.html ,24.01.2020, Erdogan in Deutschland, tagesschau.de)

Die weltweit, herrschende Eigentumsordnung hat die Weltbevölkerung in lohnabhängige Existenzen und Eigentümer der Existenzvoraussetzungen verwandelt. Diese Wirkung der Eigentumsordnung sorgt *auch* im Inland für die bereits dargestellte, prekäre Existenzlage von Millionen.

"In Deutschland besitzen die 45 reichsten Haushalte so viel wie die ärmere Hälfte der Bevölkerung. Beide Gruppen kamen im Jahr 2014 jeweils auf insgesamt 214 Milliarden Euro Vermögen."

(https://www.spiegel.de/wirtschaft/soziales/vermoegen-45-superreiche-besitzen-so-viel-wie-die-halbe-deutsche-bevoelkerung-a-1189111.html , 23.01.2018, 45 Deutsche besitzen so viel wie die ärmere Hälfte der Bevölkerung, spiegel.de)

Derselben Eigentumsordnung im Ausland ausgesetzt, werden dem Versuch der Betroffenen dieser Situation durch einen Ortswechsel zu entkommen, auch durch die Berufskollegen der hiesigen Weltenlenker exekutiert, Grenzen gesetzt. - Bekannt als ´Wirtschaftsflüchtlinge´.

" ´Offene Grenzen für alle´ ist weltfremd. Und wenn das Kernanliegen linker Politik ist, die Benachteiligten zu vertreten, dann ist die No-Border-Position auch das Gegenteil von links. Alle Erfolge bei der Bändigung und Regulierung des Kapitalismus wurden innerhalb einzelner Staaten erkämpft, und Staaten haben Grenzen. Der BDI trommelt nicht ohne Grund seit Jahren für ein Einwanderungsgesetz. Arbeitsmigration bedeutet zunehmende Konkurrenz um Jobs, gerade im Niedriglohnsektor. Dass Betroffene davor Angst haben, ist verständlich. Es gibt auch nicht unbegrenzt Wohnungen, schon gar nicht bezahlbare. Menschen, die verfolgt werden, brauchen Schutz. Dafür ist das Asylrecht da, und das darf nicht ausgehöhlt werden."

(https://www.focus.de/politik/deutschland/linkspartei-fraktionschefin-im-interview-sahra-wagenknecht-offene-grenzen-fuer-alle-das-ist-weltfremd_id_8442307.html , 19.02.2018, Sahra Wagenknecht (MdB, Die Linke, Fraktionsvorsitzende), Interview, focous.de)

Die *neuen* Konkurrenten um die Staatsgewalt teilen die Differenzierung der regierenden, oder oppositionellen Altparteien. Auch sie sehen einen Unterschied zwischen den Seinen und den Anderen, kritisieren aber *prinzipiell* die Zulassung der Teilnahme von Fremden am Gemeinwesen.

Dieser polit-völkisch begründete Nationalismus unterscheidet die Menschheit *auch* in Inländer und Störer dieser Gemeinschaft. Die neue Konkurrenz, sieht die einer Menschennatur entspringende Gemeinschaft, Volk und Nation, aber durch jeden *Einzelfall* geschwächt und bedroht.

"Rund 268.000 sogenannte syrische Flüchtlinge haben nach Medienberichten ein Anrecht ihre Familien nach Deutschland nachzuholen. Legt man, vorsichtig geschätzt, den Faktor 4 zu Grunde, können wir uns also nochmal auf über eine Million weiterer Einwanderer allein aus Syrien gefasst machen. Da diese nachziehenden Personen nicht einmal Asylanträge stellen müssen, tauchen sie in der ohnehin katastrophalen Asylstatistik gar nicht erst auf. Wer den Deutschen weiß machen will, es ginge hier nur um die temporäre Unterbringung von Schutzbedürftigen, betreibt bewusste Augenwischerei. Diese Leute kommen, um zu bleiben. Und sie werden bleiben. .. Diese Familiennachzugsregelung muss umgehend gekippt werden! Statt das in die Wege zu leiten, setzen die Politiker der Altparteien sogar noch eins drauf. Den Grünen geht das Ganze noch gar nicht schnell genug. Geht es nach ihnen, kann bald jeder, der auch nur vorgibt, in Deutschland arbeiten zu wollen, mit samt seiner Familie einwandern. Der Bevölkerungsaustausch in Deutschland läuft auf Hochtouren. Die deutschfeindlichen Grünen wollen ihn noch beschleunigen."

(https://www.afd.de/alexander-gauland-erschreckende-zahlen-der-bevoelkerungsaustausch-laeuft/ , Alexander Gauland AfD, Erschreckende Zahlen – Der Bevölkerungsaustausch läuft, afd.de)

"Publikumsbeitrag: Es ist ja nicht anderes als Völkermord. Weil wenn es, danach, uns deutsche nicht mehr gibt, sondern irgendein Mischvolk, dann sind wir deutsche weg. Das letzte Mal gab es sowas 45. Die Jungs sind am Galgen geendet, Nürnberg. ... Tino Chrupalla (AfD-Bundessprecher seit 2019): Das ist ja genau der Punkt. .. Wir erinnern uns, wo wir auch belacht, oder auch PEGIDA belacht wurde, wo wir von der Islamisierung des Abendlandes sprachen. Und wir sehen ja mittlerweile, das ist Realität. .."

(https://www.youtube.com/watch?v=krVSXzEc0Ac , 02.12.2019, ZDF, Berlin Direkt, Video youtube.com, Interview mit Tino Chrupalla (AfD-Bundessprecher seit 2019))

Die einfachen *Lösungen* dieser neuen Konkurrenz um die Staatsgewalt, werfen ein schlechtes Bild auf das, was die etablierte, amtierende Führung durch Gesetze, selektiv, als ihre Lösung, *an derselben Zielgruppe herstellt.* Der Nationalismus der neuen Regierungsanwärter ist willkommen. Die Regierungsparteien und jene die es werden will, identifizieren dasselbe Ziel am gemeinsamen Maßstab des nationalen Erfolgs in der internationalen Konkurrenz. Die *prinzipielle* Ab- und Ausweisung von Ausländern , bewerten die Altparteien als ökonomische Fehlentscheidung und aufgrund des assoziativ-historischem Wiedererkennungswertes, als politisch problematisch. Zeitgleich erkennen die amtierenden Amtsträger in ausländischen Regierungen, in deren bisherigem Umgang mit ihrem Volk, Fluchtursachen. Die Verwahrung von ´Flüchtlingen´ in zu errichtenden ´Ankerzentren´ wird finanziert. Zeitgleich wird die europäische Agentur für die Grenz- und Küstenwache, FRONTEX in Stellung gebracht. Flüchtlinge werden mit Gewalt vom griechischen Festland entfernt und irgendwo, auch auf hoher See, ausgesetzt. - Pushback.

Die Parolen der ´Rechtspopulisten´ sind von den etablierten Parteien *inhaltlich* als gesetzliche Realität, jedoch mit *Ausnahmen*, verabschiedet und im Alltag wirksam.

"Das Arbeitsministerium plant angeblich eine Erhöhung der Leistungen für Asylbewerber. Demnach sollen alleinstehende Erwachsene statt bisher 135 Euro Taschengeld im Monat künftig 150 Euro erhalten. Jugendliche zwischen 14 und 17 Jahren bekämen 79 statt 76 Euro, Kinder von 6 bis 13 Jahren 97 statt 83 Euro, Kinder unter 6 Jahren 84 statt 79 Euro. … Auch die neuen Pläne stoßen auf Kritik. ´Mit einer Erhöhung der Leistungen senden wir das falsche Signal in die Herkunftsländer´, sagte der stellvertretende Vorsitzende der Unionsfraktion im Bundestag, Thorsten Frei , der Zeitung. ´Deutschland zahlt bereits heute mit die höchsten

Sozialleistungen. Sie sind ein wesentlicher Anreiz für eine Antragstellung in Deutschland, und wir müssen deshalb vorhandene Möglichkeiten für ihre Absenkung nutzen.´ Frei forderte insbesondere eine deutliche Absenkung der Leistungen für Asylbewerber, die bereits in einem anderen EU-Staat einen Antrag gestellt haben. ´Für Dublin-Fälle darf es künftig nichts mehr bis auf die Rückfahrkarte geben.´"

(https://www.focus.de/politik/deutschland/einigung-ueber-gesetzentwurf-fraglich-spd-plant-hoehere-geldleistungen-fuer-asylbewerber-cdu-sieht-falsches-signal_id_10430963.html , 10.03.2019 , SPD plant höhere Geldleistungen für Asylbewerber – CDU sieht ´falsches Signal´, focus.de)

Die politische Konkurrenz benutzt den erfolgreich durch die Altparteien verankerten Nationalismus, um sich als Alternative denjenigen als Staatsgewalt anzubieten, welche sich zu Volk erzogen, millionenfach, nur noch eines wünschen; - Deutschland den Deutschen.

Die in der realen, ökonomischen Konkurrenz wirksamen Gegensätze und *deren* Konsequenzen, gelten im national, denkenden Bewusstsein nicht als materielle Not oder ökonomischer Erpressungshebel. *Lohn*arbeit ist *als Leistung* an, und Voraussetzung einer national, imaginierten Gemeinschaft *akzeptiert,* gewollt und für notwendig befunden. Die Ordnung selbst steht abseits jeder weiteren Beurteilung. *Das* ist halt so. Die objektiv, *politisch erzeugte* Mittellosigkeit und Weisungsgebundenheit, die Notwendigkeit *der Konkurrenz* um ein Einkommen, wird als Freiheit der Berufswahl zu einer Gelegenheit das Geld zu verdienen, auf welches man angewiesen ist.

Weil das geschädigte Interesse, ´unten´, sich mit den *herrschenden*, ökonomischen Grundlagen nicht befassen will, sondern unabhängig davon, ***und*** *stattdessen* deren Wirkungen auf sich als *Volksgemeinschaft* beziehen will, wird die Feindschaft zu ´volksfremden´ Bestandteilen der Gesellschaft zum prinzipiellen Kanon der Gesellschaft. Der Begriff, das Substantiv ´Konkurrenz´, von Nationalisten *als Sozialkritik* vorgetragen, billigt den Widerspruch der eigentumsbasierten *Konkurrenz* als notwendigen Bestandteil der Gemeinschaft, und kritisiert die *fremde Nationalität* der Konkurrenten als Ursache der Wirkung der Konkurrenz.

Konkurrenz beginnt erst dort, wo ´volksfremde´ Bestandteile *genau dasselbe* machen müssen, wie man selbst. Dass diese Fremden dasselbe tun, wie man selbst, macht die ´anderen´ nicht zu Bürgern! Dass diese Fremden das dürfen, wird als Kritik an der aktuellen Elite vorgetragen.

"Die Soziale Frage der Gegenwart ist nicht primär die Verteilung des Volksvermögens von oben nach unten, unten nach oben, jung nach alt oder alt nach jung. Die neue deutsche Soziale Frage des 21. Jahrhunderts ist die Frage nach der Verteilung des Volksvermögens von innen nach außen."

(https://www.facebook.com/Bjoern.Hoecke.AfD/posts/1698077077100238/ , Björn Höcke , AfD, Schweinfurt, 28.04.2016)

Der anerzogene Nationalismus ´unten´ sieht in seiner Gleichstellung zu den Anderen, einen Widerspruch zur antrainierten Liebe zu den Seinen. Die Tatsache, dass Staat und Wirtschaft auch Ausländern gebieten, sich um einen Arbeitsplatz zu bewerben, oder eine Wohnung zu mieten, was auch den Inländern als Bedingung ihrer Existenz alles andere als ein sorgenfreies Leben garantiert, wird von ´unten´ als Verletzung ihrer selbst erarbeiteten Vorstellung betrachtet, als Inländer von *der eigenen*, inländischen Regierung, exklusiv, *als ihr Volk* behandelt zu werden.

Wir *sind* das Volk, *wenn* das Pack sichtbar schlechter behandelt wird.

Die Gleichstellung oder Duldung von nicht zur imaginierten Gemeinschaft dazugehörigen Fremden, oder anderen Störern, welche rechtlich oder ideologisch *durch die amtierende Elite selbst, als Ausländer oder Gegner der Staatsordnung gekennzeichnet* sind, beweist den aktuellen Kritikern und Konkurrenten um die Staatsmacht, einen Verrat der aktuellen Regierungsmannschaft an der Nation, an der als Gemeinschaft imaginierten, lokalen Bevölkerung. *Aufbauend* auf dem antrainierten Nationalismus der Altparteien, stellen die neuen Anwärter auf die Staatsgewalt der Amtierenden die nationale Vertrauensfrage.

So, innerlich vom Standpunkt einer Nation ausgehend, *innerlich, parteinehmend*, jeweils national von Volk adaptiert, funktioniert diese von Herrschaft initiierte Halluzination, die Transmission **von Feindbildern**, auf Ansage von Regierung**:** ´Ausland´, ´ Trump´, ´Islam´, ´links, ´rechts´, China, Russland, Irak, Iran, Afghanistan, Venezuela, Cuba, Vietnam, Bolivien, Syrien, Griechenland, Palestina, ..., je nach aktuellem *Bedarf* der herrschenden Elite.

Alltäglich gipfelt dieser Erfolg in den Exzessen der Staatsgewalt, welche sich auch die Leser dieses Buches, als Teil der Menschheit, im Jahr 2020, *diktieren* lassen müssen. Als Lohnarbeiter und Soldat ´ihrer´ Herrschaften. Gleichgültig ob sie das wissen, wollen, oder nicht.

Die Zuschauer und Marketender *wissen*, dass Kinder in einem als Feindesland bezeichneten Staatsgebiet auch nur zur Schule gehen, deren Eltern sich genau wie hier, dort um Arbeit bewerben.

- Aber; Mit der nationalen Brille betrachtet, wird deren Alltag innerlich als Unterstützung einer feindlichen Macht transformiert. Dieselbe Ausrüstung der anderen *Staatsgewalt,* deren Volk und Militär, wird wechselseitig als Berechtigung zur Bekämpfung, bishin zur Vernichtung dieser Bedrohung akzeptiert. Das Bekenntnis zu Nation erkennt in der Bevölkerung anderer Staaten, im In- *und* Ausland, das menschliche Material einer Bedrohung.

“Er gilt als der erste Kampfroboter der selbst über Leben und Tod entscheidet. Der SGR-A1 des Tec-Giganten Samsung. über ein Sprachinterface kann er Menschen warnen. Reagieren sie nicht, erschießt er sie selbstständig. Mary Wareham(Human Rights Watch: Wir stehen kurz vor einer neuen Art der Kriegsfhrung, in der wir das töten an Maschinen delegieren. Das passiert, wenn wir die Entwicklung vollautonomer Waffen zulassen, Waffen die eigenständig ihr Ziel suchen, und es ohne jede menschliche Kontrolle angreifen. Auf den internationalen Waffenmessen ist das Wettrüsten um solche sogenannten Killerroboter voll im Gange. Ganz vorn, Russland, China, Israel und die USA. Auch deutsche Hersteller setzen imm mehr auf Autonomie. So produziert Rheinmetall einen unbemannten Panzer mit Raketen- oder Kamikazedrohnen, der seine Missionen, programmiert, auch autonom ausführen kann. .. ´.. Wir sehen auf dem internationalen Markt eine hohe Nachfrage´ .. Die Grünen im Bundestag fordern ein präventives Verbot vollautonomer Waffensysteme, denn sie könnten die Hemmschwelle zum Krieg senken und das Völkerrecht aushebeln. Katja Keul (B´90/Die Grünen, MdB 2020): ´Wir haben eine Weltlage wo die Konflikte im Augenblick eskalieren. Und wenn zu dieser Instabilität und diesen Konfliktherden dann auch noch Waffensysteme kommen, die sich menschlicher Kontrolle entziehen, dann geht uns das alle etwas an. Karl-Heinz Brunner (SPD MdB 2020): ´Ich persönlich bin ganz fest der Überzeugung, dass wir in der Lage sein müssen, entgegen dem Antrag der Grünen, in Deutschland auch zu forschen, um im Wege der Forschung und technischen Entwicklung, autonome Waffensysteme abwehren zu können.´ Roderich Kiesewetter (CDU MdB 2020): ´ Entscheidend ist, dass das auf Nato- und EU-Ebene gemacht wird. Ein deutscher Sonderweg mag uns vielleicht moralisch erhöhen, wird aber nicht das Problem lösen.´)"

(https://www.zdf.de/nachrichten/zdf-morgenmagazin/vollautomatisierte-killer-roboter-100.html , 01.02.2020, Vollautomatisierte-Killerroboter, zdf-morgenmagazin, zdf.de)

"Guten Abend Frau Kramp Karrenbauer.
Annegret Kramp-Karrenbauer, AKK, CDU, Verteidigungsminsterin der Bundesrepublik Deutschland: Hallo, Guten Abend Herr Zamperoni. Zamperoni: Deutschland muss mehr beitragen für die Sicherheit Europas, fordert heute der Bundespräsident. Das hören wir jetzt schon seit einiger Zeit, auch von der Bundesregierung. Warum passiert das nicht? AKK: Der Bundespräsident hat heute eine Lage analysiert. Diese Analyse teile ich. Es ist für mich auch Ermutigung auf meinem Weg fort zu schreiten, die Bundeswehr einsatzfähiger zu machen. Dazu gehört zum Beispiel auch, dass wir, ganz konsequent, an unserem 2 Prozent-Ziel arbeiten. Zamperoni: Aber davon sind wir noch ziemlich weit entfernt. Und mit ein bisschen zu wenig, und mit ein bisschen zu wenig Entschlossenheit, kritisiert das auch der Leiter der Sicherheitskonferenz, Wolfgang Ischinger .. . Reichen denn die Werkzeuge und Mittel die Deutschlands Aussen- und Sicherheitspolitik hat, überhaupt aus, um diesen Krisen und autoritären Mächten, in dieser sich so verändernden Welt Paroli bieten zu können? AKK: Wir haben aus der Vergangenheit heraus, viele Schritte nach vorne gemacht, was die Steigerung unserer eigenen Anstrengungen anbelangt. Wir haben in diesem Jahr zum ersten Mal, nach NATO-Kriterien, über 50 Milliarden Euro, die wir für Verteidigung ausgeben, und wir wollen das konsequent weiter fortführen.Dazu gehört aber auch, dass das Material, dass die Einsatzbereitschaft gesteigert wird. Das ist der Schwerpunkt des Verteidigungsministeriums in dieser Situation. ... . Zamperoni: Unterm Strich versteh´ ich aber, wir haben noch Defizite, beim Material, aber auch bei Commitment, in gewisser Weise; Das heisst Deutschland ist nur bedingt verlässlich als Partner? AKK: Nein. Deutschland ist verlässlich. Wir haben gerade diese Woche bei der NATO über die weiteren Schritte in Afghanistan gesprochen. Wir sind in

Afghanistan der zweitgrößte Truppensteller. Wir sind die Lead-Nation im Norden für 21 andere Staaten und Länder, die mit uns dort gemeinsam kämpfen. Aber das wir noch Schritte nach vorne gehen müssen, dass wir noch nicht in der Einsatzbereitschaft soweit sind, wie wir das selbst wollen, und wie wir es auch geplant haben, das ist ganz klar. Aber das geht auch nicht von heute auf morgen. Das muss ganz konsequent, Jahr für Jahr, besser werden. Daran arbeiten wir .. ..“

(https://www.tagesschau.de/multimedia/video/video-660963~player_branded-true.html , 14.02,2020, Verteidigungsministerin Annegret Kramp-Karrenbauer zur deutschen Sicherheitspolitik, tagesschau.de)

Welchen Grund kennen Sie um Maschinen zu entwickeln, zu bauen, und einzusetzen um Menschen zu vernichten? Bitte beantworten sie diese Frage zunächst für sich selbst.

Diese Maschinen *sind* im Einsatz.

Kann es dann überhaupt zutreffen, dass deren *Auftraggeber*, die Regierungen dieser Welt, den Menschen bei der Organisation eines Lebens irgendwie behilflich sein wollen?

Oder ist es im Gegenteil, eher naheliegend, dass Regierungen andere, zu den Interessen der Menschen welche sie regieren, entgegengesetzte Interessen haben *müssen*? Natürlich kann man sich auch vorstellen, dass diese Massenvernichtungsmittel und deren Bedienungspersonal zum Schutz derjenigen existieren, deren Existenz das Ziel dieser Waffen ist. - **Wer** steht vor dem Lauf der Gewehre der Herrschaften, hier **und** dort?

Nationalismus beginnt nicht erst dann, oder seitdem die neuen, ´Rechten´ die Wahlen gewinnen!

Kommen wir zurück vom Militär, dort wo Befehle von ´oben´ befolgt werden, und ver*bleiben* beim Thema Nationalismus, im ´zivilen´ Alltag, wo der Wille von Weisungsempfängern, ´unten´ , auch Anweisungen von ´oben´ befolgen muss. Im Geiste lebt man ´unten´, wie dargestellt, in einer Gemeinschaft. Zu Volk konditioniert, auf Demonstrationen beauskunftet, sei Herrschaft keine Gewalt welcher man dienen muss, sondern etwas, was man will, vermisst, und fordert. Diese innere Einstellung zu Herrschaft ist jeder Regierung willkommen, aber sie ist darauf nicht immer im selben Maße, *angewiesen.* In Friedenszeiten weisen der Rechtsstaat und dessen Waffenträger jeden praktischen Widerstand zurück an seinen Arbeitsplatz, oder verhängen Strafen. Dann wird das Volk zum Pöbel, zum Willen der Strasse, dem sich eine Regierung nicht beugen darf. Je stärker sich Regierungen von Berufskollegen des Auslands bedroht sehen, wie sie selbst bewaffnet, desto wichtiger, notwendiger, wird eine der Robustheit der politischen Agenda entsprechende *Geisteshaltung* an der Heimatfront. Politiker beschließen Kriege. Aber auf dem Schlachtfeld sind diese Herrschaften *allein* nicht in der Lage *ihren* Willen in die Tat umzusetzen.

Im Krieg werden Menschen *im Auftrag* von Regierung gegen die Menschen einer anderen Staatsgewalt, bewaffnet aufeinander losgelassen. Wieso funktioniert das eigentlich? Immerhin, es geht viel kaputt, was man als Mensch betrachtet, gut gebrauchen kann, und es kommen so, *nach* 2 Weltkriegen, auch heute, *jeden Tag* weitere Leichen hinzu.

Der Nationalismus, *von den Eliten anerzogen*, sieht im Ausland eine Bedrohung. Die sogenannte Zivilbevölkerung, ist in der Heimat damit beschäftigt, die Munition und Ausrüstung derjenigen zu erarbeiten, welche auf Kommando Kneipen*meinungen* vollstrecken, jedoch von Regierung beauftragt, im Kriegs*einsatz*. ´Unten´ ist man sich ganz sicher, das der ´Russe´, der ´Chinese´, aber auch innenpolitisch reflektiert, ´Linke ´, ´Ausländer´, je nachdem was von ´Oben´ aktuell angesagt wird, eine Bedrohung sind. Dasselbe *Personal*, jedoch anderen Herrschaften verpflichtet, mit derselben nationalen Gesinnung, wird von ´Oben´ motiviert, durch ihre Arbeit *die Voraussetzungen* von Krieg der Verfügungsgewalt ihren Herrschaften zu unterstellen. - Jeweils, hier bejubelt, und im ´Ausland´ verachtet.

" .. ´Die Lehre aus Auschwitz kann kein Argument dafür sein, dauerhaft kein Engagement zu übernehmen´, so Schäuble weiter. .. Schäuble stellt sich mit seiner Forderung klar an die Seite von Bundesverteidigungsministerin Annegret Kramp-Karrenbauer. Sie hatte zuletzt eine strategische Neuausrichtung der deutschen Außen- und Sicherheitspolitik gefordert. Wie robust die Auslandsmissionen der Bundeswehr ausgestaltet werden sollen, ist innerhalb der Großen Koalition umstritten. Auch innerhalb der Bevölkerung sind Auslandseinsätze der deutschen Armee unbeliebt. Das zeigen Umfragen immer wieder. Beobachtern zufolge liegt das auch daran, dass die Politik den Bürgern nicht hinreichend erkläre, warum militärisches Engagement Deutschlands im Ausland von nationalem Interesse sei - so wie beispielsweise in Afghanistan.

´Darüber muss man reden´

Schäuble erklärte, diese Widerstände in der Bevölkerung und auch im Parlament müsse man ernst nehmen, aber man müsse auch offen für Kritik der Bündnispartner sein. ´Wenn uns etwa Frankreich auffordert, mehr für den Kampf um die Sicherheit in Mali zu tun, lösen unsere Antworten in Paris keine Begeisterung aus´, so Schäuble."

(https://www.tagesschau.de/inland/schaeuble-bundeswehr-auslandseinsatz-101.html , 31.01.2020, Bundeswehr Schäuble für mehr Auslandseinsätze, tagesschau.de)

"Steht der Westen vor dem Untergang oder nicht? Das ist eine der zentralen Fragen auf der Münchner Sicherheitskonferenz. Dabei offenbaren die USA und die Europäer gegensätzliche Ansichten. .. Bundespräsident Frank-Walter Steinmeier hatte zur Eröffnung der Sicherheitskonferenz die USA deutlich kritisiert: ´Die Vereinigten Staaten von Amerika erteilten unter der jetzigen Regierung selbst der Idee einer internationalen Gemeinschaft eine Absage´. .. Macron formulierte eine nüchterne Einschätzung: ´Europa steht vor der Stunde der Wahrheit´. Andere Mächte seien aufgestiegen, die Demokratie habe keine Antikörper mehr. Europa als Lösung - das war seine Botschaft. .. Bundesverteidigungsministerin Annegret Kramp-Karrenbauer begrüßte die Aussagen Macrons. Die Gegner der Idee des Westens seien bereit zu handeln und schafften neue Verhältnisse. "Was machen wir? Wir beschreiben unsere Schwächen." Die CDU-

Politikerin forderte, den "Konsens der Worte" von 2014 - als Bundespräsident Joachim Gauck und damals noch Außenminister Steinmeier auf der Sicherheitskonferenz sagten, Deutschland müsse sich stärker militärisch und auch außenpolitisch engagieren - in einen Konsens des Handelns zu verwandeln. In der vergangenen Woche erst habe der Bundestag erste Mittel für das gemeinsame Kampfflugzeugsystem freigegeben. ..”

(https://www.tagesschau.de/inland/msc-diskussion-westen-101.html , 15.02.2020, Münchner Sicherheitskonferenz, tagesschau.de)

Umso näher die Stunde der Wahrheit kommt, und was das ist und wann, entscheiden die Weltenlenker, desto weniger steht Regierungen der Sinn nach Diskussionen. Die anerzogenen Feindbilder sind als durchgesetzte Meinung an Stammtischen ein gutes Zeichen, aber nicht dasselbe wie der Nachweis diesem Konsens der Worte entsprechend, dann auch dem Befehl einer Elite folge leistend, so zu handeln. Je größer das Interesse *von Regierungen* wird, sich gegen staatliche oder nichtstaatliche Gegner ihrer Ideen zu engagieren, desto geringer wird ihr Vertrauen auf *ihre* Predigt von Gemeinschaft.

Wo sich diesem kriegerischen Anspruch der Elite, Menschen als Widerstand bemerkbar machen, oder vermutet werden, desto geringer wird ihre Toleranz, Abweichungen im Meinungsbild zu tolerieren. Wer sich diesem staatlichen Engagment verweigert, innen- oder außenpolitisch, als Lieferant der Mittel, oder als kommandierter, menschlicher Waffenträger, wird als Gegner von Regierung identifiziert, als Gegensatz ihrer *Geltung* als Realtität. Die entsprechende Rechtslage setzten Regierungen einfach in Kraft - als Verteidigungsfall oder nationalen Notstand. Aber am Ende entscheidet doch der Diener, ob er den geforderten Dienst erbringen *will.*

Solche Ziele erfordern nicht nur eine diesem politischen Vorhaben entsprechendende Man- und Firepower, welche als Leistung vorangegangener Arbeitergenerationen, materiell und personell, *bereitsteht*, sondern zuerst die unhintergehbare *aktuelle* Loyalität derjenigen, welche an der Heimatfront, *heute*, die Bedingungen eines erfolgreichen Einsatzes von Gewalt im In- und Ausland, durch ihren Dienst, *herstellen.* Solche Ziele erfordern die Kontrolle, die Sicherstellung von Gehorsam. Volk, als Material von Herrschaft, ist als Staatsbürger gefordert, aber als Privatbürger ein unsicherer Kandidat. Wenn die Elite eine Stunde Null auf die politische Tagesordnung setzt, um das Wegducken der Vergangenheit durch mehr Verantwortung zu ersetzen, beschliesst sich selbst innen- und außenpolitisch, robuster aufzustellen, anstatt Schwächen zu beschreiben, *braucht* es Kampfmittel *und* Personal mit entsprechender, geistiger Bereitschaft zu deren Einsatz. - Patrioten.

Die Transformation des Nationalismus zum Staatsprogramm

“Ich hätte zwei Fragen sogar, und zwar einmal zur Integration. Wir sprechen immer von Integration und der deutsche Steuerzahler gibt viel Geld dafür aus Meine Frage ist, können wir die grüne Jugend die da unten, heute im Foyer ´Nie wieder Deutschland´ skandiert hat, können wir diese Jugend in dieses Land überhaupt noch integrieren. Und die zweite Frage ist, die CDU ist ja gerade ganz ganz, fleißig dabei ihren eigenen Niedergang zu besiegeln. Die bereiten sogar eine Zusammenarbeit mit den Linken in Thüringen vor. Und meine Frage an Sie wäre, wie ist ihre persönliche Einschätzung auf, vor allem als ehemaliges CDU-Mitglied;

Können die konservativen Kräfte innerhalb der CDU es nochmal schaffen, sich durchzusetzen, und wenn ja, wäre dann auch eine Zusammenarbeit mit der AfD denkbar? Vielen Dank. Alexander Gauland: Das Erste war ja nur eine rhetorische Frage. Leute die so denken und reden, kann man nicht integrieren. Bei der CDU bin ich vorsichtig optimistisch. .. ”

(https://www.youtube.com/watch?v=ALz9tfSZfuU , 02.02.2020, Rathaus Hamburg, Diskussion mit Alexander Gauland mit emotionalen Wortgefechten, youtube.com)

“.. Wenn Sie alle von linker und rechter Seite, was sachliches tun wollen, für den Verfassungsschutz, dann sage ich Ihnen; Wenn man Islamismus, wenn man Extremismus effektiv bekämpfen möchte, dann braucht man dafür nicht nur Sonntagsreden auf den Verfassungsschutz, sondern dann braucht man einen Verfassungsschutz, mit Kompetenzen auf der Höhe der Zeit. Und genau dafür arbeiten wir, mit der bevorstehenden Novelle des Bundesverfassungsschutzgesetzes. Und wenn wir es schaffen, .. mit der Onlinedurchsuchung , mit der Quellentelekommunikationsüberwachung , mit der forensischen Systemkopie , dann haben wir einen Verfassungsschutz der stark ist, der gut vorgehen kann, der noch besser als heute, gegen jede Form von Extremismus streiten kann ..”

(https://www.youtube.com/watch?v=CvQAIlup-KQ , 13.02.2020, Rede Philipp Amthor (MdB CDU), Islamismus und AfD, 146.Sitzung Bundestag)

“FDP-Vizechef Wolfgang Kubicki sagte dem ´Spiegel´, es sei fatal, wenn das innenpolitische Augenmerk hauptsächlich auf die Bekämpfung des Rechtsextremismus gerichtet werde. Auch der Linksextremismus tritt in den vergangenen Jahren deutlich aggressiver auf´´, erklärte Kubicki. ´Wenn politische Entscheidungsträger jahrelang linksextremistische Biotope und rechtsfreie Räume wie in der Rigaer Straße in Berlin und die Rote Flora in Hamburg dulden, tragen diese Parteien auch eine Mitschuld an der Verrohung dieser Auseinandersetzung.´”

(https://www.tagesschau.de/inland/leipzig-polizeieinsatz-101.html , 03.01.2020, SPD stellt Polizeitaktik infrage, tagesschau.de)

Die Ankündigung der Überwachung der Gesamtbevölkerung ist in dieser Gesellschaft nicht der Beweis dafür, dass das Interesse von Volk und dem Interesse derjenigen, welche diese Überwachung anordnen, auseinanderfallen *muss*, sondern ein gefordertes Werkzeug um Gegner einer gleichzeitig als Gemeinschaft imaginierten Gesellschaft zu ermitteln.

Die Elite dieser Gemeinschaft kennt Gründe, und *sie selbst* ist es auch, welche die innere Einstellung der Bevölkerung zu den gesetzlichen Vorgaben ihrer Schutzherren überprüfen lässt.

Die regierenden Altparteien und deren neue Konkurrenz sind sich in der Frage der Notwendigkeit der Überwachung *der Gesinnung* der Gesellschaft einig. Gestritten wird, ′oben′, um die Zielgruppe dieser Gewaltanwendung.

Das staatlich erzeugte Diktat der Trennung der Produzenten von ihrem Produkt und den gesellschaftlichen Produktionsmitteln, erfolgt in der Absicht auf die Willensbildung der Bevölkerung einzuwirken. Das Eigentum erzeugt eine gesellschaftliche Hierarchie. Die damit eingerichtete *Notwendigkeit zum Dienst*, die Ausbeutung der Lohnarbeit als Quelle des Profits der Eigentümer, *ist die ökonomische Basis* der Staatsgewalt. Deren *Gewalt* ist Voraussetzung der Existenz des Privateigentums an den Produktionsmitteln der Gesellschaft. Diesen in der Gesellschaft arbeitsteilig, initiierten Gegensatz, bewirtschaften Regierungen und die Eigentümer der Reproduktionsvoraussetzungen, *wenn* die betroffenen Opfer, die ′Arbeitnehmer′, diese ihnen mit dieser Herrschaftstechnik zugewiesene Rolle *annehmen*. Dann, aber eben *nur dann*, sind die Resultate und die Anwendung von Staatsgewalt in einem national denkenden Bewusstsein ein Gottesdienst der Regierungen an ihren weltlichen Dienern. *Die Akzeptanz* der gesellschaftlichen Trennung der Produzenten von den Produktionsmitteln und den Produkten ihrer Arbeit, ist die Voraussetzung *der Funktionalität* der polit-ökonomischen Kooperation von politischer Gewalt und ökonomischer Erpressung dieser Herrschaftsform.

Deswegen ist die Kontrolle dieser Akzeptanz *in allen Staaten* mit einer eigenen Behörde ausgestattet, und erfolgt lebensbegleitend, *präventiv*, speziell ausgestattet, mit geheimdienstlichen Mitteln. ′Oben′ ergreift man Maßnahmen, um Aktivitäten innerhalb der Bevölkerung, welche gegen diese eigentumsbasierte Grundordnung gerichtetet sind, bereits im Vorfeld *zu lokalisieren*.

Wenn die Diener des Volkes *den Voraussetzungen* ihrer Herrschaft widersprechende Ansichten oder Handlungen erkennen, vermuten oder unterstellen, wird das staatliche Interesse *gegen den Willen, und gegen jeden Widerstand* der Empfänger ihrer ′Dienstleistung′ durchgesetzt. Um gegen diesen ′Extremismus′ besser streiten zu können, müssen dessen Biotope, mit Kompetenzen auf der Höhe der Zeit, mit geheimdienstlichen Methoden ermittelt werden.

Die neuen Konkurrenten anerkennen die eigentumsbasierte Grundlage der Gesellschaft. In der *vertrags*basierten Erscheinungsform der internationalen Konkurrenz, in der grenz*überschreitenden* Nutzbarmachung der Lohnarbeit, in der partei*übergreifenden* Bewirtschaftung des nationalen Standorts, erkennen die rechten Kritiker der Altparteien nur noch eines; - Sozialismus, einen gegen die Nation gerichteten, ′linksgrün versifften', Missbrauch der Staatsgewalt.

“.. Nie wieder Sozialismus in diesem Land, nirgendwo auf dieser Welt. Weder roten, noch braunen, und auch schon gar nicht, gar keinen, sich anbahnenden, grünen Sozialismus .. Eine Partei die nichts dazu gelernt sind die Linken. .. Das alles hält aber die anderen Parteien nicht davon ab, offen mit dieser offen, verfassungsfeindlichen Partei zu kuscheln und zu kooperieren. Die Grünen und die SPD koalieren offiziell, .. wir haben die CDU in Thüringen, die eine Kooperationsvereinbarung, einen Koalitionsvertrag geschlossen hat, mit der rot-sozialistischen Regierung dort ... und die FDP hat sich auch als Steigbügelhalter herausgestellt .. Sie machen sich mit der Mauermörderpartei die auf Massenmörderieologien fußt gemein ..”

(https://www.youtube.com/watch?v=t09qIqrjCq4 , 06.03.2020, Stephan Brandner AfD, Rede im deutschen Bundestag)

Die Altparteien, welche seit Ende des zweiten Weltkrieges die gesellschaftliche Wirklichkeit geschaffen haben, sehen sich heute, 2020, intern mit einer Konkurrenz um dieselben Ämter konfrontiert, welche auch sie selbst mit der Gewalt ausgestattet haben, welche es auch ihnen gestattet Text zu Gesetz zu machen. Man streitet sich, ´oben´ , wessen Volk das sein soll, welches in stetig wachsenden Zahlen *protestiert*, die Nationalflagge schwenkend, unmissverständlich seine *Dienste anbietend*, und eine Führung fordert, welche dieses Volk verdiene.

Bevölkerung ist als Ressource der Nation, ´oben´, kultische Berufungsinstanz jeder Herrschaft, weil dessen Benutzung die Mittel der Herrschaft abliefert. Die freiwillige Selbstwahrnehmung als *´Volk´*, ´unten´, dreht die Sachlage um. Hier wird Regierung, eine in der Realität dem einzelnen Individuum *vorgesetzte, übergeordnete* Gewalt, als ein notwendiges Werkzeug, als eine organisatorische Dienstleistung an sich zufällig auf einem Territorium aufhaltenden Individuen begriffen.

´Unten´ ist diese Weltsicht eine persönliche *Meinung*. Im Alltag hat man das zu machen was einem gesagt wird, und mit dem auszukommen was man verdient. ´ Oben´ wird darüber *entschieden* ob und wozu man diese Meinungen benutzen kann, oder ob man die Meinung bekämpfen will.

Auch die neuen Bewerber um die Ämter, welche die Macht verleihen Text zu Gesetz zu machen, versprechen der sich als Volk begreifenden Bevölkerung, sich selbst als Regierung, als Verwirklichung seiner Wünsche, indem *sie* das zur Pflicht erheben, was alle wollen.

Herrschaft, heute, lässt sich durch ein Wahlkreuz legitimieren. Wer regiert, das darf man wählen. Personalfragen stehen zur Wahl. *Dass* regiert wird, *und* auf welcher ökonomischen Grundlage, das steht schon vor der Wahl fest.

Ein Einkommen, im Verhältnis zum gesellschaftlich, produzierten Produkt der Produzenten, die Altersversorgung, oder irgendein fixierter Auftrag, stehen nicht zur Wahl. Die ideologische Selbstdarstellung von Demokraten, die Legitimität ihrer Herrschaft, begründet die Demokratie mit der Behauptung, ihre Herrschaft vollziehe nur das, was der Wähler wolle, weil die Wahl der Bevölkerung die Gelegenheit gebe, den Inhalt von Herrschaft zu definieren. Tatsächlich wird durch den Wahlakt keine inhaltliche Vorgabe erteilt, etwa in Form eines Wunschzettels, welchen eine Regierung dann abzuarbeiten hat. Jedes andere Votum als ein Kreuz hinter einer Partei oder Person, jeder schriftliche Kommentar, macht den Stimmzettel ungültig. Die Wahl fordert, und liefert als Wahlergebnis, ein bedingungsloses ´Ja´ zur Herrschaft von Menschen über Menschen.

Auch die Neuen im Parlament wollen deshalb genau*so* ermächtigt werden, um zu regieren.

"‥ Ich würde immer wieder gern in diesen hamburger Saal kommen, und in diesem Saal reden. Ich weiss, hier hat Otto von Bismarck geredet, aber der Saal selbst, auch ohne Otto von Bismarck, ist das was Hamburg ausmacht, das Bürgertum in dieser Stadt. Meine Damen und Herren, liebe Freunde, ich spreche heute in einer Stadt, in der Umfragen zufolge SPD, Grüne, und Linke, auf etwa zwei Drittel der Wählerstimmen kommen. Da kann man als Bürgerlicher schon ins Grübeln geraten. Der Unterschied zwischen Bürgerlichen, also Liberalen oder Konseravativen auf der einen, und Linken auf der anderen Seite, besteht ja darin, dass die Bürgerlichen die Linken in Ruhe lassen. Sie akzeptieren den Andersdenkenden, oder Andersseienden, solange der sie seinerseits in Ruhe lässt, also sie nicht bedroht oder missionieren will, oder irgend etwas von ihnen fordert. Das persönliche in Frieden gelassen werden wollen, ist ein zentrales Motiv konservativer, aber auch liberaler Politik. Demgegenüber hält die Linke, nach dem bekannten Slogan der 68er, alles private für politisch, und alle Menschen für sozialisierungsbedürftig. Die Linke, deren Vertreter in der Regel meinen, sie allein wüssten, was für die Gesellschaft und die Welt am Besten ist, will alle Nichtlinken Mitbürger erziehen. Sie nennen es aufklären, oder Vorurteile abbauen, oder sensibilisieren. Und was dergleichen Floskeln mehr sind. Aber ihre Aufklärung besteht darin, dort wo sie nicht herrschen, alle Strukturen, Instanzen und Traditionen in Grund und Boden zu kritisieren, und dort wo sie herrschen, sämtliche von ihnen hervorgerufene Probleme mit wohlmeinendem Gerede zuzukleistern. Wer die Probleme dennoch ansprechen will, wird denunziert. Und natürlich wollen sie in jedem Fall das Geld der anderen. Da die meisten Linken aus beruflichen Milieus stammen, wo Geld nicht erwirtschaftet, sondern verzehrt und verteilt wird, schlägt ihre wirtschaftliche Negativbilanz nirgends zu Buche. Es sei denn, die Linke gründet eigene Staaten. Dann zeigt sich ihre ganze Unfähigkeit mit erschreckender Deutlichkeit. Aber diese Lektion scheinen unsere linken Vassaste gelernt zu haben. Heute leben sie lieber als Kostgänger des von ihnen verachteten Kapitalismus. Da sie mehr Zeit haben, als normale, arbeitende Menschen, haben sie auch mehr Zeit sich zu organisieren und zu vernetzen. Das erklärt ihre Dominanz in der meinungsbildenen Öffentlichkeit. Damit dort nicht darüber debattiert wird, welche Rolle sie eigentlich im Gesamtgefüge spielen, und ob ihr Treiben nicht entbehrlich wäre, verhindern sie solche Debatten rigoros. Solange sie offiziell nichts zu melden haben, fordern die Linken Teilhabe. Haben sie aber genügend Planstellen, in den Parteien, den Medien, an den Universitäten, und in den NGO´s besetzt, ersticken sie die öffentlichen Debatten unter der Käseglocke der politischen Korrektheit. Pluralismus ist ihnen ein Ärgernis. Da sie sowieso wissen was richtig ist, sind alle anderen Ansichten nur hinderlich. Im Grunde halten sie andere Meinungen für strafwürdig, wie sich an den täglichen Beispielen zeigt, wenn hier jemand zum Rassisten, zum Sexisten, zum Fremdenfeind oder zum weissen Suprametisten erklärt worden

ist. Es war übrigends, das muss ich leider zugeben, ein grosser Irrtum meiner Generation, diesen Leuten den Marsch durch die Institutionen zu erleichtern. Sie nicht nur zu tolerieren, sondern auch zu fördern, da bekenn´ ich mich schuldig. Ihnen Redakteursposten und Doktorandenstellen zu verschaffen, nur um zu demonstrieren, dass wir Brgerlichen ja gar keine autoritären Betonköpfe oder Faschisten, sondern tolerante Menschen sind. Die Folgen sind bekannt. Die Linke kennt in Puncto Toleranz kein quid pro quo. Heute sind die Zeitungsredaktionen, Rundfunkanstalten, und Universitäten nahezu vollständig von Konservativen gesäubert, und zwar keineswegs nur nur in Deutschland, und keineswegs nur im öffentlich, rechtlichen Rundfunk; Selbst bei den Zeitungen muss man heute in die Neue Züricher Zeitung schauen, da Welt und FAZ längst nicht mehr, in dem Sinne, bürgerliche oder konservative Zeitungen sind. Liebe Freunde, es kann der frömmste nicht in Frieden leben, wenn es dem bösen Nachbarn nicht gefällt. Und ein solcher Nachbar ist die Linke. Nicht der einzelne Linke, der kann mitunter sogar entzückend sein, sondern die Linke als solche. .. Und wenn jetzt jemand einwendet, es seien nur radikale Linke die dergleichen tun, muss ich entgegen halten, wer toleriert sie, wer finanziert sie auf Schleichwegen? Wer empfindet die berühmte, klammheimliche Freude bei ihren Taten? Wer profitiert am Ende davon? Wir haben in den Merkeljahren erleben müssen, wie linksgrüne, sozialistische Vorstellungen in nahezu sämtliche Organisationen eingedrungen sind, und sie beherrschen. Von der CDU bis zu den Kirchen, in die Schulen, Universitäten, Theater, in Verbände, bis zum DfB. In die staatlichen Behörden und die Medien sowieso. Sie müssen sich nur ansehen, wer heute alles gegen Rechts kämpft. Also letztlich gegen die Demokratie. Liebe Freunde, ich erzähle das nicht um zu klagen. Ich erzähle das, damit die Konservativen die Fehler beim nächsten Mal nicht wiederholen. Man darf Linke weder tolerieren noch einbeziehen, sonder muss sie politisch, – politisch bekämpfen. Ich weiss, es ist deprimierend, als freiheitlich konservativer Mensch, in einer rot-grünen Umgebung zu leben. Aber lassen sie sich bitte daran errinern, dass grosse, linksdominierte Städte nicht zwingend die politische Richtung eines Landes bestimmen. Das sieht man am Eindrucksvollsten in Washingtom DC. ... Die Linken und Grünen werden mit ihren Plänen scheitern.
- Und wir Bürgerlichen werden am Ende alles aufräumen müssen...

(https://www.youtube.com/watch?v=Tl7QhxMXiX4 , 24.01.2020 im Rathaus Hamburg, Dr. Alexander Gauland , ´Wir Bürgerlichen werden am Ende alles aufräumen müssen´, youtube.com)

Die Benutzung, auch von Ausländern, kennt vom ökonomisch geleiteten Nationalismus der aktuell herrschenden Elite aus betrachtet, gute Gründe sich in dieser Frage, selektiv, internationalistisch einzustellen. Und genau an dieser Stelle machen die neuen Bewerber, eine *völkisch* gestimmte Elite, der bewirtschafteten Bevölkerung in der Konkurrenz um die Gewaltmittel des Staates, ein Angebot. - Sich selbst, als neue Regierung, um durch die relative Schlechterstellung von *arbeitenden* Ausländern, der Abschiebung und Abweisung aller anderen, und überhaupt durch eine Reinigung der Gesellschaft, zu beweisen, dass Staatsbürger zu sein *etwas besonderes ist*, und nichts mit mehr Geld in der Tasche derjenigen zu tun hat, welche unter ihrer neuen Führung, unter denselben ökonomischen Bedingungen, dasselbe machen müssen, wie ihre schlechter gestellten Kollegen.

Das national, getrimmte Bewusstsein, entdeckt *und fühlt* durch die Schlechterstellung der Anderen, die Liebe einer Regierung zu den Seinen! Diese Anwendung von Staatsgewalt ist für Nationalisten eine behagliche Wärme, am Ofen der Nation. Die Sehnsucht nach der *vorgestellten* Gemeinschaft, von welcher dem Wortsinn entsprechend, in der Gesellschaft nichts zu entdecken ist, weil deren Teilnehmer mit Gewalt in Konkurrenz zueinander gesetzt sind, weswegen der Lebensinhalt in dieser Konkurrenz dementsprechend ausfällt, findet in der Schlechterstellung anderer, einen ideellen, inneren Lohn.

Der eigene Schaden, die lebenslange Armut, erfährt und *fühlt* eine Würdigung durch die *sichtbare* Bereitschaft einer Gewalt, welche die Seinen in Zukunft von den ´Anderen´ als unzumutbare Belästigung befreien will. Begeistert wird Gewaltanwendung gegen die ´Anderen´ begrüßt.

“Liebe Leser, jahrelang haben uns die versammelten Gutmenschen dieses Landes, angefangen von der Frau im Kanzleramt, gesagt, man könne seine Grenzen nicht schützen.
Doch, man kann. Griechenland zeigt uns allen gerade, wie es geht.
Grenzzäune, Tränengas, zur Not auch der Einsatz des Gummiknüppels, wenn der illegale Grenzübertritt anders nicht abzuwenden ist, nicht zu vergessen selbstverständlich auch Patrouillenboote, die illegal in den eigenen Hoheitsbereich eindringende Boote abfangen und zurückschicken - genau so macht man das. ..”

(https://www.facebook.com/Prof.Dr.Joerg.Meuthen/posts/1561748413973858?__tn__=K-R , 03.03.2020, Prof. Dr. Jörg Meuthen AfD, facebook.com)

“EU-Kommissionspräsidentin Ursula von der Leyen und EU-Ratschef Charles Michel haben sich von einem Hubschrauber aus die bulgarische EU-Außengrenze zur Türkei angesehen. Dabei wurden sie am Dienstag von Bulgariens Ministerpräsident Boiko Borissow begleitet, wie die Regierung in Sofia mitteilte. Die gesamte, 259 Kilometer lange bulgarisch-türkische Landgrenze ist durch Zäune mit Stacheldraht und Thermokameras gesichert.
Von der Leyen und Michel kamen anschließend am Flughafen von Sofia mit Regierungschef Borissow zusammen, um über den ´Migranten-Druck und die Ereignisse in Syrien zu sprechen´, hieß es weiter. ´Wir haben uns überzeugt, wie engagiert ihr beim Schutz der Grenze seid´, sagte Michel. Er lobte die ´enormen Bemühungen´, die sowohl für Bulgarien als auch für die gesamte Europäische Union wichtig seien. Michel sicherte Sofia die europäische Solidarität zu. .. Die Lage an der türkisch-griechischen Grenze sei prekär, sagte Innenminister Horst Seehofer am Dienstag nach Angaben von Teilnehmern in der Sitzung der Unionsfraktion im Bundestag. ´Wenn wir jetzt Fehler machen, ist das lange nicht zu korrigieren´, wurde der Innenminister zitiert. ´Wir müssen dieses Thema in den Griff bekommen, sonst haben wir 2015 plus´, sagte Seehofer demnach. Der Bundesinnenminister verlangte eine Sicherung der EU-Außengrenze und sagte: ´Wir müssen klar machen, dass unsere Grenzen nicht geöffnet sind.´ .. Die Europäische Union stellt Griechenland zur Bewältigung der angespannten Lage an seinen EU-Außengrenzen bis zu 700 Millionen Euro zur Verfügung. Das sagte EU-Kommissionschefin Ursula von der Leyen am Dienstag bei einem Besuch an der griechisch-türkischen Grenze. 350 Millionen Euro seien sofort verfügbar. Weitere 350 Millionen könnten angefordert werden. Das Geld

solle für das Migrationsmanagement und den Aufbau und das Betreiben der nötigen Infrastruktur genutzt werden. Sie sei fest entschlossen, den griechischen Behörden jede nötige operative Unterstützung zukommen zu lassen. Die griechischen Sorgen seien europäische Sorgen, betonte von der Leyen. ´Diese Grenze ist nicht nur eine griechische Grenze, es ist auch eine europäische Grenze.´ Sie dankte Griechenland dafür, in diesen Zeiten der ´europäische Schild´ zu sein. Sie dankte auch den griechischen Grenzschützern und der Küstenwache. Zugleich drückte sie ihr Mitgefühl für die Migranten aus ..”

(https://www.merkur.de/politik/tuerkei-griechenland-syrien-fluechtlinge-erdogan-merkel-videos-asyl-eu-grenze-news-merz-zr-13566876.html , 04.03.2020, merkur.de)

Der demonstrativ, praktizierte Rassismus der AfD-Opposition, seit 2017 mit 12,6 % im deutschen Bundestag vertreten, *und* die bewaffnete Liebe zu den Seinen der amtierenden Elite, projezieren durch den Gewalteinsatz gegen Flüchtlinge, eine Bestätigung der von ´unten´ als exklusiv geforderten Gemeinschaft, als nationale Halluzination, als *demonstrative* Besserstellung des nationalen Volkes, in die geltende, gesellschaftliche Konkurrenz. - *Wir* sind das Volk.

Vom Kapital entlassen, oder zu Löhnen beschäftigt von welchen man nicht leben kann, den als ´Arbeitgebern´ geschaffenen Kreaturen ihrer Herrschaften ausgesetzt, bar jeder Mittel, fühlen die lohnabhängigen Diener ihres Herren sich von ihm verlassen. Und drohen damit, sich einem anderen Herren *unterzuordnen*. Eine neue Regierungsmannschaft, welche dieses Bedürfnis bedient, steht schon bereit, aber noch *ohne mehrheitlichen Zugang* zur Amts*gewalt*. Die neue Elite droht der Amtierenden sie zu ersetzen, idem sie sich, durch die Wahl, in dieselben Ämter setzten läßt wie ihre Vorgänger. Die Neuen sind nicht besser, aber sie sprechen den uniformierten Zeitgeist an, welcher auch den alten Herrschaften als eine Anwort auf die Resultate *ihres Wirkens* geboten erscheint. Nicht nur gegenüber Flüchtlingen, weltweit drücken Regierungen ihr Mitgefühl aus. Konkurrenz aus dem Ausland, Ausländer und politische Gegner werden als gegen den Erfolg der Nation gerichtete Ursache der Missstände benannt, und mit Innen-, Außen- , Sicherheits- und Wirtschaftspolitik bekämpft.

“Der UN-Sicherheitsrat hat sich mehrheitlich für einen Waffenstillstand in Syrien ausgesprochen. .. Estlands UN-Botschafter Sven Jürgenson zufolge blockierte Russland jedoch eine Resolution des Sicherheitsrates, die zu einem Waffenstillstand in dem Konflikt aufrufen sollte. Jürgenson drängte Moskau, diese Position "zu überdenken". China und Russland betonten, die syrische Regierung habe das Recht, auf syrischem Territorium Terroristen zu verfolgen. .. Ankara drohte dem syrischen Regime zudem mit Vergeltungsschlägen. "Wenn sie es auf die harte Tour lernen wollen, können sie das haben", so der türkische UN-Botschafter Sinirlioglu. Die Türkei wolle keinen Krieg, sagte er weiter. "Aber die Türkei wird nicht zögern, Gewalt anzuwenden, wenn ihre Sicherheit bedroht ist." Jede Provokation von syrischer Seite werde mit aller Macht beantwortet werden. .. Die USA stärkten der Türkei für mögliche weitere militärische Manöver den Rücken. "Die Türkei hat unsere volle Unterstützung, um in Selbstverteidigung auf ungerechtfertigte Angriffe auf türkische Beobachtungsposten zu reagieren, die zum Tod ihrer eigenen Streitkräfte geführt haben", sagte die amerikanische UN-Botschafterin Kelly Craft. Das gelte auch für die kommenden Tage. Auch US-Außenminister Mike Pompeo teilte mit, die USA stünden nach dem "verachtenswerten" Angriff an der Seite des NATO-Bündnispartners. .. Neben einer Reihe weiterer UN-Botschafter forderte auch der deutsche Vertreter Christoph Heusgen eine sofortige Waffenruhe und betonte die "volle Solidarität" mit der Türkei. Dabei wandte er sich auch gegen Syriens Schutzmacht Moskau. "Wir fordern Russland auf, die Unterstützung der Militäroffensive durch das syrische Regime zu beenden". ..”

(https://www.tagesschau.de/ausland/turkei-syrien-un-sicherheitsrat-101.html , 29.02.2020, Syrien-Konflikt UN-Sicherheitsrat für Waffenstillstand, tagesschau.de)

“Die NATO hat den Luftangriff auf türkische Soldaten in Syrien als "rücksichtslos" verurteilt. Russland und Syrien müssten ihre Offensive in Idlib stoppen, sagte Generalsekretär Stoltenberg nach einem Sondertreffen. .. Zudem drohte die Türkei an, ihre Grenzen nicht mehr zu bewachen - und lässt bereits Migranten aus Syrien in Richtung EU-Grenze weiterziehen. Menschen sind laut Medienberichten im Grenzgebiet zu Griechenland und Bulgarien in Richtung des Grenzübergangs Edirne unterwegs. .. Die Eskalation sorgt international für Besorgnis. Die EU rief zu einem sofortigen Ende auf. Es gebe das Risiko einer "größeren, offenen internationalen militärischen Konfrontation", schrieb der EU-Außenbeauftragte Josep Borrell auf Twitter. ..”

(https://www.tagesschau.de/ausland/turkei-syrien-nato-105.html , 28.02.2020, NATO stellt sich hinter Türkei, tagesschau.de)

“Gemäß Schätzung von Eurostat waren im November 2019 in der EU28 insgesamt 15,582 Millionen Männer und Frauen arbeitslos, davon 12,315 Millionen im Euroraum. ..
Euroraum (ER19): Belgien, Deutschland, Estland, Irland, Griechenland, Spanien, Frankreich, Italien, Zypern, Lettland, Litauen, Luxemburg, Malta, die Niederlande, Österreich, Portugal, Slowenien, die Slowakei und Finnland.
Europäischen Union (EU28) + : Bulgarien, Tschechien, Dänemark, Kroatien, Ungarn, Polen, Rumänien, Schweden und das Vereinigte Königreich. ”

(https://ec.europa.eu/eurostat/documents/2995521/10159288/3-09012020-AP-DE.pdf ,09.01.2020, eurostat, Pressemitteilung)

´Unten´ nimmt man den als Alltag diktierten Lebensinhalt nicht als Ergebnis von politischer, oder ökonomischer Gewalt zur Kenntnis, sondern entsprechend der ideologischen Selbstdarstellung ihrer Herrschaften, als Reaktion auf *Sach*lagen, einer politischen Weltlage oder der berühmten sozialen Schere. Die politisch, als “robuste Haltung” der Weltenlenker, und/oder “wirtschaftliche Vernunft” der Arbeitgeber angekündigte Gewalt, in der Gegenwart und als Zukunftsperspektive, bekräftigt die Entscheidung zur Parteinahme als Volk zu ihrer Regierung, weil die aktuellen Zwecke ihrer Herrschaften, innerlich, als jeweils aktuelle *Reaktion* auf eine gesellschaftliche Krisensituation bewertet werden. *Gestern* die Preise erhöht, das Rentenniveau und den Lohn gesenkt, definieren dieselben Amtsträger sich selbst *heute* als Heilmittel, um der Armut entgegen zu treten.

Gestern als Auftraggeber, sich selbst in in die Verfügungsgewalt über Massenvernichtungsmittel bringend, stehen dieselben Herrschaften, heute besser da. Jetzt, so bewaffnet, können die Weltenlenker den Frieden *aktiv* sichern. Und wer wollte, und könnte, sich dieser guten Absicht widersetzen wollen.

Herrschaft wird nicht *als Initiator* der politischen Wirklichkeit erkannt, sondern als reagierendes Opfer vorgefundener Verhältnisse begriffen. Die Wiederaufrüstung nach Ende des zweiten Weltkrieges, die Tat von Regierungen, wird innerlich zu einer Sachlage transformiert, und der Einsatz dieser Waffen heute, als Schutz, als Verteidigung der Bevölkerung vor staatlichen Konkurrenten akzeptiert. Die gewaltsame Trennung der Produzenten von ihrem Produkt, die Trennung der Arbeit von ihren Produktionsmitteln, durch das Recht auf Eigentum initiiert und mit Polizeigewalt abgesichert, wird innerlich als Existenzgrundlage und Schutz vor Diebstahl begriffen, als Sicherstellung der Lebensvoraussetzungen und des privaten Spielzeugs.

Um die politische Technik der Selbstdarstellung der Staatsgewalten zu verdeutlichen, soll nachfolgend am Beispiel der Nah-Ost-, und Flüchtlingspolitik dargestellt werden, welche Zwecke Regierungen verfolgen, und wie durch eine professionell, organisierte Selbstdarstellung der Initiatoren von Krieg und der ´Flüchtlingsproblematik´, Täter und Opfer die Rollen tauschen.

- Wovor flüchten Flüchtlinge eigentlich?

2003 veranstalteten die USA, Großbritannien, und eine ´Koalition der Willigen´, den Irakkrieg. Bis 2011 wurde das Land besetzt. Der als Terrorgruppe bekannte Islamische Staat bildete sich aus Teilen der ehemaligen, irakischen Truppen und weiterer Bevölkerungsteile. 300.000 Soldaten, voll bewaffnet, logistische Infrastruktur zur Versorgung dieser Truppen mit Material und Verpflegung wurden in den Irak transportiert, um sich mit den im Irak ebenfalls vorhandenen 300.000 Soldaten ein Gemetzel zu liefern. Nach offiziellen Angaben kamen 40.000 Soldaten und 100.000 – 600.000 Zivilisten ums Leben. Große Teile des Landes sind während des Krieges und der Besatzungszeit zerstört worden.

In Syrien liefern Russland, Amerika, Großbritannien, Israel, Frankreich, die Türkei, der Iran, und weitere Parteien, ebenfalls einen Krieg. Von 2014 – 2018 gab es nach offiziellen Angaben ungefähr 1.800.000 Millionen Tote, und 4.000.000 Verletzte. Große Teile des Landes sind zerstört.

In Libyen unterstützen die USA, Großbritannien und Frankreich 2011 die oppositionelle Bürgerkriegspartei mit einer Luft- und Seeblockade sowie Luftangriffen auf Regierungstruppen und Militäreinrichtungen. Offiziellen angaben zufolge gab es bis zu 50.000 Tote und 60.000 Verletzte.

In den Jahren 2008 - 2011 exportierte die Bundesrepublik Deutschland, jährlich,

Waffen im Wert von 150 Millionen Euro, 2012 im Wert von 1,2 Milliarden Euro, und von 2013 - 2017 im Wert von 1,8 Milliarden Euro, nach Saudi Arabien. Die Firma Heckler & Koch lieferte im Jahr 2011 eine Fabrik zur Herstellung des Sturmgewehres G36 an Saudi Arabien. Das Werftunternehmen Lürssen lieferte bis 2018 fünfzehn Kriegsschiffe zur Seegrenzüberwachung an denselben Kunden aus.

Diese Beispiele sollen nur die Tatsachen anzeigen. Die sogenannte Schuldfrage, eine Aufforderung der Veranstalter an die Ziele und Zuschauer dieser Waffeneinsätze, sich *geistig* zur Kriegs*partei* zu machen, bleibt bewußt, unbeantwortet.

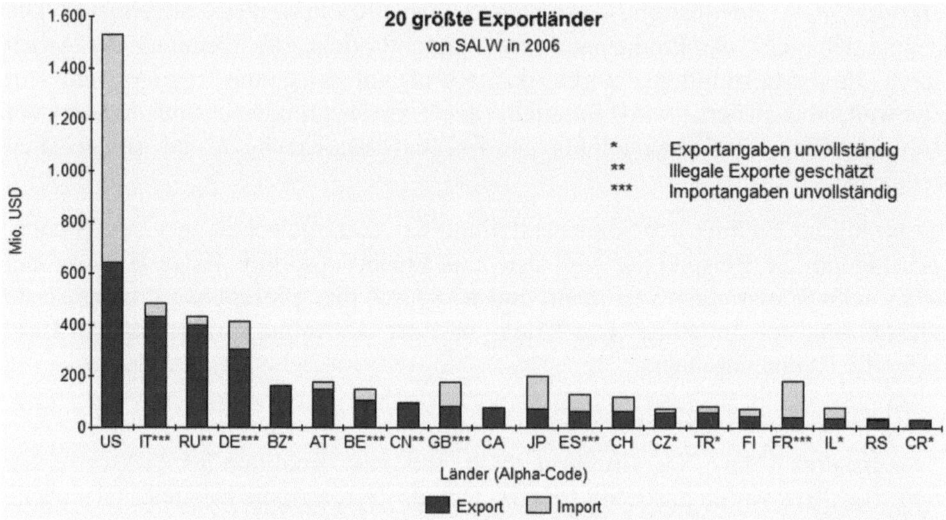

(Quelle: Von Triebel - Eigenes Werk, CC BY 3.0 https://commons.wikimedia.org/w/index.php?curid=12113521 , SALW, Small Arms Light Weapons, **dargestellt ist der Schusswaffenexport eines Jahres**)

Die Bevölkerung wird auf Beschluss von Regierungen zum Kriegsmittel und Angriffsziel. In Friedenszeiten, durch die Trennung der zu leistenden Arbeit von ihrem Produkt, werden die Voraussetzungen des Krieges geschaffen. *Was* produziert wird, geht die Produzenten nichts an. Durch die Besteuerung der gesellschaftlichen Reproduktion bringt sich die Staatsgewalt in den Besitz von Geldmitteln um so als Auftraggeber die ihren politischen Absichten entsprechenden Mittel zu bezahlen. *So* werden die Weltenlenker *frei*, die Welt mit ihrer gestiegenen Verantwortung zu konfrontieren.

Die Zerstörung ganzer Staaten hat die Konsequenz, dass die überlebenden Opfer dieser Gewalt versuchen den staatlichen Waffeneinsätzen zu entkommen. Die Gleichgültigkeit gegenüber ihrer Existenz als Ziel des Waffeneinsatzes wird ergänzt durch die Beschränkung der Bewegungsfähigkeit der Überlebenden. Diese Menschen werden nicht gebraucht, und verursachen Kosten.

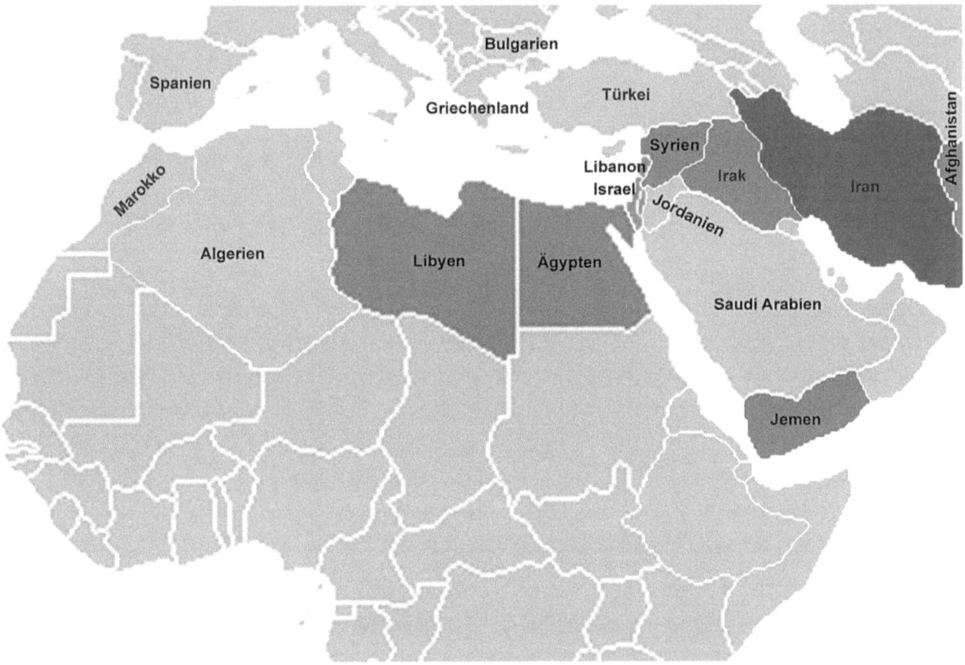

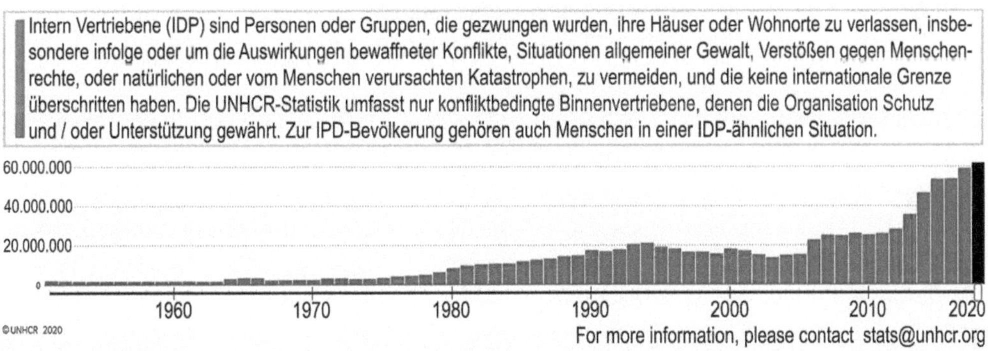

(Quelle: https://data2.unhcr.org/en/dataviz/6?geo=0&sv=0 , UNHCR, Creative Commons Attribution 3.0)

“Im Kriegsland Jemen wird die Lage mit jedem Tag katastrophaler. Millionen Erwachsene und Kinder leiden Hunger, Hunderttausende sind vom Tod bedroht. ..”

(https://www.zeit.de/politik/ausland/2018-12/jemen-fluechtlinge-krieg-armut-hunger-fs , 11.12.2018, Jemen: Eine menschengemachte Katastrophe, zeit.de)

“Seit Wochen nehmen die Kämpfe im Jemen wieder zu – einem Friedensplan zum Trotz. Der Sicherheitsrat fordert eine Waffenruhe und Schutz für Hilfsorganisationen. .. ”

(https://www.zeit.de/politik/ausland/2020-01/buergerkrieg-jemen-un-sicherheitsrat-gewalt-bevoelkerung , 31.01.2020, UN-Sicherheitsrat fordert Ende der Gewalt im Jemen, zeit.de)

Damit niemand auf falsche Gedanken kommt, wird Bevölkerung unterrichtet, wie, unter welcher Perspektive man sich selbst die ′Lage′ innerlich vorlegen soll.

′.. nehmen die Kämpfe wieder zu ..′ , ′..wird sich die Lage..stark zuspitzen′;

Eine Sache, ein *lebloser* Gegenstand, wird als handelndes, als eine Tätigkeit ausführendes Subjekt dargestellt. Diese ′Lage′ entsteht durch bewaffnete Weisungsempfänger, welche *im Auftrag* von Regierungen deren Zielvorgaben zur Realität von Menschen machen!

Durch diese Wort*wahl*, durch die Verwandlung *einer Sache* in ein handelndes Subjekt, wird es jetzt möglich, die ′Lage′ im weiteren Kontext als so vorbereitetes Subjekt zu benutzen, auf welches reagiert wird. Zuerst *trennt* man die politischen Subjekte, die Auftraggeber und Befehlshaber vom Inhalt des Satzes. Dies geschieht durch die *bewusste* Wahl von Substantiven: ′Lage′ , ′ Kämpfe′. Durch diese Verwandlung wird erreicht, dass die Beteiligung des staatlichen Akteurs an dieser Lage, im nachvollgenden Beispiel FRONTEX, als *Reaktion* der Verursacher auf diese Lage dargestellt werden kann. Die Verursacher werden durch diese Informationstechnik zu unbeteiligten Betroffenen.

> ".. Nach Einschätzung der EU-Grenzschutzagentur Frontex wird sich die Lage an der türkisch-griechischen Grenze in den kommenden Tagen stark zuspitzen. Es werde schwierig sein, die Menschen, die sich auf die Reise gemacht haben, zu stoppen, heißt es in einem internen Frontex-Bericht, aus dem die "Welt" zitiert. "Darum ist kurzfristig in den kommenden Tagen noch ein Anstieg des Drucks zu erwarten - auch sogar in dem Fall, dass die türkischen Behörden handeln sollten, um Grenzübertritte zu verhindern", heißt es in dem Bericht. .."

(https://www.tagesschau.de/ausland/grenze-tuerkei-griechenland-103.html , 02.03.2020, Frontex erwartet Zuspitzung an der Grenze, tagesschau.de)

Das politische Interesse, *und* die politische *Tat*, Menschen auf der Flucht in ihrer Bewegungsfähigkeit Grenzen zu setzen, einem Krieg, oder Armut zu entkommen, aus den Gebieten wo dieselben staatlichen Akteure diese Situationen erzeugen lassen, wird als Reaktion auf eine ′Lage′ präsentiert. Die Flucht der Opfer wird in eine Reise verwandelt.

Diese Technik wird genutzt, um die Fortsetzung der Gewaltanwendung, hier die Kontrollgewalt über die Mobilität und der Bewegungsrichtung der Flüchtlinge, als eine Hilfsleistung darzustellen, aus welcher sich die Zuständigkeit der Initiatoren der Notlagen ergebe. Es ist nachvollziehbar, dass es dem Leser ansonsten schwerer fiele, den staatlichen Akteuren, die Daumen zu drücken. Wenn man schreiben würde, dass nachdem staatliche Stellen in Libyen, im Irak, in Afghanistan, in Syrien, ... , zuerst alles zerstört haben wovon man leben könnte, die als Helfer präsentierten Regierungen selbst diese Lage herbeigeführt haben, dann leidet *die Plausibilität* der Botschaft welche *gesendet* werden soll.

Nicht die Opfer haben Probleme, sondern deren Verursacher.

"Und wir haben es gerade gehört. Über die Lage im umkämpften Idlib haben heute der türkische Präsident Erdogan und Russland Präsident Putin in Moskau gesprochen. Sechs Stunden sollen sie zusammen gessen haben, und es hat eine Einigung gegeben, heisst es. Jo Angerer in Moskau; Wie sieht die genau aus? ..."

(https://www.tagesschau.de/ausland/putin-erdogan-165.html , 05.03.2020, ´Zufriedenstellende Entscheidungen´, tagesschau.de)

Im Jemen entdecken Berichterstatter Krieg als ´eine menschengemachte Katastrophe´. Opfer, Täter, oder Zuschauer werden in eine Gemeinschaft von Gleichen verwandelt. Der Krieg selbst, entspringe nicht dem organisierten Willen einer Herrschaft, und den von ihr kommandierten Taten. Als Arbeitgeber oder Arbeitnehmer, General oder Soldat, Politiker oder Bürger, werden Weisungsempfänger und Weisungsberechtigte, in der Realität sehr unterschiedliche, gegensätzliche Rollen, als Menschheit vorgestellt. Mit dieser Technik werden die Täter durch die Medien in Opfer verwandelt. Die Täterschaft wird im Text getilgt, und deren Zuständigkeit, als ´betroffener´ Teil einer Menschheit, wird den Opfern und der heimischen Leserschaft als Friedensplan vorgelegt.

Die Flüchtlinge wollen den Taten von Regierungen entkommen, auf der Suche nach einem Ort wo sie normal leben können, indem sie sich vom Schlachtfeld, oder aus den Slums entfernen. Durch die Darstellung dieses Verhaltens als Rechtstitel, den man aufgrund der Entscheidung von Regierungen habe, oder *eben nicht*, wird das Interesse der Flüchtenden in eine Rechtslage verwandelt. Durch diese Informationstechnik werden die politischen Verursacher als Auftrag*nehmer* dieser Situation dargestellt. Die Konsequenzen der Regierungstätigkeit, z.B. die Flüchtlingsströme, werden medial genutzt, um die Zuständigkeit und die Fortsetzung von Gewaltanwendung in eine sich aus der Notlage der Opfer ergebende ´Lage´ zu verwandeln, um die geltende *Entscheidungshoheit* von Regierungen als Auftrag dieser Sachlage darzustellen. Damit ist der Wille der Staatsgewalt zur Kontrolle der Fluchtbewegung, als Rechtsverhältnis zu den Flüchtlingen definiert. Und *dieselbe* Gewalt entscheidet dann, *ihr Text ist Gesetz*, was deren Opfer wollen dürfen, ihnen erlaubt und verboten ist. - Die Herrschaften treten vor die wartenden Kameras und Mikrofone:

"Die EU spricht oft von Menschenrechten und Rechtsstaatlichkeit. Doch wie ist es jetzt an der türkisch-griechischen Grenze? Verstößt Athen gegen europäisches Asylrecht - und die EU toleriert dies? Antworten auf wichtige Fragen. ..."

(https://www.tagesschau.de/ausland/asylpolitik-eu-faq-101.html , 05.03.2020, Was ist erlaubt an der Grenze zur Türkei? , tagesschau.de)

"‥ Die griechischen Sorgen seien europäische Sorgen, betonte von der Leyen. ′Diese Grenze ist nicht nur eine griechische Grenze, es ist auch eine europäische Grenze.′ Sie dankte Griechenland dafür, in diesen Zeiten der ′europäische Schild′ zu sein. Außerdem bedankte sie sich bei den griechischen Grenzschützern und der Küstenwache. .. "

(https://www.tagesschau.de/ausland/grenze-tuerkei-griechenland-113.html , 03.03.2020, zu diesem Zeitpunkt EU-Kommissionspräsidentin , EU gibt Athen 700 Millionen Euro, tagesschau.de)

"‥ Von türkischen Bussen an die griechische Grenze verfrachtet, dort mit Tränengas und Gummigeschossen von griechischen Grenzwächtern beschossen, landen immer mehr in einem geschlossenen Flüchtlingslager am Rande Europas. Es ist in großes Areal mit vielen weißen Containern, umzäunt von Stacheldraht. Journalisten erhalten keinen Zutritt. Vor dem Tor berichtet Margaritis Petritzikis vom UN-Flüchtlingshilfswerk UNHCR, dass viele Flüchtlinge in juristischen Schnellverfahren zu mehrjährigen Haftstrafen verurteilt wurden: ′Das ist eine neue Praxis und wir sind sehr besorgt, weil Familien getrennt werden, indem zum Beispiel ein Familienvater zu drei Jahren Haft verurteilt und in ein Gefängnis gebracht wird, während Mutter und Kinder in ein ′Flüchtlingslager gebracht werden′, so Petritzikis . Genaue Fallzahlen dazu habe er nicht, sagt Petrizikis. Doch er schätzt, dass mittlerweile mehr als 50 Personen in solchen Schnellverfahren verurteilt worden sind - mit Haftstrafen bis zu vier Jahren allein wegen illegaler Einreise. Das Auseinanderreißen von Familien, die hohen Haftstrafen in juristischen Schnellverfahren - für den Vertreter des UNHCR ist das eine besorgniserregende Entwicklung. ′Es ist beunruhigend. Wir als UNHCR ermahnen die Mitgliedstaaten der Genfer Flüchtlingskonvention, dass sie Asylsuchende und Flüchtlinge nicht wegen eines irregulären Grenzübertritts strafrechtlich verfolgen dürfen.

Angeklagtes Mädchen zwölf Jahre alt

Aber nicht nur die hohen Strafen, auch die schnellen Prozesse selbst haben mit rechtsstaatlichen Strafverfahren nach europäischen Standards wenig gemein. In Thessaloniki berichtet Rechtsanwalt Dimitris Koros vom griechischen Flüchtlingsrat GCR, dass er erst nach den ersten Schnellverurteilungen der Flüchtlinge von diesen Vorgängen erfahren hat. Neben Haftstrafen von vier Jahren seien Geldstrafen von bis zu 10.000 Euro verhängt worden. .."

(https://www.tagesschau.de/investigativ/monitor/griechenland-fluechtlinge-schnellverfahren-101.html , 12.03.2020, Missachtet Griechenland Migranten-Rechte?, tagesschau.de)

′Unten′ wird man als Staatsbürger angesprochen, und als Mitglied der Nation direkt aufgefordert, sich innerlich mit den großen Fragen der Weltenlenker als den eigenen zu befassen. Durch diese Technik nimmt der Leser innerlich die Rolle , den Blickwinkel der Herrschaft ein. Deren Zwecke stehen nicht zur Diskussion, sondern deren unhintergehbare Geltung in der Wirklichkeit wird dem Publikum als selbstverständliches Thema des Alltags präsentiert:

"Wie weiter in Afghanistan? ..."

(https://www.tagesschau.de/inland/bundeswehr-afghanistan-147.html , 11.03.2020, Bundeswehr-Mandat Wie weiter in Afghanistan?, tagesschau.de)

Bild oben: (NATO 50-Summit, Quelle: *2147946 © picture-alliance / dpa / Christy Bowe*)

Bild mitte: Alan Kurdi, Bild wurde vom Autor dieses Textes verändert
(Quelle Frank C. Müller / CC BY-SA (https://creativecommons.org/licenses/by-sa/4.0)

Bild unten: (Grenze Griechenland, 2020
Quelle: *130731790 © picture alliance / AP Photo / Giannis Papanikos*)

Die Staatsgewalt legt in Texten fest, wie sie mit den Menschen welche auf ihrem Staatsgebiet leben, umzugehen gedenkt. Dazu teilt sie die Bevölkerung in In- und Ausländer auf, und erlaubt sich selbst, wie sie mit diesen Gruppen verfahren will. Dies geschieht durch Verpflichtung zur Mitführung von Aufenthaltsdokumenten welche einen Aufenthaltstitel definieren. Die *Zuweisung* einer Person zu einer dieser Gruppen, unterstellt diese automatisch einer durch Herrschaft diktierten Rechtslage. Die staatlichen Behörden setzen diese Anweisungen dann um.

Medial werden diese rechtlichen Wortschöpfungen freigesetzt, um in der Berichterstattung Menschen diesen Rechtsstatus zuzuordnen, und damit in die gesellschaftliche Meinungsbildung entsprechend der staatlichen Vorgaben, politisch korrekt, ´eine Sicht auf die Dinge´ zu injizieren. Durch die mediale, affirmative Textbeigabe werden Bildern, Filmen oder Fakten des Tagesgeschehens politische Textbausteine *zugeordnet*.

Die Wortkapsel ´Ausländer´ transportiert die Unterscheidung der Herrschaften zwischen den ´Seinen´ und den ´Anderen´. Das ist keine Kleinigkeit. Allein der Aufenthalt auf einem Stück Erdboden unterliegt der Erlaubnis der über dieses Territorium herrschenden Gewalt. Die staatliche Kennzeichnung als ´Ausländer´ kennt weitergehende Spezifizierungen, als Asylant oder Wirtschaftsflüchtling. Menschen in Seenot auf einem Boot werden mit dieser Methode entsprechend der staatlichen Vorgaben, je nach tagesaktueller Agenda, entsprechend sortiert. Folgeleistend kennzeichnen die Medien Personen mit den vorgegebenen Rechtsbegriffen und stellen deren Konsequenzen dem Publikum als Normalität vor. Wie selbstverständlich, werden Menschen gezeigt, welche von uniformierten Staatsangestellten in umzäunte Lager gesperrt, oder irgendwo an der nordafrikanischen Küste ihrem Schicksal überlassen werden. Das Substantiv ´Hilfe´ wird dann jeweils mit Textbausteinen ergänzt, welche das Interesse der Hilfesuchenden dem politischen Urteil der Verursacher *und* deren Zuständigkeit unterwirft.

Vorausgehend wurde dargestellt, wie die Parteinahme der Gesellschaft für Konkurrenz und Herrschaft als Konsequenz des Privateigentums an den gesellschaftlichen Voraussetzungen der individuellen Reproduktion den globalen Alltag definiert. Die Geschichte der Menschheit ist die Verlaufsform der individuellen Selbstwahrnehumg als Privatproduzent. Durch dieses individuelle Verhalten, entstehen sämtliche Problemfelder der aktuellen Wirklichkeit. Die Menschheit produziert Gebrauchswerte. Jede Steigerung der gesellschaftlichen Produktivität steigert die Anzahl der verfügbaren Produkte.

10.000 Schuhe > 1000 Schuhe

In der Gesellschaft von Privatproduzenten, der marktwirtschaftlichen Produktion, werden Gebrauchswerte produziert um sie zu verkaufen. Erst nachdem der durch den Privatproduzenten berechnete Tauschwert durch den Verkauf an seinen Eigentümer gezahlt wurde, *und nur dann*, steht der vorhandene, *produzierte Gebrauchswert* gesellschaftlich zur Verfügung. Die einzelnen Privatproduzenten stehen in Konkurrenz zueinander. Jeder will seine Schuhe verkaufen und entwertet oder zerstört *durch die Steigerung der Produktivität* den Tauschwert des produzierten Gebrauchswerts der Konkurrenten. Die Arbeit selbst verwandelt sich in Lohnarbeit, deren Kosten permanent reduziert, und deren Intensität und Dauer als *Wertquelle* permanent gesteigert wird.

Die dem Auge unsichtbaren Eigenschaften des Tauschwerts diktieren das gesellschaftliche Verhalten der Produzenten. Die Produktion von Massenvernichtungsmitteln erscheint als Einkommensquelle. Sichtbare Haldenproduktion führt nicht zur Einstellung der Produktion, bis der Gebrauchswert verbraucht ist. Der Tauschwert erfordert die unterbrechungsfreie Produktion, als Geldeinkommensquelle. Die qualitative Beschädigung des Gebrauchswertes oder die *bewusste* Begrenzung der Haltbarkeit erscheinen als Mittel der betriebswirtschaftlichen Vernunft. Wohnungen, Krankenhäuser, Lebensmittel, ..., werden nicht entsprechend der Bedürfnisse der Produzenten erarbeitet, sondern deren Eigenschaften folgen der Verwertbarkeit als Tauschwert. Abgase, giftige Abfälle werden bewusst freigesetzt um Kosten zu senken. Gebrauchswerte wie z.B. Wohnungen, Medikamente, oder Lebensmittel, sichtbar produziert, jedoch unbezahlbar für die ebenfalls sichtbar, vorhandenen Bedürftigen, werden nicht verteilt, sondern genutzt um mit dem Argument ′Arbeitsplatz′ die Produzenten dieses Reichtums als Träumer zu blamieren. Die Zielgruppe dieser Sachlage wird aufgrund der *in dieser Gesellschaft* geltenden Priorität des Tauschwertes, durch das Eigentum von den Mitteln und Voraussetzungen ihrer Existenz getrennt, und bei dessen Nichtbeachtung von der Staatsgewalt aus dem Weg geräumt. Barbarei, Armut und Krieg werden für die Opfer dieses ökonomischen Gewaltverhältnisses zur Realität. Praktisch besteht ihr Lebens*inhalt* darin, sich als kommandierter Produzent des Tauschwertes in den Besitz von Geld zu bringen. Und selbst das ist, wie bereits theoretisch dargestellt und empirisch ermittelbar, von der Erlaubnis und den Gewinnerwartungen ihrer Kommandeure abhhängig.

Diese Verwandlung des Gebrauchswerts in eine Konkurrenz um die Realisierung des Tauschwertes kommt ohne Gewalt nicht aus. Die Selbstwahrnehmung als Privatproduzent braucht eine Staatsgewalt als *gewollte*, regelsetzende Instanz der Konkurrenz um die Zugriffsmacht auf die gesellschaftlichen *als Tauschwert* produzierten Gebrauchswerte. Diese Zentralgewalt ist als Staat bekannt. Die Inhaber dieser Gewalt, Politiker, realisieren und propagieren die Idee der Nation. Als gewählte Verteter *eines* Volkes reflektieren sie ihre Gewalt als Kult, als geistige Parteinahme zur Nation, als Nationalismus in die Gesellschaft. - ′Wir′ bezeichnet nicht eine Weltbevölkerung, sondern die Mitglieder *einer* Nation. Gemeinsam mit ihren Berufskollegen, anderen Vertretern einer Nation, erzeugen und betreiben sie die globale Konkurrenz um die jeweils nationale Zugriffsmacht auf die globalen Existenzvoraussetzungen jeder Nation.

Der Normalfall der innen- und außenpolitischen Wirkung der politischen Trennung der Produzenten von den Reproduktionsvoraussetzungen und den Produktionsresultaten durch sogenannte ′Arbeitgeber′, und die Selbstdarstellung der zu dieser Herrschaftsmethode komplementären Regierungen sind oben bereits beschrieben worden. Abschließend soll als Sonderfall ein weiteres Praxisbeispiel für Nationalismus dargestellt werden.

Im Dezember 2019 tauchte in China ein grippeähnlicher Virus auf. Infolge dessen kam es im Frühjahr 2020 zu einer weltweiten Infektion, einer Pandemie, mit dem als Corona-Virus bekannten Krankheitserreger. Weltweit wurden Quarantänemaßnahmen ergriffen.

Die Spekulation, ob ein in Wuhan ansässiges Biolabor den Corona-Virus freigesetzt hat, wurde von höchster Stelle sowohl geäußert als auch dementiert. Die Beantwortung *dieser* Frage ist für die Heilung der Opfer der aktuellen Pandemie wirkungslos. Dann wüsste man nur woher der Virus kam, aber nicht wie man ihn bekämpft. Der Skandal besteht *der Sache nach* darin, dass die Erzeugung von, in diesem Fall biologischen Waffen, *nicht* kritisiert wird. Auszuschließen ist das jedenfalls nicht, weil *die Entwicklung* eines Gegenmittels, *im Auftrag des Staates*, die Voraussetzung des Einsatzes dieser Waffe gegen die ´Anderen´ ist. Als komplementäres Ergebnis der Forschung, erfordert die militärische Option dieser Waffengattung *auch* die Entwicklung eines Gegenmittels; - Für die eigene Mannschaft. Das ist gesellschaftlich, *akzeptierter* **Alltag**.

Der Coronavirus: Pandemie in der Konkurrenz der Nationalstaaten

Die durchschnittliche, weltweite Sterblichkeitsrate dieser Krankheit wurde im April 2020 mit 5,84% angegeben. Innerhalb von Februar bis Ende April 2020 wurden weltweit 165.000 Tote registriert.

Ein wesentlicher Faktor ist der Anteil der gegen das Virus immuner Menschen in der Gesamtbevölkerung. Die Immunitätsrate liegt im April 2020 bei unter 0,1% Weltbevölkerung. Eine Impfung ist zu diesem Zeitpunkt nicht verfügbar.

Die Verdopplungszeit der Infektion, ohne Gegenmaßnahmen, wird zu diesem Zeitpunkt mit sieben Tagen angegeben. Das bedeutet, dass die Zahl der Infizierten innerhalb von 5 Monaten die Millionengrenze überschreiten würde. Weitere 5 Monate später wäre die Milliardengrenze erreicht.

Die Ansteckungsrate, die Anzahl der Menschen welche 1 Infizierter ansteckt, kann durch Quarantäne- und Hygienemaßnahmen beeinflusst werden. Dadurch wird es möglich, die Zahl der Neuerkrankungen den medizinischen Versorgungsmöglichkeiten anzupassen, oder diese Versorgungsmöglichkeiten herzustellen, indem die Übertragungswege des Virus eingeschränkt werden.

Krankeitsverlauf und Infektionswege sind nicht unbekannt:

"Robert Koch Institut: SARS-CoV-2 Steckbrief zur Coronavirus-Krankheit-2019 (COVID-19)"
(https://www.rki.de/DE/Content/InfAZ/N/Neuartiges_Coronavirus/Steckbrief.html#doc13776792bodyText1)

Aus medizinisch-wissenschaftlicher Sicht fehlt es an medizinischen Mitteln und die Geschwindigkeit der Ausbreitung der Krankheit muss verlangsamt werden. Die akute Erkrankung wird dann, entsprechend der jeweils *national*, gegebenen Ausstattung, medizinisch behandelt.

Die Regierungen der Staatenwelt haben diese Sachlage, unterschiedlich, zur Kenntnis genommen, und in Europa entsprechend der medizinschen Diagnose, *die Unkontrollierbarkeit* der Auswirkung des Virus *auf ihren Wirtschaftsstandort* durch Quarantänemaßnahmen gebremst. Dieser als ´Shutdown´ benannte Zustand der Gesellschaft erzeugte einen Notstand, welcher weder mit den medizinischen noch mit den materiellen Konsequenzen der Quarantäne zu erklären ist.

- Der Mangel an Geld.

Die durch das Eigentum an Produktionsmitteln staatlich erzeugte, ökonomische Notlage, die Trennung der Arbeit von ihren Voraussetzungen und ihrem Produkt, wird Medienkulisse.

Durch die verordnete Quarantäne bleibt nicht einfach Arbeit liegen. Gleichzeitig ist damit der Lohn der betroffenen, lohnabhängigen Menschheit gestrichen, und damit *der einzige* Zugang zu den gestern produzierten, *sichtbar verfügbaren* Existenzvoraussetzungen und Lebensmitteln.

Jedes Haus, jedes Telefon, jede Wohnung, jedes Nahrungs- oder Lebensmittel, *alles* was bereits gestern produziert *wurde*, ist Eigentum derjenigen, welche arbeiten *lassen*. Der gestern selbst produzierte Reichtum ist als Erpressungsmittel der ´Arbeitgeber´ für dessen Produzenten jetzt unmittelbar erkennbar. Wohnungen die gestern gebaut wurden, stehen nicht unter der Verfügungsgewalt derjenigen, welche diese Arbeit erbracht haben. Um die Produkte ihrer Arbeit nutzen zu dürfen, verlangen ihre ´Arbeitgeber´ eine Geldzahlung. Diese Geldnot treibt die Menschen normalweise in die Fabriken. Dorthin, wo ihre Not nicht beseitigt, sondern benutzt wird, um den Reichtum derjenigen zu vermehren, welche ihnen die Rechnungen für das präsentieren, was sie als Lohnarbeiter selbst produziert haben. Nach getaner Arbeit ist das Produkt Eigentum der ´Arbeitgeber´, und diese stellen die Überlassung des Gebrauchswerts der Produktionsresultate als *ihre* Leistung dar, für welche sie ein Geld verlangen.

Die Quarantänemaßnahmen führen deshalb gleichzeitig zur Zahlungsunfähigkeit der lohnabhängigen Bevölkerung. Nachdem sie den materiellen Reichtum der Gesellschaft als Eigentum ihrer ´Arbeitgebeber´ hergestellt haben, droht der zweite Teil ihres staatlich konstruierten Existenzinhalts, *der Kauf* oder die *Miete* der von ihnen produzierten Sachen, und damit Umsatz und Gewinn der Unternehmen, sowie die staatlichen Zwangsabgaben auszufallen. - Wohlgemerkt. In den Medien oder in den Warenhäusern ist von Lebensmittel- oder Wohnungsmangel weder die Rede noch etwas zu bemerken! Die Wohnungen sind sogar bewohnt. Die Produktion der Grundversorgung und die erforderliche Logistik geht weiter. Die Sachen müssen den Eigentümern jedoch abgekauft werden; Geld, um die *bereitstehenden* Produkte zu kaufen ist nicht vorhanden.

"In Deutschland waren im Jahr 2016 rund 940 100 Menschen haupt- oder nebenberuflich in der Landwirtschaft tätig. Der seit vielen Jahren zu beobachtende Arbeitskräfterückgang hat sich damit fortgesetzt. Gegenüber 2013 ist ihre Zahl weiter zurückgegangen. Die jährliche Abnahmerate lag bei weniger als 3 %. ..."

(https://www.bmel.de/SharedDocs/Downloads/Broschueren/DatenundFakten.pdf?__blob=publicationFile , Dezember 2017, Bundesministerium für Ernährungund Landwirtschaft (BMEL))

"Im Jahr 2019 waren in Deutschland rund 45,3 Mio. Menschen erwerbstätig. Dazu zählen Selbstständige, Beamte, geringfügig Beschäftigte und sozialversicherungspflichtig Beschäftige. Die sozialversicherungspflichtig Beschäftigten stellen hier die mit Abstand größte Gruppe. 33,4 Mio., das sind rund 74 % aller Erwerbstätigen, unterlagen 2019 der Beitragspflicht zur Renten- und Arbeitslosenversicherung. .. "

(http://www.sozialpolitik-aktuell.de/tl_files/sozialpolitik-aktuell/_Politikfelder/Arbeitsmarkt/Datensammlung/PDF-Dateien/abbIV2.pdf , sozialpolitik-aktuell.de)

"Im Jahr 2018 verzeichneten die Speditions- und Logistikdienstleister insgesamt 605.730 Beschäftigte. ..."

(https://www.dslv.org/dslv/web.nsf/id/pa_de_beschaeftigte.html , DSLV Bundesverband Spedition und Logistik e. V., dslv.org)

"... Ende 1996 verrichteten 22,3 Millionen von den insgesamt 35,982 Millionen registrierten Erwerbstätigen private und staatliche Dienstleistungen. Damit waren nahezu zwei von drei in Dienstleistungsbranchen tätig. ... "

(https://www.welt.de/print-welt/article644770/Deutschland-auf-dem-Weg-zur-Dienstleistungsgesellschaft.html , Deutschland auf dem weg zur Dienstleistungsgesellschaft, 28.11.1997)

Der materielle Reichtum, das wovon die gesamte Gesellschaft *lebt*, wird von weniger als 40% der Gesamtbevölkerung produziert. Die anderen 55% sitzen an der Kasse, oder erbringen andere Dienstleistungen, welche auf dem Geschäft mit dem materiellen Reichtum beruhen. Die verbleibenden 5% sind Eigentümer dieser Veranstaltung (Anm. d. Verfassers: die Prozentgaben sind nicht evaluiert. Der prozentuale Anteil der Eigentümer kann um 1-2 % abweichen).

Aus diesem Grund ist die Mehrheit der Gesellschaft einkommenslos, und gleichzeitig wird die Produktion dessen wovon die Gesellschaft lebt, fortgesetzt. - Deswegen fehlt der Mehrheit in Quarantäne das Einkommen, um das zu kaufen, was fix und fertig in den Regalen zu besichtigen ist.

Materiell sind weder Fabriken, das Pflanzenwachstum, noch die Arbeitskraft vom Corona-Virus substantiell geschädigt. Das Toilettenpapier, hier und da Mehl und Nudeln, waren kurzzeitig ausverkauft. Ja, und? Das einzige was der Corona Virus *in der natürlichen Umwelt* bedroht, sind die Gesundheit und Menschenleben. In der politischen Umwelt jedoch, sehen die Herrschaften dieses Planeten den Prozess *der Vermehrung* ihres Eigentums als bedroht an! Wer soll ihren Spargel ernten? Wer soll ihre Investitionen in Land, Fabriken und Immobilien *rentabilisieren*? - Etwa sie selbst?

Durch den ´Shutdown´ kommt es zu einer Verkleinerung des Umsatzes. Weder Produktionsmittel noch die Produktion der Lebensmittel sind durch den Virus derart geschädigt, dass es zu Versorgungslücken gekommen wäre. - Aber; Das Millionenheer der sogenannten Selbstständigen, die modernen Ein-Mann-Unternehmen, welche sich nicht einmal ein eigenes Büro leisten können, sondern mit ihren Kollegen einen Schreibtisch in einem Businesscenter mieten, sich am Telefon als Marketing Manager vorstellen, und dort sozialversicherungsfrei Dienstleistungen für die Industrie erbingen, sind genau wie jeder andere Lohnarbeiter nach 30 Tagen ohne Einkommen mittellos. Weltweit ist deren Geldeinkommen von der Entscheidung eines ´Arbeitgebers´ abhängig, und wird nur dann gezahlt, wenn eine Investition in ihre Arbeitskraft eine Vermehrung des Privateigentums des Investors versprechen. Deswegen ersetzt die Staatsgewalt Lohnzahlungen, jeweils der nationalen Potenz und, nachgeordnet, der ökonomischen Relevanz der betroffenen Bevölkerungsteile entsprechend, durch hoheitlich, definierte Lohnersatzleistungen.

"In den USA steigen die Arbeitslosenzahlen in der Corona-Krise weiter massiv an. In der vergangenen Woche stellten 4,427 Millionen US-Bürger einen Erstantrag auf Arbeitslosenhilfe, wie das Arbeitsministerium in Washington mitteilte. Damit haben innerhalb eines Monats mehr als 26 Millionen Menschen ihren Job verloren. Allein in der Vorwoche hatten 5,2 Millionen Menschen einen Erstantrag auf Unterstützung gestellt. Die Erstanträge gelten als Indikator für die kurzfristige Entwicklung des Arbeitsmarkts in der größten Volkswirtschaft der Welt. Sie deuten inzwischen auf einen dramatischen Wirtschaftseinbruch hin."

(https://www.tagesschau.de/wirtschaft/usa-corona-arbeitslose-101.html , 23.04.2020, Corona-Krise in den USA, tagesschau.de)

".. Viele Unternehmen kämpfen mit Auftragseinbußen, es gibt Kurzarbeit und Kündigungen. Allein im ohnehin von Arbeitslosigkeit gebeutelten Spanien ging die Arbeitslosenquote im März um 9,3 Prozent nach oben - der stärkste jemals verzeichnete Monatsanstieg. .. Ähnlich sieht es in Großbritannien aus. Laut den Behörden beantragten in den vergangenen zwei Wochen fast eine Million Menschen Sozialhilfen, gut zehnmal so viele wie sonst üblich. .. Frankreich garantiert 84 Prozent des Nettogehalts als Kurzarbeitergeld. Laut dem Arbeitsministerium sind rund ein Fünftel aller Arbeitnehmer im Land betroffen. Muriel

Pénicaud, Frankreichs Arbeitsministerin, sagte: ´337,000 Unternehmen haben Kurzarbeitergeld beantragt, die überwiegende Zahl sind kleine Unternehmen. Die Anträge betreffen 3,6 Millionen Angestellte.´ ”

(https://de.euronews.com/2020/04/02/coronavirus-treibt-arbeitslosenzahlen-in-europa-nach-oben , 02.04.2020, Coronavirus treibt Arbeitslosenzahlen in Europa nach oben, de.euronews.com)

“Seit Mittwoch gilt für die 1,3 Milliarden Einwohner Indiens eine Ausgangssperre. Damit soll in dem Land die Corona-Pandemie eingedämmt werden. Für millionen Tagelöhner in den Metropolen, haben die Ausgangsbeschränkungen allerdings drastische Auswirkungen. Viele kommen nicht zurück in ihre Heimat. ... Tausende sind auf Neudehlis Strassen unterwegs – trotz Ausgangssperre. Sie sind Wanderarbeiter, Tagelöhner. Sie können sich das Leben in der Hauptstadt nicht mehr leisten. .. Rund 4 Euro pro Tag verdienen Arbeiter in den Fabriken. In den Haushalten der Wohlhabenderen arbeiten die Frauen als Dienstmädchen, oft für noch weniger. Das Heer schlecht bezahlter Wanderarbeiter aus den unterentwickelten Regionen Indiens ist das wirtschaftliche Rückgrat des Landes”

(https://www.tagesschau.de/multimedia/sendung/ts-36357.html , 29.03.2020, Notlage der Tagelöhner in Indien, tagesschau.de)

“... 90 Prozent der arbeitenden Bevölkerung Indiens ist im informellen Sektor tätig. .. Der Modi-Regierung wird nicht Tatenlosigkeit vorgeworfen, sondern totale Planlosigkeit. Sie schien gedacht zu haben, es würde ausreichen, die Bürger von der Polizei von den Straßen prügeln zu lassen und ein Hilfspaket von 21 Milliarden US-Dollar für die Armen zu verabschieden. Als arm im einen oder anderen Sinn gelten in Indien knapp 800 Millionen Menschen: Selbst wenn das Geld direkt ankommen würde, was es nicht wird, wären das 1,25 US-Dollar pro Bedürftigen für jeden der 21 Tage der Ausgangssperre. ..”

(https://www.heise.de/tp/features/Indien-Es-wird-boese-werden-Gewaltig-boese-4693613.html , 31.03.2012, Indien: Es wird böse werden. Gewaltig böse, heise.de)

Die Hotels sind bereit, aber die zahlenden Gäste bleiben aus. Die Kaufhäuser sind voll, aber niemand verwandelt die in die Waren investierten Geldmittel in Gewinne der Investoren. Industrie und Dienstleistungsbranche sind einsatzbereit, aber niemand verwandelt durch seine Lohnarbeit die Investitionen in neue Waren. Und, mit Arbeit allein ist es nicht getan. Der Preis der *Lohn*arbeit ist von entscheidender Bedeutung. Die Tätigkeit als solche, die Ernte einbringen, Hosen nähen, Tiere schlachten, oder Schutzmasken herstellen, ist in dieser Organisation der Gesellschaft nicht ausreichend. Der Preis der Arbeitskraft ist der Maßstab an welchem der Investor entscheidendet *ob* , *wo* und *wie* die Arbeit gemacht wird. Dort wo sich die Lohnkosten nicht durch einen Einsatz von Maschinen verbilligen oder ersetzen lassen, setzt man die ´Arbeitnehmer´ durch *rechtliche* Lohnsenkungsmethoden, z.B. Werksverträge, und prinzipiell, international unter Konkurrenzdruck.

“Trotz der Corona-Krise dürfen dringend benötigte Erntehelfer aus Rumänien einreisen. Sie helfen bei der Spargelernte. Zuerst einmal sollen sie Abstand voneinander halten. Die Landwirte sind erleichtert. .. Zuletzt hatte sie auch Hilfe von Freiwilligen aus der Region angenommen. Die waren motiviert, aber es fehlte an Erfahrung. Über die Solidarität habe sie sich aber sehr gefreut. "Einerseits ist man überwältigt von so viel Hilfsbereitschaft", sagt Gehrer, ´andererseits sind wir auch ein wirtschaftlicher Betrieb und müssen unsere Kosten decken.´ Der Spargel müsse sortiert, geschält, verpackt werden, es fallen Kosten für Personal, Material, Vor- und Nachbereitung der Saison an. Was in wenigen Monaten erwirtschaftet wird, müsse für das Jahr reichen. Gehrer zahlt Mindestlohn und Zuschläge nach Leistung. Ihre rumänischen Helfer verdienten deshalb deutlich mehr, und sie kommen seit Jahren zu ihr. ..”

(https://www.tagesschau.de/inland/erntehelfer-coronavirus-101.html , 10.04.2020, Die Erntehelfer sind da, tagesschau.de)

“Wegen mehrerer Corona-Ausbrüche in der Fleischindustrie schlägt Arbeitsminister Heil Alarm. .. ´Besonderes Augenmerk ist dabei auf die Situation in Sammelunterkünften und beim Personentransport zu legen.´ Seit Mitte April haben etwa diverse Medien über einen Ausbruch beim Unternehmen ´Müller-Fleisch´ bei Pforzheim berichtet. Dort haben sich mehrere Hundert Mitarbeiter mit dem Coronavirus infiziert, unter ihnen rumänische Werkvertragsarbeiter, die teils in gemeinsamen Unterkünften lebten. Der Infektionsschutz sei frühzeitig verstärkt worden, teilte das Unternehmen mittlerweile mit. ”

(https://www.tagesschau.de/investigativ/ndr-wdr/fleisch-mitarbeiter-infiziert-101.html , 08.05.2020, Unhaltbare Zustände, tagesschau.de)

“.. Aber die Belastungen durch den Ausfall von zeitweise 330 Mitarbeiterinnen und Mitarbeitern werden weniger. Es sind nämlich ´fast alle raus aus der Quarantäne´, berichtet Nicoleta-Melania Bica. .. Die 38-Jährige arbeitet seit 2009 mit Müller-Fleisch zusammen. Über die 2015 gegründete Firma Best Personal Service, deren Gewerbesteuer in Neuenbürg verbucht wird, beschäftigt sie rund 300 Männer und Frauen. Für 75 dieser Leute war ab Montag, 27. April, Einzelquarantäne angesagt. Sieben davon erwartet sie an diesem Samstag zurück, einige wenige noch am Montag, dann sind alle wieder einsatzfähig. Daneben gilt es, Verträge zu erfüllen für sie und alle jene, die nicht infiziert sind. ´Sie haben in zwei Wochen 20 bis 30 Überstunden´ angehäuft. An einem Wochenende – vor dem 1. Mai – sei durchgearbeitet worden. .. Rund 50 Prozent der zwischen 250 und 280 Müller-Mitarbeiter von CCF lebten in Privatquartieren, die anderen zahlten 220 Euro Bett, wobei das Doppelzimmer 16 Quadratmeter habe, die Dreier- und Vierer-Zimmer zwischen 20 und 25 Quadratmeter hätten. ..In den ersten Monaten gebe es Mindestlohn. Unqualifizierte verdienten nicht weniger als 1.200 Euro netto, präzisiert Saplacan. Qualifizierte Leute brächten zwischen 2.000 und über 3.200 Euro netto nach Hause. Das sind allerdings vor allem Metzger, die Best Personal Service für den SB-Verpackungsbereich gar nicht braucht. ..”

(https://bnn.de/lokales/pforzheim/details-ueber-unterkunft-so-leben-die-mitarbeiter-von-mueller-fleisch , 08.05.2020, So leben die Mitarbeiter von Müller-Fleisch)

Diese ´unhaltbaren´ Zustände sind im § 17 Abs. 1 Satz 1 Nr. 4 SGB IV *gesetzlich* definiert. Dort werden Sachbezugswerte, Einkünfte welche nicht als Geldleistung gewährt werden, *angegeben*, um deren Besteuerungsfähigkeit und sonstigen beitragsverpflichtenden Wirkungen einen Zahlenwert als Berechnungsbasis zuzuordnen. Diese *gesetzlichen* ′Verkehrswerte′ werden jährlich aktualisiert.

Tabelle 1 Sachbezugswerte für freie Verpflegung 2020						
Personenkreis		Frühstück	Mittagessen	Abendessen	Verpflegung insgesamt
		€	€	€	€
volljährige Arbeitnehmer	mtl.	54,00	102,00	102,00	258,00
	ktgl.	1,80	3,40	3,40	8,60
Jugendliche und Auszubildende	mtl.	54,00	102,00	102,00	258,00
	ktgl.	1,80	3,40	3,40	8,60
volljährige Familienangehörige	mtl.	54,00	102,00	102,00	258,00
	ktgl.	1,80	3,40	3,40	8,60
Familienangehörige vor Vollendung des 18. Lebensjahres	mtl.	43,20	81,60	81,60	206,40
	ktgl.	1,44	2,72	2,72	6,88
Familienangehörige vor Vollendung des 14. Lebensjahres	mtl.	21,60	40,80	40,80	103,20
	ktgl.	0,72	1,36	1,36	3,44
Familienangehörige vor Vollendung des 7. Lebensjahres	mtl.	16,20	30,60	30,60	77,40
	ktgl.	0,54	1,02	1,02	2,58

Tabelle 2 Sachbezugswerte für freie Unterkunft 2020				
Sachverhalt			Unterkunft allgemein	Aufnahme im Arbeitgeberhaushalt / Gemeinschaftsunterkunft
			€	€
Unterkunft belegt mit				
A	1 Beschäftigtem	mtl.	235,00	199,75
		ktgl.	7,83	6,66
	2 Beschäftigten	mtl.	141,00	105,75
		ktgl.	4,70	3,52
	3 Beschäftigten	mtl.	117,50	82,25
		ktgl.	3,91	2,74
	mehr als 3 Beschäftigten	mtl.	94,00	58,75
		ktgl.	3,13	1,96
B	1 Beschäftigtem	mtl.	199,75	164,50
		ktgl.	6,66	5,48
	2 Beschäftigten	mtl.	105,75	70,50
		ktgl.	3,52	2,35
	3 Beschäftigten	mtl.	82,25	47,00
		ktgl.	2,74	1,57
	mehr als 3 Beschäftigten	mtl.	58,75	23,50
		ktgl.	1,96	0,78

A = Volljährige Arbeitnehmer

B = Jugendliche und Auszubildende

Erläuterungen

Für die Ermittlung des anzusetzenden Sachbezugswertes für einen Teil-Entgeltabrechnungszeitraum sind die jeweiligen Tagesbeträge mit der Anzahl der Kalendertage zu multiplizieren.

Beispiel:
Ein Arbeitnehmer (17 Jahre) nimmt am 15.1. eine Beschäftigung in den alten Bundesländern auf und wird bei freier Verpflegung und freier Unterkunft in den Arbeitgeberhaushalt aufgenommen.

Verpflegung in €:	8,60 x 17 Tage =	146,20
Unterkunft in €:	5,48 x 17 Tage =	93,16
Sachbezugswert insgesamt in €:		239,36

Wäre es nach Lage des Einzelfalles unbillig, den Wert der Unterkunft nach den Tabellenwerten zu bestimmen, kann die Unterkunft nach § 2 Abs. 3 Satz 3 Sozialversicherungsentgeltverordnung mit dem ortsüblichen Mietpreis bewertet werden.

Eine Aufnahme in den Arbeitgeberhaushalt liegt vor, wenn der Arbeitnehmer sowohl in die Wohnungs- als auch in die Verpflegungsgemeinschaft des Arbeitgebers aufgenommen wird. Bei ausschließlicher Zurverfügungstellung von Unterkunft liegt dagegen keine "Aufnahme" in den Arbeitgeberhaushalt vor, so dass der ungekürzte Unterkunftswert anzusetzen ist.

Eine Gemeinschaftsunterkunft stellen z. B. Lehrlingswohnheime, Schwesternwohnheime, Kasernen etc. dar. Charakteristisch für Gemeinschaftsunterkünfte sind gemeinschaftlich zu nutzende Wasch- bzw. Duschräume, Toiletten und ggf. Gemeinschafts-Küche oder Kantine. Allein eine Mehrfachbelegung einer Unterkunft hat dagegen nicht die Bewertung als Gemeinschaftsunterkunft zur Folge; vielmehr wird der Mehrfachbelegung bereits durch gesonderte Abschläge Rechnung getragen.

Für freie Wohnung ist kein amtlicher Sachbezugswert festgesetzt. Vielmehr ist für freie Wohnung grundsätzlich der ortsübliche Mietpreis anzusetzen. Eine Wohnung ist im Gegensatz zur Unterkunft eine in sich geschlossene Einheit von Räumen, in denen ein selbständiger Haushalt geführt werden kann. Wesentlich ist, dass eine Wasserversorgung und -entsorgung, zumindest eine einer Küche vergleichbare Kochgelegenheit sowie eine Toilette vorhanden sind. Danach stellt z. B. ein Einzimmerappartement mit Küchenzeile und WC als Nebenraum eine Wohnung dar, während bei Mitbenutzung von Bad, Toilette und Küche lediglich eine Unterkunft vorliegt. Wird mehreren Arbeitnehmern eine Wohnung zur gemeinsamen Nutzung (Wohngemeinschaft) zur Verfügung gestellt, liegt insoweit nicht freie Wohnung, sondern lediglich freie Unterkunft vor.

Ist die Feststellung des ortsüblichen Mietpreises mit außerordentlichen Schwierigkeiten verbunden, kann die Wohnung mit 4,12 € monatlich je Quadratmeter bzw. bei einfacher Ausstattung (ohne Sammelheizung oder ohne Bad oder Dusche) mit 3,37 € monatlich je Quadratmeter bewertet werden.

Bei der Gewährung von unentgeltlichen oder verbilligten Mahlzeiten im Betrieb (§ 40 Abs. 2 Satz 1 Nr. 1 EStG) sind sowohl für volljährige Arbeitnehmer als auch für Jugendliche und Auszubildende nachstehende Beträge anzusetzen:

Frühstück	1,80 €
Mittag-/Abendessen	3,40 €

(Quelle: https://www.vdek.com/vertragspartner/arbeitgeber/sachbezugswerte.html , Vdek)

Weil die Produzenten des gesellschaftlichen Reichtums nicht von den Produkten ihrer Arbeit leben, sondern von Geld, welches sie nur dann bekommen, wenn ihre Arbeit die Investition ihrer ´Arbeitgeber´ rentabilisiert, wird ihr Alltag ökonomisch *und* juristisch, *dementsprechend* organisiert. (Fleischverarbeitung, Erntehelfer, Näher, ...)

"Jedes Jahr kommen weniger Helfer in der Saison nach Deutschland. Wenn Saisonarbeiter besser bezahlt würden und vernünftige Arbeitsbedingungen vorfänden, dann würden angeblich genügend Erntehelfer zur Verfügung stehen. Was in der Theorie nach einer einfachen Rechnung klingt, ist allerdings nicht für jeden Landwirt und Produzenten so einfach umzusetzen. Rund 30 Prozent aller Beschäftigten im Agrarbereich sind kurzzeitige Aushilfen, der Anteil der Saisonkräfte liegt bei 58 Prozent. Der Mindestlohn gilt seit 2018 auch für Erntehelfer. Seit dem 1. Januar 2019 gilt ein Mindestlohn in Höhe von 9,19 Euro pro Stunde, der im kommenden Jahr noch einmal um 16 Cent steigen soll. Im Gegensatz zu anderen EU-Staaten ist dieser in Deutschland aber immer noch vergleichsweise gering und macht die Bundesrepublik als Arbeitsort unattraktiv. Durch die Einführung des Mindestlohns haben sich aber für viele

Landwirte und Produzenten die Herstellungskosten stark erhöht. Laut einer Modellrechnung des Bundeslandwirtschaftsministerium ist bereits 2016 im Vergleich zu den Vorjahren die Produktion von Erdbeeren und Spargel um bis zu 16 Prozent teurer geworden. Während die Mindestlöhne steigen, gibt es keine Mindestabnahmepreise im Handel. Manche Landwirte würden nach dieser Rechnung selbst künftig weniger verdienen als ihre Erntehelfer. Die Mehrkosten müssten demnach auf den Endverbraucher umgelegt werden, Spargel und Erdbeeren würden teurer. Viele Kunden sind aber nicht bereit, höhere Preise zu zahlen und würden dann wiederum auf Waren anderer Länder zurückgreifen.
Ein Weg aus der Misere ist der Verzicht auf Saisonarbeiter und die Beschäftigung anderer Gruppen, die nicht dem Mindestlohngesetz unterliegen. Ausgenommen von der gesetzlichen Lohnuntergrenze sind Pflichtpraktikanten, Selbstständige, Auszubildende, Ehrenamtlich Tätige, Langzeitarbeitslose während der ersten sechs Monate ihrer Beschäftigung, Freiberufler und Jugendliche unter 18 Jahren ohne abgeschlossene Ausbildung. Aber nur wenige aus diesen Gruppen sind körperlich einem Einsatz auf den Feldern gewachsen oder würden für weniger als den Mindestlohn arbeiten. Für Saisonarbeiter gelten grundsätzlich die gleichen versicherungsrechtlichen Bedingungen wie für alle anderen Arbeitnehmer. Wird ein Saisonarbeiter aber im Rahmen einer kurzfristigen Beschäftigung eingestellt, ist diese Beschäftigung versicherungs- und beitragsfrei. Eine kurzfristige Beschäftigung liegt dann vor, wenn der Arbeitnehmer bei einer Fünf-Tage Arbeitswoche nicht mehr als drei Monate eingesetzt wird bzw. ein Zeitraum von 70 Arbeitstagen im Kalenderjahr nicht überschritten wird. Arbeitgeber und Arbeitnehmerinnen bzw. Arbeitnehmer müssen bei kurzfristigen Beschäftigungen keine Beiträge zur Kranken-, Renten-, Arbeitslosen-, und Pflegeversicherung entrichten. Allerdings darf die kurzfristige Beschäftigung nicht berufsmäßig ausgeübt werden und allein für die Sicherung des Lebensunterhalts sorgen. Hier muss geprüft werden, ob die Person in ihrem Heimatland eine Beschäftigung oder selbstständige Tätigkeit ausübt. Ist dies nicht der Fall, unterliegt sie den deutschen Rechtsvorschriften. Übt sie eine Beschäftigung oder ähnliche selbstständig Erwerbstätigkeit (z. B. als Landwirt) aus, gelten während der Beschäftigung ausschließlich die Rechtsvorschriften des Heimatlandes. Der Erntehelfer muss in diesen Fällen die Bescheinigung “A1” vorlegen. Allein 2016 stellten die Behörden 1,6 Millionen A1-Bescheinigungen aus, die offiziell bestätigen, dass die Beschäftigten in der Heimat sozialversichert sind. Mit der Bescheinigung “A1” weist ein ausländischer Arbeitnehmer nach, dass für ihn nicht die deutschen Rechtsvorschriften, sondern die Rechtsvorschriften des Herkunftsstaates gelten. .. Nach der Vorschrift des § 107 Abs. 2 Gewerbeordnung (GewO) können Arbeitgeber und Arbeitnehmer Sachbezüge als Teil des Arbeitsentgelts vereinbaren, wenn dies dem Interesse des Arbeitnehmers oder der Eigenart des Arbeitsverhältnisses entspricht. Für Saisonarbeiter wird unter bestimmten Voraussetzungen die Anrechnung von Verpflegung und Unterkunft auf den Mindestlohn zugelassen. .. Die Anrechnung einer als Sachbezug zur Verfügung gestellten Unterkunft ist – bis zur Höhe von monatlich 231 Euro – zulässig. .. Die Anrechnung vom Arbeitgeber gewährter Verpflegungsleistungen darf des Weiteren einen Betrag von monatlich 251 Euro nicht überschreiten. Dieser Wert setzt sich zusammen aus dem Wert für Frühstück (53 Euro), Mittagessen (99 Euro) und Abendessen (99 Euro). Landwirte müssen zudem Umsatzsteuer für die Vermietung der Unterkünfte und die Verpflegung abführen.”

(https://erdbeerportal.de/neuigkeiten/saisonarbeit-teil2-mindestlohn-versicherungen/214933 , 06.03.2019, Saisonarbeit Teil 2: Mindestlohn, Versicherungen und Zusatzkosten, erdbeerportal.de)

Nach der Arbeit stehen die Produzenten des gesellschaftlichen Reichtums den von ihnen hergestellten Gebrauchswerten als ´Konsument´ gegenüber. Derselben Gewinnkalkulation ihrer ´Beschäftigung´ folgend, sind sie jetzt dazu vorgesehen, durch den Kauf der von ihnen hergestellten Produkte, das Wunder der Geldvermehrung zu einem guten Ende zu bringen. Die staatlich initiierte, und von den Privatproduzenten genutzte Verfügungsgewalt über den gesellschaftlichen Reichtum, erzeugt eine Konkurrenz der von diesem Reichtum ausgeschlossenen Restbevölkerung. Je dringender deren Bedarf nach einem Gebrauchswert ist, desto leichter läßt sich das Bedürfnis dazu erpressen, dem Interesse seiner Besitzer an der Vermehrung ihres in Geld bemessenen Reichtums zu entsprechen. Am Bedürfnis der eigentumslosen Bevölkerung interessiert den ´Arbeitgeber´ nur dessen Zahlungsfähigkeit im Verhältnis zu seinem kalkulierten Verkaufspreis.

> "Die Preise für hochwertige Klinikmasken explodierten auch bei renommierten Händlern. Ein Beispiel – Bis Mitte Februar lagen die Kosten konstant bei 45 Cent. Dann stiegen sie innerhalb von 48 Stunden von 2 Euro, über gut 5, auf 13,52 Euro. ..."
>
> (https://www.tagesschau.de/multimedia/sendung/ts-36357.html , 29.03.2020, Handel mit Schutzmasken, tagesschau.de)
>
> "Das Coronavirus hat den Preis einiger unter den derzeitigen Isolationsbedingungen besonders begehrter Produkte dreistellig nach oben getrieben. .."
>
> (https://de.statista.com/infografik/21340/preisentwicklung-ausgewaehlter-markenprodukte-bei-amazon/ , 03.04.2020, Beliebte Quarantäne-Produkte werden teurer, statistika.com)

Wegen der Quarantänemaßnahmen ist die Zahlungsfähigkeit der ´Verbraucher´ aufgrund der gekürzten oder komplett gestrichenen Lohnzahlungen dementsprechend verkleinert.

Die Herren dieser Schöpfung sind sich sofort darüber im klaren, was es jetzt am Dringensten braucht; Die Absicherung des Fundaments dieser Gesellschaft.

- Ihr Umsatz und damit ihre Kreditbasis ist in Gefahr !

Auch Unternehmen haben Kosten. Der wichtigste Posten in ihren Bilanzen ist das Fremdkapital, die Verbindlichkeiten. Dort sind die Zins– und Tilgungsraten für Kredite zu finden, welche die gesamte Wirtschaftswelt bei der Bankenwelt hat. Ohne Kredit kann eine Firma weder gegründet noch betrieben werden. Selbst eine Imbissbude, der Traum des kleinen Mannes, wird in der Regel mit Kredit finanziert. Hier, ´unten´, mit dem Unterschied, dass man jetzt als Chef und Mitarbeiter in einer Person, das 24-7 an sich selbst und der eigenen Familie vollstrecken darf.

Die industrielle Produktion, die Sphäre woher die Wurst und das Bier wirklich kommen, erfordert bereits vor Eröffnung der Produktion einen Kapitaleinsatz für Maschinen, Gebäude, Pacht oder Eigentumserwerb an Raum oder Boden, Material und

Personalkosten, welcher sich durch den Verkauf der eigenen Arbeitskraft gar nicht realisieren läßt. Umsatz, also Geldeinnahmen, erzielt jede Firma zeitlich, erst *nach* der Produktion. Die Kosten fallen aber *vor* Produktionsbeginn an.

Der Gebrauchswert ist nicht die Sorte Reichtum an welchem die Organisatoren und Kommandeure dieser Gesellschaft interessiert sind.

Der materielle Reichtum ist betriebswirtschaftlich nur in seiner Eigenschaft als Tauschwert von unternehmerischem Interesse. Ständig muss der Produktionsprozess durch neue, effektivere Maschinerie ersetzt werden, will man den Anschluss an die Konkurrenz nicht verlieren. Der Stückkostenpreis, oben bereits angesprochen, ist als Konkurrenzvoraussetzung zwingend so zu kalkulieren, dass der marktübliche Verkaufspreis durch das eigene Angebot wenigstens nichts überschritten wird. *Dementsprechend* muss der Maschinenpark zuerst, vor Beginn der Produktion, erst einmal hingestellt, und danach regelmäßig erneuert werden. Das kostet viel Geld.

Dieses in einer Gesellschaft von Privatproduzenten bestehende Interesse an *Kredit*, welches sich aus der Konkurrenz um den Verkauf des zur Ware verwandelten Gebrauchswertes bildet, ist deshalb, in dieser gesellschaftlichen Ordnung, als Bank *materialisiert*. Diese Sorte Geschäft, betreibt wie jedes andere W*aren* produzierende Gewerbe auch, die Vermehrung einer investierten Geldsumme. Nur das Produkt unterscheidet sich. Dort sind es Schuhe , Brot, oder Musik, bei einer Bank ist es das Geld selbst, welches verkauft wird. Weil *jede* Firma am Kredit hängt, und deswegen den Kredit tilgen *muss*, verwandelt sich das private Interesse der Gewinnerzielung in ein verbindliches, in eine in jedem Fall zu realisierende, *gesellschaftliche* Notwendigkeit zur Geldvermehrung in Höhe des geltenden Durchschnittszinssatzes. Ohne einen dem entsprechenden Umsatz, ist das nicht zu leisten. Die Maschinen bleiben von der verordneten Quarantäne vollständig unbeschädigt. Der Umsatz, und damit ein Geldmittelrückfluss an den Eigentümer des Produktionsprozesses bleibt aufgrund der Quarantäne aus. Deswegen ist die Bedienung der laufenden Kredite nicht möglich. In dieser Gesellschaft tritt damit automatisch, auf Veranlassung des beteiligten Gläubigers, die Kürzung des Kredits oder dessen Kündigung in Kraft.

Die Streichung des Kredits wirkt wie die Zerstörung der Maschinen, weil sie nicht das generieren, wozu sie in dieser Gesellschaft gebaut wurden. – Geld.

Der Gebrauchswert ist in der Marktwirtschaft nicht der Zweck der Produktion! Die Existenz des Gebrauchswerts, die Hosen sind fix und fertig, ist nicht dasselbe wie das erfolgreiche Ende einer geplanten Produduktionsreihenfolge. Erst, und nur wenn, die Hose gegen Geld eingetauscht wurde, ist für den Betrieb die Arbeit beendet, *betriebswirtschaftlich* erfolgreich gewesen! Gelingt dieser Verkauf nicht, sind Gebrauchswert und dessen Produktionsmittel wertlos! Voll funktionsfähige Maschinen werden stillgelegt und die Produzenten der Hosen werden einkommenslos. Selbst die produzierten Gebrauchswerte werden vernichtet, wenn sich kein Käufer findet.

Kaum ist die Quarantäne in Kraft gesetzt, entdecken diejenigen welche man als ´die Wirtschaft´ oder Politiker kennt, ihr Herz für die kleinen Leute, die Arbeiter und Verbraucher.

"Gut 124 000 Anträge auf Aussetzung von Kreditraten waren nach Angaben des Deutschen Sparkassen- und Giroverbands bis Montagvormittag bei den Sparkassen eingegangen. Viele der Institute hatten bereits Ende der vergangenen Woche darüber informiert, dass Kunden, denen wegen der Corona-Krise das Geld ausgeht, Zins- und Tilgungszahlungen für ihre privaten Kredite aussetzen können. Ein entsprechendes Gesetz hatten Bundestag und Bundesrat beschlossen. Die Regelung gilt seit 1. April. Doch schon davor zeigte sich: Der Zahlungsaufschub ist für viele bitter nötig. Er betrifft nicht nur Kredite. Auch Rechnungen für Strom, Gas, Wasser, Telefon oder Internet müssen Betroffene erst einmal nicht zahlen. Die finanziellen Erleichterungen sind aber an Bedingungen geknüpft.

Wie sieht der Zahlungsaufschub aus?

Er gilt vorerst für maximal drei Monate, von 1. April bis 30. Juni. Bei den Krediten geht es dabei um privat abgeschlossene Darlehen. Das kann ein Baukredit ebenso sein wie eine Autofinanzierung. Der Kreditvertrag muss vor dem 15. März unterschrieben worden sein. Zins und Tilgung werden dann gestundet, sie verschieben sich also drei Monate nach hinten. Bei Strom-, Gas- oder Telefonverträgen ist der Stichtag der 8. März. Auch hier ist von April bis Juni ein Zahlungsaufschub möglich. "Die Zahlungen muss man aber nachholen", sagt Stephanie Heise, Finanzexpertin bei der Verbraucherzentrale Nordrhein-Westfalen. Bei den Kosten für Strom, Gas oder Telefon bedeutet das: In den Monaten nach dem Aufschub kommen zusätzliche Zahlungen auf die Betroffenen zu. Im Zweifel sollte man daher überlegen, vorhandene Reserven einzusetzen, um solche existenziellen Leistungen zu bezahlen, meint Heise. .. ...

Was passiert nach den drei Monaten?

Nach dem 30. Juni müssen Verbraucher wieder monatlich das Geld an den Versorger überweisen. Auch die aufgeschobenen Zahlungen müssen sie begleichen. Wie das geschieht, sollten Kunden vorab mit dem Anbieter besprechen - aber nicht zu früh, rät Verbraucherjurist Görner: "Es ist sinnvoll abzuwarten, bis man weiß, in welchem Umfang man die Zahlungen künftig erfüllen kann." So sieht das Gesetz vor, dass die Frist für den Zahlungsaufschub um drei Monate verlängert werden kann, sollte sich die wirtschaftliche Lage wegen der Corona-Krise noch nicht verbessert haben. "Man sollte dann noch einmal das Gespräch mit dem Anbieter suchen und die Zahlungsaussetzung gegebenenfalls verlängern", meint Görner. Bei Kreditverträgen werden nach Ablauf der Frist die bisherigen Zins- und Tilgungszahlungen wieder aufgenommen. Die Kreditlaufzeit verlängert sich durch den Zahlungsaufschub um drei Monate. Verbraucherschützer raten zur Vorsicht, wenn die Bank während des Zahlungsaufschubs eine gesonderte Vereinbarung zur weiteren Kreditabwicklung treffen will. Dann sollten Kunden prüfen, ob sie dadurch nicht schlechtergestellt werden, meint Kay Görner: "Das Gesetz schließt Vereinbarungen zum Nachteil der Verbraucher leider nicht aus." Im Zweifel sollte man daher auf den bisherigen Konditionen des Vertrags bestehen."

(https://www.sueddeutsche.de/wirtschaft/geld-not-coronavirus-stundung-1.4864497 , 03.04.2020, Wie jetzt Zahlungen aufgeschoben werden können, sueddeutsche.de)

"In der Corona-Krise soll Mietern wegen Mietschulden nicht gekündigt werden dürfen. Das sieht eine Gesetzesvorlage der Bundesministerien für Justiz, Inneres und Wirtschaft vor. Gelten soll dies für Mietschulden aus dem Zeitraum vom 1. April bis 30. September 2020. Die

Verpflichtung der Mieter zur Zahlung der Miete bleibe aber im Grundsatz bestehen. .. Derzeit kann ein Vermieter das Mietverhältnis kündigen, wenn zwei Monate in Folge keine Miete gezahlt wird. .. Das Gleiche gelte für die Versorgung mit Strom und Wasser. .. Der FDP-Wohnungsexperte Daniel Föst sieht dies kritisch. ′Für Mieter und Vermieter ist es wenig hilfreich, wenn sich am Ende die Mietschulden türmen′, sagte er. Er forderte die Einführung eines ′zeitlich befristeten, unkomplizierten Sonder-Wohngelds′. Auch der Eigentümerverband Haus & Grund fürchtet große Nachteile durch die geplante Gesetzesänderung. ′Nach den derzeit bekannten Plänen will sich der Staat in beispielloser Weise von den fast vier Millionen vermietenden Privatpersonen in Deutschland entsolidarisieren′, beklagte Verbandspräsident Kai Warnecke. Die Maßnahme sei geeignet, ′Millionen private Eigentümer in die Insolvenz zu treiben′. Der Verband forderte unter anderem, einen Kündigungsausschluss daran zu knüpfen, ′dass der Mieter fortlaufend Bemühungen zur Beantragung von Wohngeld oder den Kosten der Unterkunft unternimmt′. Gleichzeitig müssten Vermieter Anspruch auf Unterstützung aus einem ′Wohn- und Mietenfonds′ erhalten. .. "

(https://www.tagesschau.de/inland/miete-corona-101.html , 21.03.2020, Mehr Schutz für Mieter in der Corona-Krise, tagesschau.de)

Im Normalfall dieser Gesellschaftsordnung wird vollstreckt. Es wird klargestellt, dass der produzierte Reichtum nicht dafür da ist, die Produzenten mit dem zu versorgen was sie produziert haben, sondern als produzierter Gebrauchswert nur unter der Bedingung zur Verfügung gestellt wird, wenn die Renditeerwartungen der Investoren erfüllt werden. Strom und Wasser werden abgestellt, die Räumungsklage eingereicht, und das Konto gesperrt. In diesem Sonderfall wird davon Abstand genommen, weil man die Fortsetzung dieser Praxis, *das Geschäft selbst*, gegen die große Anzahl der Zahlungsausfälle für die Zukunft nach und während der Krise absichern will. Die Rechnungen bleiben bestehen, und werden zu einem späteren Zeitpunkt, zusätzlich fällig.

Dasselbe Führungspersonal beschliesst auch an anderer Stelle hilfreich einzugreifen. In den systemrelevanten Bereichen der Gesellschaft, dort wo der ausbleibende Geldmittelrückfluss die Zahlungsfähigkeit der Eigentümer dieser Welt, und damit die finanzielle Basis des Staates selbst, in Frage stellt. Den Herrschaften ist bekannt, dass die modernen Ein-Mann-Unternehmen, welche sich am Telefon als Marketing Manager vorstellen, und wie jeder andere Lohnarbeiter nach 30 Tagen ohne Einkommen mittellos sind, nicht systemrelevant sind.

"Auch bislang recht gut situierte Selbstständige geraten durch die Corona-Krise in echte Not. Sie haben weder Anspruch auf Arbeitslosengeld noch auf Kurzarbeitergeld. Deshalb werden besonders für sie die Voraussetzungen für den Hartz-IV-Bezug erleichtert. Die Neuregelungen sind nach der Veröffentlichung im Bundesgesetzblatt am 28. März in Kraft getreten. .. Ein Friseur, der Corona-bedingt schließen musste, kann mit seinen Beschäftigten – wenn er solche hat – Kurzarbeit vereinbaren. Diese sind dann durch Kurzarbeitergeld – zumindest auf niedrigem Niveau – abgesichert. Für den Friseurmeister selbst sieht es mau aus. Helfen kann hier allerdings das Jobcenter. Denn Arbeitslosengeld II (meist Hartz IV genannt) steht Selbstständigen genauso wie Arbeitnehmern zu. .. Nehmen wir an, der Friseur hat in München einen bislang gut laufenden Salon und konnte sich seine Wohnung in der Innenstadt, für die er monatlich 2.000 Euro Warmmiete zahlen musste, bequem leisten. Jetzt bringt ihn die Miete schnell in Existenznöte. Die Miete kann nun – auch wenn sie nach den örtlichen Regelungen als unangemessen hoch gilt – vom Jobcenter voll als notwendige Ausgabe anerkannt werden und somit übernommen werden. Das gilt für sechs Monate. Wenn sich nach diesen sechs Monaten die Situation des Betroffenen noch nicht nachhaltig geändert hat, kann er weiterhin Hartz IV erhalten und hat mindestens sechs Monate Zeit, sich eine billigere Wohnung zu suchen. ..”

(https://www.biallo.de/soziales/news/selbststaendige-mit-hartz-iv-durch-die-corona-krise/ , 31.03.2020, Selbststndide: Mit HartzIV durch die Corona-Krise, biallo.de)

Dort, wo die Wurst und das Bier herkommen, erfordert die Hilfe mehr Feuerkraft. Dort bringt die Regierung den Kredit als ´Bazooka´ zum Einsatz. Auf nationaler Ebene werden, je nach aktueller, ökonomischer Position innerhalb der Staatenkonkurrenz, gigantische Zahlungsversprechen per Staatsbeschluss zu realer Zahlungsfähigkeit. In Deutschland wird ein Wirtschaftsstabilisierungsfond mit mindestens 819-tausend Millionen Euro, also 819 Milliarden, als Soforthilfe *erschaffen*.

“Die Bundesregierung geht entschlossen, kraftvoll und zielgerichtet voran, um Deutschland zu schützen. Beim Schutzschild für Beschäftigte, Selbstständige und Unternehmen handelt es sich um das größte Hilfspaket in der Geschichte der Bundesrepublik. Der Umfang der haushaltswirksamen Maßnahmen beträgt insgesamt 353,3 Milliarden Euro und der Umfang der Garantien insgesamt 819,7 Milliarden Euro. ...”

(https://www.bundesfinanzministerium.de/Content/DE/Standardartikel/Themen/Schlaglichter/Corona-Schutzschild/2020-03-13-Milliarden-Schutzschild-fuer-Deutschland.html , 22.04.2020, Kampf gegen Corona: Größtes Hilspaket in der Geschichte Deutschlands, bundesfinanzministerium.de)

7,5 Milliarden sind für die soziale Sicherung der oben bereits dargestellten Ein-Mann-Unternehmen vorgesehen (Hartz4). 50 Milliarden werden als Zuschuss zu den Betriebskosten dieser ´Selbstständigen´ und Kleinunternehmen, gestaffelt, bis zu 10 Beschäftigten bereitgestellt.

“Nicht durch Einnahmen gedeckte Betriebsausgaben, die Selbstständige in einer Krisenzeit erwirtschaften, werden allerdings durch die Jobcenter nicht ausgeglichen. So müssen Selbstständige beispielsweise die Miete vorübergehend nicht genutzter Geschäftsräume auch in der Zeit des ALG-II-Bezugs weiterhin selbst beglichen. .. In solchen Fällen kann gegebenenfalls die KfW helfen. Unternehmen, Selbstständige oder Freiberufler, die durch die Corona-Krise in finanzielle Schieflage geraten sind können mit Hilfe der KfW bei ihrer Bank oder Sparkasse einen Kredit für Investitionen und Betriebsmittel beantragen. Dies gilt dann, wenn die Probleme der Betroffenen erst in 2020 entstanden sind. ..”

(https://www.biallo.de/soziales/news/selbststaendige-mit-hartz-iv-durch-die-corona-krise/ , 31.03.2020, Selbststndide: Mit HartzIV durch die Corona-Krise, biallo.de)

An dieser Stelle ist es erforderlich sich klar zu machen, warum diese Geldmittel, hier *nationale*, in dieser Form, dort als Hartz4, da als Kredit organisiert werden. Das ist weder Willkür noch Zufall. Die Organisationsform, die Zugangsvoraussetzung zu diesen Geldmitteln erlaubt einen Rückschluss auf den Zweck der Veranstaltung.

Das Kreditsystem basiert auf Zahlungs*versprechen,* welche durch die Zahlung der Zins- oder Tilgungsraten den Wert des ′Schuldscheins′ verifizieren. Geldgeber sind Privatpersonen, Banken, Unternehmen, Institutionen, oder der Staat selbst.

Um die Relevanz zu verdeutlichen; Städte, Rentenfonds, Banken, Unternehmen, und Privatpersonen investieren Teile oder ihr Geldvermögen um die Zinszahlungen als Liquidität, als Geld*quelle* zur Deckung ihrer laufenden Kosten zu benutzen. In ihren Bilanzen bleibt der Schuldschein als Wert erhalten. Nur, eben nicht als *gesetzliches* Zahlungsmittel, sondern als Versprechen des Schuldners dasselbe wie Geld *zu sein.*

Der Gesamtbetrag der Schuld wird entweder als Rate, in Intervallen an den Gläubiger zurückgezahlt, oder wird am Ende der Vertragslaufzeit fällig. Die geschuldete Summe und die Zinsen sind für den Geldgeber ein Rechtstitel. Der Schuldner unterwirft sein gesamtes Vermögen, das wird als Sicherheit im Vertrag fixiert, dem Zugriff durch den Gläubiger. Dieser Zugriff erfolgt dann durch die entsprechenden *staatlichen* Organe. Bleibt die vertraglich vereinbarte Zahlung an den Gläubiger zwei aufeinander folgende Monate aus, führt das zur Gesamtfälligkeitsstellung des Kredits. In der Regel ist der Schuldner zahlungsunfähig. Deswegen zahlt er ja die Tilgungsraten nicht. Im nächsten Schritt, werden dann vom Gläubiger die vereinbarten Sicherheiten verwertet. Im gesellschaftlichen Normalfall ist das Tagesgeschäft. Jetzt aber, liegt eine als Konsequenz der staatlich, verordneten Quarantäne, *allgemeine* Zahlungsunfähigkeit in der Gesellschaft vor. Wie beim Domino, hintereinandergereiht, bricht das System wechselseitiger Zahlungsversprechen ein. Damit versiegt nicht nur die Geld*quelle* der Investoren. Die als Zahlungs*versprechen bilanzierten* Vermögenswerte der Geldgeber werden massenhaft entwertet oder wertlos. Die Pfändung der Sicherheiten durch den Gläubiger, verkleinert oder zerstört in deren Folge, *gleichzeitig*, auch die Produktionsbasis und/oder das Gesamtvermögen der Schuldner. Die Geldgeber bekommen durch dieses Verfahren Geld zurück, in der Regel nur Teile davon, und gleichzeitig sind sie jetzt gezwungen ihre laufenden Kosten aus ihrem Vermögen zu zahlen. Ihr Kapital verliert seine Funktion als Wert*quelle*. Zu einer Geldsumme *degradiert*, wird diese Summe jetzt durch jede Zahlung *kleiner.* Vorher konnten die Investoren Teile ihrer Kosten durch die Zinsraten decken, und der Vermögenswert blieb in seiner Größe unverändert, konstant erhalten. - *Deswegen* sind Wertpapiere im wirtschaftlichen Alltag international sehr nachgefragt.

Die Degradierung von Kapital zu Geld, der Verlust dieser *Funktionalität als Geldquelle*, kann die Existenz des Geldgebers in Frage stellen. Um zwei Beispiele zu nennen; Rentenfonds oder Banken produzieren nichts. Dieses Geschäftsmodell basiert auf der Erhaltung des Vermögenswertes durch die Kreditvergabe und zahlt die Rechnungen aus *Zins*erträgen. Wenn ein Fond die Renten aus seinem Geldvermögen bezahlt, ist durch Division leicht nachvollziebar, wann die letzte Rente ausgezahlt wird. Banken sind die Sammelstellen des gesellschaftlichen Gesamtvermögens.

Mit dem Geld ihrer Kunden betreibt die Bank Kreditgeschäfte. Banken nutzen das Geld der Gesellschaft als ihr Kapital. Wenn diese Spekulationen fehlschlagen, Kredite ´faul´ werden, bedeutet das für die Gesellschaft als Geldgeber der Bank, dass die Eingabe ihrer Geheimzahl am Geldautomaten vergeblich bleibt.

Diesen Prozess versucht die Staatsgewalt durch ihr Zahlungsversprechen zu verhindern. Die Geldwirtschaft, als Konsequenz des Eigentums, droht den als Privatvermögen aufgeschriebenen *Kapitalwert* ihres Staatsgebietes zu verkleinern oder zu ruinieren. Aus diesem Grund werden Geldmengen von ´historischem Ausmaß´ emittiert. - Dieses Geld druckt der Staat aber nicht! Stattdessen stattet er Sonderbanken, wie die KfW, mit einer auf seinem Zahlungsversprechen, auf Staatsschuldtiteln basierender Liquidität aus. Die KfW wiederum *verkauft* Anteilsscheine dieser Schuldtitel am internationalen Finanzmarkt. Die jeweilige ´Hausbank´ eines Unternehmens tritt dann an die KfW heran, um Geldmittel abzurufen. An anderer Stelle, *im Inland*, definiert die Staatsgewalt ihr Zahlungs*versprechen* als ´Bürgschaft´. Damit erspart sie sich, solange die Bürgschaft nicht wirklich mit Geld gezahlt werden muss, die Beschaffung von echtem Geld, und damit die inhaltlich zutreffende Bezeichnung *dieses* Zahlungsversprechens als Staatsverschuldung.

“.. Das KfW-Sonderprogramm 2020 läuft seit 23. März 2020. Die Mittel für das KfW-Sonderprogramm sind unbegrenzt. Es steht sowohl kleinen, mittelständischen Unternehmen wie auch Großunternehmen zur Verfügung. .. Die Kreditbedingungen wurden nochmals verbessert. Das bedeutet konkret, dass die Voraussetzungen für die KfW-Kredite massiv gelockert und Konditionen verbessert wurden, um möglichst vielen Unternehmen schnell und wirksam zu helfen. So wurden die Mindestanforderungen an die Kreditwürdigkeit eines Unternehmens, die sonst bei der Kreditvergabe der KfW gelten, deutlich reduziert. .. Die KfW übernimmt den bei weitem größten Teil der Haftung für diese Kredite (80 Prozent bis 90 Prozent). Dafür garantiert der Bund. Das erleichtert Banken, Sparkassen und anderen Finanzierungspartnern die Kreditvergabe. Um eine zügige Auszahlung zu erreichen, wurden Prozesse vereinfacht. Bei Krediten unter 3 Millionen Euro übernimmt die KfW die Risikoprüfung der Hausbanken. Kredite bis 10 Millionen Euro können mit vereinfachter Risikoprüfung vergeben werden. ..”

(https://www.bundesfinanzministerium.de/Content/DE/Standardartikel/Themen/Schlaglichter/Corona-Schutzschild/2020-03-19-Milliardenhilfe-fuer-alle.html;jsessionid=3940A58D437A73A20DDDCD7DD07A5E08.delivery2-replication , 22.04.2020, Finanzielle Hilfen zur Abfederung der Coronakrise, bundesfinanzministerium.de)

Andere Staaten, wie Italien, Portugal, Spanien, die gesamte osteuropäische Staatenwelt, oder Griechenland sind aufgrund der Bonität ihres nationalen Staatskredits gar nicht, oder kaum in der Lage sich auf dieselbe Weise, mit einem Zahlungsversprechen, echtes Geld *am internationalen Kapitalmarkt* zu verschaffen, welches dem berechneten Geldmittelbedarf aufgrund der Umsatzverluste angemessen erscheint. *Intern*, national, ersetzt auch dort die Gewalt des Staates die fehlende Zahlungsfähigkeit seiner Bürger.

- Aber; Auf dem Weltmarkt, um vielleicht Rohstoffe, Energieträger, Medikamente, Verbindlichkeiten, oder was auch immer zu bezahlen, will man *Geld* sehen. An der Staatsgrenze endet die Gewalt des Staates. An dieser Stelle kommt es zu Streit, in der mit derselben Währung arbeitenden Staatenkonkurrenz in Europa. Die Grundlage der deutschen Bonität, der Fähigkeit *echtes* Geld am internationalen Finanzmarkt zu beschaffen, ist der Konkurrenzerfolg Deutschlands innerhalb dieser Staatenunion. Um die alle Staaten betreffende, ökonomische Wirkung der Quarantäne auf ihr jeweils nationales Territorium zu bekämpfen, fordern die Konkurrenzverlierer Europas einen *gemeinsamen* Schuldtitel, um ihre nationale Bonität am internationalen Geldmarkt aufzuwerten. - Eurobonds. Das sehen die Gewinner genau anders herum, als Abwertung ihrer Bonität, und weisen deren Antrag ab. Stattdessen bestehen die Konkurrenzgewinner bei der Geldbeschaffung auf eine andere Methode der Geldemission.

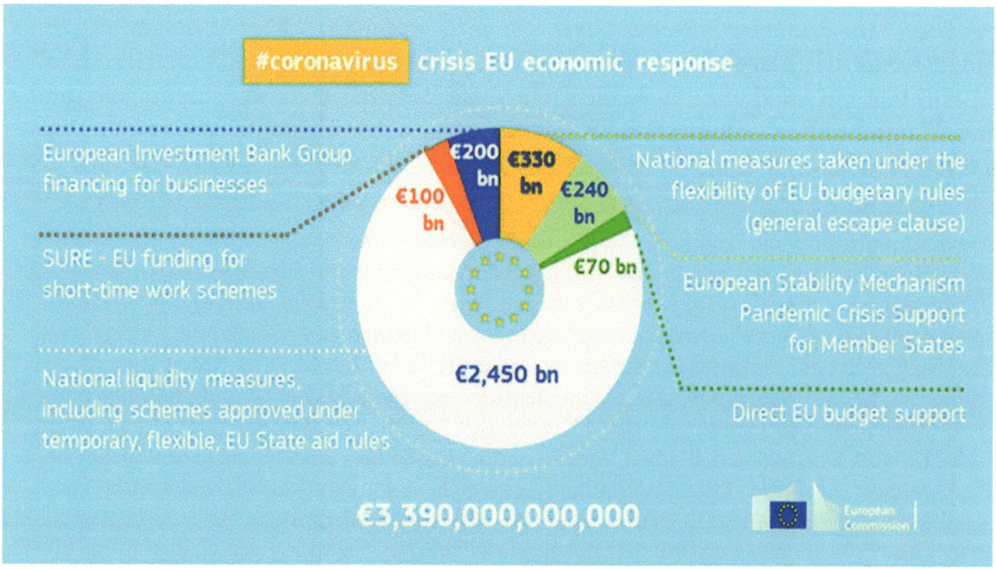

(https://ec.europa.eu/info/live-work-travel-eu/health/coronavirus-response/overview-commissions-response_de , ec.europa.eu)

Insgesamt ist ein EU-Haushalt von 3390tausendmillionen Euro, also 3,39 Billionen, als Wirtschaftsmaßnahme *beschlossen*, um den kreditbasierten Standort Europa vor den Konsequenzen des Umsatz- und Produktionsausfalls zu bewahren. Gemeinsam, werden davon 940 Milliarden Euro *finanziert*. Tatsächlich eingezahlt wird nur ein Bruchteil dieser 940tausendmillionen Euro. Dieser Bruchteil wird von den Staaten an die European Investment Bank Group zur Absicherung von Wertpapiergeschäften übergeben. Darauf basierend bietet das Bankhaus selbst Wertpapiere an, um durch deren *Verkauf* die tatsächlich eingezahlte Summe auf die 940 Milliarden Euro zu ′hebeln′. Die verbleibenden 2450tausendmillionen Euro sind zwar beschlossen, deren Finanzierung ist jedoch als *jeweils, national* zu leistende Geldbeschaffung damit, auch, noch nicht erledigt.

Der jeweils national kalkulierte Geldmittel*bedarf* liegt oberhalb der geltenden jährlichen Obergrenze von drei Prozent des jeweils nationalen Bruttoinlandsprodukts. Diese Obergrenze wurde befristet außer Kraft gesetzt.

Die Noten der Euro-Staaten (Stand: 17.04.2020)

	S&P	Moody's	Fitch
Belgien	AA	Aa3	AA-
Deutschland	AAA	Aaa	AAA
Estland	AA-	A1	AA-
Finnland	AA+	Aa1	AA+
Frankreich	AA	Aa2	AA
Griechenland	BB-	B1	BB
Irland	AA-	A2	A+
Italien	BBB	Baa3	BBB
Lettland	A+	A3	A-
Litauen	A+	A3	A
Luxemburg	AAA	Aaa	AAA
Malta	A-	A2	A+
Niederlande	AAA	Aaa	AAA
Österreich	AA+	Aa1	AA+
Portugal	BBB	Baa3	BBB
Slowakei	A+	A2	A+
Slowenien	AA-	Baa1	A
Spanien	A	Baa1	A-
Zypern	BBB-	Ba2	BBB-

- Das ändert aber nichts an der Bewertung der potentiellen Geldgeber an der *jeweils, nationalen* Bonität auf dem internationalen Finanzmarkt. Der von süd- und osteuropäischen Staaten zu zahlende Zinssatz, die zu leistenden, periodischen Zinszahlungen sind so hoch, dass weder sie selbst an die Lukrativität ihrer Wertpapieremissionen glauben, noch die potentiellen Geldgeber dem Zahlungsversprechen der Wertpapieranbieter Vertrauen schenken. Dem Anlass der Geldnot entsprechend, es geht um die Erhaltung der Kapitalbasis der Nation, wird die europäische Sinnfrage als Reaktion auf die Ablehnung der ′Eurobonds′ vernehmbar. Wozu dann Europa? Im Moment bewirkt die finanzielle Hilflosigkeit der Konkurrenzverlierer, dass sie sich die alternativlose Angewiesenheit auf die von den Konkurrenzgewinnern angebotenen europäischen Finanzmittel, als Hilfe gefallen lassen.

Eine weitere Geldquelle ist die Europäische Zentralbank. Bereits als Reaktion auf die Finanzkrise 2007 kaufte die EZB seit 2010 Anleihen von Euromitgliedsstaaten und Unternehmen im Wert von 2,6 Billionen Euro an. Das benötigte Geld wird durch eine Beschlussfassung des EZB-Rates *erschaffen.*

> "Die Europäische Zentralbank (EZB; englisch European Central Bank, ECB; französisch Banque centrale européenne, BCE) mit Sitz in Frankfurt am Main ist ein Organ der Europäischen Union. Sie ist die 1998 gegründete gemeinsame Währungsbehörde der Mitgliedstaaten der Europäischen Währungsunion und bildet mit den nationalen Zentralbanken (NZB) der EU-Staaten das Europäische System der Zentralbanken (ESZB). .. Eine Zentralbank ist eine Institution, welche für die Überwachung des Bankensystems und die Regulierung der Geldmenge in einer Volkswirtschaft zuständig ist. Im Euro-Raum übernimmt die Europäische Zentralbank (EZB) diese Aufgaben. .. Da eine Zentralbank keine gewöhnliche Bank ist, sondern die Geldpolitik eines Landes führen muss, soll sie zwei wichtige Ziele verfolgen. .. Preisniveaustabilität .. Das zweite Ziel einer Zentralbank besteht in einer ausgeglichenen konjunkturellen Entwicklung des jeweiligen Landes. .. Die Zentralbanken verfolgen diese Ziele, indem sie den Preis für verliehenes Geld erhöhen oder senken ..
> Dem EZB-Rat gehören alle Mitglieder des Direktoriums und zusätzlich alle Präsidenten der nationalen Zentralbanken der (per Juni 2018: 19) am Euro teilnehmenden Mitgliedstaaten an. Er ist das oberste Beschlussorgan der EZB. Er legt die Richtlinien der Geldpolitik und die Leitzinssätze fest und stellt Zentralbankgeld bereit. Die Aussprachen sind vertraulich, der Rat kann aber die Veröffentlichung beschließen. Er tagt in der Regel alle 14 Tage. Seit Januar 2015 finden Abstimmung innerhalb des Rates nach dem sogenannten Rotationsprinzip statt. Hierbei werden die Mitgliedsländer zu 5/6 nach ihrem Bruttoinlandsprodukt und zu 1/6 nach ihrem Anteil an der gesamten aggregierten Bilanz der monetären Finanzinstitute (Monetary Financial Institution, MFI) klassifiziert. Die fünf größten dieser Länder (Stand Januar 2019: Deutschland, Frankreich, Italien, Spanien und die Niederlande) bilden die Gruppe 1 und erhalten vier feste Stimmrechte im EZB-Rat, die monatlich zwischen ihnen rotieren. Die verbleibenden elf Stimmrechte wechseln monatlich zwischen den restlichen Ländern (derzeit 14), welche die Gruppe 2 bilden. .."
>
> (https://de.wikipedia.org/wiki/Europ%C3%A4ische_Zentralbank , Europäische Zentralbank, wikipedia.org)

Wertpapiere müssen durch die Bedienung eines Zinses und der Rückzahlung des Kreditbetrages an den Gläubiger beweisen, *dass* sie Wert sind. Die *als Kredit* erzeugte Liquidität des Kreditnehmers stattet ihn einerseits mit Zahlungsfähigkeit aus, dessen Rückzahlungsverpflichtung, Zins und Tilgung, andererseits mit *realisierten* Gewinnen erwirtschaftet werden muss. Der Grund ihres Ankaufs durch die EZB war aber gerade der, dass die Geschäfte der Schuldner *nicht* gut laufen. Die EZB ´entfernt´ Wertpapiere mit schlechter Bewertung aus Bankbilanzen, kauft Staatspapiere, welche am internationalen Finanzmarkt kaum einen Käufer finden, lagert sie in ihre Bilanz ein, und überweist frisches, von ihr erschaffenes Geld an deren Vorbesitzer. Dieses ´frische´ Geld, in den Bilanzen von Staaten, Banken oder Unternehmen, muss jetzt aber *kapitalisiert* werden.

Dieses Geld *muss* beweisen, dass es als Geld*quelle* seine Kapitalgröße erhält, und nicht einfach Konsum dieses ´frischen´ Geldes darstellt. Der Beweis ist dadurch zu erbringen, dass die Wertpapierherausgeber Zins und Tilgung *aus bilanzierten Gewinnen* leisten. Wird dieser Nachweis nicht erbracht, sinkt die Bonität der Schuldner *und* das ´Rating´, die Bewertung dieser Staatsanleihen und Wertpapiere, welche sich im Besitz der EZB befinden. - Und; Durch *die Emission* von Geld, hat die EZB die Geschäftsbasis, die insgesamt zirkulierende Menge Geld, welche sich *als Kapital* beweisen muss, *vergrößert*.

Diese Bilanzen, diese der gesellschaftlichen Arbeit *anoperierte* Geldrechnung, wird an der Bevölkerung vollsteckt. Wenn sich für die Besitzer dieser Welt, nicht das gewünschte Vorzeichen als Gewinn einstellt, wird das Geldeinkommen derjenigen, welche die gesellschaftliche Arbeit als ihren politisch diktierten Lebensinhalt zu leisten haben, verkleinert oder gestrichen. Ihre Erlaubnis die als Eigentum *verfügbaren*, gesellschaftlichen Produktionsmittel zu benutzen, wird entzogen.

Jetzt, aufgrund der Corona-Krise, fehlt erneut *Geld*. Der *Umsatz*, also der Rückfluss von Investitionen, und die erneute *Re*kapitalisierung dieses Geldes, als durch Lohnarbeit zu leistende Warenproduktion, werden durch die Quarantänemaßnahmen verkleinert oder bleiben aus.

"..Handlungsfähigkeit ist das A und O einer Notenbank - besonders in Krisenzeiten. Die EZB will keinen Zweifel daran aufkommen lassen, dass sie dem Virus gefeit ist. Was für die Institution gilt, gilt auch für ihre Geldpolitik. Mit einem massiven Programm außerordentlicher Maßnahmen brachte sich die EZB sofort in Stellung: Günstige Kredit-Konditionen für Unternehmen, Geld-Spritzen für Banken und eine Erweiterung der Anleihe-Käufe um 750 Milliarden Euro zusätzlich zu den ohnehin laufenden 240 Milliarden in diesem Jahr - was in normalen Zeiten wochenlange Auseinandersetzungen ausgelöst hätte, wurde so innerhalb kürzester Zeit durchgewunken. .. Weil das offenbar nicht reicht, sollen die Geldschleusen noch weiter geöffnet werden - um eine weitere Billion Euro: 500 Milliarden relativ bald, der Rest zum Jahresende. .. Die Konsequenzen daraus sind dann freilich auch wieder Sache der EZB: denn die massive Verschuldung der Staaten und die sich zuspitzende Schieflage der Banken als Folge der zu erwartenden Kreditausfälle könnte zu einer neuen Euro- und Schuldenkrise in Europa führen. Erste Anzeichen gibt es bereits: Banken sind wieder zögerlich, sich gegenseitig Geld zu leihen. Die Risiko-Aufschläge und Zinsen, die etwa Italien oder Spanien für neue Staatsanleihen zahlen müssen, steigen stetig und rapide."

(https://www.tagesschau.de/wirtschaft/euroschau-183.html , 30.04.2020, EZB spielt mit dem Feuer, tagesschau.de)

"..Europas Währungshüter legen im Kampf gegen die wirtschaftlichen Folgen der Corona-Pandemie noch einmal kräftig nach. Die Europäische Zentralbank (EZB) stockt ihr Corona-Notkaufprogramm für Staatsanleihen um 600 Milliarden Euro auf insgesamt 1,35 Billionen Euro auf. .."

(https://www.tagesschau.de/wirtschaft/ezb-programm-anleihen-101.html , 04.06.20120, EZB-Entscheidung, tagesschau.de)

Die Finanzierung des Geschäfts, den laufenden Geldbedarf der Unternehmen stiftet die EZB durch den Ankauf von Wertpapieren. Das Geschäft selbst, *als Umsatz* zu beweisen, kann die EZB nicht ersetzen. Mit vertrauten Worthülsen, wie ´Konjunktur´ oder ´Wachstum´ geben die Währungshüter der 19 Euroländer selbst bekannt, worauf es ihnen ankommt.

“.. Je nach Schwere des Wirtschaftsschocks werde das Bruttoinlandsprodukt demnach zwischen fünf und zwölf Prozent einbrechen. Lange hatte man gehofft, Europa werde mit einem blauen Auge davonkommen. Doch spätestens seit einer Veranstaltung in Frankfurt am Main, auf der Lagarde die Lage schonungslos beschrieb, herrscht Katerstimmung. Die Präsidentin rechnet mittlerweile mit dem schlimmsten Szenario - einem Minus zwischen acht und zwölf Prozent. Eine Chance, die Eurozone werde noch einmal glimpflich davonkommen, sieht sie nicht mehr. Sorgen macht auch die Entwicklung der Inflationsrate - also das Maß, an dem die Währungshüter ihre Geldpolitik ausrichten. Im Mai lagen die Verbraucherpreise nach vorläufigen Berechnungen der europäischen Statistikbehörde Eurostat nur 0,1 Prozent höher als ein Jahr zuvor. Das ist die niedrigste Inflationsrate seit Juni 2016.

Furcht vor der Deflation

Eigentlich peilen die Währungshüter einen Wert von knapp zwei Prozent an. Nun gibt es erneut Befürchtungen, die Eurozone könne in die Deflation abrutschen - also in eine Spirale ständig fallender Preise. Das fänden vielleicht viele Verbraucher gut, doch für die Wirtschaft wäre das eine Katastrophe. Denn unter solchen Bedingungen kommen die Unternehmen noch mehr in Schwierigkeiten, was zu Kürzungen der Produktion und zu Stellenstreichungen führen würde. Der EZB-Rat dürfte daher sein im Zuge der Pandemie geschnürtes Rettungspaket noch einmal kräftig aufstocken. An den Finanzmärkten wird erwartet, das in diesem Rahmen aufgelegte Anleihe-Kaufprogramm werde mindestens um 250 Milliarden Euro erhöht, möglicherweise sogar um bis zu 500 Milliarden. Manche hoffen sogar auf eine Verdoppelung. Derzeit umfasst es bereits 750 Milliarden Euro. .. Die EZB kauft im Moment sehr schnell und in hohem Ausmaß Anleihen. Wenn das so weitergeht, ist das bislang festgelegte Volumen im September erschöpft. Damit es überhaupt möglich ist, senkten die Währungshüter ihre Kriterien zum Kauf dieser Papiere. Denn der Anleihemarkt ist schon ziemlich leer gekauft. Mittlerweile wird fast alles genommen - auch Ramsch-Anleihen von Unternehmen, deren Bonität also mehr als angeschlagen ist. ..“

(https://www.tagesschau.de/wirtschaft/euroschau-185.html , 04.06.2020, Lagarde rechnet mit dem Schlimmsten, tagesschau.de)

Die Verteilung der gebrauchsfertigen Produkte an dessen Produzenten, ist in dieser ´Wirtschaft´ nicht der selbstverständliche Zweck der Veranstaltung. Das Gegenteil dessen, die Ermöglichung der Preiserhöhung, Inflation, wird als Ziel des Anleihe-Kaufprogramms angegeben. Diese Geldsummen werden an die Besitzter der Produktionsmittel und Produkte ausgeschüttet, weil der Rückfluss aus den in der Vergangenheit investierten Geldmitteln zu gering ist, um ihren aktuellen Geldbedarf zur Finanzierung des laufenden Betriebes und der Kreditzinsen abzudecken, damit die *Kapital*größe ihres jeweiligen Eigentums, und damit die wirtschaftliche Potenz des nationalen Wirtschaftsstandorts erhalten bleibt.

Der umgekehrte Weg, die Ausschüttung dieser Billionensummen an die Produzenten des Reichtums, will niemandem in den Sinn kommen. Dann könnte man auch die Preise erhöhen, und die Produzenten hätten das Geld diese Preise zu bezahlen!? Die Anwort liegt darin begründet, dass es um die Erhaltung des Zwangsverhältnisses selbst geht. *Die Armut* der Produzenten *und* der gleichzeitige Reichtum ihrer Kommandeure sind Voraussetzung dafür, dass sich die Produzenten gegen eine Lohnzahlung nützlich machen *müssen*, und das Produkt ihrer Arbeit, der sichtbare Reichtum in der Gesellschaft, getrennt von dessen Produzenten, als Eigentum ihrer Kommandeure *existiert*. Diese durch die Staatsgewalt politisch hergestellte, *ökonomische Beziehung*, ist der Motor dieser auf Eigentum und Ausbeutung basierenden Herrschaftsweise.

Auch auf internationaler Ebene sorgt die Corona-Krise für eine Neubewertung der wechselseitigen Beziehungen. Die gestern als globalisierte Welt erschaffene Welthandelsinfrastruktur wird national neubewertet. Produktionsteile wurden ins Ausland ausgelagert. Damit senkt man die Kosten der Produktion. Lohnarbeit ist in Indien oder China im Vergleich zum heimischen ´Arbeitsmarkt´ zu Schnäppchenpreisen käuflich. Der Preis der Arbeit, das Einkommen der ´Arbeitnehmer´, kann so gesenkt werden. In der Industrie lassen deren Eigentümer die Produktionsschritte da ausführen, wo sie die geringsten Kosten verursachen, um sie dann dort zusammen zu setzen, wo das Gesamtprodukt, nach Abzug des Steuersatzes, die größte Wertschöpfung erzeugt. So spart man zusätzlich Bereitstellungs- und Lager- und Steuerkosten.

“Früher war das Knacken und Entfernen der Nordseekrabbenpanzer eine Heimarbeit, mit der viele Frauen von Krabbenfischern beschäftigt waren. In den Neunzigerjahren machten neue Hygienevorschriften die Arbeit unrentabel. Statt große Pulbetriebe an der Nordseeküste zu errichten, kamen die Großhändler – viele sind in den Niederlanden angesiedelt – auf eine andere Idee: Sie bringen die frisch gefangenen und abgekochten Krabben mit Lastwagen in Billigländer wie Polen und Weißrussland, vor allem aber nach Marokko. Dort wird der Fang von Billiglohnarbeiterinnen gepult und dann zurück nach Deutschland gebracht. 3.000 Kilometer hin, 3.000 Kilometer zurück, diese Reise absolvieren fast alle bei uns verkauftenNordseekrabben. ...”

(https://www.zeit.de/2019/25/nordseekrabben-herkunft-marokko-pulbetrieb-grosshandel-stimmts , 12.06.2019, Werden deutsche Nordseekrabben in Marokko gepult?,zeit.de)

“Just-in-time-Produktion (kurz just in time, JIT) oder auch bedarfssynchrone Produktion bezeichnet in der Produktionswirtschaft ein logistikorientiertes, dezentrales Organisations- und Steuerungskonzept,[1] bei dem nur das Material in der Stückzahl und zu dem Zeitpunkt produziert und geliefert wird, wie es auch tatsächlich zur Erfüllung der Kundenaufträge benötigt wird.

Dieses Ziel wird durch unterschiedliche Produktions- und Liefermethoden erreicht. Das Prinzip der JIT-Produktion erfordert einen abgestimmten Produktions- und Materialfluss entlang einer Lieferkette (englisch Supply Chain). Dies ist nur durch eine enge Zusammenarbeit zwischen einem Lieferanten und einem Abnehmer zu erreichen. Im Ergebnis soll der Gesamtprozess schlanker, die Durchlaufzeiten und Kapitalbindung reduziert und das Lagerrisiko ausgeschaltet und damit für alle Beteiligten kostengünstiger werden. ...”

(https://de.wikipedia.org/wiki/Just-in-time-Produktion , Just-in-time-Produktion, wikipedia.org)

Diese aus betriebswirtschaftlicher Sicht, erfreuliche Entwicklung, bekannt als Globalisierung der Finanz- und Realwirtschaft, hat in der Corona-Krise Auswirkungen, welche die Gefühlslage der Kommandeure und Initiatoren dieser Alltagssituation in sein Gegenteil verändert.

“Das Coronavirus ist nach Ansicht von Bundesverkehrsminister Scheuer nicht nur ein viraler Angriff. Es könnte auch ein ´Wirtschaftsangriff´ auf deutsche Unternehmen folgen. Die Bundesregierung will deshalb feindliche Übernahme von Firmen verhindern. ...”

(https://www.br.de/nachrichten/wirtschaft/corona-bundesregierung-will-feindliche-uebernahme-verhindern,Ru25Pge , 23.03.2020, Corona: Bundesregierung will feindliche Übernahme verhindern, br.de)

“.. Die ersten Signale sind alarmierend. In vielen Ländern steht die Produktion still. Globale Lieferketten sind unterbrochen. Ganze Industrien starren in den Abgrund. ... Auch die populistischen Revolten gegen die Globalisierung haben nur wenig an der immer engeren Verflechtung der Weltwirtschaft geändert.

Und doch häufen sich seit Längerem die Zeichen, dass die Globalisierung ihren Höhepunkt überschritten haben könnte. Seit der Finanzkrise geht es mit dem globalen Handel und grenzüberschreitenden Investitionen nicht mehr so richtig aufwärts. In der Coronakrise ziehen Investoren nun so viel Geld aus Schwellenländern ab wie nie zuvor. Hinter dem Trend zur Deglobalisierung stehen handfeste geopolitische Gründe. Lange hing der Westen der Hoffnung an, Handel werde zu Wandel in Peking führen. China hat jedoch sein Versprechen, den eigenen Markt für Wettbewerber zu öffnen, nicht eingelöst. Im Gegenteil, Pekings merkantilistische Industriepolitik zielt ganz offen auf die Dominanz Chinas in den Hochtechnologien der Zukunft. .. In Washington besteht seit Längerem ein parteiübergreifender Konsens, die amerikanische von der chinesischen Volkswirtschaft zu entkoppeln, um den Konkurrenten um die globale Vorherrschaft nicht noch weiter zu stärken. ...”

(https://www.spiegel.de/wirtschaft/corona-krise-das-ende-der-globalisierung-wie-wir-sie-kennen-a-af9f2dd4-f5ce-4402-903f-c6b4949bd562 , 11.04.2020, Das Ende der Globalisierung, wie wir sie kennen, spiegel.de)

Die Menschheit ist nicht das Ziel der national errichteten Schutzschilder. Flüchtlinge, immerhin zu Millionen in Lagern eingesperrt, werden dort der Wirkung der Natur überlassen. Dort wo sie auf der Flucht von den dafür gebildeten Sondereinheiten eingefangen werden, werden diese Menschen irgendwo abgeliefert. Die durch die jeweiligen Staatsgewalten ergriffenen Maßnahmen, betreffen die ökonomische Funktion ihres Volkes, als Produzenten der nationalen Kapitalbildung und Kapitalwerterhaltung. Dementsprechend ist die Hilfe organisiert. Am Lohnarbeiter interessiert den Staat seine Aufgabe als Arbeitskraft und Konsument. Am Arbeitgeber interessiert den Staat dessen Kapitalbasis.

Als Träger dieser Funktionalität, und nur dann, sind Menschenleben für Staaten kostbar.

“.. Marokko hat ein Hilfspaket für Arme und Einkommensschwache im Land auf die Beine gestellt, die besonders unter der die Corona-Krise leiden. So können zum Beispiel Menschen, die im sogenannten informellen Sektor arbeiten - zum Beispiel als Reinigungskraft oder Tagelöhner - staatliche Gelder erhalten. Für Migranten gilt das eigentlich auch. Allerdings müssen sie einen regulären Aufenthaltsstatus haben. ..”

(https://www.tagesschau.de/ausland/marokko-coronavirus-101.html , 25.04.2020, Wenn Corona selbst die Almosen raubt, tagesschau.de)

“Die Lage im griechischen Flüchtlingslager Moria auf Lesbos wird immer wegen der Corona-Pandemie immer kritischer. Tausende Menschen leben dort auf engstem Raum unter schlechten hygenischen Bedingungen. Hilfsorganisationen wie Ärzte ohne Grenzen warnen vor dramatischen Folgen, sollte das Virus dort ausbrechen. ... Ein Camp für 3000 Menschen ausgelegt. Mehr als 20.000 leben dort.”

(https://www.tagesschau.de/multimedia/sendung/ts-36357.html , 29.03.2020, Infektionsgefahr in Flchtlingslagern, tagesschau.de)

“.. Auf der griechischen Insel Lesbos hat ein Unbekannter mit Schüssen aus einer Jagdflinte zwei Migranten leicht verletzt. Dies berichtete der staatliche Fernsehsender ERT am Donnerstag unter Berufung auf die Polizei. Der Zwischenfall habe sich am Mittwochabend etwa sieben Kilometer entfernt von dem Flüchtlingslager Moria ereignet. .. In dem Flüchtlingslager, das eigentlich nur für etwa 2.700 Menschen gebaut ist, halten sich derzeit etwa 18.300 Migrantinnen und Migranten auf. Humanitäre Organisationen fordern die Schließung des Lagers. Wegen der Coronavirus-Pandemie darf Moria zurzeit nicht verlassen werden. .. In zwei Flüchtlingslagern sowie in einer Unterkunft in einem Hotelgebäude auf dem griechischen Festland waren bereits Infektionen mit dem Coronavirus nachgewiesen worden. Dort wurden in dieser Woche 150 Menschen positiv getestet. In den Flüchtlingslagern auf den Inseln gab es bislang noch keine berichteten Fälle. Die Behörden testen allerdings auch nicht flächendeckend auf das Virus.”

(https://www.zeit.de/gesellschaft/zeitgeschehen/2020-04/griechenland-lesbos-moria-fluechtlinge-angeschossen , 23.04.2020, Zwei Migranten auf Lesbos durch Schüsse verletzt, zeit.de)

“In Bayern starb ein Asylbewerber am Coronavirus. .. Zugleich in Sachsen: Dort erstritt ein 47-jähriger Asylsuchender aus Kamerun am Mittwoch vor dem Verwaltungsgericht Leipzig (Az.: 3 L 204/20.A), dass er nicht länger in der Aufnahmeeinrichtung für Flüchtlinge im nordsächsischen Schkeuditz bleiben muss. .. Die Abstandsregelungen der sächsischen Coronaschutzverordnung, die einen Mindestabstand von 1,5 Meter verlangen, seien dort, so das Gericht, nicht einzuhalten. Der Asylsuchende selbst legte dar, dass er in der Erstaufnahmeeinrichtung, die eine Kapazität von 700 Plätzen habe, mit einem weiteren Flüchtling in einem zwei mal zwei Quadratmeter großen Zimmer untergebracht sei. Toiletten, Duschen und Küche seien zur gemeinsamen Benutzung von 50 Personen vorgesehen. ..”

(https://www.tagesspiegel.de/politik/corona-in-fluechtlingsunterkuenften-der-fehlende-abstand-wird-zum-toedlichen-risiko/25766136.html , 23.04.2020, Der fehlende Abstand wird zum tödlichen Risiko, tagesspiegel.de)

"Entwicklungsminister Müller will Menschen in Flüchtlingsregionen und Entwicklungsländern besser vor der Corona-Pandemie schützen. Die Krise treffe mit aller Härte die ärmsten Menschen in den Krisengebieten, sagte der CSU-Politiker den Zeitungen der Funke-Mediengruppe. So sei, beispielsweise, in Syrien das Gesundheitssystem kaum noch existent. Das Entwicklungsministerium erarbeite deshalb ein umfassendes Programm für Sofortmassnahmen zur Bekämpfung der Pandemie. Dafür werde der Etat deutlich umgeschichtet."

(https://www.tagesschau.de/multimedia/sendung/ts-36357.html , 29.03.2020, Müller will mehr Hilfen für Krisenregionen, tagesschau.de)

Und dort, in den Flüchtlingsregionen und Entwicklungsländern, wo die Krise die ärmsten Menschen mit aller Härte trifft, sollen sie bleiben. Dafür werde der Etat deutlich umgeschichtet.

".. Seehofer will nun die deutsche EU-Ratspräsidentschaft nutzen, um endlich voranzukommen. Für ihn hängen die Themen Seenotrettung, Asylprüfung und Verteilung von Asylsuchenden eng zusammen. Deshalb will er Asylzentren an den EU-Außengrenzen. Dort solle festgestellt werden, ´ob es eine Asylberechtigung gibt´ : Migranten, die eine solche haben, sollen von dort auf die Mitgliedsstaaten verteilt werden; Migranten ohne Aussicht auf Asyl sollen von der EU-Außengrenze in ihre Herkunftsländer zurückgebracht werden. Seehofer will in Brüssel für diesen nicht ganz neuen Ansatz werben. Er hofft, dadurch die Zahl der Asylberechtigten an der Außengrenze schnell so zu reduzieren, dass auch Ungarn, Polen und andere, die bislang keine Geflüchteten aufnehmen wollen, sich am Ende bewegen. ´Unser primäres Ziel ist, dass alle mitmachen", sagte er. ´Und wenn es partout nicht geht, muss Solidarität eben anders erfolgen: finanziell oder personell, indem man etwa Personal für die Grenzschutzagentur Frontex zur Verfügung stellt.´.."

(https://www.tagesschau.de/ausland/eu-migration-innenminister-101.html , 07.07.2020, Asylzentren – Seehohers Schlüsselfrage, tagesschau.de)

Die Wirkungen des Aussenhandels sind bekannt. Die Fähigkeit Gebrauchswerte ´schnell´, und in großen Stückzahlen herzustellen, bewirkt in dieser auf dem Tauschwert beruhenden Gesellschaft, *eine Konkurrenz* um Absatzmärkte. Eine Verbesserung der Versorgungslage, führt in der Weltordnung von Privatproduzenten zur Zerstörung von Produktionsmitteln und ruiniert die Lebensgrundlagen! Die *entwickelte* Produktivität, gestattet es durch den Export ganze Branchen in den Zielländern in den Ruin zu treiben.

"Wenn es um Fluchtursachen in Afrika geht, lautet der Vorwurf oft, der Westen überschwemme mit seinen hoch subventionierten Produkten afrikanische Märkte. Wie in Ghana: Hier habe billiges EU-Hühnchen dazu geführt, dass die heimische Branche am Rande des Zusammenbruchs steht, beklagen die Geflügelfarmer. .. ´Hühnchen aus Ghana gibt es einfach nicht auf dem Markt. Und die Leute wollen einfach das Importfleisch, so ist das eben. Ich verkaufe da 200 bis 400 Kartons in der Woche. Ich würde ja auch gerne das lokale Hühnchen verkaufen, aber das ist viel teurer und außerdem kaum zu bekommen! ´ .."

(https://www.deutschlandfunk.de/folgen-des-welthandels-ghana-und-das-globale-huhn.724.de.html?dram:article_id=433492 , 17.11.2018, Ghana und das globale Huhn, deutschlandfunk.de)

Um diesen Rückstand in Wissenschaft und Technik aufzuholen, auch Wissen ist Eigentum, oder Bodenschätze kommerziell nutzbar zu machen, sind Investitionen notwendig. Die technischen Voraussetzungen sind ebenfalls Eigentum der entwickelten Industrienationen. So entsteht ein Geldbedarf nach Währungsmitteln, Dollar, Yuan, Euro, welcher im Entwicklungsland gerade nicht vorhanden ist. Diese Länder wollen ja erst einmal durch die Herrichtung ihres Staatsgebiet für den Export von diesen Rohstoffen an diese Währungsmittel herankommen. Also nehmen diese Staaten das Kreditangebot der den Weltmarkt beherrschenden Industrienationen an.

Zusätzlich entsteht ein innenpolitischer Ordnungsbedarf in den Kredit nehmenden Staaten dadurch, dass auf dem Grund und Boden, dort wo demnächst die Rohstoffe abgebaut werden sollen, bereits Menschen eine Subsistenz eingerichtet haben. Die Bewirtschaftung dieser Erdoberfläche ist deren Existenzgrundlage. Bevor die Gebernationen ihr gutes Geld dort investieren ist dieses Problem zunächst zu beseitigen um die Renditeerwartung der Investoren auf ein glaubwürdiges Fundament zu stellen. Und da sind sie dann, die Slums in Lateinamerika, und Afrika.

Die Ausrüstung zur Durchsetzung der Entfernung der Menschen von dem Land, welches sie zuvor bewirtschaftet hatten, Polizei und Militär, muss ebenfalls finanziert und eingekauft werden. Wenn diese Verträge dann unterschrieben sind , Geld, Waffen und Werkzeuge sind jetzt dort sichtbar wirksam, sind Zinsen auf die Kredite zu bedienen. Um diesen Geldbedarf zu decken wird die Produktion erhöht um die Ausfuhrmenge an Rohstoffen und damit die Deviseneinnahmen zu erhöhen. Das senkt jedoch den Verkaufspreis weil ganze Kontinente als Zulieferer der Industrienationen eingerichtet sind. Am Ende dieses Prozesses liest man dann von Schuldenstaaten und Failed States. Spätestens jetzt sind in diesen Staaten Zustände wirksam, ist ein Alltag politisch so initialisiert, dass für Millionen eine Existenz in diesen Staaten unmöglich ist. Das sind die Menschen welche als ´Flüchtlingsproblem´ oder ´Überbevölkerung´ gekennzeichnet werden.

Die grenzenlose Wirksamkeit der *politisch erzeugten* Staatenkonkurrenz wird mit der *Bewegungsfähigkeit* der Opfer dieser Konkurrenz konfrontiert. Für die Regierungen in den Herkunftsländern sind diese Millionen nur als ordnungspolitischer Aufwand von Interesse, verursachen Kosten und machen sich störend bemerkbar. Dementsprechend gleichgültig wurde die Abwanderung dieser Menschen aus den Slums der Stadtränder, eher mit Erleichterung wahrgenommen. Diese Massen stören jetzt aber die nationalen Bilanzen der Fluchtziele dieser Menschen. Der in Geld messbare Konkurrenzerfolg dieser Zielländer ist auf elektronischem Weg, grenzenlos, ihren Bilanzen gutgeschrieben worden. Das war der Plan.

Aber, wenn jetzt die Wirkungen dieses ökonomischen Erfolgs, in Form der vor Armut und Vertreibung fliehenden Menschen, diesem Geld folgen, bringen die Zielländer die politische Grenze zur Wirksamkeit. So nicht! FRONTEX! Aber damit nicht genug.

Die Industrienationen, die Exportweltmeister, treffen Maßnahmen um die Fluchtursachen zu bekämpfen. Das Desinteresse der Regierungen in den Herkunftsländern wird durch finanzielle Anreize dahingehend gesteuert, Entwicklungshilfe heißt diese politische Praxis in der aktuellen Sprachregelung, dass sich der Blickwinkel auf diese *bewegungsfähigen* Bewohner der Slums verändert.

Wenn diese Staaten Maßnahmen treffen, um diese Bewegung zu verhindern, bekommen sie ein Geld.

Und da sind sie, die ′Ankerzentren′.

In diesen, als bewachtes Lager eingerichteten Orten, werden Menschen festgehalten. Und zwar *dauerhaft*, weil ihre Existenz weder hier noch dort, eine Aussicht auf Gewinn erwarten lässt. An diesen Menschen wird das vollstreckt, was die Wortschöpfung ′Überbevölkerung′ *allen* in Aussicht stellt, welche sich verkaufen *müssen*, weil sie nichts anderes besitzen.

Bar, frei von allen Voraussetzungen der Nutzung des natürlichen Reichtums dieses Planeten ist die eigentumslose Mehrheit auf den Verkauf ihrer Arbeitskraft angewiesen. Diese Zwangslage setzt auch die medizinische Vernunft, die Zweckmäßigkeit der Quarantäne, in einen Gegensatz zum gesellschaftlich, erzeugten Zwang sich Geld zu beschaffen. Vollkommen unabhängig vom verfügbaren, bereits sichtbar, produziertem Reichtum, muss Geld durch den Verkauf von Arbeitskaft verdient werden, um die bereits in der Vergangenheit, selbsterstellten Produkte kaufen zu können. Die bereits angesprochenen Ein-Mann-Unternehmen, deren Tätigkeiten von der Staatsgewalt selbst als nicht systyemrelevant bezeichnet werden, Friseure, Kioskbetreiber, Reisebüros, Näherinnen und Tagelöhner in Indien, sind politisch in dieselbe Lage *gebracht*, sodass ein vernünftiger Umgang mit einer Seuche im Gegensatz zu ihrer ökonomischen Existenzgrundlage steht. Die Verwandlung der Gebrauchswerte in Tauschwerte, zwingt die eigentumslosen Massen zur *Lohn*arbeit, unabhängig vom sichtbar, bereits produziertem, verfügbaren Reichtum an Gebrauchswerten.

Die gesamte Kostenrechnung, die Finanzwirtschaft, Banken und Börsen, der Gewaltapparat des Staates, liefern *keinen* Beitrag zur Herstellung des Gebrauchswertes. Die Plausibilität des Inhalts dieser Tätigkeiten, Aufsicht, Kasse und Buchhaltung, verdankt sich einzig und allein dem Kommando des Interesses der Eigentümer dieser Welt an der Ausbeutung der gesellschaftlichen Arbeitskraft der Produzenten. Der Erhalt eines Geldeinkommens, sei es als Lohn oder Rendite, gilt der Bevölkerung als hinreichender Grund, erscheint als gesellschaftliche Vernunft, vollkommen unabhängig *vom Inhalt der Arbeit* oder einer der Pandemie angepassten Zweckmäßigkeit der auszuübenden Tätigkeit.

> “.. Drei Milliarden US-Dollar habe die Branche in den letzten Wochen verloren, weil Aufträge aus dem Westen storniert oder zeitweise aufgehoben wurden. Es habe keine andere Wahl

gegeben, die Fabriken hätten nun wieder öffnen müssen. Kleidungsstücke machen 80 Prozent des gesamten Exports von Bangladesch aus. Trotz Ausgangssperre sind nun also hunderttausende Arbeiterinnen und Arbeiter in der Hauptstadt Dhaka unterwegs zu ihrem Arbeitsplatz. Die Nachrichtenagentur Reuters hat Aufnahmen davon gemacht, wie Wachleute an den Fabriktoren bei den Angestellten Fieber messen, ihnen die Beine und Füße mit einer flüssigen Lauge abspritzen und Desinfektionsspray auf die Hände sprühen. .. Die Ausgangssperre in Bangladesch gilt noch mindestens bis zum 5. Mai. Rund 1000 Textilfabriken im Land aber sind nun wieder geöffnet, um Modeartikel für die USA und Europa liefern zu können."

(https://www.tagesschau.de/ausland/textilien-bangladesch-101.html , 01.05.2020, Fabriken holen Arbeiterinnen zurück, tagesschau.de)

Jeder Kauf, Mietverträge für Strom, Wasser, Telefon, Internet, oder Wohnung, müssen *bezahlt* werden. Diese Methode der Trennung der Arbeit von ihrem Produkt gilt als Selbstverständlichkeit. *Der Tauschwert*, als *Recht* auf Eigentum an den Voraussetzungen und Arbeitsergebnissen der gesellschaftlichen Produktion, mit der Gewalt des Staates weltweit vollstreckt, und die Selbstwahrnehmung der Individuen als Privatproduzent, diktiert der Gesellschaft *seine* Priorität. Der aus dem Verhalten als Privatproduzent resultierende, geldwirtschaftliche Zweck dieser Gesellschaft bewirkt, dass die gesamte Gesellschaft vom Tauschwert beherrscht wird.

Der Tauschwert der Produkte diktiert der Gesellschaft was Vernunft ist. Aus diesem Grund, erscheint die Gewalt des Initiators dieses Wahnsinns, wie ein Retter in der Not. Die Staatsgewalt setzt die medizinische Vernunft *gegen* die Zustände durch, welche sie selbst mit der auf Eigentum basierenden Produktion eingerichtet hat.

Für die Produzenten des gesellschaftlichen Reichtums wird *der Aufwand* der Arbeit zur *ununterbrochenen* Bedingung ihrer Existenz, unabhängig vom bereits verfügbaren

Ergebnis ihrer Arbeit der Vergangenheit, weil ihre Produkte Eigentum ihrer ´Arbeitgeber´ sind. Die Resultate ihrer Arbeit von gestern, jetzt mit einem Preis versehen, stehen ihnen aufgrund ihrer Einkommenslosigkeit heute, unerreichbar gegenüber. Das Ausmaß dieses Reichtums, wird an den astronomischen Geldsummen sichtbar, welche als Symbol von Wert, als Geld, sich selbst zur Voraussetzung und Bedingung der Gesellschaft macht, und sich über seine Diener erhebt. Die Regierungen dieser ´Ordnung´, heben durch ihren Beschluss der Geld*erschaffung*, als Kredit- oder Sozialleistung, die durch ihre Gewalt garantierte Trennung der Gesellschaft von den Produkten der Arbeit, punktuell und zeitlich befristet auf. Nur weil der Reichtum längst produziert ist, kann man mit dem durch Regierungsbeschluss erschaffenem Geld dann diese sichtbar, vorhandenen Gebrauchswerte kaufen.

Diese Vorgehensweise setzt aber den Zwang zur Lohnarbeit, den Dienst an der Vermehrung fremden Eigentums außer Kraft. Aus diesem Grund werden die von der Staatsgewalt getroffenen Quarantänemaßnahmen von ihr selbst und von der ´Wirtschaft´ kritisch *bewertet.*

> "In einem vertraulichen Strategiepapier des Innenministeriums spielen Experten verschiedene Szenarien des Pandemieverlaufs durch. Als Erkenntnis daraus drängen sie auf ´effizientes Testen und Isolieren´. .. Demnach müsse die Regierung auf ein Szenario namens ´Schnelle Kontrolle´ hinarbeiten, um schlimmere Folgen für Gesundheit, Wirtschaft und Gesellschaft abzuwenden. Die bei weitem wichtigste Maßnahme gegen das Virus ist den Experten zufolge ´das Testen und Isolieren der infizierten Personen´. Getestet werden sollten ´sowohl Personen mit Eigenverdacht als auch der gesamte Kreis der Kontaktpersonen von positiv getesteten Personen ´. Das entspricht nicht der heutigen Praxis in Deutschland, bei der nach Angaben des Robert Koch-Instituts (RKI) nur Personen getestet werden sollen, die Symptome zeigen und Kontakt zu Infizierten hatten beziehungsweise zu einer Risikogruppe gehören. .. Die Autoren des Innenministerium-Papiers empfehlen, dass die Testkapazität in Deutschland ´sehr schnell´ hochgefahren werden solle. .. Nur mit deutlich erhöhtem Testen und konsequenter Isolierung von infizierten Personen könne ein Worst-Case-Szenario abgewendet werden, so die Schlussfolgerung. .. Die bisherige Methode nach dem Motto ´Wir testen, um die Lage zu bestätigen´ müsse daher abgelöst werden durch den Ansatz ´Wir testen, um vor die Lage zu kommen´. .. Um die Suche nach Kontakten von positiv getesteten Personen zu erleichtern, sollten längerfristig computergestützte Lösungen und sogar das ´Location Tracking´ von Mobiltelefonen zum Einsatz kommen. Alle positiv Getesteten müssten isoliert werden, zu Hause oder in einer Quarantäne-Anlage. Sobald diese Verfahren einmal eingespielt seien, können sie relativ kostengünstig über mehrere Jahre hinaus die wahrscheinlich immer wieder aufflackernden kleinen Ausbrüche sofort eindämmen´, heißt es in dem Papier. .. Das positivste Szenario dagegen, das die Autoren aus dem Innenministerium anstreben, trägt den Namen ´Hammer and Dance´. Es bedeutet, dass das Virus zunächst mit Ausgangsbeschränkungen und Schulschließungen eingedämmt wird und die Fallzahlen binnen sechs Wochen deutlich zurückgehen. Nach dieser Phase des Holzhammers, also etwa zum Ende der Osterferien, könnte dann die ´Dance´ - oder Tanzphase beginnen: Kindergärten und Schulen würden wieder öffnen, die Infektion würde dann durch intensives Testen, Nachverfolgung von Kontakten und Isolation kontrolliert. Das

gesellschaftliche und wirtschaftliche Leben kehre dann ´weitgehend zurück zur Normalität´, heißt es in dem Papier. Bei diesem Szenario ließe sich der Einbruch des Bruttoinlandsprodukts auf etwa vier Prozent begrenzen, dies sei der wirtschaftliche ´Best Case´. "

(https://www.tagesschau.de/investigativ/ndr-wdr/corona-strategiepapier-szenarien-101.html , 27.03.2020, Mit effizientem Testen zum "Best Case", tagesschau.de)

"Sie beschäftigen sich mit Wirtschaftsethik, und da geht´s ja auch um das abwägen von Werten. Erst einmal die Frage, wo sehen Sie denn das grundsätzliche Werteproblem vor dem wir im Augenblick als Gesellschaft stehen? Dominik H: In der Diskussion ist ja deutlich geworden, dass wir im Moment so tun, als ob wir jedes Menschenleben retten könnten; Das es tatsächlich eben ein Abwägen gibt, von Gesundheit gegenüber anderen Werten, .. Freiheit, aber auch am Ende, wirtschaftliche Tätigkeite wieder aufzunehmen. Das ist, glaube ich etwas was wir wieder stärker in den Blick nehmen müssen. .. Aber das Problem bleibt, dass wir im Einzelfall alles tun wollen, um ein Menschleben zu retten, und das ist auch gut, das macht unsere Humanität aus, aber, wenn es um globalere Zusammenhänge geht, und auch die Pandemiebekämpfung, dann müssen wir uns irgendwann klar werden, dass wir eben nicht jedes Menschenleben, koste es was es wolle, retten können.
Wer entscheidet denn, wie weit man da geht?
Dominik H: Zum Einen haben wir im Grundgesetz ja, das Recht, die Würde des Menschen die unantastbar ist, und davon werden wir auch nicht abrücken, aber, auf abstrakterer Ebene, wird am Ende die Politik Entscheidungen treffen müssen. Und dort wäre es mir sehr wichtig, dass wir das in einem breiten Konsens tun, zum Einen im einem breiten Konsens was Wissenschaft angeht, also nicht nur Virulogen, die dann darüber bestimmen wie am Besten mit dem Virus umzugehen ist. ... "

(https://www.tagesschau.de/multimedia/video/video-694739.html , 29.04.2020, Dominik H. Enste , Institut der deutschen Wirtschaft Köln, zu Werten und Abwägungsentscheidungen in der Corona-Krise, tagesschau.de)

".. Deutsche Wirtschaftsverbände drängen angesichts des Konjunktureinbruchs massiv darauf, weite Teile des öffentlichen und wirtschaftlichen Lebens wieder hochzufahren. .. BDI-Präsident Dieter Kempf sagte den Zeitungen der Funke-Mediengruppe: ´Unsere Unternehmen wollen und müssen wissen, in welchen Stufen das gesellschaftliche und wirtschaftliche Leben wieder anlaufen soll - und zwar nach dem Treffen der Bundeskanzlerin mit den Ministerpräsidentinnen und Ministerpräsidenten am 6. Mai.´ Er ergänzte: ´ Jede Woche eines Shutdowns kostet die deutsche Volkswirtschaft einen mittleren zweistelligen Milliardenbetrag an Wertschöpfung.´ Der Bundesverband mittelständische Wirtschaft (BVMW) forderte, die Beschränkungen noch im Mai zu beenden. ´Heben Sie den Lockdown auf, bevor es zu spät ist!´, heißt es nach Verbandsangaben in einem Offenen Brief an Merkel. In dem Schreiben wird der Bundesregierung auch ´eine rein virologische Sichtweise´ und ein ´gefährliches Spiel mit den Zukunftschancen dieses Landes´ vorgehalten. .."

(https://www.tagesschau.de/wirtschaft/wirtschaft-deutschland-corona-101.html , 02.05.2020, Wirtschaft fordert Ende des Lockdowns, tagesschau.de)

Der Gebrauchswert, das was man zum Leben braucht, ist heute mit einem Bruchteil der Bevölkerung herstellbar. Aus der Perspektive der Produktion von Gebrauchswerten, ist die Quarantäne aufgrund der gesellschaftlichen Produktivität unproblematisch.

Der Tauschwert erfordert einen Tanz mit einer Pandemie, in welchem nicht nur Virologen und Mediziner bestimmen, wie am Besten mit einem Virus umzugehen ist. Der Tauschwert erfordert, dass klargestellt wird, dass am Ende, um wirtschaftliche Tätigkeit wieder aufzunehmen, so abzuwägen ist, dass ´wir´ eben nicht jedes Menschenleben retten, koste es was es wolle. Der Tauschwert erfordert die schnellstmögliche Rückkehr der Mannschaft an den Arbeitsplatz.

Diese Sorte ´Wissenschaft´, Wirtschaftsethik, will weg von der Quarantäne, der Verhinderung der Infektion, hin zum ´Best Case´, zur Identifikation und Isolation von Virusträgern *im laufenden* Betrieb. Medizinisch nicht indizierte, betriebswirtschaftlich motivierte Meldungen, jedoch von diplomierten Medizinern vorgestellt, werden publiziert.

Ob die Produzenten Lust haben, zu dieser Musik zu tanzen, spielt in dieser Gesellschaft keine Rolle. Wann mit dem feiern begonnen wird, wird ihnen *mitgeteilt.*

Ihre ökonomische Rolle setzt sie *sofort* in einen Gegensatz zur medizinischen Vernunft. Der Zwang sich zu verkaufen, um existieren zu können, und die verordnete Quarantäne, machen sie einkommenslos. Sowohl der in der Vergangenheit von ihnen gestern produzierte Reichtum, als auch aktuell produzierte Lebensmittel, sind als Preis, Miete, Telefon- oder Grundversorungrechnung für Wasser und Energie zu bezahlen. Auch Dispositionskredite, das Bankkonto selbst, Kreditkarten und Versicherungen verursachen laufende Kosten. Insofern stellt sich bei den ´Arbeitnehmern´ automatisch die Notwendigkeit ein, sich so schnell wie möglich wieder nützlich machen *zu dürfen.* Die Veranstalter dieser Freiheit zeigen Verständnis für Forderungen aus der Gesellschaft, soweit sich die Kritik auf die Forderung der Erlaubnis der Erfüllung des jeweiligen Rolleninhalts beschränkt (siehe:Status quo). Je nach Relevanz der gesellschaftlichen Rolle, wird der öffentliche Protest gegen die ökonomischen Wirkungen der Quarantäne, hier als Propangda von Verschwörungstheoretikern, mit der Gefahr extremistischer Unterwanderung, und dort als wissenschaftlicher Beitrag zur Gesamtbewertung der Situation diskutiert, und dementsprechend medial aufbereitet.

> “.. Bundesinnenminister Horst Seehofer sagte der ´Frankfurter Allgemeinen Sonntagszeitung´, viele Menschen seien derzeit in Sorge um ihre Existenz. Es gelte daher, schnell zu handeln, damit die Menschen ´ihren Lebensunterhalt sichern können. Damit verhindern wir auch, dass Rechtsradikale und Verschwörungstheoretiker den Ton setzen.´ Auch NRW-Ministerpräsident Armin Laschet warnte, man müsse wissen, ´dass Links- und Rechtsradikale und Reichsbürger diesen Protest für sich zu nutzen versuchen´. ..”

(https://www.tagesschau.de/inland/umgang-corona-protest-101.html , 16.05.2020, Kritisieren – aber nicht ausgrenzen, tagesschau.de)

Im Vorfeld der Bekanntgabe der Lockerung der Quarantänemaßnahmen wird eine wissenschaftliche Studie, die Heinsberg -Studie, veröffentlicht. Diese Studie wird in im Internet, am 03.04.2020 angekündigt, am 06.04.2020 erfolgten erste Meldungen und am 09.04.2020 wurde die Studie publiziert. In den Medien erfolgten zeitgleich zum Veröffentlichungstermin diverse Berichterstattungen. Am 15.04.2020 verkünden Bundes- und Landesregierungen die Lockerung der Quarantänemaßnahmen.

“.. Demnach sei in der besonders betroffenen Gemeinde Gangelt bei 15 Prozent der über 500 Probanden eine aktuelle oder bereits überstandene Infektion nachgewiesen worden. ..Auch zur Sterblichkeitsrate durch das Coronavirus macht die Studie neue Aussagen. Bislang geht die renommierte Johns Hopkins Universität davon aus, dass in Deutschland 1,98 Prozent der Infizierten sterben. Dadurch, dass in der Heinsberger Studie nun auch bislang unentdeckte Infizierungen hinzukommen und die Gesamtzahl der Corona-Betroffenen damit höher ist, liegt die Todesrate für Gangelt nur bei 0,37 Prozent. Insgesamt haben an der Studie rund 1.000 Menschen teilgenommen. Die nun vorliegenden Zwischenergebnisse stammen von rund der Hälfte der Probanden. Virologe Streeck betonte auf einer Pressekonferenz in Düsseldorf, dass die Zwischenergebnisse nicht auf das gesamte Land übertragen werden könnten. Die Einschränkungen im öffentlichen Leben bezeichnete er als ´richtig und wichtig´. Dennoch hält er eine beginnende Lockerung für möglich. Weil die meisten Menschen ´so aktiv und diszipliniert´ mitmachten, sei es jetzt möglich, in eine ´Phase zwei´ einzutreten. Dazu könnten erste Öffnungen gehören – unter der Voraussetzung, dass die Abstandsregeln und die hygienischen Vorsichtsmaßnahmen weiter eingehalten würden.”

(https://www1.wdr.de/nachrichten/rheinland/corona-studie-heinsberg-100.html , 09.04.2020, Corona-Studie in Heinsberg liefert Argumente für Exit-Diskussion, wdr.de)

“..Eine Expertengruppe hat im Auftrag des Landes NRW Vorschläge erarbeitet, wie eine Lockerung der Corona-Maßnahmen aussehen könnte. In der Debatte um die Frage, wann und wie die Maßnahmen zur Eindämmung der Coronavirus-Epidemie gelockert werden können, hat die Landesregierung Nordrhein-Westfalens nun mögliche Maßgaben und Vorschläge vorgelegt. Einem Bericht der "Frankfurter Allgemeinen Sonntagszeitung" (FAS) nach handelt es sich dabei um das Papier einer Expertengruppe. Zu den Autoren gehören der frühere Bundesverfassungsrichter Udo di Fabio, die Demoskopin Renate Köcher, der ehemalige Vorsitzende der Wirtschaftsweisen, Christoph Schmidt, sowie der Virologe Hendrik Streeck. Bereits am Samstag soll Ministerpräsident Armin Laschet das Papier Bundeskanzlerin Angela Merkel und den Regierungschefs der übrigen Bundesländer vorgelegt haben. ..”

(https://www.tagesschau.de/inland/coronavirus-lockerung-101.html , 12.04.2020, Debatte um Lockerung, tagesschau.de)

“.. Professor Michael Hallek von der Uniklinik Köln hält die Ergebnisse etwa nicht für repräsentativ. Er sagte am Freitag (10.04.2020) in der Aktuellen Stunde, dass die Datenlage nicht ausreiche, um daraus politische Konsequenzen zu ziehen. .. Christian Drosten, Virologe der Berliner Charité, sagte in einem Pressebriefing des Science Media Center ´ich kann daraus nichts ableiten. Da wird einfach so wenig erklärt, dass man nicht alles versteht.´ Er wartet genauso dringend wie andere Fachwissenschaftler auf weitere Informationen. .. ”

(https://www.tagesschau.de/regional/nordrheinwestfalen/heinsberg-studie-streeck-103.html , 04.05.2020, Fragen zur Heinsberg-Studie tauchen auf, tagesschau.de)

Im Mai 2020 wurde bekannt, dass eine berliner PR-Agentur welche sich als Storymachine – We power your message - , im Internet vorstellt, die Veröffentlichung dieser Studie organisiert und begleitet hatte.

“.. Ein weiteres pikantes Detail an der Studie ist, dass die Studie schon vor Abschluss mittels einer umfassenden Medienaktion beworben wurde: Auf Twitter und Facebook überschlugen sich bereits die positiven Meldungen dazu in einer regelrechten PR Kampagne. Gesteuert wird sie von der PR-Agentur Storymachine - deren Chefs und Gründer wiederum der Ex-Bild-Chef Kai Diekmann, Ex-Stern.de-Chef Philipp Jessen und der Eventmanager Michael Mronz sind. Mit Mronz ist Laschet seit geraumer Zeit in engem Kontakt im Bestreben, Olympia 2032 nach NRW zu holen. Nach eigenen Angaben hat die Landesregierung die "Covid-19 Case Cluster Study" mit 65.315 Euro unterstützt. In einer Kleinen Anfrage wollte die SPD-Landtagsabgeordnete Sarah Philipp wissen, wer die Agentur Storymachine beauftragt hätte. Die Antwort kam mit einem dehnbaren Satz: Darüber lägen ´der Landesregierung keine eigenen Erkenntnisse vor ´. Weder Streeck noch die Uniklinik Bonn hätten demnach Geld dafür erhalten, dass die PR Agentur die Kommunikation zur Studie übernimmt. ..”

(https://www.tagesschau.de/regional/nordrheinwestfalen/wdr-story-33633.html , Laschet und die Heinsberg-Protokolle, tagesschau.de)

“.. NRW-Gesundheitsminister Karl-Josef Laumann, dessen Ministerium die Studie mit 65.000 Euro förderte, erklärte gegenüber Kontraste am 29. April: ´Ich glaube, dass wir mit der Frage dieser PR-Begleitung als Landesregierung - zumindest für mein Ministerium kann ich das ausschließen - überhaupt nichts zu tun haben.´..”

(https://www.tagesschau.de/investigativ/kontraste/laschet-heinsberg-protokoll-101.html , Was wusste Laschet?, tagesschau.de)

Der Herrschaftscharakter von Eigentum wird unmittelbar sichtbar. Dort wo der Initiator dieser Gesellschaftsordnung die politökonomische Gewalt des Eigentums nicht durch seine Gewalt unterbindet, setzt entweder die Verwahrlosung oder die Infektion der Opfer dieser Verhältnisse ein.

“Wildern, um Corona zu überstehen. .. Die Polizei drückte alle Auge zu solange die Dorfbewohner im Schutzgebiet nur für den Eigenbedarf jagen und fischen. ..”

(https://www.tagesschau.de/ausland/mexiko-corona-101.html , 22.05.2020, Naturschutzgebiet in Mexico, tagesschau.de)

In Europa werden unter der Überschrift ´die neue Normalität´ Arbeitsalltag und Grenzverkehr den innenpolitisch, erforderlichen Betriebsnotwendigkeiten und den aussenpolitisch gewollten, politischen Absichten entsprechend, angepasst. Die notwendig, gewusst, entstehenden Infektionsherde werden als ´Ausbruch´ publiziert. - Auch hier; - Mit Mitgefühl.

“.. Nach mehr als 650 neuen Corona-Infektionen beim Fleischverarbeiter Tönnies dürfen Schulen und Kitas im Kreis Gütersloh ab Donnerstag (18.06.2020) nur noch eine Notbetreuung anbieten. Bei Tönnies dagegen läuft die Produktion erst einmal weiter. .. Am Mittwochabend waren mehrere hundert Beschäftigte zur Spätschicht erschienen. Sie sollen das in den Kühlhäusern gelagerte Fleisch verarbeiten. Das geschehe in Absprache mit dem Gesundheitsamt, sagte ein Konzernsprecher. Dies könne zwei Tagen dauern, also bis einschließlich Freitag. Erst dann werde das Werk komplett geschlossen. .. Die Schulen und Kitas im Kreis Gütersloh sind dagegen ab Donnerstag geschlossen. .."

(https://www.tagesschau.de/regional/nordrheinwestfalen/corona-toennies-schulen-101.html , 18.06.2020, Corona-Fälle in Fleischfabrik, tagesschau.de)

Den Führern dieser gesellschaftlichen Ordnung sind die Folgen ihres Wirkens bekannt. Gebrauchswerte, im nachfolgenden Beispiel *ein Impfstoff*, sind in der von ihnen erschaffenen Weltordnung sowohl ein ökonomisches, als auch ein politisches Erpressungswerkzeug. Dort wo sie selbst zum politischen Ziel dieser Gewalt werden, bekannt als Embargo oder Außenhandelspolitik, wissen sie sofort womit sie es zu tun haben.

".. Ein lehrreicher Stresstest für Europa: So sieht der deutsche Gesundheitsminister Jens Spahn die Corona-Pandemie. .. ´Europa muss wieder lernen, unabhängiger zu werden und seine Rolle in der Welt neu zu definieren", so der Minister. "Es geht nicht darum, die Globalisierung infrage zu stellen, es geht darum, das richtige Maß an Globalisierung zu finden.´ Es müsse Schluss sein mit der medizinischen Abhängigkeit in vielen Bereichen. Zum Beispiel dürfe nicht in China entschieden werden, ob in Warschau, Amsterdam oder Berlin Schutzmasken vorrätig seien. Spahn wirbt dafür, die Produktion in vielen medizinischen Bereichen nach Europa zurückzuholen und Reserven anzulegen. .. Vor allem beim weltweiten Wettrennen um einen Corona-Impfstoff, bei dem auch US-Pharmariesen wie Pfizer, Merck oder Johnson & Johnson mitmischen, müsse Europa selbstbewusster auftreten, fordern viele EU-Politiker. So sieht das auch Peter Liese, EU-Parlamentarier der CDU und selbst Humanmediziner. .. "Wir können uns leider nicht darauf verlassen, dass Amerikaner oder Chinesen uns an dem Impfstoff teilhaben lassen, wenn sie ihn zuerst entwickeln", sagt Liese. Man sei auch schon spät dran: ´Die USA haben schon vor der Pandemie entsprechende Konstellationen geschaffen, und es ist wichtig, dass wir jetzt ganz, ganz schnell nachziehen.´ .."

(https://www.tagesschau.de/ausland/corona-impfstoff-eu-101.html , 12.06.2020, EU will sich Zugriff auf Impfstoff sichern, tagesschau.de)

Die Produzenten des gesellschaftlichen Reichtums sind nicht nur ökonomisch abhängig. Ihr gesamter Tagesablauf, ihr Lebensinhalt und die Eigenschaften ihrer Lebensmittel werden durch Gesetze und die staatlich garantierte Verfügungsgewalt der ´Arbeitgeber´ über die gesellschaftlichen Existenzvoraussetzungen *definiert*. Damit ist *jede* Verwirklichung des Willens vom Interesse der Eigentümer der gesellschaftlichen Produktionsmittel, und der Gewalt welche diese gesellschaftliche Ordnung garaniert, abhängig. Diese politisch erzeugte Mittellosigkeit, bereits vor der Corona-Krise weltweit als ´Arbeitslosigkeit´ und ´Beschäftigung´ zu besichtigen, erzeugt als weltweite Ausfällung 800.000.000 Menschen, welche als ´Überbevölkerung´ Organisationen wie ´Brot für die Welt´ zum unsterblichen Alltagsbegleiter machen. Die Existenz von millionen Menschen basiert deshalb *dauerhaft* auf Spenden.

In den Großstädten der Metropolen suchen Menschen in Mülleimern nach Verwertbarem. Bereits im Normalfall dieser gesellschaftlichen Ordnung, legen die Benutzer der Arbeitskraft fest:

- ob produziert wird
- was die Produzenten für ihre Arbeitsleistung bekommen
- was produziert wird
- wann produziert wird
- wo produziert
- wieviel produziert wird
- mit welchem Material produziert wird
- welche Eigenschaften das Produkt hat
- wer produziert
- wieviele produzieren
- wann das Produkt abgegeben wird
- an wen das Produkt abgegeben wird
- ob das Produkt abgegeben wird
- zu welchen Bedingungen (Preis, Miete, Lizenz, ...) das Produkt herausgegeben wird

Produkt und Inhalt der Lohnarbeit besitzten Eigenschaften, welche nicht den Bedürfnissen seiner Produzenten entspringen, sondern anstelle dessen, das Interesse der Kommandeure der gesellschaftlichen Arbeit sicherstellen. Auch dessen Kosten sind für Unternehmen ein möglichst sparsam einzusetzendes Mittel. Erstens senken sie, *als notwendige Voraussetzung der Geldvermehrung*, in der Bilanz den Gewinn. Zweitens ist die Reduzierung von Kosten als kalkulatorischer Bestandteil des Verkaufspreises eine Waffe in der globalen Konkurrenz um den Geldmittelrückfluss. Drittens kann der Ersatz einer Produktkomponente durch einen günstigere, wenn auch gewusst die Gesundheit oder Umwelt belastende Ersatzkomponente, die Differenz zwischen Umsatz und Kosten steigern.

Die potentielle Nutzungsdauer des Gebrauchswerts steht im Gegensatz zum Interesse am Umsatz. Saatgut, Fotos, Ideen, oder Text werden *exklusiver* Privatbesitz. Die Natur selbst, und dessen menschliche und tierische Bevölkerung werden zum Kostenfaktor, deren Kosten zu minimieren sind.

"Im Jahr 2050 könnte in den Meeren die Menge an Plastik die Menge der Fische übersteigen. Zu diesem Ergebnis kommen Forscher der Ellen MacArthur Foundation in einer Studie, die das Weltwirtschaftsforum beauftragt hatte. .."

(https://www.zeit.de/wissen/umwelt/2016-01/plastik-umweltverschmutzung-meer-studie-weltwirtschaftsforum , 2016, In 35 Jahren mehr Plastik als Fische im Meer, zeit.de)

"Japan will 1,2 Millionen Tonnen radioaktives Wasser ins Meer leiten - .. Das japanische Industrieministerium empfahl am Freitag, die 1,2 Millionen Tonnen Wasser auf diese Weise zu entsorgen, anstatt es verdampfen zu lassen. Auch eine dauerhafte Lagerung in Tanks sei nicht machbar, hieß es. In den kommenden Wochen soll innerhalb der Regierung weiter über den Vorschlag beraten werden. Dem Kraftwerksbetreiber Tepco gehen langsam die Lagerkapazitäten zur Neige, die Tanks reichen noch bis Sommer 2022 aus. .. Nach Angaben von Tepco können aus dem bereits aufbereiteten Wasser alle 62 radioaktiven Elemente bis zu einem solchen Grad entfernt werden, dass sie für den Menschen nicht mehr schädlich sind. Allerdings gilt das nicht für Tritium, das aber in kleinen Mengen ungefährlich ist und laut Tepco auch in anderen Atomkraftwerken routinemäßig freigesetzt wird."

(https://www.welt.de/politik/ausland/article205510643/Fukushima-Japan-will-1-2-Millionen-Tonnen-radioaktives-Wasser-ins-Meer-leiten.html , 01.02.2020, welt.de)

"Am 18. September 2015 wurde öffentlich bekanntgemacht, dass die Volkswagen AG eine illegale Abschalteinrichtung in der Motorsteuerung ihrer Diesel-Fahrzeuge verwendete; die US-amerikanischen Abgasnormen wurden nur in einem speziellen Prüfstandsmodus erreicht, im Normalbetrieb wird dagegen ein Großteil der Abgasreinigungsanlage weitgehend abgeschaltet. Die Aufdeckung wurde durch eine Notice of Violation der US-Umweltbehörde Environmental Protection Agency (EPA) angestoßen. .. Laut eigenen Angaben warnte die Deutsche Umwelthilfe (DUH) von September 2007 (anlässlich der IAA) bis 2015 „in unzähligen Pressekonferenzen, Fachgesprächen, mit Veröffentlichungen, Abgastests und Aktionen vor … ´Verstößen gegen Gesundheits- und Klimaschutz bei den Abgasemissionen und Spritverbräuchen´ .."

(https://de.wikipedia.org/wiki/Abgasskandal , Abgasskandal, de.wikipedia.org)

".... Es kam zur Aufdeckung von Weinverfälschungen, als ein Winzer auffällig große Mengen von Frostschutzmitteln steuerlich geltend machen wollte, obwohl er lediglich einen kleinen Traktor besaß. Vor allem in Österreich und auch in Deutschland wurde von einzelnen Winzern verfälschter „Qualitätswein" produziert. Als Süßungsmittel und Geschmacksverstärker verwendeten sie Diethylenglykol (griechisch glykys „süß"). Der Wein wirkte dadurch sensorisch süßer und aromatischer. Gleichzeitig wurden aber auch die amtlichen Zuckertests nicht beeinflusst, mit denen die amtliche Weinkontrolle prüft, ob aus den Trauben des jeweiligen Jahres bei natürlichem Mostzuckergehalt auch eine Alkohol-Zucker-Proportion ohne das Hinzufügen von Zucker, Säure oder Weinbrand möglich ist."

(https://de.wikipedia.org/wiki/Glykolwein-Skandal , 1985, Glykolwein-Skandal, de.wikipedia.org)

Das sind nur Beispiele. Der Leser selbst kennt diese Zustände aus eigener Erfahrung. Das Handy oder der Computer, welche genutzt werden, um deren Benutzer auszuspionieren. Vertragsklauseln. Haltbarkeitsdaten und Inhaltsangaben. Wasser, Luft, Erde, Lebensmittel.. ..

- *Gebrauchsgegenstände* sind *als Schadensquelle* ein Dauerthema in den Medien!

Weiter oben war bereits die Rede von einer der Arbeit fremden, zusätzlichen, politischen Aufgabe. Arbeit schafft von Natur aus Gebrauchswerte. Das sind Gegenstände welche durch eine Umformung der Natur, durch die Anwendung von Arbeit, danach eine Form haben, welche den Bedürfnissen der Produzenten dient. Der Mensch will bequem schlafen und baut sich deswegen ein Bett. Dieses Bett soll stabil sein, möglichst lange halten, nutzbar sein. Die Verausgabung der Arbeit, der Aufwand an Zeit und Kraft, soll möglichst kurz, und die Qualität und Menge an Arbeitsresultaten möglichst hoch sein. Unter *eigener Regie* ausgeführter Arbeit braucht niemand zu erklären, dass der Schutz derjenigen welche diese Arbeit verrichten selbstverständlich ist. Genauso unsinnig wäre jede Vernichtung oder Vergiftung der natürlichen Reichtumsquellen.
Aus betriebswirtschaftlicher Perspektive betrachtet, stehen Arbeit und Gebrauchswert als Kostenfaktoren, als Lohnarbeit und Tauschwert, im Gegensatz zum Betriebszweck. Jeder Filter, jede Arbeitsschutzmaßnahme verkleinert als Kostenquelle die Differenz zwischen Umsatz und Gewinn. Jede Rücksichtnahme auf *die Quellen* des natürlichen Reichtums, Arbeit und Natur, verschlechtert die *jeweilige* Selbstbewertung der eigenen Konkurrenzfähigkeit der nationalen und internationalen Akteure der Geldvermehrung (siehe auch: Weltklimakonferenz).

Die lohnabhängigen Milliarden sind in ihrer Existenz politisch so *konditioniert*, dass ihre Benutzung ihren ´Arbeitgebern´ die Mittel ihrer Ausbeutung, und der politischen Aufsicht die notwendigen Gewaltmittel liefert und verbessert. Ihre Existenz ist ein Kostenfaktor. Ihr Daseinszweck ist die Vermehrung des Reichtums ihrer Kommandeure. Die natürliche Eigenschaft der menschlichen Arbeitskraft, dass ihr Ertrag *größer* ist als der Aufwand ihrer Erhaltung, erzeugt den sichtbar, wachsenden Reichtum der Gesellschaft von welchem dessen Produzenten *durch die Zahlung von Geld* ausgeschlossen werden. Durch Geld wird der produzierte Gebrauchswert vom Zugriff seiner Produzenten *getrennt*. Was sie sich vom Resultat ihrer geleisteten Arbeit nehmen dürfen, ist begrenzt durch eine Geldsumme, den Lohn welchen sie bekommen, und nicht durch die produzierte Anzahl von sichtbar, verfügbaren Gebrauchswerten. Sie bekommen einen Lohn, einen kalkulierten Anteil an ihrem Arbeitsprodukt, der als zu zahlende Geldumme die Gewinnerwartung ihrer Herren verkleinert. Nicht selten wird dieses Beschäftigungshindernis *deshalb* durch Lohnzahlungen unterhalb des Existenzminimums zum Alltag derjenigen, welchen nichts wichtiger ist als ein ´Arbeitsplatz´. Als Aufstocker, Zeitarbeitskraft, Tagelöhner, Ich-Selbstständiger oder mit unbefristetem Arbeitsvertrag konkurrieren sie um das Interesse der ´Arbeitgeber´ an der Erhaltung ihrer Existenz. Ihre Arbeitskraft liefert der Geschäftswelt die materiellen Mittel *ihrer* Konkurrenz um das gesellschaftliche Geld, welches sie als Lohn-, Material-, und Finanzierungskosten in die Gesellschaft freisetzen.

Lokale, jeweils nationale, Lohnzahlungen sind die Konkurrenz*basis* der internationalen Staatenkonkurrenz.

Der Initiator dieses Systems, die Staatsgewalt, *reproduziert und modernisiert* sich durch die notwendigen Geldzahlungen in dieser von ihm selbst, politisch bewusst, so konstruierten Gesellschaftsordnung. Jede Krankheit, oder das ökonomische Desinteresse der ´Arbeitgeber´ an der Nutzung der ´Arbeitnehmer´, versetzt die lohnabhängige Bevölkerung in die ökonomische Mittellosigkeit, in welche der Staat selbst sie rechtlich gesetzt hat. Aufgrund der Kalkulation der Besitzer der Existenzvoraussetzungen taugt der Lohn für Millionen selbst bei Vollzeitarbeit weder zur Bezahlung des Lebensunterhalts, noch taugt diese Bezahlung zur Altersvorsorge. Die Erhaltung ihrer Existenz braucht einen Sozialstaat. Die Staatsgewalt erhält die ökonomische Brauchbarkeit und die politische Funktionalität dieser Armut, indem sie durch eine *zu beantragende* Zuteilung einer Sozialleistung, einerseits das Produktionsergebnis der gesellschaftlichen *Gesamtarbeit* als Eigentum der ´Arbeitgeber´ garantiert, und andererseits dessen Wirkung durch Geldzahlungen reguliert.

Lohn, *als berechneter Anteil an der Produktivität* der gesellschaftlichen Arbeit, ist doch eigentlich Sozialismus, geradezu staatsfeindlich. Ein Sold, *eine Anerkennung* einer zugewiesenen, individuellen Leistung als Dienst an der Gemeinschaft, und die Verpflichtung zu diesem Dienst, das ist die strahlende Gegenwart und Zukunft? Irgendwie, vielleicht klarkommen. *Faktisch* ist das die ökonomische Haltung der Elite zum Lohn der Arbeit. Jeder an Existenzvoraussetzungen eigentumslose Mensch, welcher , obwohl man ihm Sachleistungen, *sogar Geld anbietet*, um das Kunststück der Geldvermehrung im Auftrag der Eigentümer zu vollbringen, wird beurteilt. Wie beim Vieh auf einem Bauernhof, *ist deren Arbeitsleistung* das, was sonst als Fleisch oder Milch vermarket wird. Jede materielle Berechnung, Meinungen, nach dem Motto, von diesem, als Angebot von ´Arbeitgebern´ gezahltem Lohn könne man seine Rechnungen nicht bezahlen, werden dokumentiert und auch amtlich als fehlende Mitwirkungsbereitschaft sanktioniert. *Dieses* sich prostituierende, prinzipielle ´Ja´, zum Dienst an Eigentum, als Nachweis der privaten Akzeptanz der *ökonomisch* organisierten Herrschaftsmethode, ist *juristisch* Pflicht, und wird als auf Abfrage *zu demonstrierendes* Selbstbewußtsein gefordert.

Die Stellung des *individuellen* Willens zur geforderten Dienst*bereitschaft*, wird unabhängig von dessen *faktischer* Nachrangigkeit, bewertet. Selbstverständlich weiss *jeder*, dass die Entscheidungsgewalt, *ob* ein Arbeitsvertrag zustande kommt, *exklusiv* bei den sogenannten ´Arbeitgebern´ vorliegt.

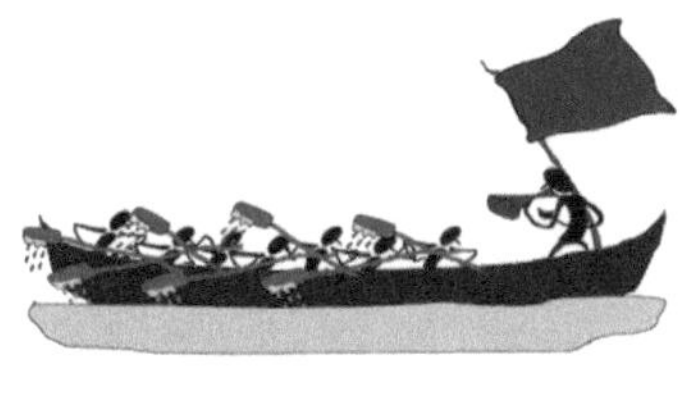

Aber gerade die Demonstration der individuellen Unterwerfung unter dieses Diktat, ist gefordert!

Das eingeforderte ′Ja!′ der ′Arbeitnehmer′ ist der Entscheidung der ′Arbeitgeber′ untergeordnet. Die Feststellung, dass ein angebotener Lohn mit dem als HARTZ4 bekannten Existenzminimum identisch sei, wird als Infragestellung *der Selbstverständlichkeit* von Dienst*bereitschaft* erkannt.

Dieser Test, auf die von der Lohnsumme *unabhängige*, individuelle Bereitschaft der lohnabhängigen Bevölkerung, zum Dienst, ist den Damen und Herren, den Initiatoren des Alltags, ein ganz besonderes Anliegen, und deren Ermittlung ist ihnen einen erheblichen bürokratischen Aufwand und Geldeinsatz wert. Deren Verweigerung wird medial inszeniert, und stigmatisiert.

Amtlich, der Dauer der ′Arbeitslosigkeit′ angepasst, den Willen zur Mitwirkung fördernd, werden ′Sozialleistungen′ unterhalb des Existenzminimums *berechnet* und politisch, gesetzlich als ′zumutbar′ *exekutiert,* um fehlender ′Mitwirkungsbereitschaft′ entgegen zu wirken. Für Arbeitslose ist jede ′Arbeit′ zumutbar.

Dieses ökonomisch begründete *Interesse* von Politik und Wirtschaft an der Bewirtschaftung der eigentumslosen ′Arbeitnehmer′ wird den Opfern als eine Sachlage vorgestellt. Weiter oben war bereits die Rede vom Status Quo. Die politisch erzeugte Gesellschaftsbasis, das Eigentum an den Voraussetzungen und Resultaten der gesellschaftlichen Reproduktion, wird als naturgegebene Realität, unausgesprochen, unterstellt. So ′ist′ das, nun mal.

Die aus dieser politischen Tat folgende Konsequenz, die daraus für die Opfer folgende Notwendigkeit ihre Arbeitskraft anzubieten, der praktische Zwang seine Lebenszeit der Bereicherung anderer zu widmen, wird als Interesse angesprochen, welches man als ′Arbeitgeber′ oder ′Politiker′ zu bedienen bereit sei. Die Selbstdarstellung der Kommandeure dieser Welt, verwandelt *die politisch hergestellte* Eigentumslosigkeit der Mehrheit der Gesellschaft, die Voraussetzung ihres Interesse an der Benutzung der ′Arbeitnehmer′, in eine Dienstleistung an den so zugerichteten Individuen. Ihr Interesse an der Ausbeutung der ′Arbeitnehmer′, wird als Eigenschaft der natürlichen Existenzbedingungen dargestellt. Danach werden materielle Forderungen der Produzenten ihres Eigentums als Behinderung ihres Willen zur Bedienung der Gesellschaft mit dem Argument ′Arbeitsplatz′ zurückgewiesen. Lohn, Rente, Arbeitsschutz, Gesundheit und Freizeit werden als Einstellungshindernis kritisiert.

Die staatliche Verwandlung der Natur in Eigentum durch die globale Expropriation der Menschheit von den natürlichen und gesellschaftlichen Quellen der Reproduktion, erzeugt den ökonomischen Zwang der dieser Gewalt unterworfenen Gesellschaft zur Prostitution. Die damit gesetzten Bedingungen zur Nutzung der Reproduktionsmittel erzeugen eine Gesellschaft von Privatproduzenten. Diese Bedingung subjektivieren die Opfer der Gewalt *zu ihrem Mittel*. Ab hier besteht der so erzwungene, bejahte Lebensinhalt darin, dieses Mittel, ′Arbeit′ erst einmal zu finden und sich mit oder ohne Einkommen, dem Leben *als Konkurrenz* gegen andere zu stellen.

Denjenigen welche sich als Herren *fühlen* wollen, und sich *in der Realität* um das Interesse am Erhalt ihrer Existenz bewerben müssen, wird das Glück zuteil, gebraucht zu werden. Nicht jedem freilich, und auch die Bezahlung und das Ambiente lassen viel zu wünschen übrig. In Italien, Spanien, Griechenland, ... , gelten bereits Generationen als ´verloren´. - Aber;

- Man sieht ja, *es* kann funktionieren.

> "... Über ihrer Schulter hängt ihre Spiegelreflexkamera, denn Denise will Fotografin und Fotoreporterin werden. Oder besser gesagt: wollte. Seit Corona kam, ist nichts mehr wie vorher. "Meine ganzen Kontakte in der Fotografie sind jetzt zuhause und arbeiten nicht." Deswegen arbeite sie wieder in ihrem Job als Kellnerin. .. 1200 Euro verdient sie, kommt gerade so über die Runden. .. Im vergangenen Jahr lag die Jugendarbeitslosigkeit bei rund 30 Prozent. Und jetzt, nach der Pandemie? Da steht Italien, das vorher schon so hoch verschuldet da, schlimmer da als je zuvor. Doch Denise, die Studentin aus Rom, will sich trotzdem ihren Traum nicht nehmen lassen. ´Meine Freunde haben ihre Träume aufgegeben. Sie arbeiten, bekommen einen kleinen Lohn. Und das ist okay. Aber für mich nicht. Ich will auch einen kleinen Lohn haben, aber für meinen Traumjob.´ "
>
> (https://www.tagesschau.de/ausland/italien-jugend-korr-pongratz-101.html , 24.06.2020, Italiens "ausgeschlossene Generation", tagesschau.de)

Wenn man es geschafft hat, den eigenen Schaden, und den Schaden anderer, als unvermeidliches Lebensrisiko zu verklären, ergreift man Partei für die Gewalt welcher sich diese Verhältnisse verdanken, damit sie Regeln setze, welche den *gewollten* Dienst ermöglichen. Der innere Nutzen, die Leistung dieser *selbst zu erarbeitenden* Weltsicht besteht darin, dass man die freiwillige Selbstunterwerfung in seinem Selbstbewusstsein als Verantwortung für die eigene Existenz verwandeln kann. *Innerlich* macht man nicht was einem gesagt wird, sondern genau das, was man will, und kann gute Gründe für sein Verhalten benennen. Jetzt klingelt der Wecker, weil man ´arbeiten´ will, und nicht weil es *der Zwang zur Lohn*arbeit erfordert.

> "Der Opa sollte dem Enkel einmal erklären, warum der damals in die (Nazi-) Partei eingetreten ist. Weil er vielleicht Amtmann werden wollte. Heute treten ja auch viele in eine Partei ein, um etwas zu werden"
>
> (Helmut Kohl , Bundeskanzler der Bundesrepublik Deutschland 1982 - 1998, a.D. , 1983 bei einer Diskussion mit Offizieren in Koblenz, ´Spiegel´ Nr. 2/83 vom 10. Januar 1983)

Lohnarbeit bietet der Existenz der eigentumslosen Bevölkerung durch die Vermehrung fremden Eigentums an, etwas zu werden. - Den Bewerbern bekannt als Karriere. Die Folgeleistung beschafft den Kommandeuren dieser Arbeit die sachlichen Voraussetzungen ihres Kommandos.

Die politische Stimmungslage, die Organisation der Herrschaft schwingt um den Drehpunkt des Eigentums vom Faschismus, über die Demokratie bis zum Sozialismus.

Solange die Gültigkeit des Eigentums, *die Trennung der Arbeit* von ihren Voraussetzungen und ihrem Produkt, nicht bestritten wird, darf und hat sich jede gesellschaftliche Rolle als wählbare Regierungsmannschaft, als Partei, in allen Nationen herausgebildet. - Bekannt als Rechts, Mitte, und Links. Eines haben sie alle gemeinsam. - Sie wollen regieren.

Weltweit ist die Organisation dieser Staatsgewalt, bis hin zur Benamung der Ministerien und der Amtsbezeichnungen, auffallend identisch. Das Parteienspektrum gliedert sich auf, zwischen Arbeitgeber- und Arbeitnehmerparteien, und den Liebhabern der Staatsgewalt selbst, den am rechten und linken Rand bekannten Flügeln. Dem entsprechend bestreiten diese Volksvertreter ihre Konkurrenz. Lohnarbeit, deren Gegenpol das Eigentum, und ihre Existenz selbst, als Staatsgewalt, ist ihr Angebot.

Rechts soll die Gewalt die Kosten senken, links die Löhne erhöhen, oder sich mittig, besser ganz raushalten und den Markt wirken lasssen, und in Krisen gewinnen diejenigen die Wahlen, welche die *zu allem* notwendige Gewalt zum Zweck der Gesellschaft erheben. Das ist der Inhalt dessen, was *als Ideal* dieser Gesellschaft, mal mehr, mal weniger davon, als Freiheit bekannt ist; - Die Anpassung der Gesellschaft an die konjunturellen Erfordernissse der Vermehrung des Privateigentums, innen- und außenpolitisch.

Dieser politische Inhalt erfordert eine permanente, punktuelle Gewaltanwendung. - Bekannt unter dem Begriff ´Sicherheit´.

Die Tatsache, dass Regierungen sich ein stehendes Heer halten, ist ein begründeter Anlass das Vertrauen in Herrschaft zu hinterfragen. Der tägliche Einsatz dieser Gewaltsmittel ist *der Nachweis*, dass die von Regierungen wahrgenommenen Interessen *gegen jedes denkbare Interesse* der Opfer dieser Gewaltanwendung gerichtet sein *müssen*. Die betroffene Bevölkerung ist entweder tot, auf der Flucht, oder steht vor den Trümmern jeder möglichen Existenz. Innenpolitisch entsteht durch die Trennung der Arbeit von ihren Voraussetzungen und Resultaten die Notwendigkeit der Trennung des Bedürfnisses von den sichtbar produzierten Mitteln der Bedarfsdeckung. Polizei und Justiz arbeiten Tag und Nacht daran, die politischen Grenzen des Eigentums als geltende Realität an den Bedürftigen zu vollstrecken.

Bereits in den den Zeiten der Vorbereitung von Krieg, ´unten´ als Frieden verehrt, sind Zweifel an den Zwecken von Regierung dringend geboten.

Für die Opfer der Herrschaft bleibt alles beim Alten. Sie müssen den Reichtum dieser Gesellschaft für andere produzieren, wenn sie existieren wollen. Wenn sie dürfen.

Oben ist oben und Unten ist unten. - Menschen, sich freiwillig als Volk wahrnehmend, *dienen anderen Menschen*. Sicher, das ist trickreich, und vor allem mit Gewalt, zu *organisieren*.

Nach wie vor besteht die Basis von Herrschaft darin, sich selbst mit den Voraussetzungen ihrer Gewalt ausstatten zu lassen. Dazu nutzt sie zuerst ihre Gewalt um die Trennung der Bevölkerung von den Voraussetzungen der Reproduktion, als Eigentumsordnung, zum gesellschaftlichen Status Quo zu erheben. Die daraus folgende, politische Wirkung, die Teilung der Bevölkerung in Eigentümer und Nichteigentümer, erklärt sie zu Natur und ihre Gewalt zum Rechtsanspruch ihrer Opfer diese Natur zu bewahren. Diese politische Festlegung der gesellschaftlichen Produktion auf die Privatproduktion erzeugt eine lebenslange Konkurrenz der eigentumslosen Weltbevölkerung um das Interesse ihrer Arbeitgeber an der Erhaltung ihrer Existenz durch eine Indienstnahme ihrer Arbeitskraft an einem Arbeitsplatz. Diesen politisch initiierten, sozialen Gegensatz benutzt die Herrschaft, um sich durch Zwangsabgaben mit Geld, und durch die Arbeitsleistung ihres Volkes mit den materiellen Voraussetzungen ihrer Gewalt auszustatten. Dieses Buch will dafür werben, und dem Leser Gründe liefern, sich diesem *Anspruch* zu widersetzen.

"„ Die ökonomische Struktur der kapitalistischen Gesellschaft ist hervorgegangen aus der ökonomischen Struktur der feudalen Gesellschaft. Die Auflösung dieser hat die Elemente jener freigesetzt. Der unmittelbare Produzent, der Arbeiter, konnte erst dann über seine Person verfügen, nachdem er aufgehört hatte, an die Scholle gefesselt und einer andern Person leibeigen oder hörig zu sein. Um freier Verkäufer von Arbeitskraft zu werden, der seine Ware überall hinträgt, wo sie einen Markt findet, mußte er ferner der Herrschaft der Zünfte, ihren Lehrlings- und Gesellenordnungen und hemmenden Arbeitsvorschriften entronnen sein. Somit erscheint die geschichtliche Bewegung, die die Produzenten in Lohnarbeiter verwandelt, einerseits als ihre Befreiung von Dienstbarkeit und Zunftzwang; und diese Seite allein existiert für unsre bürgerlichen Geschichtschreiber. Andrerseits aber werden diese Neubefreiten erst Verkäufer ihrer selbst, nachdem ihnen alle ihre Produktionsmittel und alle durch die alten feudalen Einrichtungen gebotnen Garantien ihrer Existenz geraubt sind. Und die Geschichte dieser ihrer Expropriation ist in die Annalen der Menschheit eingeschrieben mit Zügen von Blut und Feuer. .. Der Ausgangspunkt der Entwicklung, die sowohl den Lohnarbeiter wie den Kapitalisten erzeugt, war die Knechtschaft des Arbeiters. Der Fortgang bestand in einem Formwechsel dieser Knechtung, in der Verwandlung der feudalen in kapitalistische Exploitation. .."

(Karl Marx , Das Kapital, **1867**, Kritik der politischen Ökonomie, S. 743)

"„ Die moderne Staatsgewalt ist nur ein Ausschuß, der die gemeinschaftlichen Geschäfte der ganzen Bourgeoisklasse verwaltet. .."

(Karl Marx, Friedrich Engels , 1848, Manifest der kommunistischen Partei)

Unter Herrschaft geboren, *kann* man sich gegen dieses Diktat entscheiden. Die Okkupation der individuellen Existenz, durch die Inbesitznahme der Arbeitsresultate der Produzenten des gesellschaftlichen Reichtums, durch die Enteignung von den materiellen Voraussetzungen des Willens, als Text diktiert, als Eigentum realisiert, *so* macht Herrschaft den Arbeiter zum Diener, zum Weisungsempfänger einer bewaffneten Staatsgewalt, und deren gesellschaftlich als ´Arbeitgeber´ bekannten Adjutanten. Die kritische Infragestellung des ´Systems´, erscheint im adaptiven

Bewusstsein, ´unten´, als Androhung des Entzugs des als Existenzvoraussetzung geltenden Zwangs zur Lohnarbeit, weil das Produkt ihrer Arbeit, deren Produzenten nur gegen Geld zur Verfügung gestellt wird.

Die gestern selbst hergestellten Produkte, sind als Eigentum der ´Arbeitgeber´ somit in Waren verwandelt, und mit einem kalkulierten Preis versehen, zu bezahlen.

Der gesellschaftliche Reichtum steht dessen Produzenten als Zahlungsverpflichtung, materiell sichtbar, aber nur *mit* Geld verfügbar, bewacht, gegenüber. Praktisch, im *so beherrschten* Alltag, **ist** der Erhalt eines Lohns *die Voraussetzung* der Existenz.

Die *gesellschaftliche* Beseitigung dieser herbeiregierten *Rollen* durch die Abschaffung des Privateigentums an den Voraussetzungen der gesellschaftlichen Reproduktion **ist** die Beseitigung der einzigen *Geld*quelle der Produzenten, und erscheint den Opfern dieser Weltlage gleichbeutend wie der Entzug ihrer Existenzbedingung, ihres ´Arbeitsplatzes´.

- Aber; Ohne diese Rolle, ´Arbeitgeber´, gibt es auch keine Preise mehr! Der Lohn der Arbeit ist, nach der Beseitigung der *gesellschaftlichen Rolle* des ´Arbeitgebers´, *das Produkt der Arbeit selbst.* Die Verfügungsgewalt der Produzenten über die Voraussetzungen und Resultate ihrer Arbeit stellt *dann*, selbstverständlich, den Zugang zu den durch ihre Arbeit produzierten Gebrauchswerten her. Die politisch aufgezwungene, ökonomische Mittellosigkeit, domestiziert die Opfer dieser Herrschaftsmethode, unter die Bedingungen welchen sie unterworfen werden. Im Kern ist Nationalismus der *individuelle* Irrtum, vom *Interesse* des Arbeit leistenden Produzenten des gesellschaftlichen Reichtums aus betrachtet, das Interesse ihrer Herren an ihrer Benutzung zu ihrem Interesse zu befördern.

Die Diener ergreifen Partei für ihre Herrschaften, weil diese Sorte Gewalt sich, das ist trickreich, *in* der gesellschaftlichen Reproduktion *organisiert.*

Die Ausübung jeder gesellschaftlichen Arbeit, die Voraussetzung jeder Existenz, reproduziert *als Lohnarbeit* die Gewalt ihrer Kommandeure. Eine Kritik an den gesellschaftlichen Produktions*bedingungen*, erscheint im Bewusstsein der Opfer wie die Zerstörung der Produktion selbst.

“Die ´Idee´ blamierte sich immer, soweit sie von dem ´Interesse´ unterschieden war. ”
(Karl Marx / Friedrich Engels Werke MEW Band 2, S.85)

Moderne Herrschaft verwirklicht ihre Existenz, ihre *ideologische und materielle Gültigkeit*, sich selbst als eine den Menschen übergeordnete, unhintergehbare Gewalt, indem sie *die Reproduktion* der Gesellschaft durch das Diktat des Eigentums *zu ihrem* Werkzeug macht.

´Unten´, demonstrativ seine Gehorsamkeit proklamierend, Volk will man sein, begreift dasselbe den lebenslangen Dienst, innerlich, als gewollte, freiwillige Leistung.

Die als Alltag zu bewältigende Widerlegung dieses Urteils, das als Alltags- und Lebensinhalt bekannte politökonomische Zwangsverhältnis, welches die Produzenten des gesellschaftlichen Reichtums zwingt sich zu verkaufen, wo es einer *Erlaubnis* eines Arbeitgebers bedarf, arbeiten *zu dürfen*, ist im individuellen Bekenntnis zu diesen Existenzbedingungen als ´Heimat´ vom ökonomischen Inhalt dieses Gegensatzes befreit. Der Inhalt der gesellschaftlichen Rollen, durch Regierungen als Eigentumsordnung auf ihrem Herrschaftsgebiet kopuliert, durch die jeweiligen Rolleninhaber adaptiert, verwandelt die Gesellschaft in ´Arbeitgeber´ oder ´Arbeitnehmer´, Weisungsberechtigte oder Weisungsempfänger. Die Wirkung des Eigentums, *die gesellschaftliche Reproduktion* unter der Bedingung der Trennung der Arbeit von ihrem Produkt, und die *mit Gewalt* anerzogene, gleichzeitige Subjektivierung dieser politisch erzeugten Expropriation als *einziges Mittel* der Existenzsicherung, bewirkt eine Parteinahme für, die Opportunität dieser Verhältnisse.

Lohnarbeit wird *innerlich* zu Arbeit transformiert, konkurrierende, kapitalistische Produktion wird *innerlich als* gemeinsame Produktion begriffen, und aus Herrschaft wird *innerlich* eine Dienstleistung an deren Dienern.

Objektiv, in der Realität, *muss* man aufgrund des politischen Dikats des Eigentums *lohn*arbeiten, aber innerlich stellt man sich zu diesem Zwang als einer Gelegenheit, welche der Staat durch seine Dienstleistung ermögliche. Die *politisch* durch das an die gesellschaftliche Reproduktion anoperierte Recht auf Eigentum erzeugte Mittellosigkeit der Mehrheit der Gesellschaft, erzeugt die als *Lohn*arbeit bekannte Realität. Diese **Herrschaftsmethode** wird durch die individuelle Verstandesleistung der Opfer, in eine Fabrik verwandelt, wo man gemeinsam das produziere, was man hinterher benutzen will.

Jede ´unten´ nicht zu begleichende Rechnung, jeder nicht zu bezahlende Preis widerlegt diesen Irrtum. Auch die Großzügigkeit bei der Beschaffung von Waffen und die astronomischen Summen, welche wie von Zauberhand bereitstehen, wenn es darum geht systemrelevante Bestandteile der Gesellschaft zu verteidigen, stehen in einem weltweit *sichtbarem* Kontrast zur Knappheit derselben Ressourcen, wenn es um Versorgung von Bevölkerung geht.

Den *faktischen* Unterschied zwischen Arbeit und Lohnarbeit, kann man noch heute im Sprachgebrauch wiederfinden. Im Englischen bedeutet work – Arbeit, und labour - Lohnarbeit.

Work bezeichnet eine Arbeit deren Zweck, Inhalt und Produkt die Produzenten selbst bestimmen. Arbeit bezeichnet eine Tätigkeit deren Produkt und dessen Definition in der Verfügungsgewalt seiner Produzenten verbleiben. **Labour**, Arbeit im Auftrag anderer, bezeichnet im Unterschied dazu, Lohnarbeit. Arbeit für ein Geld. - Zweck, Inhalt und Verwendung des Produktes dieser Sorte Arbeit, werden hier vom Auftraggeber definiert, und das Produkt der Lohnarbeit geht in den Besitz des Auftraggebers über.

Diesen Unterschied *wissend*, wurde noch im Jahr 1900 in England die Labour Party gegründet. Dieses Bewusstsein wird bis heute erfolgreich *bekämpft*.

Der gesamte Staatsapparat ist im national, verfassten Bewusstsein *als Heimat* subjektiviert, und besteht aus Volk und Regierung. An der gesellschaftlichen Organisation interessiert diese Weltsicht *nicht* deren Inhalt, das, was da gemacht wird. Das Ganze ist als eine nationale Gemeinschaft verinnerlicht, welche zusammen *arbeite*, um sich als Nation zu organisieren.

Herrschaft ist als Dienst an denjenigen verinnerlicht, welche diese Gewalt beherrscht. Herrschaft weise dem Volk *die gewollten* Rollen zu, entscheidet, regelt und wacht darüber, was jeder einzelne wolle, aber auch zu machen hat, und organisiert diese Gemeinschaft als ihr Volk. Herrschaft macht nicht das, was sie will, sondern erfüllt einen Auftrag des Volkes.

Regierungen tragen Verantwortung, anstatt komisches Zeug und Besserwissereien von sich zu geben. Mit aller Kraft verhelfen sie der Wahrheit zu Recht. Sie können kein Blut sehen. Um jeder Gewalt vor Ort und weltweit Grenzen setzen zu können, sind sie bis an die Zähne bewaffnet. Seit Ende des 2 Weltkrieges haben sie ihre Anstengungen vervielfacht, auch weit entfernt von Zuhause, immer im Einsatz um jedem Anfang der Diktatur des Bösen die Wurzeln zu entfernen. Ihre Freunde im Nahen Osten, gehen nur mit einer Knochensäge in ihrer bloßen Hand, gegen innere Feinde vor. In der anderen Hand eine Bibel, rufen sich Männer wie Frauen dieser Wertegemeinschaft weltweit, aktuell in Lateinamerika, unnachgiebig und mit der gebotenen Härte gegen jeden Widerstand der Unbelehrbaren, aber der Unterstützung der rechtschaffenden Staatenwelt sicher, sich selbst zum Präsidenten aus, um den Gegnern der Freiheit die Stirn zu bieten. Jederzeit sind sie zum Schutz der Menschen zu deren Opferung bereit, und sei es im Weltkrieg. Wenn es um die Gültigkeit ihrer Werte geht, ist ihnen kein Preis zu teuer. Soziale Verantwortung ist ihnen seit Anbeginn ihres Wirkens, bis heute, angesichts des Hungers ganzer Kontinente, eine Herzensangelegenheit. Im Umweltschutz legen sie verbindlich als Grenzwert fest, wieviel von bekannten Giften gesund ist, bedauern die vielen zivilen Opfer des Krieges, und spenden für die Ärmsten der Armen, wenn ihnen danach ist. Ein respektvoller Umgang miteinander, gutes Benehmen, das Vertrauen auf die Macht des Wortes, sind selbstverständliche Softskills, wenn Kritiker zur Ordnung gerufen werden. Willkür ist ihnen ein Fremdwort. Sie bringen ihr Recht zur Geltung. *Ihren* Worten folgen Taten. Die freie Rede anderer ist ihnen wertvoll. So verpflichten sie ihr Volk zur Meinung, damit und solange Kritik an diesen Taten, nicht auf deren Unterlassung besteht, sondern es bei ihren Kritikern bei Worten bleibt. Das war schon immer so.

Wohin das Auge auch blickt; - Freude schöner Götterfunken. - Das muss ja nicht so bleiben!

Und noch ein letztes Mal, bitte ich Sie folgende Behauptung zu *prüfen*.

Herrschaft von Menschen über Menschen ist *der Beweis*, dass die Beherrschten zum Dienst an einer Sache verpflichtet sind, welche nicht ihren Interessen entspringt. Niemand muss zu etwas mit Gewalt gezwungen, was er von sich aus, selbst will.

Zu diesem Wozu und Warum einer Gesellschaft, welche eine dem Willen des Einzelnen, vorgesetzte, übergeordnete Gewalt *braucht*, sollte hier eine Erklärung gegeben werden.

Selbstverständlich braucht es eine gesellschaftliche *Organisation* der Produktion der Voraussetzungen der Existenz. Selbstverständlich bildet eine interessierte Partei- und Teilnahme an der Gesellschaft die Grundlage jeder Gesellschaft. Aber der Zweck der Sicherstellung der gesellschaftlichen *Versorgung* und deren Organisation braucht doch keine Gewalt!

Die Notwendigkeit einer den Menschen *übergeordneten* Gewalt, Regierung, Herrschaft des Menschen über den Menschen, entspringt dem gesellschaftlichen Gegensatz zwischen Eigentümern und Nichteigentümern an den gesellschaftlichen Voraussetzungen der *Reproduktion*, und der daraus resultierenden Existenz des Tauschwerts, welcher seine ´inneren´ Gesetzmäßigkeiten, gegen die Interessen der Produzenten und deren Produkt, über die gesamte Gesellschaft erhebt.

Die Staatsgewalt, deren gesellschaftliche Existenz, ist *die gesellschaftliche Sublimation* des Gegensatzes zwischen Gebrauchswert und Tauschwert.

Die individuelle Selbstwahrnehmung als Privatproduzent erzeugt durch deren Betätigung eine Gesellschaft mit den 2 bis heute sichtbaren Polen. Eigentümer und Nichteigentümer. Als Beispiel nehmen wir einen Bauern und einen Sammler und Sucher. Beide Subsistenzformen betrachten sich als Privatproduzent. Es soll Winter sein. Der Bauer verfügt über Vorräte. Der Sammler und Sucher sei aufgrund der Jahreszeit und anderer Zufälligkeiten auf Nahrungsmittel angewiesen. Oder umgekehrt, der Bauer sei aufgrund von einer Missernte auf die Lebensmittel, des anderen angewiesen. Einer der beiden, der Besitzer der Lebensmittel, nimmt die Rolle des Eigentümers, und der andere die des Nichteigentümers ein. Automatisch steht fest, wer im Auftrag des anderen arbeitet. Der Eigentümer bestimmt den Inhalt der Arbeit des Nichteigentümers, und ist nach getaner Arbeit der Besitzer des Produkt welches produziert wurde. Der Nichteigentümer bekommt für seine Arbeit die zugesagten Lebensmittel.

Am Anfang dieses Buches wurde im Zusammenhang mit der menschlichen Arbeitskraft bereits der physikalische Begriff der Energie beschrieben.

Der menschliche Körper verbraucht Energie. Das Minimum an Energie welches dem Organismus zugeführt werden muss, um den Lebensprozess verlustfrei zu regenerieren ist als Grundumsatz bekannt. Die menschliche Arbeitskraft besitzt von Natur aus die Eigenschaft, dass sie Produkte erzeugen kann, deren energetischer Regenerationswert den Grundumsatz und die zusätzlich durch die Arbeit verbrauchte Energie überschreitet. Diese positive Energiedifferenz *sublimiert* im Arbeitsprodukt. Es ist durch Beobachtung ermittelbar, dass das Arbeitsprodukt fremdbestimmter Arbeit beim ´Arbeitgeber´ verbleibt.

Der Nichteigentümer erwartet für seine Leistung eine Gegenleistung. Und bekommt sie auch. Er erhält Gebrauchswerte mit einem Energiewert, welche wenigstens seinem Grundumsatz entsprechen *sollten*, damit er als Arbeitskraft erhalten bleibt.

Der ´Arbeitgeber´ benutzt die aus dem Energieüberschuss der Arbeitsprodukte resultierende freie Zeit, um seine Werkzeuge, Produktionsmittel zu verbessern oder zu vermehren. Daraus resultiert eine Steigerung der Produktivität. Wenn im nächsten Jahr, derselbe oder ein anderer, erneut in seine Dienste tritt, kann der Eigentümer dessen Arbeitskraft effektiver nutzen.

Jedes Jahr ist die Differenz zwischen dem energetischen Reproduktionswert des Arbeitsproduktes und dem als Lohn gezahlten Grundumsatz größer als im Vorjahr.

Dieser Energieüberschuss kumuliert sich.

"In Deutschland besitzen die 45 reichsten Haushalte so viel wie die ärmere Hälfte der Bevölkerung. Beide Gruppen kamen im Jahr 2014 jeweils auf insgesamt 214 Milliarden Euro Vermögen."

(https://www.spiegel.de/wirtschaft/soziales/vermoegen-45-superreiche-besitzen-so-viel-wie-die-halbe-deutsche-bevoelkerung-a-1189111.html , 45 Deutsche besitzen so viel wie die ärmere Hälfte der Bevölkerung, SPIEGEL.DE, 23.01.2018)

Dieselbe Beobachtung, statistisch ermittelt, empirisch bekannt, gilt in allen Staaten in welchen das Recht auf Eigentum und das Recht auf Gleichheit die Armut als Werkzeug ihrer Kommandeure durch die Staatsgewalt garantiert.

Dass es diese Unterschiede gibt, ist hier uninteressant und irrelevant. Die Frage ist *wieso* es diese Unterschiede gibt? Relevant ist die Frage, w*ie funktioniert das*, dass offensichtlich diejenigen welche den Reichtum dieser Gesellschaft produzieren, nicht in den Genuss der Resultate ihrer Arbeit kommen? Vom Standpunkt der Versorgung aus betrachtet, oder aus der Perspektive der Produzenten beurteilt, denjenigen welche diese Güter herstellen, den praktischen Aufwand leisten sollen, ist diese Tatsache ihrem Interesse entgegengesetzt. Ein Mensch arbeitet doch um in den Genuss der Resultate seines Aufwandes zu kommen. Niemand geht arbeiten um *andere* zu bereichern. Oder?

Weiter oben in diesem Buch wurde die *ökonomische* Wirkung des Eigentums betrachtet. Es wurde ermittelt, *wie* sich der in Geld gemessene Reichtum bei den ´Arbeitgebern´ vermehrt, und wieso das in Geld gemessene Einkommen der Lohnarbeiter ihre Not reproduziert.

Hier, an dieser Stelle wurde die *physikalische* Wirkung des Eigentums betrachtet. Es wurde ermittelt, wieso dem im Geld gemessenen Reichtum eine ungeheure Warensammlung unerreichbar gegenüber steht, welche man mit Geld kaufen *muss*. Jetzt ist bekannt, *warum* hier das Geld fehlt um den dort sichtbaren, physisch verfügbaren Reichtum zu kaufen. Die Eigentumsordnung enteignet die Produzenten des gesellschaftlichen Reichtums *ökonomisch, durch die Zahlung* von Geld, von ihrer *physikalisch* erbrachten Arbeitsleistung. *Das* ist der politische Zweck des Geldes.

Bei diesen Beispielen geht nicht um eine Bewertung als ´gut´ oder ´böse´, oder um die Feststellung einer ´Ungerechtigkeit´. Statt dessen, sollte nachgewiesen werden, dass die Verfügungsgewalt über die Arbeitsprodukte der Produzenten darüber entscheidet, wer das Geschenk der Natur, die positive Energiedifferenz zu seinem Vorteil nutzen kann; Heute, wie gestern.

Die in dieser Gesellschaft *als Prinzip* geltende Trennung des Lohnarbeiters von seinem Produkt hat bis heute diese Wirkung. Die Energiedifferenz *erklärt* den wachsenden Reichtum an gesellschaftlichen Gebrauchswerten, und die Eigentumsordnung die *gleichzeitige* Reproduktion der Armut seiner Produzenten.

Von alldem muss man nichts wissen wollen. Aber das Ergebnis bekommt jeder, sichtbar und fühlbar, zu spüren. Die Dauer der Arbeitszeit und deren Intensität, unter fremdem Kommando, steigern den Energiegewinn. Um so länger der Arbeitstag und je produktiver die Arbeit angewendet wird, desto höher ist ihr *im Arbeitsprodukt* kristallisierter Ertrag. Deswegen gilt *in dieser* Gesellschaftsordnung, dass je geringer der vom ´Arbeitgeber´ als Lohn bezahlte Energiewert ist, desto höher ist die beim Eigentümer des Produkts verbleibende Energiedifferenz. In *dieser* Gesellschaft entsteht deswegen das Interesse des ´Arbeitgebers´ die Lohnarbeit möglichst ununterbrochen, und so produktiv wie möglich zu organisieren, *und gleichzeitig* den Lohn so gering wie möglich zu halten. Es wird deutlich, *wessen* Interesse *das Recht* auf Eigentum befördert, und gegen wessen Interesse es gerichtet ist.

Die *exklusive* Verfügungsgewalt über das Arbeitsresultat und dessen Produktionsmittel, sind die notwendige Voraussetzung dafür, dass sich der Energieüberschuss auf der Seite des Kommandeurs der Arbeit, und nicht beim Produzenten des Produkts realisiert. Dieser gesellschaftliche Zustand ist nur mit Gewalt existenz*fähig*, *und wird* von einer sich aus diesem Gegensatz inkarnierenden Staatsgewalt aufrecht erhalten.

Gewalt ist die *notwendige*, gesellschaftliche Kristallisation der Idee des Eigentums, *als notwendiges Prädikat* einer Gesellschaft von Privatproduzenten. Die private Herrschaft durch das Privateigentum an den *Voraussetzungen* der gesellschaftlichen Reproduktion, wird als ´Freiheit´ zum Gesellschaftsideal und emanzipiert sich als gemeinsamer Wille zur Staatsgewalt, *wirklich,* als vom Willen ihrer Befürworter getrennte Gewalt.

- als Ältester, Vertreter Gottes, Kaiser oder Politiker. Im Namen eines Volkes.

Auch hier sollte nicht gesagt sein, dass Gewalt ´böse´ oder schlecht ist, sondern es soll ihr Zweck, ihr gesellschaftlicher Grund kritisiert werden.

Das in der Selbstwahrnehmung als Privatproduzent ´versteckte´ Gewaltverhältnis, der Gegensatz zwischen Eigentum produzierender Privatarbeit und dem gesellschaftlichem Bedarf, entwickelt sich. Zunächst als Notwendigkeit der Trennung der Gesellschaft vom Privatprodukt. Als Privatproduzent wird der Tausch zur *notwendigen* Praxis der gesellschaftlichen Bedarfsdeckung. Die notwendige, gesellschaftliche Arbeit wird nicht ermittelt, geplant und aufgeteilt, sondern jeder produziert privat, um im Austausch auf dem Markt an die *gesellchaftlich,* notwendigen Produkte der Privatarbeiten des jeweils anderen zu kommen. Als Privatproduzenten treten die einzelnen, Individuen durch den Tausch, auf dem Markt, in ein *gegensätzliches* Verhältnis zueinander.

Die Gebrauchswerte, als Träger von nützlichen Eigenschaften, sind als Voraussetzungen der *gesellschaftlichen* Existenz fertig produziert, sichtbar, vorhanden. Ihre zusätzliche Eigenschaft, ihr Tauschwert, be- oder verhindert jedoch die Benutzung des Gebrauchswertes, die notwendige Bedarfsdeckung der Gesellschaft. *Der Tausch,* als Interesse von Privatproduzenten, wird zur Bedingung jeder Konsumption. Geld, sublimiert in die natürliche Umwelt. Gebrauchswerte in ihrer Warengestalt, und damit auch die zur ihrer Herstellung notwendige Privatarbeit, und damit die Produzenten selbst, treten in Konkurrenz zueinander. Konkurrenz um Geld wird zum Zweck der Gesellschaft. Geld wird zur Bedingung jeder Existenz.

Der Handel, dessen Praxis und inneren Gesetze, kristallisieren als von der Produktion getrennte, und den *einzelnen* Individuen übergeordnet, zu gesellschaftlicher Realität. Gewalt, welche das gesellschaftliche bestehende Bedürfnis der Produzenten nach den von ihnen produzierten Gebrauchswerten auf ihre individuelle *Zahlungsfähigkeit* als Kundschaft ihrer Arbeitgeber verpflichtet, wird zur Selbstverständlichkeit. - Bekannt als Polizei.

Als Privatproduzenten bestreiten sich die Mitglieder des Marktgeschehens wechselseitig den Verkauf ihrer Waren. Vor riesigen Warenbergen sitzend, vor Milchseen, Getreidebergen, Autohalden, Wohnungen, Medikamenten, ... , bestehen die Produzenten dieses Reichtums auf die Bezahlung der Gebrauchswerte. Die Unfähigkeit zum Tausch vernichtet den Wert ihrer Privatarbeiten, und den Wert ihrer Produkte. Die Sichtbarkeit des Gebrauchswertes, dessen physische Existenz, erfordert eine Gewalt, welche das zahlungs*un*fähige **Bedürfnis** auch im Welthandel von dessen Nutzung trennt. Eine weitere Gewalt etabliert sich, bekannt als Militär, als national, *gewollte* Aufsichtsmacht. Die Staatsgewalt, von allen gefordert, emanzipiert sich, notwendig, als das was sie ist. Gewalt kann man nicht beherrschen, man ist ihr unterworfen. Das ist ja gerade der *gewollte* Witz an Gewalt, dass sie sich vom individuellen Willen unabhängig, über alle Mitglieder der Gesellschaft stellen *kann*.

Diese Gewalt, erhebt jetzt die private Selbstwahrnehmung als Privatproduzent zum allgemein *gültigen*, generationsübergreifendem, gesellschaftlichen *Prinzip*. Getrennt, *neben* der Gesellschaft, emanzipiert vom Willen der einzelnen Individuen, entwickelt sich eine von dessen Opfern *gewollte* Herrschaft von Menschen über Menschen.

Innerlich sehen sich die Privatproduzenten als Privatpersonen, welche ihrer Arbeit nachgehen. Den Einsatz der Staatsgewalt, Armee, Polizei, Geheimdienst, Verfassungsschutz, Justiz, nehmen deren Opfer ´unten ´, als Voraussetzung und Schutz ihrer dem Privateigentum an gesellschaftlichen Produktionsmitteln *entspringenden* Rolle, hier als Privatperson, und dort, ´oben´, als Auftrag und Notwendigkeit staatlicher Souveränität zur Kenntnis.

Die Parteinahme der Gesellschaft für Konkurrenz und Herrschaft als Konsequenz des Privateigentums an den gesellschaftlichen Voraussetzungen der individuellen Reproduktion, der Nationalismus, ist eine der *gewollten* politischen Ökonomie *opportune* Geisteshaltung. Die sichtbaren, und spürbaren Schäden werden durch diese innere Einstellung nicht beseitigt, sondern in ein individuell erbrachtes Opfer verwandelt, in Eigenverantwortung, in private Opfer, die man selbst als Dienst an der eigentlich guten Sache erbracht habe *und* leisten **muss**.

Der einzelne Mensch, weder als ´Arbeitnehmer´, noch als ´Arbeitgeber´, kann diesem *gesellschaftlichen* Zwang zum Verkauf seiner Arbeitskraft nicht entkommen.

"‥ Die Produktionsweise des materiellen Lebens bedingt den sozialen, politischen und geistigen Lebensprozeß überhaupt. Es ist nicht das Bewußtsein der Menschen, das ihr Sein, sondern umgekehrt ihr gesellschaftliches Sein, das ihr Bewußtsein bestimmt. ‥"

(http://www.mlwerke.de/me/me13/me13_007.htm , Januar 1859, Karl Marx/Friedrich Engels - Werke, Dietz Verlag, Berlin, Band 13, S. 8)

Stattdessen erscheint es dem Autor dieses Buches sinnvoll, die gesellschaftliche

Reproduktion durch Privatproduzenten, durch eine gesellschaftliche Planung der Produktion durch dessen Produzenten zu ersetzen

- Und genau das, die Herrschaft der Produzenten über die Produktionsmittel und ihr Produkt, ist in dieser Gesellschaft ein Synonym für Gewalt - Diktatur.

Alles was einen Menschen ausmacht, erreicht er durch die Benutzung seiner Arbeitskraft. Arbeit ist die Quelle und das Mittel, um den natürlichen Reichtum dieses Planeten in eine Form zu bringen, welche dem Interesse desjenigen entspricht, welcher diese Arbeit verrichtet. **Arbeit** liefert dem Produzenten das, was **er** braucht. Nach der Arbeit kann der Produzent über das Produkt verfügen. Diese *Verfügungsgewalt* über ein das dem eigenen Bedarf und Wünschen entsprechenden Produktes, *ist der Zweck*, der Grund warum ein Mensch *den Aufwand*, Arbeit, betreibt. Die *globale*, *gesellschaftliche* Verfügungsgewalt **der Produzenten** dieser Produkte über die natürlichen Reichtumsquellen und Produktionsmittel, über die Werkzeuge und den Produktionsprozess insgesamt, ist *deswegen* die selbstverständliche Voraussetzung einer gesellschaftlichen *Arbeit* und im Interesse derjenigen, welche diese Arbeit verrichten.

Diese materielle Voraussetzung jeder Freiheit ist nicht nur unerwüscht, sondern wird von den Kommandeuren der *Lohnarbeit* verfolgt, bekämpft und beschossen.

Wenn also alles darauf ankommt, dass Menschen durch **Lohnarbeit** das produzieren, was als materielle Grundlage von Herrschaft erforderlich ist, ist es bedauerlicherweise durch ein falsches Bewusstsein der Opfer dieser Gewalt nicht naheliegend, durch die Einstellung dieses Dienstes aber jederzeit möglich, jeder Herrschaft ein Ende zu setzen. Man erspart sich eine Menge Arbeit, zum Beispiel die zur Produktion von Kriegsmitteln, und damit auch deren Einsatz. Auch das Personal, welches nach Aussage seiner Kommandeure den Frieden sichere, kann dann andere Aufgaben wahrnehmen, weil *die Voraussetzungen* von Krieg, die Waffen, gar nicht erst produziert werden.

Dieses Buch soll dem Leser bei dieser Entscheidung Gründe liefern, das Vertrauen in Regierung und den guten Glauben an eine gesellschaftliche Gemeinschaft *zu überprüfen*. Durch die Beseitigung der Privatproduktion, und deren Ersetzung durch eine gesellschaftliche Planung der Arbeit, entsprechend eines gemeinsam ermittelten Bedarfs an Gebrauchswerten, ist es möglich den beschriebenen Gegensatz zwischen ´Arbeitgebern´ und ´Arbeitnehmer´ durch die Abschaffung der *Privat*produktion der gesellschaftlichen Existenzvoraussetzungen zu beseitigen.

Die *bewusste* Verweigerung der Lohnarbeit, die Verweigerung der Indienstnahme der gesellschaftlichen Arbeit ist das Mittel, den öffentlichen Nachweis zu erbringen, *dass es die Arbeit ist*, welche den gesellschaftlichen Reichtum *als Gebrauchswert* produziert. Damit wäre auch klargestellt, dass sowohl die gesellschaftliche Arbeit, als auch die Produkte dieser Arbeit nur in ihrer Quantität und Qualität gesellschaftlich relevant sind. Die jetzt, unter diesen neuen gesellschaftlichen Bedingungen, den Produktionsprozess *abschließende* Verteilung der Arbeitsergebnisse, reduziert die gesellschaftliche Arbeit gleichzeitig um sämtliche Tätigkeiten zur Ermittlung, Durchsetzung oder Realisation des Tauschwertes.

Der Zweck dieser als Streik bekannten Arbeitsverweigerung, ist *die Verfügungsgewalt* der Produzenten über die gesellschaftlichen Reproduktionsvoraussetzungen und Resultate ihrer Arbeit. Im Grunde ist nur der Produktionsprozess der gemeinsamen Planung der Produzenten der Gebrauchswerte, der Mehrheit, zu unterstellen. - Gelebte Demokratie. Im Grunde wird nur der Sinngehalt dessen gefordert, was als 'Mitbestimmung' längst gesellschaftlicher Konsens ist. Oder nicht? - Und Ausländer gibt es dann auch nicht mehr, sondern nur noch Produzenten dessen, was jeder so braucht. Endlich. Perfekt. Besser kann es nicht sein.

Der Autor hofft, dass es mit diesem Buch gelungen ist klarzustellen, dass das Selbstbewusstsein, die private, innere Zustimmung der Opfer zu Staatsgewalt und Eigentum, deren innere Selbstwahrnehmung als individuelle Privatproduzenten, Regierungen den Boden liefert, auf welchem sich deren Gewalt als Dienstleistung an der ihr unterworfenen Bevölkerung präsentiert. Um einen Beitrag zum weltweit geforderten 'Kampf gegen Rechts' zu leisten, liefert der Autor Argumente zur gesellschaftlichen Selbstkritik. Diese auf der Ausbeutung der Produzenten des gesellschaftlichen Reichtums beruhende Gesellschaftsordnung *braucht Gewalt,* um die Trennung der Arbeit von ihren Voraussetzungen und Resultaten gegen die diesen Verhältnissen unterworfenen Menschen durchzusetzen. Der Erfolg dieser Herrschaftsform, die sichtbare Armut und der gleichzeitig, verfügbare gesellschaftliche Reichtum erfordert nicht erst in Krisenzeiten den permanenten Einsatz der staatlichen Gewaltorgane. Die Armut wird nicht beseitigt, sondern als zu ertragender Lebensinhalt, innen- und außenpolitisch, an den Opfern der Eigentumsordnung vollstreckt *und* benutzt, damit sich in den Unternehmens- und Staatsbilanzen das gewünschte Vorzeichen einstellt. - Bekannt als Gewinn.

Die 'Rechten' unterscheiden sich insofern nur darin von den etablierten Amtsinhabern, dass sie dieselben Ziele dem Erfolg der Nation *unter*ordnen: Auch sie wollen sich, wie die Altparteien, *am Ergebnis* dessen bedienen, was die Marktwirtschaft aus der Ausbeutung der Arbeit der eigentumslosen Mehrheit erwirtschaftet. Die durch das Recht auf Eigentum erzeugte Armut soll nicht beseitigt, sondern benutzt werden. Mit dem Unterschied, dass sie den Dienst an fremdem Eigentum zur Pflicht erheben und sowohl die Produktion als auch den den Gewinn der Eigentümer dem nationalen Nutzen unterordnen. Jeder hat *an seinem Platz,* entsprechend der durch das Eigentum erzeugten Rollen, entweder als 'Arbeitnehmer' oder 'Arbeitgeber' der Nation *zu dienen.* Entsprechend ist ihr Auftritt und ihre Forderungen. Gewaltanwendung, gegen jedes Interesse, welches sich der Verpflichtung zum Dienst an der Nation verweigert. Innen- und außenpolitisch. Die Nation und die Gewalt des Staates erheben sie zum einzigen, legitimen Lebensmittel und versprechen den so Angesprochenen nicht mehr Lohn oder ein angenehmes Leben, sondern den Einsatz dieser Gewalt gegen jedes vom geforderten Nationalismus abweichende Interesse. Die Demonstration der privaten Parteinahme für die Nation ist für diese Geisteshaltung die Mindestvoraussetzung jeder Kooperation. Umgekehrt begründet jede Opposition zum geforderten Nationalismus deren Beseitigung. Nichtdeutsche, von den etablierten Parteien als Ausländer gekennzeichnet, geraten deshalb sofort ins Fadenkreuz von Nationalisten. Die kommunistische Kritik der Idee der Nation, die Forderung der Beseitigung der ökonomischen Ursachen der Notwendigkeit von Staatsgewalt, setzt diese Geisteshaltung seit ihrer Entstehung ins Zentrum nationaler Gewaltanwendung. Die im Sprachgebrauch bekannte Kennzeichnung ′links′, denunziert dessen Ziele als geistig abwesend bei gleichzeitiger Gewaltbereitschaft, und rechtfertigt deren Beobachtung und Verfolgung. Während die Autoren dieser Wortschöpfung in der ganzen Welt den Frieden sichern, mit Waffen stets auf aktuellem, wissenschaftlichen Stand, erheben dieselben Herrschaften, konsequent, an der Heimatfront bereits das Mitführen von Zitronen auf einer Demonstration zum Straftatbestand, und lassen dessen Träger von einer Polizei, deren Ausrüstung einem Science-Fiction-Roman zu entspringen scheint einer Justiz zuführen, welche der unbeliebten Einstellung zur Staatsgewalt den von ihr selbst, vorher festgelegten Schaden zufügt. - Dieses Vorgehen ist bekannt als Gewaltenteilung.

Bisher sind die neuen Bewerber um die ′Schaltstellen′ der Staatsmacht, bereits im Parlament vertreten, teilweise noch selbst das Ziel dieser Gewalt. Das wollen sie verändern, um die Zielgruppe der Staatsgewalt ihren Absichten entsprechend, neu zu definieren. Aus diesem Grund nutzen sie die sichtbaren und spürbaren Schäden der Geltung und erfolgreichen Praxis dieser Welt- und Wirtschaftsordnung, um sich den Opfern selbst als Ausweg anzubieten. Als Ursache des Schadens, dessen Beseitigung sie versprechen, gelten ihnen nicht die Gegensätze welche die Eigentumsordnung selbst erzeugt, sondern Personen welche durch ihr Verhalten, ′links-grün-versifft′, oder durch ihre Existenz als Ausländer, im Inland als ′Frempkörper′ im Ausland als ′Gegner′, sich ′ihrer′ Nation als Hindernis entgegenstellen. Sie versprechen nicht mehr Lohn, sondern mehr Staatsgewalt. Diese Ankündigung soll der Wähler durch ein Kreuz dorthin befördern, wo man Texte zu Gesetzen macht, zur unhintergehbaren, politischen Realtät.

Die *bewusste* Ablehnung von Privateigentum *an den Voraussetzungen der gesellschaftlichen Reproduktion*, und dessen Ersetzung durch die Planung von Zweck und Durchführung der Produktion des gesellschaftlichen Reichtums *durch dessen Produzenten*, die Forderung der Diktatur des Proletariats, ist nur privat, von jedem einzeln, als Kritik an den bestehenden politischen Verhältnissen innerlich, selbst zu erarbeiten, und danach organisiert, gesellschaftlich, sowohl gegen die politische Gewalt der Regierungen als auch gegen die ökonomische Macht der Kommandeure der eigentumsbasierten Produktion *durchzusetzen*. Dazu entscheiden, muss sich jeder selbst.

Es rettet uns kein höh'res Wesen,
kein Gott, kein Kaiser noch Tribun
Uns aus dem Elend zu erlösen
können wir nur selber tun!
Leeres Wort: des Armen Rechte,
Leeres Wort: des Reichen Pflicht!

"Die Proletarier haben nichts in ihr zu verlieren als ihre Ketten.
Sie haben eine Welt zu gewinnen.
Proletarier aller Länder, vereinigt euch!"
(Karl Marx/Friedrich Engels, 1848, Manifest der Kommunistischen Partei, S. 73)

Alle Räder stehen still, wenn der Arbeiter es will

Wir müssen solange protestieren, bis wir bestimmen und bekommen,
was wir produzieren.

Bildnachweis

Fotos und Zeichnungen sind vom Autor dieses Buches aus dem Internet entnommen. Die Rechteinhaber der Bild- oder Zeichnungsquellen sind dem Autor unbekannt, und umgekehrt kennen die Rechteinhaber weder den Autor noch dessen hier vorliegendes Buch.
Die Rechteinhaber der Bild- oder Zeichnungsquellen kennen weder den Inhalt dieses Buches noch unterstützen sie dessen Inhalt.
Soweit nicht anders gekennzeichnet sind die verwendeten Bildquellen rechtefrei, oder unterliegen einer Creative Commons Lizenz.

Creative Commons oder Public Domain Lizenzen sind grau hinterlegt.
(Siehe: https://de.wikipedia.org/wiki/Creative_Commons)

Andere Lizenzen sind nicht farbig hinterlegt.

Alle auf Fotos oder Zeichnungen dargestellten Personen oder Sachen dienen der Dokumentation von Sachverhalten. Die auf den Fotos oder Zeichnungen abgebildeten Personen sind als Privatpersonen nicht Gegenstand dieser Dokumentation.

Alle verwendeten Fotos oder Zeichnungen welche unter einer Creative Commons Lizenz verwendet wurden, können unter der gleichen oder einer kompatiblen Lizenz *wie das Original* verbreitet werden.

Seite	Beschreibung	Quelle	Autor
Cover + Titel	Planet Erde	https://pixabay.com/de/illustrations/erdkugel-erdball-weltkugel-planet-328140/	public domain von eikira
3	Sonnensystem	Autor will nicht genannt werden	Freigabe durch Eigentümer Autor will nicht genannt werden

4	Milchstraße	https://commons.wikimedia.org/wiki/File:4_Milchstraße_(beschriftet).png	Attribution-ShareAlike 3.0 Unported (CC BY-SA 3.0) Duff06
5	Hubble ultra deep field	https://commons.wikimedia.org/wiki/File:Hubble_ultra_deep_field_high_rez.jpg	public domain NASA / ESA
5	zirkumploare Sternbilder	https://astrokramkiste.de/images/sternbilder/zirkumpolar-a.jpg	Freigabe durch Eigentümer astrokramkiste.de
6	Weltbild, Satellit	https://de.wikipedia.org/wiki/Datei:Whole_world_-_land_and_oceans.jpg	public domain NASA
6	Weltkarte, politisch	https://commons.wikimedia.org/wiki/File:World,_administrative_divisions_-_de_-_colored_(all_countries).svg	Attribution-ShareAlike 3.0 Unported (CC BY-SA 3.0) TUBS
15	Fussballfans	https://commons.wikimedia.org/w/index.php?curid=855426	Creative Commons-Lizenz CC BY-ND 3.0 René Stark
15	Sportler Oliver Kahn	https://pixabay.com/de/photos/oliver-kahn-mann-mensch-fussball-406393/	public domain hermelin
15	Sport Fan	https://pixabay.com/de/photos/american-football-fan-sportfan-1544097/	public domain KeithJJ
21	Verkauf	https://pixabay.com/de/photos/supermarkt-regale-einkaufen-507295/	public domain reverent

21	Industrie	https://commons.wikimedia.org/wiki/File:Industry_4.0.png	Attribution-ShareAlike 4.0 Unported (CC BY-SA 4.0)
			ChristophRoser
21	Landwirtschaft	https://pixabay.com/de/photos/ernte-reis-traktor-ferguson-1975595/	public domain
			carolina2017
24	Elektroschock-pistole	https://commons.wikimedia.org/wiki/File:RCMP_X26.jpg	Attribution-ShareAlike 4.0 Unported (CC BY-SA 4.0)
			OgreBot
24	Soldaten	https://pxhere.com/de/photo/129411	public domain
			Newclick
24	Einsatz Atombombe	https://commons.wikimedia.org/wiki/File:Atomic_cloud_over_Hiroshima_-_NARA_542192_-_Edit.jpg	public domain
			George R. Caron
24	Roboter	https://commons.wikimedia.org/wiki/File:Legged_Squad_Support_System_robot_prototype.jpg	public domain
			Nagle
24	Pressekonferenz	https://commons.wikimedia.org/wiki/File:U.S._Army_Gen._John_F._Campbell,_center,_briefs_the_media_on_specific_impending_cuts_and_realignments_within_the_Army%27s_force_structure_during_a_press_conference_in_the_Pentagon_in_Arlington,_Va.,_on_June_25,_2_130625-D-NI589-311.jpg	Public domain photograph from Defense.gov News Photos archive.
			DoD photo by Glenn Fawcett. (Released) / Public domain

26	Burg, Spanien	https://es.wikipedia.org/wiki/Archivo: Berlanga_de_Duero_-_Castillo_1.JPG	Universal (CC0 1.0) Dedicación de Dominio Público
			Zarateman
32	Statistik BRD Arbeitslose	https://de.wikipedia.org/wiki/Datei:Arb eitsloseBRD.PNG	3.0 Unported (CC BY-SA 3.0)
			Alex1011
33	Lagerhalle	https://pxhere.com/es/photo/129255 1	CC0 1.0 Universal (CC0 1.0)
			unbekannt
33	Handwerker	https://pixabay.com/de/photos/hand werker-baustelle-arbeiter-3094035/	Freie kommerzielle Nutzung pixabay license
			Alexas_Foyos
33	Ausgestreckter Arm	https://svgsilh.com/de/607d8b/image/1 037736.html	CC0 1.0 Universal (CC0 1.0)
			Orginal von pixabay
51	Fließband 1	https://www.piqsels.com/de/public-domain-photo-fiapa	CC0 1.0 Universal (CC0 1.0)
			Autor unbekannt

51	Fließband 2	https://www.piqsels.com/de/public-domain-photo-stbax	CC0 1.0 Universal (CC0 1.0) Autor unbekannt
51	Statistik	https://de.m.wikipedia.org/wiki/Datei:ESt_Statistik_D_Eink%C3%BCnfte_Steuers%C3%A4tze_Grundtarif_2014.svg	4.0 International (CC BY-SA 4.0) Udo.Brechtel
51	Kontrollraum	https://www.piqsels.com/de/public-domain-photo-zszno	CC0 1.0 Universal (CC0 1.0) Autor unbekannt
51	Fabrikhalle	https://www.piqsels.com/de/public-domain-photo-zesqp	CC0 1.0 Universal (CC0 1.0) Autor unbekannt
59	Demo-Parole	Berlin, 2015	
62	Demo-Parole	Rostock, 2018	
67	Mietpreise in Deutschland	https://de.statista.com/infografik/11157/die-steigenden-mieten-in-deutschen-grossstaedten/	Creative Commons-Lizenz CC BY-ND 3.0 de.statista.com
72	Top 10 Lebens-mittelhersteller	https://www.flickr.com/photos/boellstiftung/32229682515	Attribution 2.0 Generic (CC BY 2.0) Bartz/Stockmar

72	Weltmarktanteil Hersteller	https://www.flickr.com/photos/boellstiftung/32111069461	Attribution 2.0 Generic (CC BY 2.0)
			Bartz/Stockmar
73	Lebensmittel Konzerne	https://www.visualcapitalist.com/illusion-of-choice-consumer-brands/	https://www.visualcapitalist.com/frequently-asked-questions/
			Jeff Desjardins
76	Europäische Union Erweiterung	https://commons.wikimedia.org/wiki/File:Karte_EU-Erweiterungen.png	Attribution 2.0 Generic (CC BY 2.0)
			Alexrk2 / Chumwa
77	NATO Erweiterung	https://commons.wikimedia.org/wiki/File:NATO_enlargement.svg	public domain
			Patrickneil
85	Supermarkt Wal Mart	https://commons.wikimedia.org/wiki/File:Walmex_plateros.JPG	public domain
			Enriquecornejo
85	Musik Kunst Film	https://commons.wikimedia.org/wiki/File:2019-02-11_Premiere_Fernsehfilm_%E2%80%9EKlassentreffen%E2%80%9C_by_Sandro_Halank%E2%80%93007.jpg	Attribution 4.0 Generic (CC BY 4.0)
			Sandro Halank
85	Familie Menschen	https://pixabay.com/es/photos/familia-country-retro-maleta-4482764/	public domain
			Victoria_Borodinova

85	Syrien Krieg	https://ru.wikipedia.org/wiki/%D0%A4%D0%B0%D0%B9%D0%BB:International_Mine_Action_Center_in_Syria_(Aleppo)_45.jpg	Attribution 4.0 Generic (CC BY 4.0) Verteidigungsministerium der Russischen Föderation
85	Parlament	https://commons.wikimedia.org/wiki/File:Hemicycle_of_European_Parliament,_Strasbourg,_with_chamber_orchestra_performing.jpg	Attribution 2.0 Generic (CC BY 2.0) iyucho
85	Flugzeugträger	https://de.wikipedia.org/wiki/Datei:USS_Harry_S._Truman_alongside_USNS_John_Lenthall.jpg	gemeinfrei United States of America
85	Demonstration	https://de.m.wikipedia.org/wiki/Datei:Wien_-_Demo_gegen_Regierung_Kurz_am_Angelobungstag,_Heldenplatz_(2).JPG	Attribution 4.0 Generic (CC BY 4.0) Bwag
85	Mathare Valley Slum	https://uk.m.wikipedia.org/wiki/%D0%A4%D0%B0%D0%B9%D0%BB:MathareValleySlum.jpg	Attribution-ShareAlike 3.0 Unported (CC BY-SA 3.0) Claudio Allia

85	Kamera Überwachung	https://es.wikipedia.org/wiki/Archivo:Surveilliance_and_security_camera.jpg	Attribution 2.0 Generic (CC BY 2.0) Intel Free Press
84	Baby	https://www.flickr.com/photos/guille_17/3573395509	Attribution 2.0 Generic (CC BY 2.0) Guille.17
90	Roboter	https://commons.wikimedia.org/wiki/File:Atlas_from_boston_dynamics.jpg	Attribution 4.0 Generic (CC BY 4.0) https://www.kansascity.com/news/business/technology/917xpi/picture62197987/ALTERNATES/FREE_640/atlas %20from %20boston %20dynamics
90	NEWS	https://pixabay.com/fr/illustrations/actualit%C3%A9s-l-information-1644696/	public domain Pixaline

90	Roboter	https://de.wikipedia.org/wiki/Datei:Legged_Squad_Support_System_robot_prototype.jpg	gemeinfrei Tactical Technology Office, Defense Advanced Research Projects Agency, U.S. Department of Defense
90	Drohne	https://svgsilh.com/image/161445.html	CC0 1.0 Universal (CC0 1.0) Public Domain Dedication pixabay
90	Feiertag	https://commons.wikimedia.org/wiki/File:Nationalfeiertag_-_Heldenplatz_(10491700314).jpg	Attribution 2.0 Generic (CC BY 2.0) https://www.flickr.com/people/88775815@N04
90	Flugzeug	https://svgsilh.com/image/148556.html	CC0 1.0 Universal (CC0 1.0) Public Domain Dedication pixabay

104	Weltkarte	https://commons.wikimedia.org/wiki/File:BIP-Weltkarte-2006-de.svg?uselang=de	https://de.wikipedia.org/wiki/GNU-Lizenz_f%C3%BCr_freie_Dokumentation?uselang=de Bamse
109	Bildschirmfoto Iransanktionen UN	https://www.un.org/depts/german/sr/sr_them/iran.htm	United Nations
116	Zahlungsverkehr		selbsterstellte Grafik
121	Schiff	https://commons.wikimedia.org/wiki/File:Fregatte_F223_Nordrhein-Westfalen_ausgehend_Hafen_Hamburg_auf_der_Elbe.jpg	Attribution-ShareAlike 3.0 Unported (CC BY-SA 3.0) Buonasera
122	Syrien Krieg	https://de.wikipedia.org/wiki/Datei:International_Mine_Action_Center_in_Syria_(Aleppo)_05.jpg	Namensnennung 4.0 International (CC BY 4.0) Министерство обороны Российской Федерации
122	Za´atri Flüchtlingslager	https://de.wikipedia.org/wiki/Datei:An_Aerial_View_of_the_Za%27atri_Refugee_Camp.jpg	https://www.state.gov/copyright-information/#copyright U.S. Department of State

132	Stater	https://commons.wikimedia.org/w/index.php?curid=3192210	Attribution-ShareAlike 2.5 Unported (CC BY-SA 2.5) Magnus Manske
132	Aureus	https://commons.wikimedia.org/w/index.php?curid=689180	Attribution-ShareAlike 3.0 Unported (CC BY-SA 3.0) Ondrejk
132	Hochrandpfennig	https://commons.wikimedia.org/w/index.php?curid=32069180	Attribution-ShareAlike 3.0 Unported (CC BY-SA 3.0) Weners
132	Münze	https://commons.wikimedia.org/w/index.php?curid=22632334	Attribution-ShareAlike 3.0 Unported (CC BY-SA 3.0) Weners
133	Münze	https://commons.wikimedia.org/w/index.php?curid=4177522	Attribution-ShareAlike 3.0 Unported (CC BY-SA 3.0) Maximus Rex
133	Taler	https://commons.wikimedia.org/w/index.php?curid=745868	Attribution-ShareAlike 3.0 Unported (CC BY-SA 3.0) Michail Jungierek

137	Weltkarte Europa	https://commons.wikimedia.org/w/index.php?curid=874766	Attribution-ShareAlike 3.0 Unported (CC BY-SA 3.0)
			San Jose
136	Bushman Familiy	https://commons.wikimedia.org/wiki/File:Bushman-family.jpg	Freie kommerzielle Nutzung pixabay license
			Aino Tuominen
136	Neandertaler	https://commons.wikimedia.org/wiki/File:Neandertaler-im-Museum.jpg	Public Domain
			Fährtenlese
136	Markt	https://pixabay.com/de/photos/indonesien-asien-markt-stra%C3%9Fenszene-531841/	Freie kommerzielle Nutzung pixabay license
			rbrudolph
136	Pfeil	https://publicdomainvectors.org/de/kostenlose-vektorgrafiken/Roter-Pfeil-nach-rechts-Vektor-Bild/8484.html	Public Domain
			openclipart.org

136	Ponferrada Burg, Templer	https://fr.wikipedia.org/wiki/Ponferrada#/media/Fichier:Castillo_templario_de_Ponferrada_001.jpg	Attribution-ShareAlike 2.5 (CC BY-SA 2.5) Téléversé
136	Hamburger Stadtrecht 1497	https://de.wikipedia.org/wiki/Datei:Hamburger_Stadtrecht_(1497).jpg	gemeinfrei Autor unbekannt
136	Ständeordnung	https://de.wikipedia.org/wiki/St%C3%A4ndeordnung	Public Domain PD-US-expired Unbekannter Autor
136	Französische Revolution	https://pixabay.com/de/photos/frankreich-franz%C3%B6sische-revolution-63022/	Freie kommerzielle Nutzung pixabay license wikiImages
136	European Parliament	https://www.flickr.com/photos/european_parliament/49517029202	CC-BY-4.0: © European Union 2020 – Source: EP Autor unbekannt

136	Sitzverteilung	https://commons.wikimedia.org/wiki/File:Sitzverteilung_im_Bundesrat_2018_pro_Partei.svg	Public Domain Liambaker98
174	SALW Export	https://commons.wikimedia.org/w/index.php?curid=12113521	Attribution 3.0 Unported (CC BY-SA 3.0) Triebel
175	Weltkarte Naher Osten	https://commons.wikimedia.org/wiki/File:ECJME.png	public domain Angr
175	Statistik IDPs	https://data2.unhcr.org/en/dataviz/6?geo=0&sv=0	Attribution 3.0 Unported (CC BY-SA 3.0) UNHCR
179	Gruppenbild Regierung	NATO does not associate itself with the contents of this book	Weder Nutzung noch Weitergabe erlaubt *2147946 © picture-alliance / dpa / Christy Bowe*
179	Alan Kurdi	https://tr.wikipedia.org/wiki/Dosya:Mural_Ffm_Osthafen_01_(fcm).jpg	Attribution-ShareAlike 4.0 International (CC BY-SA 4.0) Frank C. Müller

179	Polizeieinsatz	Neither picture-alliance nor Giannis Papanikos do associate itself with the contents of this book	Weder Nutzung noch Weitergabe erlaubt
			130731790 © picture alliance / AP Photo / Giannis Papanikos
198	Coronavirus crisis EU economic response	https://ec.europa.eu/info/sites/info/files/eu_economic_response_20_apr_5.png	Creative Commons Attribution 4.0 International (CC BY 4.0)
			European Commission
209	Paar	Selbsterstellte Grafik. Unter Verwendung der nachfolgenden, Zeichnungen und Fotos	public domain
			selbsterstellt
209	2 Personen Comic	https://pixabay.com/de/illustrations/gruppe-warteschlange-leute-4589589/	Freie kommerzielle Nutzung pixabay license
			Conmongt
209	Schaufenster-puppen	https://pixabay.com/de/photos/puppe-schaufensterpuppe-dekoration-1083819/	Freie kommerzielle Nutzung pixabay license
			Ventus17
209	Schuhladen Schaufenster	https://pixnio.com/de/innen-aussen/interior/einkaufszentrum-interieur-fernseher-ausstattung-innenraum-boden	Public domain
			Novosadjanka

209	Wegweiser	https://commons.wikimedia.org/wiki/File:IL_wikimedia_-32_MV_Wegweiser.png	Attribution-ShareAlike 4.0 International (CC BY-SA 4.0)
			riesenplatz.de
209	Sprechblase	https://openclipart.org/detail/316559/speech-bubble	public domain
			gramzon
228	Fabrik&Handel	https://pixabay.com/de/photos/fabrik-wasser-industrielle-4732291/	Freie kommerzielle Nutzung pixabay license
			lenalindell20

Zustimmung zur Nutzung von Bildmaterial:

Seite 3; Sonnensystem:

On 20/03/2020 11:11, YYYYY YYYYYY:

Hi XXXXX,

We cannot find the source of that image. So from our standpoint you free to use it, but please do not credit us.

Regards

YYYYY YYYYY

Webmaster

YYYYY YYYYY YYYYY

> On 13/03/2020 21:14, XXXXX XXXXX wrote:
>
> Hello YYYYY,
>
> I´m writing a book.
>
> I would like to use a graphic of your site.
>
> http://www.YYYYY.YYYYY
>
> Can I do this ?
>
> with best regards from germany
> XXXXX XXXXXX

Seite 5; zirkumpolare Sternbilder:

Am 19.03.2020 um 07:13 schrieb Denise Böhm-Schweizer:

> Hallo Herr XXXXXX,
>
> Sie dürfen die Grafik gerne verwenden.
> Ich wünsche viel Erfolg mit Ihrem Buch!
>
> Mit sonnigen Grüßen
> Denise Böhm-Schweizer

Am 18. März 2020, um 21:02, XXXX XXXXX schrieb:

> Hallo Astrokramkiste,
> ich moechte eine Grafik von euch
> verwenden.
> Um darzustellen, welchen Bereich Hubble
> aufgenommen hat, um
> das Deep-Field zu erhalten, will ich eure
> Grafik nutzen.
> Dazu brauche ich aber eure Erlaubnis. CC
> BY NC ND 3.0
> reicht fuer die Hausarbeiten. :-)
> Ich will aber ein Buch schreiben und es
> veroeffentlichen.
> Bitte sagt mir Bescheid, ob ich die Grafik
> nutzen kann.
> Im Anhang seht ihr wie das geschehen soll.
> Mit lieben Gruessen
> XXXX XXXXXX